U0405752

常识法理学

周安平 著

北京大学出版社
PEKING UNIVERSITY PRESS

图书在版编目(CIP)数据

常识法理学/周安平著. —北京:北京大学出版社,2021.9
ISBN 978-7-301-32380-9

Ⅰ. ①常…　Ⅱ. ①周…　Ⅲ. ①法理学　Ⅳ. ①D903

中国版本图书馆 CIP 数据核字(2021)第 158179 号

书　　名	常识法理学 CHANGSHI FALIXUE
著作责任者	周安平　著
责任编辑	王　晶
标准书号	ISBN 978-7-301-32380-9
出版发行	北京大学出版社
地　　址	北京市海淀区成府路 205 号　100871
网　　址	http://www.pup.cn
电子信箱	law@pup.pku.edu.cn
新浪微博	@北京大学出版社　@北大出版社法律图书
电　　话	邮购部 010-62752015　发行部 010-62750672　编辑部 010-62752027
印 刷 者	北京圣夫亚美印刷有限公司
经 销 者	新华书店
	730 毫米×980 毫米　16 开本　24.75 印张　527 千字
	2021 年 9 月第 1 版　2023 年 1 月第 3 次印刷
定　　价	69.00 元

写一部容易读懂的法理学(代序)

法科学生对法理学的情感比较矛盾:一方面觉得法理学很玄虚、很空洞,甚至很无聊,从事法律实务学不学法理学似乎关系并不大;另一方面又觉得法理学高大上,高不可攀,对法理学往往会自觉或不自觉地流露出敬畏。

为什么法科学生对法理学会有这样的情感呢?我以为主要有这样几个原因:(1)法理与政治的联系十分紧密。有些老师讲着讲着,就将法理讲成了政治,以政治的语言范式来解读法理。这样一来,原本非常贴近生活的理论,却给人一种飘浮或虚空的感觉。(2)法律是要解决现实问题的,而法理学并不直接提供答案。法理学只提供思维和观念,因此对于实用主义的人来说,钻研法理学既不实用,也不经济。(3)法理学讲的是法律的基本原理,普遍适用于法学各学科,因此,抽象性强,不容易理解;加之,法理学普遍存在这个"主义"、那个"流派"的说法,又长又拗口的外国人名又多,这也极大地拉长了法理学令人生畏的距离。

其实,法理学并不是一门高高在上的、与人们日常生活脱离的学问。法理,简单来说,就是法律的道理。法律是关于人类生活的安排,法理就是人类生活如何安排的道理。因此,法理一定是来自生活,是对人类生活规则的提炼;同时,法理又必须有能力照应生活和解释生活。人与人在交往中要讲道理,而法理就是人际交往道理这个大家族中的一员。讲道理,人们最忌讳说教式的、空洞的,或不切实际的,讲法理亦然。因此,要改变法科生对法理的不好印象,就要使法理回归生活,使学生能够基于生活常识去理解法理。只有当法理接上了地气,法理的实践意义才能够被学生所认识,学生对于法理的兴趣才能够被激活。

我从事教学已有三十余年,从事法理学教学也有二十多年。我始终相信,既然法律原理是关于人类生活的道理,那么,世上也就不存在不能理解的法理,如果有的话,那只是老师的语言表达方法的问题。因此,我在教学过程中所作的一切努力可归结为一点,就是让学生容易理解。二十年来,我渐渐养成了将法律原理打碎,与生活常识相揉,将复杂道理作最简化处理的教学风格。大概就是因为我上课风格轻松活泼,学生容易理解的原因吧,2019 年教师节,我被大学生票选为"南京大学我最喜爱的老师"。这是我作为一个教师而获得的最引以为豪的荣誉。教书育人,能够得到众多学生的这般肯定,的确令人备感殊荣。看学生做的笔记,他们不仅记录了我讲授的知识点,而且我上课举的例子,抑或讲的一则笑话,也都被他们记录得非常清楚;甚至于上课时的笑声和掌声,也被很多同学用括号作了注明。正是因为看了学生们的笔记,我才产生了写一部带有我个性特点的法理学书的想法，想写一部读者容易读懂的法理学书。

在二十年的法理学教学生涯里，我养成了备课与反馈相结合的习惯，即在上课前备好课，课后又及时将上课发挥的内容补充进讲义。日积月累，就有了一叠厚厚的讲义。本书就是在讲义的基础上整理完成的。因此，可以这样说，本书不是写书"写"出来的，而是讲课"讲"出来的。正因此，本书"讲"的特点十分明显：(1) 有问题意识。一般说来，教材强调的是对专业知识的传授，不会像论文一样格外强调问题意识。但由于本书的许多章节都是在个人论文的基础上写成的，甚至有些章节独立开来就是一篇论文，因此，问题意识在本书中体现得十分明显。本书特别注重与读者的交流和讨论，所有的"法之理"都在讨论的基础上推导出来，从而达到"讲理"的效果。强烈的问题意识，这应该归功于我的博士生导师周永坤教授对我的学术影响。(2) 注重逻辑分析。我硕士攻读的是法律逻辑学，师从雍琦教授。虽然博士没有继续这个专业方向，但却从此培养成了敏感的逻辑直觉，动不动就用逻辑这个工具对各种定论进行剖析。法理之理是逻辑之理，能否成立，最重要的一点就是看它能不能经得起逻辑的检验。充分利用逻辑这把刀剪除枝蔓、理顺根本，就是希望本书所讲的法理能够首尾一贯地具有自洽性。(3) 口语表达。由于本书主要来自上课内容的记录，因此，口语化的表达，同时夹以信手拈来的例子，大量分布在文本中。我始终坚信，法理既是法之理，也是做人最起码的道理，因此，法理就一定是来自人们的日常生活经验，只不过它是借用理论语言进行抽象表达而已。因此，要让读者容易看懂，以日常语言来讲解法理，不仅可能而且还很有必要。(4) 互动性强。本书为了突出作者与读者的交流和对话，故在初稿中借鉴了学生笔记的做法，在相应的地方标注了学生上课时的笑声和掌声。虽然这些标记在定稿时最终被舍弃，但透过字里行间，上课时师生互动的活跃气氛仍历历在目。总之，本书坚持把消除学生学习法理学的畏难情绪，培养读者学习法理的兴趣作为主要目标。我希望，通过上述努力，大学各年级各专业的学生都能轻松阅读，甚至我希望一个接受过高中教育的读者也能看得懂。

本书的许多观点虽然是用生活语言来表述的，但它仍然与当下法理学的研究成果保持了贯通。我的印象，当下市面上使用较为普遍的法理学教材主要有两部：一部是张文显教授主编的红皮本《法理学》，这是国家规划教材，由众多学者集体编写而成；另一部是周永坤教授独撰的蓝皮本《法理学》，这是一本"网红"教材，由周永坤教授独立撰写而成。本书许多观点及其推论，大都与这两本书的相应内容作过比较。作比较的最直接目的是帮助读者提升理解和记忆，同时也表明本书并不因其个性而自说自话。

从体例上，本书除导论外分为上中下三篇。上篇是法规范论，主要内容有法律的概念、法律的功能和作用、法律关系、法律责任、法律规范、法律渊源和法律分类、法律效力等，是关于静态的法；中篇为法运行论，主要内容有法律程序、立法、守法、执法、司法、法律方法、法治和法律价值等，是关于动态的法；下篇为法社会论，主要内容有法律与人性、法律与经济、法律与科学、法律与宗教、法律与道德、法律与国家等，是关于法律与其他社会现象的关系。如果说，上中两篇的主题是关于“法律是什么”，那么下篇的主题就是关于“法律不是什么”，两者都是关于法律的认识。本书是写给法学专业的学生读的，当然，由于本书深入浅出、通俗易懂，所以也适合非法学背景的读者阅读。

周安平

2021年4月于南京大学

目 录

导 论

上篇 法规范论

中篇　法运行论

下篇　法社会论

导　论

第一章　法学和法理学

第一节　法学

对于法学，我们可以分别从两个方面来认识：一是从法学作为一门学科的方面，一是从法学的研究方法的方面。

一、法学学科

（一）关于学科

一般来说，学科可以划分为科学学科、规范学科和人文学科三大类。

科学学科是探索事实上的现象之间的因果关系的学科，其研究目的就是求真，是就是，不是就不是。科学学科反映在逻辑上，就是可以用逻辑的真假值来进行检验，符合事实的就是真的，不符合事实的就是假的。按照休谟的说法，事实与价值是两分的。科学学科探讨的就是"实然"的事实，与人的欲望、想法和立场的"应然"没有关系，实验和实践是科学理论是否成立的主要检验方法。科学学科又可以分为自然科学和社会科学两大类。自然科学研究自然界，社会科学研究人类社会。自然科学作为科学学科，人们没有异议，大家平时说的理工科在一般意义上就是指自然科学。除了自然科学以外，社会科学也属于科学学科，这个可能大家有点不太容易理解。虽然人类社会与人的主观活动有关，但如果采用的是科学方法，如社会调查、数据统计等，那就可以归入社会科学。我们所说的科学学科，无非是指其客观性，这种客观性就表现在研究对象和研究手段上。社会科学采用的科学方法，在很大程度上可以保证其研究与价值无涉，也就是说，与研究者的好恶和立场分开。也就是在这一意义上，社会科学被归入到了科学学科中。当然，科学学科的客观性也是具有相对性的，它只是相对于规范学科和人文学科而言的，后两种学科的主观性特别强。

规范学科就是探索理想的人际关系的学科，其研究不是为了问是真还是假，而是问是正当还是不正当。按照休谟事实与价值两分的说法，规范学科探讨的就是"应然"的价值，与人的欲望、立场、偏好等息息相关。可以归入规范学科的有伦理学和法学。伦理学是研究道德的学问，它回答什么是善、什么是恶的问题。法学则是研究人的行为的学问。人的行为什么是正当的，什么是不正当的，这是法学要回答的问题。伦理学和法学的很多观点都不能根据实践来检验。因为，什么是善，什么是恶，什么是正当，什么是不正当，都具有很大的主观性，无法通过客观的实践来检验。国家许多政策与人际关系有关，而人际关系是否合理，公平是其检验标准。如果把一项影响人际关系的政策交给实践来检验，而不是由公平来检验，那么，检验的标准就发生了位移，从而导致公平失落。好比说，一项剥夺富人财产给穷人的政策好不好，当然是看它公不公平、正不正当。如果说，这项政策好不好，我们先不争论，交给实践来检验。那么实践检验是好还是不好，也是要有一个标准的。什么是好，对于受益者来说是好，对于受损者来说就不好，实践怎么检验？并且，由于实践是未来的，且永无止境，这就有可能把责任推给了未来，从而为不正当的政策提供了借口。这样一来，即使大多数人都说是不好的政策，也可以先实行了再说，以后慢慢实践。至于实践到什么时候结束，一次不行，再继续实践，十年实践说不清楚，那就五十年后再说，这又成了拖延纠正的办法。人的有限生命就在无限的实践检验中耗去了。因此，我们说，只有科学学科可以宣称其研究方法是“价值无涉”，而规范学科则始终没有办法与其主观价值切割开来，只能进行价值评估，而不能一味地交给实践来检验。

人文学科是研究人的观念、精神、情感和价值的学科，即主要是研究人的主观精神世界及其所积淀下来的精神文化的学科，它关心的是人的思想、信仰和心理等。从人文学科研究范围来看，上述两大学科之外的其他学科似乎都可以纳入其中，主要指文（文学）、史（历史）、哲（哲学）。人文学科、规范学科，再加上科学学科中的社会科学，又经常合在一起被称为人文社会科学，以区别于自然科学。其实，上述几种学科之间的界限有时很难区分，以宗教学为例，你说是规范学科，当然也说得通，它要规范人的宗教行为嘛；但你要把它归入人文学科，似乎也有道理，因为它关心的是人的精神和信仰嘛。

由上我们不难发现，概念的划分只是认识世界的一种思维工具，而不是世界本身。划分出来的概念是想出来的，好比，世界上原本没有什么“东”和什么“西”，只是为了识别方位，人们才对世界作了东南西北的划分。所以，我们要明白，任何划分都只具有相对的意义。哪里是东、哪里是西，并不绝对：换一个位置来看，原来的东就成了西。学科与学科之间的划分也是这样。学科与学科之间经常呈现交叉的关系，一门学科同时具有上述三种学科特点的现象也是经常有的。比如，历史学，难道就不问历史事实的真假吗？哲学，难道就不能问世界观的正当与否吗？法学，难道就不研究人的观念吗？事实上，随着学科的发展，学科越来越呈现出交叉和开放的关系，学科与学科之间的壁垒被不断摧毁，一些新型学科不断涌现。此外，学科划分与教学管理的需要也是有一定关系的。比如，不同学校将法学归入不同的学院，或为独立的法学院，或下属于人文科学学院，或为政法学院，或为法政学院，不一而足。这种基于教学管理的需要而对学科所作的划分，有时候就是为了人事管理的方便，与学科划分的学术意义完全没有关系。这一事实也表明，学科的划分具有很强的人为成分。因此，对于学科划分，我们一定要明白，划分只是为了人们认识学科的方便，因此我们也就不能画地为牢，机械地对号入座。所以，对于学科划分，我们只能从相对意义上理解，不能绝对化，绝对化就是僵化、机械化。

（二）关于法学学科

法学是关于人的行为正当与否的学问，它与研究精神世界的神学和研究人的身体的医学一样，都是关于人的健康的学科。一个健康的人必须是精神、身体和行为都是正常的，而一个人如果出了问题，要么是行为不健康，要么是精神有疾病，要么是身体机能有障碍。因此，西方许多著名大学，一般都同时设有法学、神学和医学这三大学科，分别用来研究人的行为、人的精神和人的身体。这三大学科缺少其中之一，大学就不完整。当然，无神论国家一般不设神学院，即使有，也属边缘学科，不能与法学、医学并列。至于精神病的发病率与神学院之间有没有关系，我就不知道了。当然，有没有关系也可以作为学问来研究。社会科学就可以研究，比如通过调查、统计的方法来确定两者是否存在因果关系。心理学和精神病学也可以从自己的专业角度提供一定的解释。

法学研究对象是人的行为。人的行为可以分为涉他性行为和涉己性行为。什么是涉他性行为？涉他性行为就是说其行为涉及他人，关涉人与人之间的关系。人与人之间的关系有两种，一是自然关系，一是社会关系。自然关系与社会关系不同。所谓自然关系，就是指人是一个生物性的人，这是自然而然的。在自然关系中，一个人在意识上是独立的，他人的存在仅在物理上具有意义，人类群体犹如动物世界，弱肉强食的丛林规则是其生存的唯一法则，人与人之间的关系是暴力征服与被征服的主体与客体的关系。因此，自然关系也经常被称为动物关系。不过话又要说回来，动物关系是不是这样，或许也是人类想象出来的，用来证明人类是不同于动物的高级动物。这种想法其实是人类中心主义的观点，许多动物，它们之间的交往关系比人要文明多了，欺诈、背叛、阴谋诡计等似乎较好地体现在人类身上；而群体性杀人，发明大规模的杀伤性武器，在动物界似乎闻所未闻。这个我们暂且不管。总之，在自然关系中，人与人之间是分离的和孤独的。与此相对，社会则是联合的行为。[①] 在社会关系中，人与人之间彼此依赖，并结成团体，是一种结合而非分离的关系。在这种结合的关系中，彼此之间存在某种共识，彼此之间都共享某些因果关系，因而是一种主体与主体的关系，即主体际关系。主体际关系不同于主客体关系，前者把别人当作自己一样的人，后者把别人当作物，当作东西，就是不当人来看。记住，用这两个相对的概念来分析人与人的关系，很管用，我们后面还会用到这种分析方法。法律关心的是社会关系，人类社会之前的自然状态不存在法律，因此其自然关系不为法律所调整。在人类社会过程中人类偶尔表现出来的自然关系，恰恰是法律所要抵制的关系。与涉他性行为相对的是涉己性行为，涉己性行为因与他人没有关系，而不为法律所管。比如，纯粹的个人爱好与习惯就与他人无涉，当然也就不是法律所关注的。需要特别指出的是，一种行为，不为法律所规范，并不意味着不为法学所研究。事实上，法律规范或不规范往往可以在法学研究中找到根据，因

---

① 参见〔奥〕路德维希·冯·米塞斯：《人类行为的经济学分析》（上），赵磊、裴艳丽译，广东经济出版社2010年版，第147页。

此，自然关系也好，涉己性行为也好，法学当然可以纳入自己的研究范围中，以便为法律规范或不规范提供理论上的理由。

在社会关系中，人际关系最理想的状态是正义。所以，正义也就成为法学学科研究的重要内容，这在我们后面讲法律价值时会重点讲。既然法学是关于人际关系的学问，那么，法学也就特别重视人的尊严，与人权有关的规定往往是法学研究的重点。因此，法学研究的行为，主要是以正义为取向的行为。当然，这样讲，是将法学看作现代意义的法学而言的，与中国古代专制时期的律学没有关系。后者主要研究的是帝王治国之术，至于其涉他性行为是否正义，就不是其主要考虑的问题，涉他性行为是否会导致其利益最大化才是其追求的目标。

（三）关于法学学科与其他学科的关系

前面已经讲到，学科划分具有相对性，任何一门学科与其他学科的区别都是在其相互影响下而发生的。因此，这里所讲的法学学科与其他学科的关系，主要是讲法学与其最邻近学科的关系。如果离法学学科太远，而你又坚持哲学的观点，所有的事物与事物之间都具有普遍的联系，那么要讲的学科就无穷无尽了。关于学科的研究对象，当下许多学科采用的都是“规律定义法”。如，心理学是研究心理现象及其规律的科学，教育学是研究教育现象及其规律的科学，政治学是研究政治现象及其规律的科学；而相应的，法学就是研究法律现象及其规律的科学。这样下定义的好处是对各学科的研究对象可以作最简化的处理，一目了然，最适合考试。其不足就是各学科之间的区别并不能得到最清晰的揭示，并且从形式逻辑的角度看，这种下定义的方法还有一点点的同语反复，以至于学科自身的内涵并不清楚。关于下定义的逻辑方法，后面在讲法律概念时我们会讲清楚，这里就暂时打住。回到问题上来，我们这里讲法学与各学科的关系，并不局限于研究对象的不同，还要结合它们研究方法的不同来讲清楚。

1. 法学与哲学

哲学是研究自然界、社会和思维最一般的学科，而法学研究的是人与人的社会关系，因此，法学与哲学的研究对象有部分重合，法学研究的对象是哲学研究范围中的内容之一。但是，对于同一对象的研究，两者的研究方法并不相同。法学研究注重规范分析，就是经常通过分析法律规范来进行研究，法律条文是怎么规定的是其主要依据；而哲学研究则注重思辨性，就是抽象地说理和辨析。比如苏格拉底就经常在大街上用这种方法说得人家哑口无言。一般来说，哲学是抽象的，因此，其普适性的理论往往适用于法学研究。而当对法学研究对象进行抽象研究的时候，我们往往就称之为法哲学。所以，法哲学也就可以看作是以抽象的哲学方法来研究法律问题的学问，是法理学和哲学交叉的产物。如果我们根据从抽象到具体的排序，那就是哲学、法哲学、法理学，再到具体的部门法学。由于法学和哲学的关系，哲学思潮经常会影响法学研究，法学研究中的许多流派往往就是哲学思潮的反映，如法学中的实证主义法学派就是实证主义哲学催生的结果。哲学影响法学的链条一般是这样的：哲学影响法哲学，法哲学影响法理学,法理学影响部门法学。因为这种影响链,所以法理学专业的人看的书范围必须很广才可以,不仅包括法理学和部门法学的著作,哲学著作也往往被纳入其必读书目中。当然,法学也会倒过来影响哲学,只是法学对哲学的影响远不如哲学对法学的影响。

2. 法学与政治学

法律与政治在中国经常合在一起,被称为政法。政法专业、政法学院就是受到了这种称呼影响的结果。政治学与法学的联系,从研究对象看,政治学研究政治现象,而法学也要研究政治现象。具体来说,政党制度、政府行为、公民权利、民主制度等,政治学要研究,法学也要研究。除政治学不太研究法学中的私法学的内容外,法学中的公法学,其研究对象与政治学的研究对象几乎是重叠为一。宪政学本身就是政治学与宪法学的结合,它既可以算作是政治学,又可以归入宪法学。历史上,许多政治学著作也是法学著作,如柏拉图的《理想国》、亚里士多德的《政治学》、霍布斯的《利维坦》、洛克的《政府论》、卢梭的《社会契约论》、孟德斯鸠的《论法的精神》、罗尔斯的《正义论》等。这些著作既是政治学的必读书目,也是法学中的公法学的必读书目。

对于同样的研究内容,政治学与法学的不同,在于政治学与法学研究方法的不同。政治学以政治主体的政治行为为其主要研究对象,因此,利益分析往往是其主要分析方法。而法学研究以法律主体的法律行为为其研究对象,因此,规范分析往往是其主要研究方法。并且,从研究对象的性质来看,政治讲的是立场,而法律讲的是是非,两者存在很大的冲突:什么事都讲政治,法律虚无主义就会盛行,而什么事都讲法律,政治就会受到规则约束。当年布什与戈尔竞选总统,双方因票数统计而发生争议,这是一个政治事件。后来,戈尔诉诸法院,最后由法官裁判终结了纷争。可以想象,这个政治事件如果不是由司法决断,那么就极有可能导致政治灾难。所以,一个成熟的法治国家,所有的政治行为都必须接受法律的规制,即政治法律化。但是,对于一个有待成熟的法治国家,所有的法律行为往往都要接受政治的评价,即法律政治化。所以,无论是在成熟的法治国家,还是在有待成熟的法治国家,政治学与法学的关系都十分紧密,虽然紧密的关系方向是相反的。

3. 法学与社会学

从研究对象来看,社会学研究的是社会现象,法学研究的是法律现象。社会现象的种类有很多很多,法学研究的法律现象只是社会现象之一种。法学研究侧重人的行为,个体行为经常是其研究对象;而社会学研究则不以人的行为为限,并且主要侧重于群体性行为。法学研究主要运用规范分析方法,而社会学研究则主要采用可称之为科学的研究方法。法学与价值紧密联系在一起,而社会学经常以“价值无涉”自居,德国著名社会学家马克斯·韦伯就是这样主张的。从研究内容来看,当社会学将法律作为一种社会现象来研究时,我们就称之为法律社会学。从研究方法来看,社会学主要采用社会调查、社会统计等研究方法,而当这些方法引入到法学研究中时,我们就称之为社会学法学。当然,社会学法学与法律社会学,两者的区分界限越来越趋于淡化,现在基本上都统一称之为法律社会学或法社会学。不过,社会学院开设的法律社会学课程,与法学院开设的法律社会学课程,其体系和方法还是有很大不同的。当下,社会学与法学交叉越来越多,许多新的边缘学科就是这两个学科交叉研究的结果,如犯罪社会学、婚姻法社会学等。

4. 法学与历史学

任何一门学科的纵向研究内容都是历史的一个方面。同样,历史学研究的任何一个主题也可以是各学科的研究对象。因此,任何学科与历史学都有关系,法学也不例外。法学与历史学存在两方面交叉的关系,一是横向的,一是纵向的。如果说,法学可以看作是从横向来研究法律的话,那么作为研究法律或法律思想的历史学,即法制史学、法律思想史学等,就是从纵向来研究法律和法律思想的。并且,从研究方法来看,对于法律的概念、法律的规则等问题,当你从历史的维度搞清楚了它的来龙去脉后,那么,这个概念或规则的意义往往也就得到了最充分的揭示。从研究方法来看,历史学主要采用文献分析法,其观点往往建立在对历史文献分析的基础上,以史带论说的就是这个意思。但是,法学则主要采用规范分析法,主要致力于对法律规则的分析。法学与历史学的交叉形成了多种学科,除了前面讲到的法制史、法律思想史外,任何一门法学学科与历史学的交叉都可以形成一门独立的学科,如刑法史学、宪法史学、民法史学,甚至一门法学学科中的某一个问题与历史学的交叉都可以发展成为一门学科,如审判史学、法律监督史学、土地所有权史学等。只要有足够的人去研究,并形成了体系,那么,一门学科就诞生了。

当然,法学除了与前述几大学科存在密切关系外,还与其他学科不同程度地有着不同的联系。比如法学与经济学的结合就形成了法律经济学,法律与人类学的结合就形成了法律人类学,犯罪学与心理学的结合就形成了犯罪心理学,甚至法学与不同语种的结合,也会形成不同的学科,如法律英语学、汉语法学等。总之,学科之间的开放与交叉对于学术研究来说是有积极意义的;相反,学科之间的相互封闭和画地为牢,只能导致学术研究的视野狭窄,对于学术研究是极为不利的。所以,我们做研究的,在进行学术积累时,必须拓宽阅读范围,如果研究什么只看什么,学术研究的路是走不长的。

(四) 关于法学学科的内部体系

前面我们讲的关于法学学科与其他学科之间的关系,可以看作是法学学科的外部关系。接下来,我们就要分析法学学科的内部体系。

如果我们将法学学科看作是一个整体的话,那么,法学学科又是由不同的分支学科所构成的。根据教育部2018年发布的《法学类教学质量国家标准》,法学专业核心课程采取“10+X”分类设置模式。“10”是指法学专业学生必须完成的10门专业必修课程,包括法理学、宪法学、中国法律史学、刑法学、民法学、刑事诉讼法学、民事诉讼法学、行政法与行政诉讼法学、国际法学、法律职业伦理学。“X”是指各高校自己开设的其他专业必修课程,包括经济法学、知识产权法学、商法学、国际私法学、国际经济法学、环境资源法学、劳动与社会保障法学、证据法学、财税法学。法理学则从认识论的角度,将上述专业核心课程分别归入到理论法学和应用法学这两大块学科群中。当然,理论法学和应用法学的划分,并不以核心课程为限,许多非核心课程也可以从这两大学科群中找到自己的位置,具体结构是:

法学分为理论法学和应用法学,理论法学又可以分为法理学和法史学,法理学又可以分为法理学、法哲学、法律社会学、法律经济学等。细心的读者会发现,这个划分有逻辑问题啊,A 怎么可能分为 A 和 B 呢?是的,这的确在逻辑上不严谨。因此,根据约定俗成的看法,这里对法理学只好作广义和狭义理解,法理学作为被划分项为广义的法理学,而划分所得到的子项为狭义的法理学。法史学又可以划分为法律制度史和法律思想史,前者又可以从国别角度分为中国法律制度史和外国法律制度史,同理,后者也可以分为中国法律思想史和外国法律思想史。从理论法学的具体学科名称,大家可大体感知到,理论法学具有抽象性强的特点。

与理论法学相对的是应用法学。如果说理论法学有点务虚,那么应用法学就是务实的,实践性强是应用法学的突出特点。根据国别,应用法学可以分为国内法学和国际法学。国内法学又可以分为实体法学和程序法学。前者有宪法学、民法学、刑法学、行政法学;后者有刑事诉讼法学、民事诉讼法学、行政诉讼法学。国际法学又可以分为国际公法学、国际私法学、国际经济法学等。当然,程序与实体的划分其实也是可以跨越国别的,国际公法学和国际经济法学的实体性明显,而国际私法学的程序性则较为突出。

需要再一次强调的是,学科划分具有相对性。学科之间往往具有很大的交叉性,一门学科被归入应用法学,并不意味着其对理论学科研究方法的排斥;同理,一门学科被归入理论法学,也不意味着就完全不涉及应用学科的研究内容。并且,随着新型学科的不断涌现,有时候,一门新的学科也不能简单地被归为应用法学或理论法学。难道说,应用法学就没有理论性吗?比如,犯罪学就很难简单地归入哪一类。再比如,法经济学这门典型的理论法学,以经济学原理分析法律规范,或许因为其强烈的实用性也可以被归入到应用法学类中。因此,理论法学与应用法学的划分,其主要意义在于帮助人们认识两大学科的共性以及法学学科的大致特点,并不能因此就将学科划分作为一种固定不变的框架。如果是这样,就画地为牢了。当然,学术研究也有一些不好的现象,将研究与饭碗紧密联系在一起,你研究刑法就是吃刑法饭的,如果你一个学法理的人来讨论刑法的问题就可能被刑法学的人认为是抢饭碗。强烈排斥外专业人对本学科的染指,这对于学术研究是极为不利的。在这里,对将来有志于从事学术研究的同学提个建议,看书的范围千万不要受到专业的限制,应该尽量拓展阅读的范围。此外,还要指出的是,一门学科是否成立只取决于其理论体系,而不取决于对应的法律规范。所以,我们也不能以有没有法律规定作为一门应用法学是否成立的标志。

二、 法学研究方法

法学研究方法与法律方法不同,前者是学术研究方法,后者是法律实践方法。两者的关系，我们在后面法律方法一章中会讲清楚，这里只讲法学研究方法。一般认为，法学研究方法主要有规范分析方法、价值分析方法和社会实证分析方法三种。此外，马克思主义法学一般坚持阶级分析法，该研究方法曾长期成为我国法学研究的主要方法。下面就对这四种研究方法分而述之。

（一）规范分析法

规范分析方法是法学研究最基本的方法，旨在将法律文件作为其分析对象，着重分析规范的意义、规范的结构、规范的体系等。规范分析方法摒除规范之外的因素，只研究规范本身。凯尔森的纯粹法学是规范分析方法的代表，纯粹法学将“法律是什么”与“法律应当是什么”严格区别开来，认为“法律应当是什么”不是法学所要研究的，那是立法学和伦理学的研究对象，法学只关心“法律本身是什么”。规范法学派由于强烈排斥价值分析，将法律与道德切割开来，而被自然法学派批评为鼓吹“恶法亦法”。当然，尽管坚持极端的规范分析法有为极权主义辩护的嫌疑，但我们作为一个法律人，必须掌握这种最基本的分析方法，因为它对我们正确理解和阐释法律的规范意义具有十分重要的作用。

（二）价值分析法

如果说，规范分析方法研究的是“法律是什么”，那么，价值分析法研究的则是“法律应该是什么”。价值分析侧重对法进行价值评估，即评价法是否正义、是否公平等。价值分析方法坚持对法律进行道德评价，因而主张法律与道德的联系，强调“恶法非法”。规范分析主要研究的是法律的形式，即“法律规范是什么意思啊”。而价值分析法则主要研究法律的内容，即“法律这样规定到底正不正当”。规范分析法主要研究法律本体，即法律自身的问题，而价值分析则将法律与法律外的观念联系在一起，正义、道德，都是来自法律之外的观念。一般来说，价值分析方法以超越现行法的姿态来对现行法进行批判，说现实法律这不对，那不对的。价值分析法因为对现实始终充满终极关怀，注重人权保障，关怀弱者，所以，它在辩论中容易占据道德优势，语言总是说得理直气壮，大义凛然一般，搞得对方灰溜溜的。但是，价值分析法也有其不足的地方，一是价值标准因人因时因地而异，不具有客观性，你说这样才正当，我说那样才公平，结果往往是权力说了算，从而容易导致价值独裁。二是，虽然价值分析法为人们抵制恶法提供了正当性，但也容易为人们拒绝执行法律提供借口。你法律规定的本来就不道德嘛，我凭什么要遵守不道德的法律？如果人人以此为理由，那法就不成为法了。三是，法律安定性容易受到价值分析法的威胁。虽然法律发生了法律效力，但这个法律是不正义的，因而是无效的，如果持这样的观点，那么法律也就没有稳定性了，制定了也可能在道德的批判下而不具有法律效力，那法也将不法。

（三）社会实证分析法

社会实证分析法是将法律当作社会现象的一种，对法律现象进行数量分析的一种方法,其目的在于揭示各种法律现象之间的联系。相比于规范分析方法,社会实证分析方法主要进行定量分析,依据数据说话,从而使其对社会问题的研究更精确、更科学。社会调查和社会统计就是社会实证分析法中经常运用的方法,这两种方法对立法学的研究和法律实施质量的评估具有非常实用的意义。一般来说,社会实证分析方法来自社会学,是社会学与法学结合时经常运用的方法。

(四)阶级分析法

阶级分析方法,就是用阶级和阶级斗争的观点去观察、分析和解释阶级社会中各种社会现象的一种方法。阶级分析方法在中国法学研究中曾经一度占据主导地位。近年来,随着学界对法律社会作用的强调而有所衰减,但是,它并没有完全退出市场,经常在特定时期或特定场合,被有些学者基于政治功利目的而加以发挥。阶级分析方法可以让我们清醒地认识到阶级对立社会的法律性质,以及法律所维护的统治阶级利益,从而为批判统治阶级的法律提供理论武器。但是,法学研究对阶级利益的过分强调,不利于法律对于平等与正义的追求。而且,当涉及当下问题时,阶级分析方法则不免有局限性。

除了上述四种研究方法外,经济分析法、比较分析法、历史考察法也是法学研究中经常使用的方法。一般来说,不同学派其使用的研究方法也会不同。或者也可以这样说,研究流派往往就是根据研究方法而划分的结果。规范分析法主要是规范法学派的研究方法,价值分析法主要是自然法学派的研究方法,社会实证分析法则主要是法律社会学派的研究方法,而阶级分析法则主要是马克思主义法学派的研究方法。当然,上述研究方法并不相互排斥,研究者往往会根据其特长并结合研究的内容而采用不同的方法,甚至综合运用上述各种方法。研究方法毕竟是研究手段,你在研究中觉得哪种方法有用,你用就是,只要在逻辑上能够自洽就可以。

第二节　法理学

讲完了法学,接下来,我们就要讲法学中的法理学了。

一、 法理学研究的对象

法理学,顾名思义,就是研究法律理论的学问。这样说,好像什么也没有说,难道法学其他学科就不研究法律理论吗?民法学不要研究民法理论吗?刑法学不要研究刑法理论吗?所以,要搞清楚法理学的研究对象,就必须将法理学研究的法律理论与其他法学研究的法律理论区别开来。法学中的所有学科都要研究法律理论，法理学研究的法律理论是所有法学共通的一般性的法律理论。这样说，法理学与其他法学的区别就慢慢清楚起来了。具体来说，法理学研究的法律理论，对其他法学具有普遍适用的功能，其揭示的法律原则、法律方法对于其他法学具有指导的意义。

什么是理论？这个大家心里很清楚，但是口头上又不是很容易说清楚。一般认为，理论是指概括性强、抽象度高的知识体系。但这样说，还不是很好懂，我们可以换一个角度来看理论。理论与实践是一组相对的概念，如果我们站在实践的角度来看，理论就应该是一个具有与实践相反特点的概念。实践是人类非常具体的、并重视操作的一种活动，理论作为与实践相对的概念就应该不具有此特点才对。这样一说，从实践相对的角度看，理论的"概括性、抽象性"是不是就容易理解一点了？如果用学术语言来表达，那就是，所谓抽象，就是从众多事物中抽取出共同的、本质性的特征，而将其非本质的特征舍去。例如苹果、梨、桃子、香蕉、葡萄等，它们共同的特性就是水果。从前面具体的水果到一般的水果，这个思维的过程就是一个概括的过程，是一个从具体到抽象的过程。再比如，水果、面粉、饼干等，它们的共同特性是"可食用物"，从而得到"食物"的概念。如果我们继续概括下去，又可以得到"东西"的概念，再概括下去到最后就可以得到哲学的"物质"这个概念。每一次的概括都是对具体事物的远离，从而其抽象出来的概念就越来越可以涵盖更多的事物。人类对于事物的认识总是从具体开始，然后再逐渐抽象。父母教子女就是从具体的东西开始，具体东西接触多了，小孩慢慢就学会了将相同东西归类到一起，这就是抽象思维的开始。由于抽象的概念涵盖的事物较多，因而理解概念的难度也就相应增加了。所以，抽象性强的人往往也就被认为是有水平的人，这就是理论水平。没有听说过实践水平吧？只会说实践能力。

当然，仅仅理解了理论的概括性和抽象性，还不能说就掌握了理论的含义。德国学者魏德士说过："只有当理论可以被理性地验证，可以由其他（持其他观点和理解的）科学家检验的时候，简言之：仅当理论具备可证伪性或'可归谬性'的时候，也即可以被证明为假或者与事实不符的时候，理论才对得起学术性阐释与思维模式这个称谓。"[①]如果魏教授这番话还不好懂的话，他还有两句话，第一句话是"学术研究通常以现有理论的崩溃为起点。该理论的破产导致的问题可以由新理论来解释。任何理论只是解释方案的建议、是迈向真理的一步、因此同样总是可能的错误之最新状态"[②]（有点拗口，标点符号也不正确，但原文如此，我不好改动）。第二句话是"只有理论所提出的一般规则与假设可以被记录语句证伪的时候，理论才成其为理论"[③]。说得直白一点，理论本身只是一种假设，并不一定就是正确的，当然也不是说它就一定不正确，而是说它必须具有证伪的途径。什么是不可证伪性？还是举例来说明吧。宗教信条就是不可证伪的，

① 〔德〕伯恩・魏德士：《法理学》，丁小春、吴越译，法律出版社 2003 年版，第 11 页。
② 同上书，第 11—12 页。
③ 同上书，第 12 页。

你能证明上帝不存在吗？算命先生说的话也是不可证伪的，你能说他说的是错的吗？虽然你可以怀疑算命先生的话，但你总是没有办法证明他是假的，因为他事先设置了很多很多的条件，让你觉得似是而非，这就是不可证伪性。许多人都算过命吧？算命先生说得最多的是“少年奔波，老来享福”，这句话就很难证伪。或许有同学说，不对啊，如果一个人到了年老的时候还在奔波那不就证伪了吗？可是，算命先生会辩解说，你可以活到九十岁，七十岁不算老年啊。什么是可证伪性呢？也举个例子来说明。当一个理论宣称，地球绕着太阳转，太阳东边出来西边落山，这就可以证伪，因为明天如果太阳没有从东边升起，理论就被证伪了。因此，一个理论如果坚称其不可证伪，那么它就不是理论而是宗教了。关于可证伪性的话题，如果有兴趣，还可以参考波普尔的著作《猜想与反驳》，里面有专门的研究。

说理论具有可证伪性，只是说理论有被证明是错的办法，而不是说理论就一定是错的。事实上，理论恰恰是要尽力回应实践，以使其理论经得起实践的检验，因此理论的意义就在于经得住可证伪的检验。理论之所以不同于实践，就是因为理论不只是对应于一个具体的实践，而是涵盖多个，甚至是无限个实践。涵盖的实践越多，理论的概括性和抽象性也就越强。因此，倘若要保证理论对于实践的可解释性，那么，理论就必须保持其自身的一致性。也就是说，你虽然不能保证理论的绝对正确，但理论正确的一个必要条件就是你必须保持理论的自洽性，即要能够自圆其说，前后一致。不能时不时地出现特殊性，与所宣称的理论发生冲突。一个特殊可以理解，一个一个的“特殊”，最后摧毁的就是理论的说服力。理论是体系化的知识，与碎片化的知识不同。掌握碎片化的知识参加“一站到底”的节目可以，但参加逻辑大赛就不行。法理学的理论涵盖各部门法学，因此也就要求其理论对所有法学的问题能够解释，并且解释的逻辑要始终一致。只有这样，法理学的理论对部门法学才具有适用性。这也是我为什么提倡大家选用法理学教材(其实不只是法理学)时，要尽量选择一个学者写到底的教材。因为一个人从头写到尾，其逻辑性相对比较完整，前后大体能够保持一致。如果不一致，你就可以追问作者，作者解释不了，他就要被迫修正自己的理论或表述。而如果由不同的学者各写一两章，那么各章之间就很难做到逻辑一致了。

理论当然不是凭空杜撰出来的。理论是对具体问题的归纳。部门法学是对其部门法问题的归纳，而法理学又是对部门法理论的归纳，是归纳的归纳，也可以理解为概括的概括，或者抽象的抽象。所以，法理学的理论要比各具体法学的理论更具有概括性、更具有抽象性。也可以这样来说，理论的概括性和抽象性也是相对的，离实践问题越远的理论越抽象。因此，法理学之理论与各部门法学之理论相比，前者的抽象性大于后者。如果对法理学的理论进行再抽象，那么就上升到了哲学理论的高度，故法哲学理论又比法理学的理论具有抽象性，而哲学的理论又比法哲学的理论更具有抽象性。既然法理学的理论来自各部门法学的理论，因此，各部门法学的问题也是法理学所要研究的问题，只不过，法理学研究的理论问题是法学共通的一般性的理论问题，是法学最基础性的理论问题。

法理学研究的理论具有一般性和基础性，那么，究竟法理学要研究一些什么理论问题呢？根据魏德士教授的归纳，法理学研究的主要问题有[①]：

（1）什么是“法”？

（2）法起什么作用？

（3）我们在哪里找到法（法的渊源）？

（4）法（理性）学是一门科学吗？

（5）什么是“法信条”？它有什么作用？

（6）语言对法与法学家有什么意义？

（7）法在多大程度上体现公平？

（8）法为什么“有效”？

（9）法是怎样适用和发展的？

魏德士的归纳当然并不是说，这些问题就是法理学的全部问题。我国法理学教材对于法理学所要研究的具体问题进行了体系化，但不同的学者有不同的归类，并无统一的结构，这也是法理学教材不同于其他部门法学的地方。其他部门法学因为有一个规范的法律文本，因此其学科体系也就有相对定型的结构，比如刑法学的结构是总论和分论，前者对应刑法总则，后者对应刑法分则。本书的结构在参考其他法理学教材的基础上，依据本人的理解，而自创了法理学的结构体系。这个体系在自序中已经交代过，这里再说一下。本书分为导论、上篇、中篇和下篇。导论就是本章的内容，主要介绍本学科的特点及体系。上篇的具体内容有：法律的概念、法律的功能和作用、法律关系、法律责任、法律规范、法律渊源和法律效力。该篇的内容主要是从规范的角度来解释法律，可以概括为“法规范论”。中篇的具体内容是，法律程序的功能、立法程序、守法程序、执法程序、司法程序、法律方法，法治和法律价值等。该篇的内容主要是从动态的角度来看法律，可以概括为“法运行论”。下篇的具体内容是：法律与人性、法律与经济、法律与科学、法律与宗教、法律与道德、法律与国家等。这部分内容主要是阐述法律作为一种社会现象与其他相关社会现象的关系，可以归纳为“法社会论”。在这三篇中，前两篇是关于法律自身的问题，主要直面回答“法律是什么”；而下篇则超越了法律自身，延及与法律相关的社会领域，思辨性和理论性更强，主要回答“法律不是什么”。“法律是什么”与“法律不是什么”的结合，将法律的整体图景展示给读者，以使读者对法律形成完整的、立体的、多维的认识。

二、法理学的意义

这里所说的法理学的意义，是指法理学对于部门法学到底具体有什么意义。法理学对于部门法学的意义，主要体现在以下几个方面：

---

① 〔德〕伯恩·魏德士：《法理学》，丁小春、吴越译，法律出版社2003年版，第15页。

（一）为部门法提供理论根据

法理学既然研究的是法律的一般性的和基础性的理论，那么，也就意味着法理学必须为各部门法学提供理论根据。法学学科中不是有那么几个法总喜欢以“母法”自居吗？如宪法就认为自己是其他法的母法，而民法也喜欢把自己说成是法律之母。从这个角度讲，法理学也可以称作是其他法学的理论之母。法理学关于法的基本原理、基本原则、基本概念的阐释必须能够适用于各部门法学，各部门法学的理论必须能够在法理学中寻找到理论根据。因此，研究法律中最一般、最基础、最抽象的理论，是法理学的基本任务。也因此，学好法理学，对于学好其他部门法学具有极为重要的指导意义。也因此，在法学院的教学科目中，法理学都是作为非常重要的课程而被置于重要的教学地位。

当下，法理学研究现状有两大表现，一是宏观叙事，紧跟政治步伐，着力论证国家重大政治命题；二是微观叙事，紧跟社会潮流，着力评价和分析社会热点。这两种研究方向，当然都具有很重要的意义，法理学必须回应现实，必须为现实提供理论答案。但是，这样一来，一些基础性的理论问题，其研究人数和研究成果与前面两种表现相比就显得远远不够。造成这种研究现状的原因当然有很多，但恐怕也与学者的论文发表任务有一定关系。毕竟，基础性理论研究的周期过长，要坐很久的冷板凳，而现行评价机制对长期不出成果的学者又缺乏足够的耐心。在科研排名、科研指标等各方面，基础研究都不占优。久而久之，愿意做基础研究的人也就越来越少，成果当然也就越来越少了。

基础性理论研究不足的一个后果是，法理学不能为部门法学及时提供理论，往往是部门法的研究走在了法理学的前面，法理学来不及反应，致使法理学的研究与部门法的理论需求发生脱节。部门法学的学者对法理学颇有微词：你还指导我？你都在我后面了。幸运的是，这种现象已经引起了法理学界的注意，一些学校和刊物正积极推动部门法理学和部门法哲学的研究，试图将法理学与部门法的研究结合起来，以消除法理学与部门法之间的壁垒。而部门法也在积极和主动地与法理学融合，一些新兴的部门法理学课程也开始登上讲台，如民法法理学、刑法哲学、经济法理学等。

（二）指导法律实践

法理学研究的是理论，但其理论的意义不只是停留在对其他学科研究的指导意义上，对于法律实践，法理同样具有非常重要的指导意义。法律理论作为通用理论，在立法中必须得到贯彻，立法违反法理，就会导致法律体系内部出现矛盾，或者法律目的不好理解，或者法律条文不好解释，或者法规与法规之间的关系不好处理。这些情形最后都会危及立法的科学性和逻辑性。一般来说，立法质量不高的原因固然会有很多很多，但法理如果没有学好，也一定会在立法文本中反映出来。语言、逻辑、体系，等等，这些都与立法者的法理学水平息息相关。如果大家有兴趣，可以对某一部法律文本作这样的研究，就会发现它存在这样那样的问题。

法理学的意义在司法中的表现也非常明显。在英美法系国家,法理的重要性当然是毋庸置疑的。在美国,很多大法官都是大法学家。卡多佐、霍姆斯、波斯纳、庞德等,这些名字如雷贯耳,他们之所以有名,难道是因为他们既是大法官,又是法理学家吗?不,恐怕首先就是因为他们是法理学家,所以才成了著名的大法官。他们做法官水平如何,看看他们写的法理学著作就知道了。建议大家找他们的几本书来看看。就算是大陆法系国家,司法也不是完全机械地操作,如何定性、如何论证,每一步都要用到法理学理论。看看法官写的判决书,就算判决结果是一样的,但论证的理由却会因他们法理水平的不同而有高低之别。判决书就是一个人法理水平的最好展示。何况,任何制定出来的法律都不可能是尽善尽美的,它必然存在空白和缺陷。这些立法的不足,得靠司法来弥补。而法理在填补立法空白、纠正立法失误,以及解决疑难案件中就发挥着积极的作用。

(三)训练法律思维

这个问题其实与上面的问题联系在一起,不过,从法律教育的角度仍然有必要单独拿出来说道说道。今天的法学教育存在一种现象,就是,每个法科学生都是围绕司法考试来进行学习,硬是将一个研究型大学搞成了一个职业技术学院。考证、考证,一切都是为了考证。在这种职业考试氛围下,学生很难静下心来啃一本法理学书。毕竟从考试的角度考虑,看一本法理学经典著作,远不如背一部法规条文要见效快。毕竟,理论的东西,不像其他技术性学科一样,其作用能够立即显现出来。在我国实用主义观念十分流行,就像一个老师说的那样,中国人对凡是不能立即生钱的东西都不感兴趣。所以你要求人家耐下心来读几本法理学经典,人家就会反问你,这有什么用啊?这个问题你还真没有办法回答。你说,理论可以培养法律精神和法律思维。这个道理尽管是对的,但在实用主义者面前,这样的回答连你自己都觉得很虚。不过,这个问题似乎还真不只是中国特色问题,魏德士说过德国也有这种情况。他说:"今天的法学教育被司法考试牵着鼻子走,它所培养出来的与其说是独立思考并具有判断能力的法学家,毋宁说是熟练适用法律的法律技术匠。"[①]

法律技术匠是什么意思呢?你们知道木匠、铁匠吧?"匠"是指在某一领域是一个熟练的工人,他根本就不知道其中的几何学、物理学等原理,但知道怎么做木工,怎么打铁器。同理,法律技术匠就是说他只会机械地记忆法条,机械地适用法律。说一个人是法匠其实就是说他是一个法律技术的熟练工。当然,把那些只记条文轻视理论的法律人说成是法匠,有一点看不起人的意味,这固然是理论强的人的一种自我欣赏和自我陶醉,但也不乏人们对于理论的欣赏与尊重。法律思想和法律思维,不是通过死记法律条文就可以提升的,但法条则可以通过临时查找而获得。在今天来说,法律条文的记忆意义并不大,电子设备、网络世界,瞬间就可以检索到所需要的法律法规。但是,法律精神

---

① 〔德〕伯恩·魏德士:《法理学》,丁小春、吴越译,法律出版社2003年版,第20页。

与法律思维的培养则是一个非常缓慢的过程,必须通过长期的理论训练而慢慢提升。当然,一旦提升,水平就上去了,不会像记忆法规一样,今天记住了,过一段时间又忘记了。法学家之所以不同于法律匠,就在于前者不只是要有知识,而且还要有学识。学识与知识是不一样的,知识是共识性的东西,是很客观的存在,一个人通过记忆就可以掌握。学识则不然,它是思想的体现,一个人的思想是不是很深刻,见解是不是很合理,表达是不是很令人信服,就主要取决于一个人的学识水平。所以,在人际交往中,小孩因为记得很多知识而容易被人欣赏,比如能记住许多稀奇古怪的城市名啊,能够背诵多少首唐诗宋词啊,这些都是许多父母炫耀的资本。大人则不然,你被人欣赏不会因为你能够记忆背诵,至少主要不是,而主要是因为你有学识。要培养一个人的学识,就主要靠理论学习了。当然,就法学而言,就主要靠法律理论的学习了。我说的是"主要",不是"唯一",不然部门法的老师要不高兴了。

当然,话要说回来,好像教什么课的老师都会说什么课很重要,如果你教的课不重要,那你的工作还有什么价值?这样质疑也是有一定道理的。所以,法理学是不是很重要,我就不继续说了,还是等着大家学习完了几年法律,走向法律职业岗位再来说吧。以我教学的经验来看,但凡工作几年后的法律人,当他们再回到学校来充电时,他们对法理学的兴趣往往高于对其他部门法学的兴趣。这个现象是不是能够补充说明一下法理学的重要性呢?

上　篇

法规范论

第二章　法律的概念

第一节　法的释义

什么是法律，不同的学派从不同的角度可以作出不同的解释，所谓“横看成岭侧成峰，远近高低各不同”，就是这个意思。因此，对于法的定义，必须先说清楚是从什么角度来看，否则很难取得共识。

一、语义学的理解

在汉语词典中，“法”一般有以下几种含义：(1) 办法、方法，指处理事情的手段，如写法、用法。(2) 作动词用，仿效，如效法、师法。(3) 标准、模范，可仿效的对象，如书法，法宝。(4) 佛教徒称他们的教义为佛法，有时民间传说中的超人法术也被说成是佛法。(5) 法律，这才是我们要讲的对象。虽然，法律只是“法”的诸多意义之一种，除了第(4)种外，前三种的意义都或多或少与“法律”的语义有一定的联系。法律是我们办事的方法吧？我们应该遵守法律吧？法律提供了我们行为的标准吧？

法与律不同。法在指法律时，有以下含义：(1) 法与刑通用，彰显暴力。强调义务，此为核心意义。中国古代的法律主要就是指刑法，民法不发达，与重农抑商的经济政策有关，所以法律侧重于刑法、刑罚。我们看古装戏，凡是与法律有关的，都是与刑事案件有关。所以，直到今天，中国人一说到法律，就会想到“坐班房”，日常交流中，也会经常脱口而出，“我又不犯法，我怕什么”。可见，中国古代刑法文化非常发达，影响久远。(2) 含有公平之意，是指衡量人们的行为是否符合公平的准绳。虽然与刑有关，但仍然含有公平之意。法，刑也，平之如水，古者决诉，神明裁判，令触不直。西南政法大学的校门口有一只独角兽的雕塑，就是取此意。古代的公平观与今天不同，到底公平还是不公平，人说了不算，神明说了才算。古人也知道人是不可靠的，有偏见、有私心不是？所以在没有其他客观办法的情况下，就相信神了。虽然神明裁判不能实现现代意义的公平，但神明裁判可以追求形式公平，说到极端至少可以追求运气上的公平。谁是小偷，两个人互相指认对方，说不清楚吧，那就扔进鳄鱼池里，谁能够上来谁就是无辜的。你说不公平是吧，是的，但在弄不清楚的情形下认命，至少是运气公平吧？(3) 裁判的依据，是指公平地判断行为是非、制裁违法行为的依据，司法的法就是这个意思。周永坤老师认为：“中国古代法字的含义经过了一个转变过程：最初的义项是作为器物的‘模子’或‘范式’或‘判决’；其后扩充到社会意义的规范，风俗；随着制定法的兴起，到东汉时，法的‘刑’的含义突出出来了，前几种含义被逐渐淡化。”①

律不同于法。律者，音乐学义，均布也，有整齐划一的意思，韵律、旋律就是这个意思。强调统一步调、统一行动。这种统一显然是上对下的要求，是君主对于臣民的要求。这个意思我们这里暂且不论，反正律就是统一、一致、整齐、规整的意思，与秩序的意思接近，所以法律与秩序经常联系在一起，说成法律秩序。总之，在法律意义上，法强调内容，律侧重形式。因此，“法”也就与“法律”不同，前者强调的是法律的内容，后者强调的是法的形式。不过，如果不是在区别意义上来讨论，人们一般不对法与法律作区分，本书以下亦然。

西语语义学与中国的“法”对应的词语是 law。不过拉丁文是用 jus 和 lex。jus 表达的是法的意义，但强调的是正确、权利、正义。lex 表达的是法律的意义，强调的是规则。从中西语义对比看，两者都强调法的规则性。所不同的是，中国古代法强调的是刑法和惩罚，侧重法的强制性，传递的信息主要是暴力和恐惧；西方法则不同，它强调的是权利和正义，正当性重于强制性，传递的信息主要是权利与和平。上述差别从法庭布置上也可以看得出来。中国古代法庭营造的是审讯的气氛，两边站着的是衙役，高喊“威武——威武——”，当事人随时都会面临大棒伺候。西方则不同，法庭被布置成一个讲理的场所，原告被告的桌子平等摆放，程序也是双方说话的权利对等安排，你先说，他再说，法官听完两边说完，再判谁对谁错。当然，这里说的只是中西方对于法律理解的大概区别，事实上，即便同是西方，关于法的理解，不同的学派也有不同的认识。自然法学派强调的是法律的应然性，即法律应该是怎么样；分析实证主义法学派则强调法律规范的实然性，即静态的实然，法律文本是怎么规定的；而法社会学派则强调法律在运行中的实然性，即动态的实然，现实生活中法律是什么样子以及是怎样运作的。这个我们后面还会讲到。

二、 自然法学派的理解

自然法学派是当今西方世界居于主流地位的法学流派。自然法学派的代表人物有格劳秀斯、洛克、孟德斯鸠、卢梭、潘恩、杰斐逊等。这些名字你们现在听起来还有点陌生，不要急，我们后面还会反复提起，你们慢慢就会熟悉起来。牛人的名字要经常挂在嘴上，要知道，他们的名字本身就是你知识层次的标志，至少说明你谈吐不凡啊，在对话中也可以暂时假装一下很有学问的样子啊。当然学好法理，光知道牛人的名字那只是起步，最重要的还要看牛人们写的书，这样的话，你的层次就往上走了。

自然法学派重视法律的价值分析，即重视法的人性、理性、公正、自由、平等正义的内容，重视对法律正义这一终极价值目标的探索。自然法学注重分析法律为什么存在，以及应当如何存在。自然法学派一个基本立场就是将法律分为自然法和实在法两种。

---

① 周永坤：《法理学》（第二版），法律出版社 2004 年版，第 310 页。

所谓实在法，主要是指国家制定的法，因具有实在性而称之为实在法。所谓自然法，就是指“反映自然存在的秩序的法，是法律和正义的基础”[①]。说得形象一点，就是自然而然的，当然也就是不可改变的、最必须尊重的法。自然法学派认为，自然法是永恒的法、不可废除的法，实在法不能违背自然法，否则就是恶法，没有正当性，就不具有法的属性。所谓“恶法，非法也”，就是对自然法学派观点的经典概括。二战后对战犯的审判，就突出地显示了自然法的作用。至于“自然”具体究竟指称什么，不同的自然法学派又有不同的解释。“自然”可以解释为神意，当然这是在有神论国家。“自然”也可以解释为自然规律，法律不能违反自然而然的秩序。比如，把人规定为奴隶，奴隶就不是人了，这就违反了自然法，所以任何法律都不能规定人是奴隶。不过，也有人认为从自然意义上讲奴隶就不是人，可见自然意义具有相当大的任意性。“自然”也可以解释为理性，通过人的理性去认识和发现法应该是什么样子。总之，自然法学派是从法律之外去解释法律应当如何如何的，自然法是用来约束实在法的，它强调的是法的正义、正当和公正等道德性内容。

自然法学派关于法的定义，其意义在于以其对人的终极关怀而推动实在法的建设。但是，自然法学派的价值分析观点也一直遭人诟病。批判的主要理由，前面在讲价值分析法的不足时，已经讲过，这里再重复一下：(1) 价值标准不具有客观性；(2) 易为人们拒绝执行法律提供借口；(3) 法律的安定性容易受到威胁。也就是因为这些不足，自然法被分析实证主义法学派讥之为不可捉摸、虚无缥缈的东西。

三、 分析实证主义法学派的理解

从哲学上来讲，西方所有的法学流派都可以分为实证主义法学和非实证主义法学两大类。分析实证主义法学是实证主义法学的一个分支。分析是将研究对象的整体拆解为部分，而实证则是反对先验，以客观知识为基础，一句话，就是不要说那些玄乎的，像自然法学派一样。分析实证主义法学派将法律严格限定在实在法，至于所谓的自然法，在分析实证主义法学看来，那只不过是个比喻，并不具有法的属性，不值得研究。什么恶法非法，难道破桌子就不是桌子吗？破桌子不能因为是破的就不是桌子吧？分析实证主义法学派又包括以奥斯汀为代表的分析法学、以凯尔森为代表的规范法学和以哈特为代表的新分析法学。[②] 分析实证主义法学的这三个学派虽然总体上都是以实在法作为认识和分析的对象，但对于实在法的认识，三派又各有不同。

1. 分析法学的代表人物奥斯汀，认为法律是主权者的命令，是“在独立的政治社会中单个的主权者或拥有主权的集团，对其社会成员下达的直接或间接创设的一般命令”[③]。奥斯汀认为，法律只要具备主权、命令和制裁这三种要素，就是严格意义上的法

---

① 何勤华主编：《西方法学流派撮要》，中国政法大学出版社 2003 年版，第 2 页。
② 同上书，第 75 页。
③ 同上书，第 79—80 页。

律。至于法律是不是合乎正义、法律是好是坏，都不影响其作为法律的效力。此观点被后人攻击为“恶法亦法”。法律命令说很符合人们对于法律的直观认识，特别是它对于法律强制性的强调与我们中国人对于法律的认识具有很大的一致性。你不守法，警察就抓你去坐牢，这就是法律啊。法律命令说对马克思主义法学派也产生了很大影响。马克思主义法学认为，法律是统治阶级意志的体现，这与法律命令说具有一脉相承的关系。有兴趣的同学可以看奥斯汀的著作《法理学的范围》，里面讲得很清楚。这本书是奥斯汀根据他的上课讲义写成的。据说，奥斯汀讲法理课，讲着讲着，下面的学生走得都没有几个人了。学生也是，也不给奥老师一点面子。幸好他这本书影响还不错，看来他说的不如写的好。

2. 凯尔森则从纯粹法律规范角度分析什么是法律。凯尔森将一切非法律的因素，诸如自然、理性和正义等，从法的定义中统统剔除出去，认为法律就是一个由法律规范构成的体系。凯尔森关于法律的规范说与奥斯汀的命令说有些不同。凯尔森认为，不仅私人的行为要受法律的规范，官员的行为也要受法律的规范，立法者也要受法律的规范。而奥斯汀的法律命令说将法律主体分为命令者与服从命令者，命令者总不会命令自己遵守法律吧？因此，这显然不能解释立法者为什么也要受法律约束的现象，或者说得学术点，与法律的普遍适用性相矛盾。这样看来，奥斯汀的法律命令说只可以解释君主颁布的法律，对于今天的法律就不具有解释力。所以，凯尔森的规范说可以说是对奥斯汀的命令说的缺陷进行了很好的修正。有兴趣的同学可以看他的著作《法与国家的一般理论》《纯粹法理论》，里面讲得很清楚。

3. 新分析法学的代表人物哈特也不同意奥斯汀的命令说。哈特认为，按照法律是主权者的命令的说法，那么，强盗的命令也是法律。哈特说，一个强盗拿枪对准银行职工的脑袋说，把钱交出来，否则就枪毙你。那这个强盗的命令是不是也是法律啊？因为，按照奥斯汀的说法，这个强盗的话也可以看作是满足了主权、命令和制裁三要素的要求。哈特认为法律其实是由规则构成的。在哈特看来，规则可以分为第一性规则和第二性规则，前者设定义务，后者授予权力。其中后者又包括承认规则、改变规则和审判规则。有兴趣的同学可以看他的著作《法律的概念》，里面讲得很清楚。

在分析实证主义法学的指导下，西方社会在其后的几十年里，法律规则迅速发展成为一个庞大的规则体系。在西方法学中，分析实证主义法学的一个重要作用就是完成了对自然法学这一纯思辨和纯理想的批判和清算。它运用实证的方法，否定了那种不可捉摸、虚无缥缈的自然法的存在，这在一定程度上推动了法学的进步。正是从奥斯汀开始，法学研究的重心才开始从法律的外部关系，如法律与宗教、法律与道德等方面的研究，转移到了法律的内部结构、范畴体系和逻辑关系等方面的研究上来。即只研究法律本身的材料与结构，不研究法律是好还是坏，好坏就留给伦理学家去研究好了。因此，这种研究方法，对法学研究、对法学家们的思维方式有很大的启迪作用，开创了法学研究的新领域。

但是，如果将法律仅停留在实在法上，不研究法的理想和正义，那么也就切断了法律与道德的联系，从而为“恶法”张目，为法的暴政与专制辩护。这对于法律的冲击和破坏是巨大的，严重的话还有可能引发法律的合法性危机，从而催生革命。每一次的革命不都是拿法律是恶法来说事吗？你的法律是恶的，是为恶政服务的工具，那么我们不遵守你的法律，彻底推翻你的政权，不就具有非常正当的理由了吗？当然，我们这里不是说革命不好，而是解释革命之所以发生的原因。法律发展的历史表明，一旦法律理性的面纱被撕去，法律的前景就极为可悲和可怕。法律一旦脱离了价值判断的形而上领域，仅作形而下的理解，法律的社会意义就会大为逊色。因为这种方法，无助于人们培养对法律的感情，法律就会僵化，就会变得支离破碎，就会失去它的神圣与可爱，从而使法律在历史的长河中，因为失去源泉而趋于枯竭。在这种观念下，一个人之所以守法，仅仅是因为恐惧，而不是出于尊重。分析实证主义容易走向极端形式主义的道路。在极端形式主义下，具有丰富内容和极大活力的法律将变成单调、死板、枯燥和毫无生机的、抽象的法律概念，从而活生生的法律变成了纯逻辑技术的推理和演绎，以至于在面临复杂的社会生活和尖锐的矛盾冲突时，分析实证主义无法提供多样化的解决方案。

四、法社会学派的理解

法社会学是将法律作为社会现象之一种，而对法律进行研究的流派。它又可以分为两支，一是社会学法学，一是法律社会学。前者是法学学科，后者是社会学学科。从研究主体的身份上判断，前者一般是法学专业出身的，如庞德、霍姆斯等大法官；后者一般是社会学专业出身的，如卡尔·马克思、马克斯·韦伯等社会学家。不过，现在人们一般不太作严格区分，这在前面已经讲过。本书如果不是从区别意义上来讨论的话，都一律称之为法律社会学，或者再简单一点，就称为法社会学也行。法社会学关于法的概念有两个认识维度，一是“非国家的法”，二是“行动中的法”。

“非国家的法”，即把法的概念从国家领域扩大到非国家领域。“非国家的法”又因不同领域的学者而有不同的说法：(1) 一种是法人类学家的观点。他们认为，法这种现象无论在文明社会还是野蛮社会都存在，不能认为只有文明社会国家颁布的行为规则才是法。在野蛮社会，不存在国家的社会里，那些行使着与法同样社会功能的行为规则都可以看作是法。(2) 一种是法社会学家的观点。他们认为法是一种有强制力的、并由特殊机制所保障的行为规则。不仅国家的行为规则具有强制力，而且许多社会组织的行为规则，如校规、教规等，也具有强制力，并且也是由特殊机构来保证其实施。因此，国家和这些社会组织的行为规则也都具有法的属性。这种认识的意义在于，降低了国家权威，削弱了权力崇拜，维护了社会自治。这对于铲除法律的国家中心主义具有积极的意义。但同时，也导致了法律确定性的丧失。什么都可以看作是法律，那么，潜规则是不是法律呢？法律与其他行为规则还有没有区别呢？

“行动中的法”比“非国家的法”走得更远。“行动中的法”把法的概念从书本上的法转移到了法的实际活动中，只要是在现实中起着法的作用的一切东西都可以看作是法。

"行动中的法"又表现为两种形式:(1) 一种是活法,即社会生活中实际通行的规则,它不依赖于国家而存在,相反,法律规则必须建立在它的基础上。这类"活法"实际上是"非国家的法"的另一种表现形式。(2) 一种是现实中的各种法律行为,法在现实生活中的动作和实现,用以区别国家颁布的法律规则即书本上的法。这是当代西方法社会学最流行的法的定义。它把法的概念的中心从规则转移到行为,转移到立法、审判、行政、诉讼等实际法律活动。这样,法律就不仅仅是某种特殊的规则,而且也是一种活动、一种过程。"行动中的法"的意义是,从效果的角度来看待法律,注意到了法律规则运行的复杂性。但同样,这样定义法律,那么,法律规范与其他规范就无法区别了。并且,将法律本身与法律的运行进行了混淆。同时,法律效力与法律实效也混在一块了。特别是,这会向人们传递这样一个不好的信息,那就是现实中的一些不合理的行为或规范,只要实际有用,那么潜规则也就可以作为法律来看待了。如此一来,潜规则也就被"洗白"了。

从以上关于法律的不同角度和不同观点中,我们可知,世界上并没有什么放之四海而皆准的法律定义,任何定义都有它的定义域。超过它的定义域,任何定义都有问题。不同角度的定义,提供了法律的不同视角的面相。越是能够多角度来看法律,你就越是能对法律认识得清楚。这就好比通过照片来看别人帮你介绍的对象,如果介绍人只给你看一张,那你的认识就一定是片面的。多几张,多角度,你对他或她的长相也就越来越清楚。

第二节　法律的特征

从前面各流派的观点中,我们可以看出来,关于什么是法律,其实是有本体论和认识论两个维度。本体论讨论的是法律本身是什么,如实证主义法学和法社会学;而认识论讨论的则是关于人们如何去认识法律是什么,如自然法学派。当然,本体论与认识论的划分并不具有绝对性,经常会纠缠在一起。但是无论如何,本体论的概念相对于认识论的概念,人们容易取得共识。本章就是基于这一考虑,从本体论的角度去讨论法律是什么。我以为,从本体论讲,法律就是一种规范,是调整人与人关系的行为规范。因此,作为一种规范,法律当然也就具有以下几个特征。

在讲特征时,我们还是要讲清楚什么是特征,它与特点有什么不同。特征是一事物区别于其他事物的"特有属性",比如空调不同于风扇,空调具有制冷的功能,制冷就是空调区别于风扇的特征;而特点则是一事物与其他事物相比所具有的"突出属性",如空调与风扇相比,其特点是降温效果好、温度可调节,但耗电量大、价格高。所以,我们讲法律的特征时，就必须紧紧扣住法律能够区别于其他规范的属性，与其他规范共有的属性则不能看作是其特征。因此，下面讲的每一个特征，其实都是从与其他规范相区别的角度来讲的。

一、法律是人的行为规范

法律是调整人与人关系的行为规范，这里有两层意思，一是，法律是人的行为规范；二是，法律的目的是调整人与人的关系。人类社会有很多规范，道德规范、宗教规范、习俗规范等，社会规范是调整人际关系的标准、准则，法律只是社会规范中的一种。法律与其他规范之不同，首先在于法律规范是对人的行为进行规范，而不是对人的心理进行规范。法律规范与道德规范的关系最接近，两者的区别就在于，法律规范，其规范的主要是人的行为；而道德规范，其规范的主要是人的心理和良心。

法律作为人的行为规范，其目的是调整人与人的关系。法律不调整人和物、物和物的关系。有人认为，环保法就是调整人与自然的关系，这个理解是不对的。环保法并不是调整人与自然的关系，而是调整人与人之间关于环境的关系。比如，我污染环境就导致了其他人的损失，环保法就是要对我的这种行为进行规范，以调整我和其他人之间的关系，而不是我和环境的关系，环境只是我与他人发生关系的媒介和原因。再比如足球规则，它也不是调整球员和足球的关系，而是调整球员与球员之间的关系，球员与球员之间的关系是因足球而发生的。同理，野生动物保护法强调对于动物的保护，那也不是因为动物有被保护的权利，而是因为涉及人与人的利益关系才要保护动物。不能猎杀动物，保护的是人的利益，而不是因为动物有什么权利，因此，动物保护法仍然是调整人与人的关系。所以，那种动物权利的说法，在法理上是不能成立的，否则动物也就可以当原告，到法院去起诉要求赔偿了。

二、法律是普遍性的规范

法律是一种普遍性的规范，是指它不因人而异、不具体问题具体分析，而是普遍适用于所有的人。在讲清楚法律普遍性这个问题前，我们先来认识一下工具普遍性。大家看过工人更换电线杆的灯泡吧？我们以前的做法是，电工脚上套上一副简易的脚扣，噔—噔—噔地就爬上去了。现在的做法则有些不同。司机把修理车开过来，修理车伸出云梯将修理工送上去。爬电线杆的技术不是人人都能掌握的，因此，该工作只能对会的人开放。而云梯的做法就很简单，几乎每一个人都可以做，因此，该工作也就可以对所有人开放。再举一个例子，饮食方法主要有筷子和刀叉两种。筷子的使用需要一个较长的习得过程，并且不同的人使用筷子的熟练程度总是存在一些差异。而刀叉的使用，小孩很小就能掌握，人与人之间的差异被减到最低。也就是说，筷子面前人人有差异，而在刀叉面前人人则平等。从这两个例子中，我们是不是发现，工具普遍性与平等有一定关系？所以，在重视工具的社会里，只要有一两个聪明人发明出工具，人人得而受益，人人得而平等；而在重视个人技术的社会里，人与人之间的差异因技术差距而被放大，每个人都必须努力掌握相比于别人更熟练的技术，才能为自己赢得好的生存环境，人与人就很难平等了。当然，这里讲的“平等”是指劳动能力的平等，不是指法律平等。

工具普遍性不只是与平等有关，而且也与效率有关。在前面那个换灯泡的例子里，电工爬电线杆技术的熟练程度决定了其换灯泡的效率。爬电线杆的能力非一日之功，因此，换灯泡的效率也就因人而异。单个来看，云梯换灯泡的效率与爬电线杆的电工相比未必占优，但由于每一个工人都可以自由地使用，因此，总体上来看，云梯换灯泡的效率就要高多了。筷子与刀叉的使用也与此理相同，只要发明一副好的饮食工具，人人得而会用，总体效率就会提升。一两个人的聪明，全社会的人都可以受益，所以，越是能发明人人得而使用的工具或技术，社会就越是能进步，电脑就是这样一种工具。

法律本身也是一种工具，因此，与工具普遍性原理相同，法律的普遍适用性也与平等和效率有关系。前者是指法律适用主体之间的平等，后者是指法律适用避免了一事一议，从而避免了低效率现象的发生。对此，我们可以从空间和时间两个维度来认识。

（一）空间维度

在一个法域内，即法律的生效领域，法律针对不特定的人统一适用，每一个人都要遵守。法律与命令不同，命令只是针对特定的人有效。判决书约束的是特定的主体，因此它不是规范，而是规范的执行。当然，英美法系中判决尽管不是规范，但判决书的理由可以成为规范，因为它对后续判决产生了普适性。法律的普适性与形式平等紧密联系在一起。一般来说，法律越是针对特定群体制定的，就越是会导致人与人之间的不平等。比如社会保险，法律根据主体的不同身份而制定不同的社会保险法，那么这些适用不同社会保险法的主体之间就不平等了，这叫身份法。因此，法律普适性范围的大小，往往可以成为法治化程度高低的判断标准。

法律的普适性会受到具体问题具体分析的不利影响，因为后者对普适性构成了威胁。中国文化流行具体问题具体分析，费孝通在《乡土中国》中就提出了一个“差序格局”的概念。他认为，中国人和其他人打交道，是根据这个人和自己关系的远近来选择不同的交际规则，因此他得出，中国人在评价一个人是好还是不好时，并没有普适性的评价标准。有一个例子，很能说明问题。曾经，美国有一所大学对中美学生做过一次民意调查。大概的故事是，老师首先分发给中美学生同一份问卷，说是有一个人在大街上乱扔垃圾、乱闯红灯。问：对该人是否应该处罚？中美学生均回答“应该”。然后老师收走问卷，再分发第二份问卷。问“如果那个乱扔垃圾、闯红灯的人是你父亲，那应不应该处罚？”接下来的回答就很有意思了，美国学生的回答，除一两个有变化外，其他学生仍然坚持说“应该”；但中国学生的答案就与先前不一样了：“要不要处罚要结合具体问题来分析”“他这样做可能有他的原因”。根据中国学生提供的方案，那么原本人与人平等适用法律的格局就被破坏了。从这个例子中，我们不难明白，法律规范的普适性恰恰是对具体问题具体分析的限制，以保证规范所适用的法律主体能够被平等对待。当然，这里的平等是指形式平等，而不是指实质平等。

（二）时间维度

法律的普适性不仅有横向的，而且还有纵向的。在法律有效的时间维度内，法律对发生在昨天、今天和明天的事都是统一适用的。法律的时间普适性，其意义在于保证明天的生活与今天的和昨天的大体一致。人虽然有求变的本能，但总体上还是有守旧的习惯。在某种意义上，规则就是人类习惯性行为的产物。以婚姻为例，两个人相爱，为什么一定要登记结婚呢？我们不是说婚姻是爱情的坟墓吗？可为什么最后大多数的人还是主动走向了坟墓？原因之一就是婚姻可以保证明天的生活与今天的生活大体差不多。这种保证对于女方来说尤其重要，因为婚姻可以拴住孩子的父亲，来和她一起共同养育孩子。坟墓虽然极其无趣，但重要的是安全啦，它让对方无路可逃。如果没有婚姻，这个未来就没有保障了。关于婚姻的意义，费孝通说，就在于为孩子确定社会学意义的父亲，至于这个父亲是不是生物学意义上的，那不是婚姻所关心的重点。对这个问题有兴趣的同学，可以看看费孝通先生的《生育制度》那本书。不厚，一下子就看完了。

法律的时间普适性，不仅是为了迎合人类的保守心理，也是对代际公平的保证。什么是代际公平？与代际公平相对的是代内公平，代内公平是指同代人之间的公平，代际公平则是指不同代人之间的公平。代际不公平在现实生活中有很多体现，如人类对于环境的破坏和对自然资源的过度索取，就是对于代际公平的破坏。你把自然资源都用光了，那后代怎么生活？再比如，某些地方政府朝令夕改的房地产政策，就给昨天贷款的购房者与今天贷款的购房者制造了不同的待遇，搞得人心惶惶，生怕政府又有什么新主意。因此，法律的时间普适性至少可以保证在法律生效的时间段内人与人之间的相互平等，避免了人们在明天的待遇与今天的待遇不一样。当然，这样说，并不是说法律一旦制定就不能改了，而是说法律在没有修改前必须保证其适用的时间连续性。

超越空间和时间维度来看，法律的普适性在现实生活中经常被选择性执法行为所破坏。所谓选择性执法，是指执法主体对不同的人，刻意地作区别对待，从而有违执法公正的做法。单就个案来看，执法主体适用法律的行为并无不当，你的确是闯红灯了，处罚你没有冤枉你啊！但是，由于是否适用法律是根据人的不同而不同的，别人闯红灯为什么不处罚，只单单挑我处罚？这就有违公平了。选择性执法与具体问题具体分析的思维如出一辙，且选择性执法一般都是出于恶意，它对法律的平等性和权威性构成了最严重的破坏。因此，法律的普适性也是对选择性执法的约束。此外，除了选择性执法，现实生活中还有选择性司法，性质与选择性执法一样，此不重复。

三、法律是形式意义的规范

法律是形式意义的规范，这与法律的普适性有关。法律平等适用于各种各样的人，这种平等并不是实质意义上的平等，而是形式意义上的平等。法律平等之所以是形式意义的,是因为法律针对的是抽象的人,而不是具体的人。形式平等与实质平等不同,人在实质意义上存在各种各样的不平等,比如,比尔·盖茨的儿子与贫苦农民的儿子,这就是实质意义上的不平等。但是,比尔·盖茨的儿子与贫苦农民的儿子适用的法律是一样的,这就是形式意义上的平等。

法律是形式意义的规范,也可以从形式正义的角度来理解。比如,被告欠了原告钱,欠钱就要还钱,这就是实质正义的要求。但是,如果原告没有证据,司法就不能判被告还钱,这就是形式正义。因此,哲学意义上的实事求是在法律上并不能保证实现,这也是法律之治必须承受的代价。中国人偏好追求实质正义,与具体问题具体分析的思维的逻辑是一致的,这多多少少影响了中国法治化的进步。

法律的形式性还反映在司法中具有强烈的程序性。程序性是高度形式化的程式,是形式性的具体体现。程序保证司法裁判具有可接受性,而是否具有可接受性的一个重要衡量标准就是看程序是否得到了遵守。因为裁判是由法官严格依据诉讼程序而产生的结果,因而当事人也就容易认可。否则,如果没有程序,法官只是直接告诉当事人一个结果,当事人就很难接受了。所以,程序为说服当事人接受裁判提供了很好的理由。

虽然,明明是被告欠了原告的钱,但因为没有证据就是要不回来,这对原告来说当然是不公平的,但是,这对所有人来说却是公平的。因为,这种做法是以牺牲个案正义为代价而保证了普遍正义的实现,可以最大限度地杜绝法官的恣意,从而避免了一个人基于偶然的随机而导致的不利。这就是法律形式性意义之所在。不然的话,今天这个人没有证据而可以胜诉,那么明天就有更多的人到法院来诬告别人。这样一来,人人就不安全了。并且,如果司法以实质正义为其目标,就为人治提供了空间,法院就可以想怎么判就怎么判了,反正不是证据说了算,而是人说了算。因此,也就可以说,形式正义是正义的起码要求,跳开形式正义去满足实质正义,这不是法律人思维,而恰恰是法律所要极力避免的。

法律之所以要求形式,是因为法律必须满足可操作性的条件。法律是操作的技术,人的行为是否合法需要客观的标准来判断。道德不需要操作,每个人心中有杆秤就可以,因此也就无所谓形式要求。那些什么坏人、两面三刀、小人、作风不正,就是道德词汇。由于这些词汇的内涵很难界定,因而也就不能进入法律中来,除非立法预先为这些概念确定好了认定标准,比如法律下个定义,“本法所说的作风不正是指……”。当然,这在今天来说是个笑话,古代可能就有,以礼入法嘛,礼就很难说清楚了。此外,政治词汇,如落后、腐朽、反动、没落等,也很难作为一个人行为是否正当的衡量标准,不具有可操作性,不能进入到法律中来。事实上,即使是在政治生活中,对官员的行为,也必须采用法律评价标准。因为,法律是冷静理性的语言,其用语非常规范和严谨。而政治评价与道德评价总是与评价人的立场和情绪联系在一起,无法客观化。因此,对于官员行为不能动辄就诉之于政治评价和道德评价,而必须学会法律评价。毕竟前者容易夹带情绪和利益,后者则要求理性和冷静。

四、法律是强制性的规范

任何规范都具有强制性,但法律规范的强制性不同于其他规范的强制性。

(1) 法律强制是一种物理强制。物理强制不同于心理强制。道德、习俗、宗教等规范的强制更多的是心理强制,通过唤起耻辱感来增加心理负担。但法律强制则是典型的物理强制,如坐牢,这是实实在在可以感受到的物理强制。物理强制最初是作为一种暴力。霍布斯、洛克就为我们描绘了自然状态的情形。在自然状态里,暴力是个人的,你可以打他,他也可以打你,国家的产生就是将个体的暴力收归国有的结果。从此,个人暴力仅存在于体育运动项目中,而其他个人暴力则被视为非法。正如韦伯所指出的,所谓国家就是这样一种组织,它独揽暴力,对于一定领域内的一定居民宣称其合法性。[①]因此,也可以说,法律强制就是由国家垄断的物理强制。

(2) 法律强制有专门负责执行的机构。道德、习俗没有专门的执行机构,党纪虽然有专门机构,但不是国家机构。专门行使法律强制的机构只能是国家机关,且主要是司法机关,其他任何机构都没有这样的权力,如果行使了这样的权力就是非法的。当然,说专门负责法律强制的专门机构是国家司法机构,这是以国家时代为背景来说的。在国家没有产生之前,虽然也可能会有专门的机构来负责,但不能叫作国家司法机关,如氏族社会的长老会或部落联盟等组织。而在国际法的语境下,诸如欧盟最高法院、海牙国际法庭,虽然这些机构也有一定的司法权力,但主要是裁判案件的权力,一般不具有强制执行的权力。

(3) 法律强制有专门的程序。司法机构虽然有权行使法律强制权,但必须受到程序的约束。法律强制虽然为法律所必需,但是,一旦被滥用就对公民人身和财产构成最大威胁,而程序就是防范其滥用的有效手段之一。1215 年,英国国王签署的《自由大宪章》就对正当法律程序原则作了初步规定。其第 39 条规定:“凡自由民,如未经其同级贵族之依法裁判,或经国法判决,皆不得被逮捕,监禁,没收财产,剥夺法律保护权,流放,或加以任何其他损害。”[②]在正当程序下,司法机关的法律强制力受到了约束,公民权利获得了保护。再强调一下,《自由大宪章》产生于 1215 年,也就是说,英国公民 800 多年前就有了程序保护的制度。

当然,当我们强调法律的强制性时,并不意味着法律只与强制性有关。一般来说,法律的强制性与正当性在一定意义上是相对的关系,前者是指手段的强制,后者是指内容的正当。法律的强制性并不排斥法律内容的正当性。所谓正当性,主要表现为人们的认同。法律越是被人们所认同,就越能够被人们自愿地服从,强制性程度从而被降到最低,执法的成本也就相应降低。相反,法律越是不被人们所接受,就越要依赖于强制而得以实施。而法律如果完全依赖强制性,也就容易堕入暴政与专制。简单来说,恶法

---

① 〔日〕猪口孝:《国家与社会》,高增杰译,经济日报出版社 1989 年版,第 6 页。

② 转引自夏征龙、陈至立主编,曹建明、何勤华编:《大辞海 法学卷》,上海辞书出版社 2015 年版,第 15 页。

只靠强制,良法易被遵从。法律的强制性与正当性的关系,在不同国家的表现是不一样的。一般来说,法律的立法越是来自民主,就越有正当性,公民对于法律的对抗性也就越弱;相反,法律的立法越是来自强权者的命令,正当性就越不足,公民对于法律的对抗性也就越强。所以,作为法律人,我们不能过分迷恋法律的强制性,必须以正当性来约束强制性。

看到这里,可能有同学会提出这样一个问题:既然,法律的强制性与正当性是相对的关系,那为什么我们在列举法律的特征时,有强制性,却没有提到正当性呢?是的,这是因为强制性是所有法律的共性,而正当性则不是,秦始皇那些暴虐的法律有正当性吗?它当然没有。正当性是法律的应然性特征,而不是实然性特征。而我们这里揭示的是法律作为规范所具有的,以区别于其他规范的特征,正当性当然不能列入其中,否则它与道德规范就不能区别开来了,后者也强调且更强调正当性。再回过头去看看我们前面对"特征"所作的解释,你就能懂了。

五、 法律是意志性的规范

法律通常表现为制定法,因而就与制定者的意志不可分离,只是法律的意志在不同国家有不同的反映。在阶级对立的国家,法律反映的是统治阶级的意志,很难反映被统治阶级的意志。对此,马克思批判资产阶级时就一针见血地指出:"正像你们的法不过是被奉为法律的你们这个阶级的意志一样,而这种意志的内容是由你们这个阶级的物质生活条件来决定的。"[①]因此,在阶级对立的社会里,法律往往是维护统治阶级利益的工具。这个利益,一是政治利益,二是经济利益。由于法律不反映被统治阶级的意志,因此,法律也就很难获得被统治阶级的认可,法律的实施也就主要依赖于暴力。由于法律过于强调暴力,与正当性的关联性就很低,因此,暴力与正当性就容易发生冲突,从而就可能导致法律的合法性危机。什么叫合法性危机?这里的合法性显然并不是指合乎法律的规定,说得直白一点,就是指人民的认可。比如,秦始皇的地位完完全全靠的是暴力,民众没有认同感,这就是秦始皇权力缺乏合法性基础的地方。所谓"王侯将相宁有种乎"、所谓"彼可取而代之",这些声音反映的就是,既然你是靠暴力起家的,那么我也可以通过暴力推翻你,所以说,严重的合法性危机最后就会引发革命。汉朝之所以能够延续较长时间,就是因为它解决了合法性危机的问题。汉代通过罢黜百家、独尊儒术,将君权建立在神授的基础上。而当这种说教为民众所接受,皇帝的权力就有了合法性。因此,法律虽然反映的是统治阶级的意志,但如果获得了民众的认可就不会导致合法性危机。但不管如何,在阶级对立的国家,由于缺乏对权力制衡的力量,法律是统治阶级意志的反映,就是必然的。

现代国家的法律反映的是公民意志,至少理论上应该是这样。什么是公民意志?

---

① 马克思、恩格斯:《共产党宣言》,中共中央马克思、恩格斯、列宁、斯大林著作编译局译,人民出版社 1997 年版,第 44 页。

有一千个公民就有一千个意志，怎么会有一个公民意志呢？为此，罗尔斯提出了一个“重叠共识”的概念[①]。在罗尔斯“重叠共识”的概念里，每个人的意志既有相同部分，又有不同内容，而重叠的那部分就是相同的部分，这部分就是公民共识的意志，为所有人都承认。重叠共识的内容如果上升为法律，这个法律就反映了所有公民的意志。比如，保护私人财产之所以能进入法律，而保护特权就进入不了法律，就是因为前者可以达成共识，而后者则不可能形成共识。当然，重叠共识只是一个理论概念，真正完全重叠的共识未必存在，或者即使存在也不好判断。因此，现代国家的民意最终还是通过民主程序来确定。民主程序有两种，一是直接民主，如古希腊城邦，大家都到广场上来议事，以声音大小或掌声大小来决定最后的方案。二是间接民主，如美国的参众两院，英国的上下两院。不同的程序获得的民意有所差异，但无论如何，现代国家都承认公民有选举的权利，由公民通过选举的方式产生立法者，而由立法者在民意约束的前提下制定法律。即使制定出来的法律不是很好的法律，也可以通过民主程序的纠错机制而得到及时的纠正。因此，坚持这样的程序制定出来的法律，就能够最大限度地反映民意。当然，民意并不一定就能保证制定出来的法律就是正确的，它只是保证法律是出自人民的意愿。而由于法律是出自人民的意愿，那么，人民服从法律就是服从自己，这就不可能产生合法性危机的问题。

当然，我们说，法律是意志性的规范，并不是说，法律就可以由立法者任意制定。事实上，从法律起源来看，法律与习惯、习俗不可分离。交通规则是靠左走还是靠右走，首先是来自习惯，后来人们把它当成规则写进了交通法当中。也就是说，法律并不能随意地改变习惯，立法意志并不可以恣意而为，它必然会受到习惯、自然、理性、道德、历史等因素的影响。即使是阶级对立的国家，法律也不完全是任意的，如果可以完全任意，法律其实也就可以不要了。我们一说到皇帝，总是想当然地认为，皇帝想怎样就怎样，其实并不是这样。在中国古代，皇帝掌握的只是世俗权力，而道统权力则掌握在知识分子手里。道统权力对世俗权力构成了强大制约，以至于皇帝也不可以为所欲为。只是到了明清时期，由于知识分子彻底沦为权力的附庸，皇帝的权力才大了起来，这是后话了。

综合法律的上述几个特征，法律的本体论定义可以界定为：法律是调整人与人关系的行为规范，它具有普适性、形式性、强制性和意志性。

---

① 〔美〕罗尔斯：《政治自由主义》，万俊人译，译林出版社2000年版，第141页。

第三章　法律的功能和作用

功能与作用这两个概念在使用中经常被混淆。其实，这两个概念的意义并不相同。功能是指事物因其内部结构而产生的影响其他事物的能力，比如电灯的功能就是照明。作用则是一事物对于其他事物所产生的实际影响，比如，电灯让我看清楚了书上的文字。细细品味两者，我们大致可以归纳它们有以下不同：(1) 功能是由事物的内部性因素所引起的，作用则是事物的外部影响。(2) 功能是原因性的因素，作用是结果性的因素。(3) 功能是应然意义上的，而作用则是实然意义上的，是事物对于其他事物的实际影响。(4)功能是客观的，不因人的不同而不同；作用则具有主观性，受到评价主体利益的影响，比如，电灯的照明功能对于学生和小偷都是一样的，不因人而异；但是，电灯可以让学生看书，但却不方便小偷行窃，所以他们对于作用的评价也就不同。

区别了功能和作用的意义，那么我们也就清楚了法律的功能和法律的作用也是不同的，下面我们分别讲解。

第一节　法律的功能

根据前面讲的功能的意义，可知，法律的功能就是指法律作为一种规范而产生的影响人的行为的能力。所以，法律的功能也可以直接称为法律的规范功能。

一、法律功能的内容

从规范的角度看，法律的功能主要有以下几种：

（一）指引功能

“指引”这两个字拆开来理解就是“指示”和“引导”，因此，法律的指引功能就是指法律对行为人进行指示和引导的功能。一个人接受外在指引有两种方式，一是个别性指引，二是规范性指引。个别性指引一般是对具体的人作的具体指引，行政命令、导游带路、交警指挥等，这些都是个别性指引。规范性指引则是指通过某个抽象的规范而对不特定的人所作的指引，法律指引就是最典型的规范性指引。

个别性指引的优点是机动、灵活，具体问题具体分析，可以适用于复杂多变的环境。比如，行政命令可以根据市场行情而制定，导游可以根据路况而对路线作灵活调整，交警可以根据车流量的具体情况来指挥车辆通行。个别性指引的缺点，一是结果具有很大的偶然性，不同的人下的命令是不一样的，好比交警指挥，是你先走还是他先走就不一样，很容易导致不公平；二是效率非常低下，每个具体的事都要有具体的人来指引，有多少十字路口就要有多少警察，费时费力。个别性指引的缺点就是规范性指引的优点。规范性指引的优点，一是结果是确定的，且是平等的。规范是事先规定好了的，不因人而异，所以形式上是公平的。二是效率很高，如标准合同、价格标签、教学课表等，这些就是规范性指引，一次制定反复适用，从而事半功倍。所以，规范性指引对于建立社会秩序，特别是对建立持久而稳定的社会秩序非常重要，能够满足现代社会管理的要求。但同时，个别性指引的优点也是规范性指引的缺点，规范性指引不能因地制宜、因人而异，它不讲情面，不能具体问题具体分析。总之，一刀切，有僵硬之嫌。

究竟采用什么样的指引方式，首先是与被指引人的能力有关。从人的社会化过程来看，一个人长大成人，就是一个人从接受个别性指引到接受规范性指引的过程和结果。人一生下来，最早接受的就是个别性指引，妈妈会对小孩说，你这个不能动，那个不能吃。随着小孩长大，老师就会慢慢引导学生接受规范性的指引，譬如班规、校规。因此，采用个别性指引还是规范性指引，与被指引者的理性能力有很大关系。个别性指引一般适用于被指引人的见识有限、理解能力不强的情况，也就是那种不会举一反三的人。对这类人，你只能具体指示他什么可做，什么不可做。古代社会讲的“当官不为民做主，不如回家卖红薯”，其实就是假定老百姓没有自我做主的能力，必须由父母官来为他做主，“父母官”的说法就清楚并形象地表达了这一意思。规范性指引则正好相反，它是建立在被指引人具有举一反三能力的基础上，即承认被指引人具有自我做主的能力。好比数学课，老师教给学生公理和定理，让学生举一反三地适用于具体题目的解答中。法律就有点类似于公理，什么可以做，什么不可以做，不看当官的眼色，看法规就可以了。

究竟采用什么样的指引方式，其实也与指引的权威来源有关系。个别性指引的权威来自指引者个人。我们先从小孩说起，每一个人在小时候都或多或少地存在恋父情结，父亲被看作是绝对正确和具有绝对超能的权威，“我爸爸说的”，几乎是所有小孩挂在嘴上的常用语，父亲是一切疑问的决断者和答案的提供者。成人世界的个别性指引也同此理。在个别性指引关系中，在指引者的强大权威面前，被指引者不需要作判断，省却了思考的过程。久而久之，被指引者慢慢也就丧失了独立自主的能力，通过事事请示的办法来转移责任。这种指引模式对指引者的要求非常高，指引者必须集高尚的品德、卓越的智慧、非凡的能力、爱民如子的仁慈以及无所不晓的知识于一身。只可惜这些条件对于一个指引者来说实在是过于苛刻。因为，这已经不是人，而是神了。并且，指引者为了保持自己正确的形象，他发出的指示也就只能尽量说得抽象一些、含糊一些，而这又反过来增加了被指引者理解的困难，加上，指引者的念头又经常处于变化中，如此一来，被指引者就经常陷于不幸了。这就好比，上帝说的是正确的吧，但是，上帝说的又是不具体的。所以，每个人只好对圣经的理解各取所需。这种指引的效果也就可想而知了。

规范性指引的权威来自规范。规范性指引对有权力的人构成了约束，规范将他的权力约束在规范内，他在规范外就没有了任何权力，就不能任性了。老百姓可以拿规范来指责权力者："法律不是规定了是这样吗？你那样不就与你所说的依法办事背道而驰了吗？"当年淞沪战争爆发后，上海有一家名叫"三友"的企业为降低成本，借机停业，致使大批工人失业。国民党中央出于维稳的需要，以非常手段强令资方复工，引起上海资本家集体反弹。在与国民党的对抗中，资本家就拿法律说事，攻击国民党中央，"你们颁布的《约法》不是说人民得自由营业，在法律上为绝对的私权吗？强迫资方开工，就是对约法精神的违反。你们公布的《治权行使规律案》不是规定人民生命财产与身体自由皆受法律保护吗？强迫资方开工，就是剥夺人民财产自由。"资本家凭借这些法律与国民党对抗，搞得国民党十分狼狈。[①] 由此可知，规范性指引可以帮助弱者对抗强者。不过，弱者也只能靠法律，而强者则巴不得不要法律。当然，规范性指引也经常被人利用，看起来是规范性指引，实际上是个别性指引。大到国家政策，小到单位制度，许多有非常明确指向的个别性指引，就经常假借规范性指引来攫取利益。例如，有些单位出台改革方案，最大的受益者总是方案的制定者。改革方案以规范性形式表现出来，而实际上往往是强者改弱者，强者越改越强，弱者越改越弱，这种做法比直接的个别性指引还更容易为强者谋利。

规范性指引是通过规范的内容发出指引的信号。根据被指引者是否可以选择，规范性指引可以划分为权利性指引和义务性指引。所谓权利性指引，是告诉当事人，你可以这样做，当然也可以不这样做。比如，《民法典》婚姻家庭编中关于结婚年龄的规定，到了结婚年龄并不是说你就必须结婚，是否结婚由当事人自己决定。所谓义务性指引，则是告诉当事人必须这样做，不这样做就不行，这是对当事人的选择所作出的限制。比如，警察有义务保护人民群众安全，这就意味着警察不保护群众安全就不行。从自由的角度来讲，权利性指引就是授予行为人以自由，义务性指引就是限制行为人的自由。权利性指引在于鼓励人们从事合法的行为，义务性指引则是为了防止人们作出违法行为。至于什么是权利、什么是义务，后面会有专章讲解，此不具体阐述。

（二）预测功能

预测是人类普遍有的心理要求。人是规则性动物，求稳定、求保守。不要一说到保守，就以为是落后守旧，保守其实就是希望生活保证稳定和连续，希望明天和今天差不多。可见，保守是一种生活的常态。保守与激进相对，生活偶尔激进一下是浪漫的，但如果一直处于激进中，未来就不可预测了。未来不可预测，生活就没有安全感，所以人对未来有预测的心理需要。但是，由于人的本性极易变化，因此，如果以人性为依据，那么预测就一点儿也不靠谱。婚姻登记之所以为大家所需要，原因之一就是因为纯粹的爱情关系是建立在人性基础上，所以其预测性就远远低于婚姻关系。一个女性的男朋

① 参见王奇生：《工人、资本家与国民党——20世纪30年代一例劳资纠纷的个案分析》，载《历史研究》2001年第5期。

友早上出门，一个女性的老公早上出门，你预测一下哪个男人晚上回来的概率要高。婚姻关系的预测性高，就是因为它借助了法律。以法律作为预测的依据避免了行为的偶然性和盲目性。好比，没有交通规则，就无法预测对方到底是往右走还是会往左走，交通事故就很难防范；没有婚姻，孩子将来出生了，到底是谁的就说不清楚，双方就会为抚养子女的问题而争吵得没完没了。由此可见，法律为人际关系的预测提供了相当可靠的保证。这里加上了"相当"两个字，是为了避免绝对。本来就是预测嘛，如果是绝对确定的结果，那又与"预测"的意义不符了。

法律的预测功能，具体来讲，就是指人们根据法律的规定，可以对自己行为的后果或者对他人行为的倾向性作出预测。比如，根据合同，我们可以预测自己的违约有没有责任，以及有什么责任；根据法律，我们可以预测法官会不会判决，以及如何判决。美国现实主义法学就认为，法律是对法官行为的预测，律师的工作就是预测法官判决的工作。美国现实主义法学这一观点，就是对法律预测功能的揭示。法官的判决之所以可以预测，并不是因为法官，而是因为法官所依据的法律。所以说，法官是一个保守性的职业，他的工作就是根据昨天制定的规则约束今天的生活，以保证今天的生活与昨天大致相当。与法官这种"向后看"的思维不同，政治家的思维则是"朝前看"。所以，用保守性的思维来牵制政治家的激情豪迈也是法官工作的一项职能，以使社会既充满朝气，又能保持生活稳定。倘若人类生活每天都处在剧烈的变化中，那么人类的生活将会变得无所适从。所以，法官的社会角色是何等的重要。

国家治理实践中的一些做法，如运动式的执法、突击性的行动等，在很大程度上就是对法律预测功能最大的破坏。因为，这样的做法具有突发性和偶然性，它什么时候开始，什么时候结束，均取决于执法者的一时之念，其他人则无从预测，只能猜测，只能跟风。而法治建设的任务之一，就是要用法律约束这种做法，以保证公民根据法律就可以对执法者的行为进行预测，以免不知所措。

（三）评价功能

法律的评价功能，是指人们可以通过法律来判断和衡量一个人的行为是否正当。法律一旦制定，法律本身就成为评价是非对错的标准。好比，交通法规的按左走还是按右走，原本无所谓是非对错，但一旦制定成了交通规则，交通规则就成了一个人走路、开车的是非对错的评价标准。再比如，PM2.5，大自然本身并没有什么合格、良好、优秀的划分，但是，一旦法律规定了相应指标，PM指标就成了评判空气质量优劣的标准。其实，学生分数及格不及格不也是这样的道理吗？59分与60分仅1分之差，但因为60分被设定为及格线，就成了一个人考试成绩合格与否的依据。

道德评价的缺点是主观性强，结果不具有确定性。道德评价经常以民意的形式出现，民意看起来是群众意见，但由于民意极容易被操作，而往往成为一些人利用的工具。政治评价也因缺乏明确清晰的标准而不具有确定性，无论是好是坏都可以往上套。法律评价与道德评价和政治评价都不同，道德评价和政治评价的缺点，恰恰是法律评价的优点。法律评价具有确定性强、客观性强的特点,它不感情用事、不因人而异,它形式平等,可以对权力构成约束。当然,法律评价的优点所在也是其缺点所在,其缺点具体是:(1)法律评价过于武断。法律评价的刚性导致法律评价失去了灵活性,不能具体问题具体分析。例如前面讲的PM2.5的划分标准,你把标准调低一点,空气就良好了?再比如,刑法规定的成年人与未成年人年龄的划分,如果有人18岁还在尿床,这也是成年人了?从中不难发现,法律评价具有技术性因素,格式化倾向严重。(2)法律评价只能评价行为,不能评价人的良心。这种情况很容易造成非道德行为的合法化,就是法律上合法,但在道德上却不正当。比如,自然债务因过了时效性而丧失了司法救济的途径,但欠债不还总是不对的吧?再比如,有船工在江河上拿钱救人,这种行为总是为世人所不齿吧?但在法律上就可能被视为一项有偿的劳务合同。

(四)教育功能

法律的教育功能,是指法律规定通过教导和培育公民对于法律的认同,从而在行为上能够与法律保持一致。法律教育的力量是巨大的,当人们认同法律规定,就会自觉地遵守法律,以至于自身感受不到法律的强制。法律教育的方式有两种:一是静态的教育。法学院的专业训练,司法行政机关主办的普法宣传,就属于此类型的法律教育。二是动态教育。人们的模范守法行为,往往会给人以示范效应。所谓榜样的作用是无穷的,说的就是这个意思。当然,榜样的不守法行为也会给人以示范效应。比如,过马路时,一人闯红灯就容易带动其他人闯红灯,"中国式过马路"描述的就是这种现象。

法律被公民广泛认同,与法律教育功能的发挥有关,以至于司法判决究竟是什么并不重要,只要是出自法律,人们就会自然而然地尊重判决。1994年,橄榄球运动员辛普森(O. J. Simpson)杀妻案,是美国当时最具轰动性的事件。1995年1月,辛普森被宣告无罪。司法判决出来后,美国人一时陷入沉默。因为要让美国人相信辛普森无罪,这在当时也实在是一件非常困难的事情。但是,美国人最终还是选择了相信司法。[①] 这就是法律信仰精神的体现,而这显然就与美国人长期接受的法律教育有很大的关系。

二、法律功能发挥的条件

法律的功能并不会自动地发挥,它的发挥必须具备一定的条件,这些条件大致有以下几点:

(一)法律必须是明确的

法律规范表达的意义必须是明确的。越有歧义就越使人无所适从,也就越没有办法发挥其规范功能。比如,教务处发下来的课表,上课地点写的是教学楼102室,而学校有两个教学楼,那学生就不知道到底应该去哪个102了。行政命令也是一样的道理,

① 参见何家弘:《辛普森案与陪审制度》,载《理论视野》2015年第11期。

你想要发挥指示的功能，前提就是你传达的意思要明确。当然，有些领导经常故意说得含糊，让你去猜，有了成绩就归于自己指示有方，出了问题就归于下属违背上意。法律就不能这么干，并且也正是防止领导这么干的一个有力工具。法律的意思非常清楚，我按法律办，你就不好找我茬了，这至少也是个约束吧。当然，前提是，法律本身是明确的。越是不明确，就越让人左右为难，而别人挑你的不是也就越容易找到借口。

法律明确规范的方法主要有以下几种：

（1）借助格式。法律语言要求精确，而自然语言却又容易产生歧义，比如“秃子”这个概念。从自然语言来说，“秃子”与“非秃子”的界分到底在哪里？是秃到50%，还是秃到51%？，是秃到中央支援地方，还是秃到地方支援中央？这并不清楚。但是法律语言就不一样了，它必须清楚。为此，法律语言就只好作“一刀切”的处理。如正当防卫，刑法强行规定几个条件，合之则是，不合则不是。比如对“工作人员”，法律强行确定其所要规范的对象，刑法就规定“本法所说的国家工作人员是指……”。法律规范的格式化表述，避免了自然语言的歧义对规范功能的削弱。

（2）借助数字。数字比文字精确，是1就不是1.1，这比是不是“秃子”这样的文字要精确多了。有一个笑话，说是几个六十多岁的老人在下棋，不远处坐着一个八十多岁的老人。有人问八十多岁的老人为什么不去和那几个人一起下棋，他没好气地说，跟一群小屁孩有什么玩的？但在法律概念中，成年人与未成年人就以确定的年龄划线，年满18周岁的就是成年人，反之就是未成年人，不留下任何歧义的空间。除了责任年龄外，刑罚量刑、诉讼时效、年月日期、损害赔偿等，法律都需要借助数字来保持精确性。比如贪污中罪的“情节严重”“情节特别严重”，到底如何确定，往往也要借助数字来表达，数额多少以上为“情节严重”，多少以上为“情节特别严重”。数字的法律运用，既可以明确指导法官如何判决，也可以帮助当事人明确权利义务，其对规范功能的发挥所起的作用不可小觑。

（3）借助符号。对于法律符号的理解，我们不能仅限于法律文本中的符号。只要是用来表达规范性意义的符号，都应该看作是法律符号。公共交通就大量借助符号来指示司机和行人的通行，路上竖立的交通指示牌和十字路口的红绿灯，用以代替交警的具体指引。法庭布置、法官服装和道具也是作为法律符号来表达司法的权威以及司法程序的指令。符号在法律规范中的大量使用，首先是因为它的意思明了、精确，能够避免权力的滥用以及杜绝不必要的争议，并提高效率；其次是因为符号具有强大的识别功能，不同民族都能够借助符号来理解规范的意义。所以，你即使不懂英语，但到了英国，基本上也能够借助交通符号来驾驶汽车。计算机也是符号的运用，法律概念就经常借助计算机的程序来求得概念的准确性。特别是在市场交易程序中，对合同要约和承诺的判断，显然计算机比自然人要精确得多。因为精确，所以争议也就少。

（二）法律只能指向未来

法律的指示功能和预测功能建立在法律本身是稳定的基础上。为保持法律的稳定性，法律的效力就只能指向未来，不能指向过去。指向过去是对法律预测功能和指示功能的最大破坏。就好比我现在宣布，从下周开始，缺课一次，考试扣5分，这个就是指向未来。但是，如果我现在宣布，缺课一次，考试扣5分，从上周开始，这就指向过去了。你们在上周总不可能预测到我今天会有这么一个规定的吧？所以，我今天宣布的这个规定就不可能指导你上周选择要不要来上课。而且，如果我今天可以宣布上周没有来的扣5分，那么下周我就还可以宣布我今天宣布的无效，不是扣5分，而是扣10分，不仅是缺席的要扣分，就是来了但在下面看书的也要扣5分。那这个老师所宣布的规范是不是就一点都不定形？这个老师是不是也太任性了？因此，规范不能指向过去，既是法律指示功能和预测功能之必需，而且对权力任性构成了约束。法律不能指向过去，在法理上就表述为法律不得溯及既往。关于法律不得溯及既往，我们将在法律效力一章作更全面的阐述，这里只是从规范功能的角度点到为止。

（三）法律必须言而有信

法律必须言而有信，说得直白一点，就是法律要说话算数；说得学术一点，就是说法律必须保证其规定与其适用相一致。法律的规范功能与法律的实施状况有关。如果法律规定和法律适用不一致，或者法的实施不具有连贯性，那么，法律所有的规范功能都会降低。比如交通违章，规定是靠右走，但实际上靠左走也不会受到惩罚，那么靠右走就没有规范意义。再比如，在市场经济中，商人对法律的预测，主要是通过对执法单位的行动进行预测。如果执法者不按法律套路出牌，那么商人守法的积极性就会降低。执法活动中的“专项治理”“集中整治”以及“选择性执法”，就是对法律预测功能的最大破坏。毕竟，生活是最好的老师，如果生活脱离了规则，人们宁愿相信生活、相信潜规则也不愿相信法律。我信你是因为你可信，同理，我相信法律是因为法律可信。如果法律不守信用，说一套，做另一套，那么法律就只有欺负老实人的份儿了。好比，《刑法》第20条第2款明明规定了，“对正在进行行凶、杀人、抢劫、强奸、绑架以及其他严重危及人身安全的暴力犯罪，采取防卫行为，造成不法侵害人伤亡的，不属于防卫过当，不负刑事责任”，但如果司法实践对防卫人采取十分苛刻的要求，动不动就以防卫过当处以刑罚，那么，久而久之，老实人就不敢指望这条法律保护自己了。法律欺负老实人，反过来看就是为非法侵害人张目。结果，法律不是为守法者提供保护，而是为不法者提供庇护。

（四）法律必须是良法

法律评价一个人的行为是否正当，其前提是法律本身是好的，即是良法。一般来说，法律越和道德接近，法律评价就越有说服力；反之，法律与道德越是分离，法律评价也就越没有说服力。简言之，良法具有评价的功能，而恶法的评价功能则很低，甚至没有。第二次世界大战结束后，在对战犯进行审判时，被告无一例外地都以自己的行为有法律依据来为自己辩护。但是，这一辩护并没有为法官们支持。法官们的理由是，邪恶的法律就不是法律。也就是说，一个人的行为尽管有法律的根据，但如果法律本身是邪恶的，那么法律就不能成为一个人行为正当的根据。特别是，在一些有自然法学倾向的学者看来，对于恶法，公民不仅有不服从的权利，而且还有不服从的义务，即公民可以并且必须不服从。

三、法律功能的局限性

我们在讲法律的功能时，既要反对"法律虚无主义"，也要反对"法律万能主义"。"法律虚无主义"论者认为，法律太麻烦了，各种程序、各种条件，这个规定、那个约束，太没有效率了。一件事情到底怎么做，开个会、发个文件不就解决了吗？但是，我们想一想，如果没有法律，那么权力就不会受到约束了，有权的人想怎么样就怎么样了，可以随心所欲了，那么人们被权力伤害的概率就极大地提高了。"法律万能主义"论者则认为，只要设计一个完备无缺的法律体系，现实生活中的任何事情都可以从法律中寻找到解决问题的答案。持这种观点的人一般是法律理想主义者，当然也不排除有些法律人出于自利的目的而对法律进行过度美化。法律作为一种规范，有它的功能就有它的局限性。世界上没有完美的东西，有所长就有所短。正如庞德所认为的，法律是一种社会控制手段，它在维持和促进社会文明的过程中具有其他手段不可替代的作用。当然，也由于其自身的一些特点而决定了其具有许多的局限性。[①]

法律作为一种规范，其局限性主要体现在以下几个方面[②]：

（一）法律不能规范内心

法律只能规范人的行为，不能惩罚人的思想。思想犯通常被称为良心犯，这当然是一种比喻的说法。良心犯的说法本身就表明不应该受到法律惩罚，你惩罚良心犯，不就证明你没有良心吗？法律不能惩罚思想犯，除了是因为这种做法不正当外，关键也无法惩罚啊。因为，人的内心思想，外人是无从判断和知晓的，法律怎么惩罚呢？因此，如果允许法律惩罚思想犯，那就为专制君主打击政敌，给政敌任意定罪提供了方便。从规范功能的角度理解，用法律惩治思想犯，这是与法律的规范功能相抵触的。即使起到了控制反对派的效果，那也不是法律规范功能发挥的结果，而是权术运用的结果。

法律只能规范人的行为，不能规范人的忠诚。忠诚是一种情感，法律无能为力，因此，爱情关系、友谊关系，法律是不能调整的。你说，"报告法官，我要求你判我男朋友爱我"。就算是法律可以管爱与不爱的事，那由法律管出来的爱还是爱吗？这本身就是悖论。当然，法律虽然不能要求人们忠诚，但如果忠诚表现为一种行为时，法律就可以介入了。比如说，夫妻之间是否忠诚，法律没有办法管，丈夫做梦都在梦着他的初恋情人，你让法律怎么管？但是，如果丈夫在外面包养情人，这个时候，在离婚诉讼中，法官就可

---

① 参见吕世伦：《现代西方法学流派》（上卷），中国大百科全书出版社 2000 年版，第 462 页。
② 同上书，第 462—463 页。

以根据其配偶的请求，作出不利于他的判决，不分给他财产或者少分给他财产。这个时候法律管的是不忠诚所反映出来的行为，而不是不忠诚本身。

由于法律规范人的行为，因此，法律做不到要求人们心地善良。善良是道德要求，如果以法律的形式来规范，那么法律将不堪重负。因为，道德有基本道德与高尚道德之分，这与富勒的《法律的道德性》中说的义务的道德和愿望的道德，是一回事。法律可以要求一个人不做坏事，这是义务的道德，但不可以要求一个人必须做好事，做好事是愿望的道德。对愿望的道德，法律只能鼓励，但不能要求。如果法律规定人们必须达到愿望的道德，但实际上又达不到，那人们就只好说假话了。事实上，如果法律真的那样规定了，那么也就意味着人人都是违法者了，这本身也是个悖论。

（二）法律很难干预惯习

虽然法律有些内容来源于习惯，但习惯一旦成为法律，它就反过来与习惯构成了一定的紧张关系。对于很多不好的习惯和习俗，法律都是无法干预的。你到农村去看，有很多习俗在人们看来都是落后的、愚昧的和不理性的，但是法律要强行改变它并不容易。美国禁酒令的失败就是一个有名的例子，美国当前在毒品、赌博和卖淫方面还依然重复着这种失败。[①] 在我国，春节放放鞭炮就是一个习俗，尽管它会造成严重的空气污染，甚至会引发火灾，但人们仍然乐此不疲，每一年政府都要三令五申，收效却不大，其原因就是法律对于习俗的干预有一定难度。赌博是不好的习惯吧，这个道理人人都懂。但老百姓在打个麻将或打个牌时，总喜欢“加点小钱”，不然就感觉没有一点乐趣。这种情形，法律能一律按赌博处理吗？当然不能，习惯根深蒂固了。所以，法律只能将赌博数字提到某个限度，小打小闹的也就不按赌博对待了。当然，长期来看，法律也会逐渐改变习俗的，但短期来看，过激的措施还是容易引发冲突，招致人们的反感，甚至对抗。因此，对于陋习，法律只能选择和平渐变的方式，强行规定往往适得其反。

（三）法律很难干预亲密关系

人类生活的领域有两个，一个是公共领域，一个是家庭领域。公共领域强调正义和公平，但在家庭领域就不太适合讲正义讲公平了。你看过有哪一对新人在结婚前学习婚姻法的吗？你说：“我们明天就要步入婚姻了，今天来好好学习一下婚姻法，用法律正义来处理好我们两个人的关系。”有这样的人吗？当然没有，如果有，婚姻也不会长久。学习婚姻法的时候，恰恰是在要离婚的时候，以免分割财产时自己吃亏。所以，我经常说，婚姻法其实主要是离婚法，是离婚时的资产清算法，与破产法类似。在处理家庭纠纷或者私人关系的侵权事件时，由于法律的干预很可能会破坏人们的隐私和情感，因此，人们宁愿选择容忍，也不愿意选择报警，这也是家庭暴力很难获得法律保护的原因。事实就是这样，法律对于家庭关系以及其他亲密关系，的确存在很大的局限性。所以人

---

① 参见〔美〕肯尼斯·阿罗：《组织的极限》，万谦译，华夏出版社2006年版，第75页。

们经常讲“清官难断家务事”，其实背后的原因就是法律与家庭之间存在一定的不相容关系。

可见，公共领域是讲法律的领域，私人领域则不太适宜讲法律。因为，在公共领域里，人与人之间的关系主要是一种工具意义的关系，实质上就是一种契约式的关系，公平与正义是其应有之义。但是，家庭关系则是基于亲缘而形成的生物性关系，是感情而非正义把大家联系在一起。因此，家庭在很大程度上可以容忍不正义。家庭伦理与公共伦理具有质的不同，以至于适用于公共伦理要求的法律，并不完全适用于家庭伦理。所以，法律引入到家庭中来，有时非但不能保护家庭，反倒会破坏家庭。你和你爸爸一打官司，尽管你爸爸输了官司赔你钱了，但从此，你在你爸爸那里就是“路人甲”了。

（四）法律具有滞后性

法律制定的时间是在过去，但法律发生效力的时间却是未来。法律是以昨天制定的规则来指引今天和明天的生活。这样做的好处是，法律满足了人求稳定的心理需求。但同时，这样的法律也难免与现实脱节，不能与时俱进，以至于法律不能为现实问题提供与时代合拍的解决方案。毕竟，法律在制定时，立法者不可能具有绝对超前的意识，不可能天才般地预见未来的一切。因此，法律一旦制定，其固有的滞后性也就一并附随。所以，法律与时代相比，总是表现出其一定的保守和僵化。这也是法律局限性之所在。

（五）法律会牺牲个案正义

法律追求的是形式正义，这就有可能导致个案的不正义。这可以拿“谁主张谁举证”的规定来说明：明明是他赖账，但我没证据就要败诉，这是不是很不公平？辛普森案件，或许辛普森的妻子就是他杀害的，但由于没有充分确凿的证据，辛普森可能就逍遥法外了。法律这样做，虽然保护了许多无辜的人免予被追究，但无论如何，对于某个当事人来说，却有可能是不正义的。不只是举证责任的形式化，其他程序化和形式化的规定也会导致因僵硬而不合时宜。有一个案例，说是有一个人去世了，他儿子想去银行将他的 180 元存款取出来。但是，根据规则，他必须先经过公证程序，以证明自己与死者是父子关系，并且证明死者没有其他继承人或者证明其他人已经声明放弃了继承权。但是，这样一来，他办理公证的费用就超过了 180 元。再比如，法律规定的成年人与未成年人年龄的划分，也过于绝对，以至于一个非常懂事的 17.99 岁的青年与一个非常不懂事的 18.1 岁的青年，两个人的法律境遇天壤之别。所以说，法律在追求普遍正义时，往往以牺牲个案正义为代价，这也是其局限性之所在。

（六）法律具有被动性

法律兑现正义时往往是在行为已经发生之后的某一个时间。破坏正义和恢复正义之间有一个时间差，在这个时间差内法律无法及时兑现正义，甚至永远不能兑现正义的案子也是不少的。比如，凶杀案有时候要很多年后才能抓到真凶，甚至也可能永远抓不到真凶。再比如，损害名誉、情绪和感情的案件，其造成的影响往往不可逆转。侵权人最多是赔礼道歉或赔点钱吧，这对于把名誉看得非常重要的人来说，是于事无补的。法律追求正义总是有条件的，这些条件也可以说是法律成本。如果成本十分昂贵，有时候法律的正义就永不可实现了。比如，诉讼法规定的时效制度，就有可能导致当事人彻底丧失权利。又因为法律需要有人去实施，因此，法律正义在现实中也有可能被执行法律的人打折。总之，法律是事后的、被动的，因而其对于正义的实现总是要迟到的，甚至是永远不到的。虽然，我们说“正义可能迟到，但从来不会缺席”。但那只是安慰人的话，实际上法律经常做不到。毕竟我们知道的是迟到的，但缺席的我们是很难知道的。

总之，法律有某种功能，就一定有与某种功能相伴随的不足。但是，如果我们因为法律规范功能具有这些局限性，就放弃法律，那么，法律的规范功能也就不能发挥作用。因此，人类在享受法律功能所带来的便利的同时，也得承受法律局限性的后果，这也就是人类所必须承担的代价。任何事物都是这样，不只是法律。

第二节 法律的作用

要对法律作用进行类型化的列举，其实是很困难的。因为：(1) 法律作用的领域是无穷无尽的，并且，同一个领域法律具体的作用也是无穷无尽的。对于法律作用的领域，可以列举出：对于社会的作用、对于国家的作用、对于人的作用……无穷无尽，想列出多少就可以列出多少。对于法律的具体作用，可以列举出：建立和维护社会秩序、保护人们安全而幸福地生活、保护自然环境……也是无穷无尽的，想列出多少就可以列出多少。甚至，我们还可以做相反的列举：可以通过法律来摧毁旧的秩序、可以通过法律来激发群众互殴的热情、可以通过法律来激励人们对于自然环境的过度索取。(2) 不同的人因为利益和需求不同，其对于法律作用的表述也是不同的，甚至是对立的。比如，法律对于组织者与被组织者来说，其作用就不同。法律如果有利于原告，那就不利于被告，所以他们对于法律作用的表述也就不同。由于主体立场可以无穷无尽，因此对法律作用的列举也可以是无穷无尽的。明白了这两个困难，我们就能再一次体会作用与功能这两个概念的不同。所以，本书之所以区分法律的功能与作用，原因就在于这里。

当然，尽管存在这两个困难，但这并不妨碍我们从国家宪法架构的角度，来研究法律的作用。国家宪法架构涉及的法律主体无非是两类人，一是执政者，一是公民，那么我们就可以从这两个不同主体来认识法律的不同作用。

一、法律对于执政者的作用

无论是什么性质的国家,执政者都要借助法律来赋予其权力以合法性。宪法是政权的合法性来源。宪法所规定的国家政治制度,为政权的合法性盖上了法律的印章。这样一来,国民基于对宪法的信任,就会信任并服从政权,从而政权的真正来源也可能被视而不见。这个非常重要,否则,政权的合法性就有问题,合法性一旦有问题,人们就不会自愿服从政府了,这就麻烦了。与国家整体性权力来源于宪法相对应,执政者的具体权力则来源于各具体的法律规定。立法法赋予立法机关具体的立法权力,行政法规赋予行政部门具体的行政权力,诉讼法则赋予司法机关具体的司法权力。权力通过法律而被赋予,权力就有了合法性。如果承认执政者的权力具有合法性,那么公民也就有服从权力的义务。

在阶级对立社会,法律是统治者维护其政治权力和特权利益的工具,以商鞅为代表的"法治"就是典型。法家的"法治"是建立在"人性恶"的假设基础上,统治者建立起一整套控制人的法律体系,通过严刑峻法来控制人民,使人民不能造反。因此,从政治上理解,法律就是统治者维护其政权的手段,所以,我们也就可以理解,马克思对于资产阶级法律的批判,"你们的法律无非就是你们那个阶级意志的体现"。所以,我们也就可以明白,为什么历代专制王朝在法律里都是将"谋反"列为十恶不赦之首。执政者的利益可以分为两种,一是政治利益,一是经济利益。执政者总是利用他们的优势地位,千方百计通过法律的手段来追逐这两种利益,这与国家的政治制度性质没有关系,美国是这样,伊朗也是这样。只是,执政者的这些利益能不能最大化地实现,就与政治制度的性质有很大关系了。一般来说,古代专制国家,执政者通过法律能够实现其利益最大化;而在现代法治国家,执政者对于利益的追逐则受到了很大的限制。当然,在执政者的眼里,法律只是其治理国家的工具,既然是作为工具,那么,其对于法律的态度也就是有用则用,无用则废。这与政治制度的性质也没有关系,只是能不能做到随心所欲,才与政治制度的性质有很大关系。一般来说,古代专制国家,执政者的法律工具主义态度表现得十分明显;而在现代法治国家,执政者的法律工具主义态度则很难伸张。

二、法律对于公民的作用

法律对于公民的作用,其实可以归结到对于权利的保护上。对公民权利侵犯的力量无非来自两种,一是来自其他公民,一是来自公权力。对于来自其他公民的侵犯,法律有两种应对方法,一是预防,这由法律义务来担当,法律义务规定公民不能这样、不能那样,来保护权利人;二是救济,这由法律责任来担当,公民违反义务了,那事后就要承担不利的法律后果。公权力是对公民权利构成最大威胁的力量,因为它垄断了暴力资源,并且呈现出组织化的形式,所以,其作恶的危害性程度远远超过其他公民。理解了这一点,我们就可以解释,为什么法治国家,其法律的重心都是针对权力来规定的,就是想方设法地“将权力关进制度的笼子里”。由此可见，反映在法律里，对于公民权利的保护，很大程度上就是对于权力的约束。所以，现代各国宪法，乃至整个公法，都是围绕公民与政府的关系来构建的。

那或许有同学会提出疑问，权力受到约束当然是法治国家的现象，而在君主专制国家，法律完全沦为执政者的统治工具，法律对他们有用时就用，没有用时就不用，这样一来，法律对于那个时代的老百姓，是不是就没有一点作用了？当然也不是。有法律，哪怕这个法律是不好的法律，也总比没有法律要好啊。有一个明文规定的法律，对统治阶级的权力多多少少构成了约束，有限的约束，那也是约束。毕竟，完全无视法律的存在，制定以后又随意废弃，那也是要冒政治风险的。还记得我们前面说过的政权合法性吗？随意废弃法律就会影响到政权的合法性，所以，法律一旦制定出来，反过来也会制约专制君主。而这个多多少少的制约，也就为老百姓维护其权利提供了一定的空间，至少可以在这个空间中去与他们论理吧？商鞅的悲剧也能说明这个问题，商鞅试图用法律来控制老百姓，结果把自己也给套了进去，他受到了他自己制定的法律的约束。

法律与每个人、每个阶级的利益息息相关，因此，法律在立法阶段，不同的人、不同的团体都会通过其所属派系的政治力量去影响法律的制定，总是希望法律能够实现自己的最大利益，这是非常正常的政治现象。无论是古代专制社会，还是现代法治社会，都是这样的。只不过，在古代专制社会，由于统治阶级垄断了立法权力，法律完全是其一家之言，想怎么规定就怎么规定，法律完全是其意志的反映，并作为其统治的工具，被统治阶级则没有任何发言权。而在现代法治国家，特别是民主化程度高的国家，公民能够平等地参与到立法过程中去，这样一来，权力者想在法律中完全塞进自己的“私货”就不那么容易了。在这样的国家，法律是各方利益博弈的产物，是各方意志妥协的结果。

总之，政府利益与公民利益在法律关系上经常处于一种相对的状态，执法者权力的扩张就意味着公民权利的缩小，反之，亦然。但无论如何，我们法律人在思考制度时，不能将自己假想成强者来设计制度。正确的态度是，从最不利者的角度去思考问题和建立制度。只有这样，法律对于公民权利的保护这一作用才能得到最大程度的实现。

第四章　法律关系

法律关系就是法律主体之间的权利义务关系，一方的权利与相对方的义务紧密联系在一起，法律为其中一方设定某种义务，其目的是保护相对方的某种权利；同理，一方之所以能享有某种权利，是因为相对方承担了某种义务。权利义务是法律关系中最重要的范畴。司法实践中，任何案件的处理，其中心工作就是厘清当事人之间的权利义务关系，而权利义务关系一旦被厘清，其是非曲直也就基本搞清楚了。可见，权利和义务的概念是多么重要。与权利义务关系密切的还有一个概念，就是权力。权力同时具有权利和义务的内容，在不同场合或表现为权利，或表现为义务，是权利义务的复合体。因此，在涉及权力的法律关系中，权力必须被确定为权利或义务，而与相对方分别构成权利与义务的关系，或义务与权利的关系。下面我们就分别来讲清楚权利、义务和权力这三个概念。

第一节　权利

一、什么是权利

权利，从广义上讲有法律权利、宗教权利、道德权利、习惯权利之分，狭义的权利只指法律权利。什么是权利？康德说过："问一个法学家'什么是权利'就像问一位逻辑学家一个众所周知的问题'什么是真理'同样使他感到为难。"[①]的确，很多概念都具有这样的特点，你不问，大家心里都清楚，你一问"是什么"，大家反而就不清楚了。既然康德都很难定义清楚，那我们就先从经验说起。从经验上体会，当我们使用权利这个概念时，往往是因为某种行为受到了某种限制，而我们又认为对方的限制是没有道理的，此时我们便会对限制者说"这是我的权利"，或者说"你没有权利干涉我"。细细考量其语义，权利大致应该具有以下特征。

（一）正当性

什么是正当性？从其根据上看，是指具有说服力的理由。康德认为，权利是"指出某个国家在某个时期的法律认为唯一正确的东西是什么"。[②] 这里的"正确的东西"指的就是正当性的依据。正当性依赖于对方的承认，这是说理有效性的所在。因此，说理

① 〔德〕康德：《法的形而上学原理——权利的科学》，沈叔平译，商务印书馆 1991 年版，第 39 页。
② 同上。

时，我们总是要找到彼此的共识作为前提。所以，你要说服对方，首先就要找到对方也承认的那一点来作为说理的基础，这与我们写论文是一样的道理。如果彼此之间没有共识，也就意味着没有说理的基础。这就是我们经常说的，秀才遇到兵，有理说不清。你想想，他只相信拳头，你和他讲道理，那不是找打吗？

为了说得更明白一点，我们可以比较一下盗窃与强盗的不同。盗窃采取的是偷偷摸摸的窃取方式，而一旦被发现了，你说"这是我的"，他就会立即缩手，有时候还会害羞。为什么？就是因为他承认你说的是对的，东西的确是你的。也就是说，小偷与失主对于财产的归属存在共识，双方都承认失主的财产权。但是，强盗就不同了。强盗采取的是公然的抢劫行为，因为他根本就不承认财产应该属于你，所以你对他说"这是我的"一点都没有用。凭什么说是你的？你的就是我的！或者他会说，你的财产来源本来就不正当，我是替天行道，劫富济贫。他不但不会羞愧，反而还会理直气壮。也就是说，强盗与你对于财产的归属不存在共识，他不承认你的财产权。所以，所谓的正当性，其核心就在于对方的承认。正如，房屋所有权之所以是权利，不是因为你占有，而是因为人们对于你占有的承认。一承认，你就具有正当性了。所以，在人际交往中，权利是否有效，取决于是否具有为对方所承认的正当性。因此，我们也就可以理解，在人际关系的冲突中，当事人会极力说"这是我的权利，这是我的权利"，其实背后要说的是"我是正当的"或者"我有正当性"。

当然，正当性也是相对的。比如刚才说盗窃与强盗，你的财产相对于小偷具有正当性，但相对于强盗就不具有正当性。革命的逻辑也是这样。革命就是对整个法律体系都不予承认，认为所有依据原来法律体系所获得的都不具有正当性。所以，革命者以"剥削阶级"称谓有产者时，其实就是在否认他们财产的正当性。因此，革命的手段就是剥夺剥夺者，剥夺那些靠剥夺而获得的利益。革命是否具有正当性，也依赖于承认。如果革命性的思维获得了人们的承认，那么其革命行动也就具有正当性了。可见，正当性的相对性也就决定了权利的相对性。权利主张只能针对承认正当性的人才有意义。因此，所谓的法律权利，无非就是说，在法律上具有正当性而被法律承认了。可见，权利与正当性的关系非常紧密，在很多场合几乎就是同一语义。

（二）自由性

权利从外在表现看，就是主体"可以为"也"可以不为"。"可以"与"必须"不同。"必须"的意思是"只能为"，而"可以"的意思就是"可以为"也"可以不为"，即主体的正反两个方向都是可以做的。好比，一个人有结婚的权利，那么他既可以结婚，也可以不结婚。可以与不可以，反映了权利行为的自由性。

权利行为的自由性，其根据就在于权利的正当性。你欠我钱，我就享有了相对于你的债权，那么我就可以要求你还钱。这个当然不难理解。不过，从语句形式上看，权利的正当性似乎只为"可以为"提供了正当性，并没有为"可以不为"提供正当性。你欠我钱，我就享有了相对于你的债权，可以推出我"可以"要求你还钱，并不能推出我就"可以不"要求你还钱啊。至少从形式上看是这样的。这个问题，有三点理由可以回应：(1)"可以"的行为是权利人对于他人的影响行为，"可以不"的行为则是权利人不影响他人的行为，也可以说是一种无害行为。既然影响他人的行为尚且可以，那么不影响他人的无害行为当然也就更可以。举重以明轻嘛。(2)从形式逻辑看，"可以"表达的是"允许"型规范命题。"允许"型规范命题中的"可以"与"可以不"两者是下反对关系。所谓下反对关系就是，两者可以同时成立，但不可以同时不成立。同时成立并不矛盾，但同时都不成立就违反排中律了。(3)如果"可以"只能是"可以"，而不能是"可以不"，那么"可以"就等同于"必须"了。"必须"表达的是义务，而不是权利。

"可以为"是指权利的主张，而"可以不为"则是指权利的放弃。既然权利"可以不为"，那也就证明了权利是可以放弃的。好比，你欠我钱了，但我"可以不"要求你还了。不过，学过宪法的同学可能会提出来，那劳动权不就也可以放弃了吗？根据我国宪法，劳动权既是公民的一项权利，也是公民的一项义务。既然是义务，那你就"必须"了，怎么能够放弃呢？是的。劳动既可以作为权利，又可以作为义务。当它是以义务的形式出现时，那么它就不可以被放弃，比如一个公民对于国家应尽劳动义务，你不劳动，那国家怎么收税呢？但是，当它是以权利的形式出现时，它就可以被放弃。比如说，员工主动辞去工作，这就是劳动者对劳动权的放弃。说不能放弃，其实是将劳动义务与劳动权利混为一谈了。教育权也有类似的问题。学过民法的同学可能会说，那监护权呢？父母不是也不能放弃监护权吗？是的，监护也既可以作为权利，也可以作为义务。相对于子女和社会来说，父母的监护就是一项义务；相对于其他也有监护权的主体而言，父母的监护就是一项权利。所以，当我们说监护权不可以放弃时，其实是说监护义务，而作为一项权利时，它仍然是可以被放弃的。比如，离婚诉讼中，父母双方都要求做监护人时，一方就可以主动放弃。

(三) 对抗性

前面已经说过，从经验来看，当我们说"这是我的权利"时，一般都是权利在行使过程中遇到了他人制造的障碍。因此，权利主张的目的就在于对抗他人，以排除障碍。简言之，权利主张就是为了排除别人对于自身权利的侵害。一个人对某物享有某项权利，也就意味着其他人对此没有权利。财产所有人对小偷说，"这是我的"，其实就是说，"这不是你的"。所以一个人主张权利，也就是对相对方权利的否定。因此，对抗性也可以说成是排他性，排除他人享有此权利。权利如果不具有对抗的功能或说排他的功能，那么，权利的正当性也就没有意义，而其"可以为"或"可以不为"也就不可能成为现实。当然，权利主张能否对抗他人，也取决于权利能否获得他人的承认。所以，财产所有人说"这是我的"可以对抗小偷，但不可以对抗强盗。这一点也可以从对抗的相对性的角度来理解。

权利的上述三个特征，正当性是根据，自由性是表现，对抗性是目的。当我们说"这是我的权利"时，其意思就是说对方不得干涉，语气中饱含理直气壮的成分。之所以理直气壮，就是因为有正当性。因此，正当性是权利的基础性特征，而其他两个特征则是以正当性根据延伸出来的特征。这里，结合上面所分析的三个特征，我们可以给权利下一个简洁的定义：权利就是一个人行为或不行为的正当性理由，其目的在于对抗他人的干涉。

二、 权利与资格的关系

正当性或者来源于某种资格，所以也有人从资格的角度来定义权利。格劳秀斯就说过："由于它，一个人有资格正当地占有某种东西或正当地做某种事情。"[①]米尔恩也说过类似的话："权利概念的要义是资格。说你对某事享有权利，是说你有资格享有它，如享有投票、接受养老金、持有个人见解、以及享有家庭隐私的权利。"[②]这两位教授都是大咖，所以，权利的资格说有很大影响。

但是，我们不能因为大咖说过就放过了质疑。从逻辑上分析，用资格来定义权利，会导致同语反复。细细比较一下格劳秀斯和米尔恩两个人说的，两句话的意思还是有差别的。格劳秀斯是说，资格的根据是权利，因为有权利，所以有资格。而在米尔恩那里，权利与资格的意思相同。按照米尔恩的说法，既可以理解为因为有权利，所以有资格，也可以理解为因为有资格，所以有权利。也就是说，权利可以用资格来定义，什么是权利？权利就是具有某种资格。同时，资格也可以用权利来定义，什么是资格？资格就是具有某种权利。资格与权利，彼此都依赖于对方来定义，结果，权利的意思究竟是什么呢？并不清楚。比如，我是房屋的主人，因为这个资格，所以我就对房屋享有所有权。但是，这句话也可以理解为，我之所以是房屋的主人，恰恰就是因为我对房屋享有所有权。这样一来，到底是资格导致了权利，还是权利导致了资格，就说不清楚了。这种情形，在逻辑上就叫同语反复。

资格本身并不具有正当性。资格，是指满足某种条件身份。而权利强调的是正当性。看起来，资格的确可以成为权利的正当性。比如，我们是本校的学生，因为这个身份，所以我们就有权利去学校的图书馆借书。是这样吗？我们是本校的学生，所以我们去图书馆借书具有正当性，但这个正当性并不是天然的，而是学校规章所规定的。不然，我们是本校学生，为什么我们不能免费就餐呢？那还不是因为，学生身份的这个资格并没有被赋予免费就餐的正当性。由此可知，一项权利，并不是因为资格就具有正当性，而是因为资格与权利的联系具有正当性。再比如，特权，尽管享受特权的人具有某种资格，但因为它不具有正当性，所以就有点偷偷摸摸了，总不能说享受特权是权利吧？不然，为什么不黑字白纸地把特权写进法律里呢？可见，用资格来理解权利，根本就没

---

① H. Grotius, "On the Rights of War and Peace", from C. Morris, *The Great Legal Philosphers—Selected Readings in Jurisprudence*, University of Pensylvania Press, 1959, P. 86. 转引自张文显：《法哲学范畴研究》(修订版)，中国政法大学出版社 2001 年版，第 300 页。

② 〔英〕米尔恩：《人的权利与人的多样性——人权哲学》，夏勇、张志铭译，中国大百科全书出版社 1995 年版，第 111 页。

有办法说清楚什么是权利。

不过,话要说回来,格劳秀斯和米尔恩他们两个人所说的,如果不是从定义的角度来理解,那当然没有什么问题。并且,他们两个人所说的,结合其前后文,也不是在用资格来给权利下定义。我们这里拿他们的话来分析,只是为了更好地说清楚权利与资格的关系。

三、权利与利益的关系

也有人从利益的角度来界定权利,德国19世纪法学家耶林[①]就是,他认为权利就是法律所保护的利益。不过,用利益来给权利下定义,在很多方面也讲不通。

我们知道,并不是所有的权利都有利益。比如,有两个兄弟,哥哥与父母同住,父亲去世后,哥哥阻挠弟弟参加父亲的安葬仪式,弟弟便起诉哥哥侵犯了其安葬父亲的权利。这个权利当然具有正当性,可是他并没有什么利益啊。再比如,签订合同的权利,这只是行为上的权利,与利益没有一点关系。监护权也是这样,监护非但没有利益,反而是一种负担。公益诉讼也是,公益诉讼包含的利益也不是原告的利益,而是公共利益。当然,或许有人说,利益不只是指物质利益,也可以指精神利益。安葬父母、监护子女被归到精神利益的范畴,这样讲似乎也说得通。但是,把签订合同说成是一项精神利益,那就太牵强了。如果一定要这样理解的话,那“利益”的范围就宽泛无边了。要知道,一个概念如果宽泛无边,至少在学术上就没有什么意义了。

并且,现代社会发展的趋势是,权利越来越呈现出社会责任的倾向。比如,你作为房屋的所有权人,必须负责修剪你房屋周围的花木,以保证房屋与四周绿化的环境相协调;在冬季,你必须负责清扫你房门前面的积雪,以保证道路的安全。显然,这些就不是利益,而是负担了。当然,或许有同学会想,修剪花木和清扫积雪,与房屋价值比起来,几乎是可以被忽略的负担。如果这样理解的话,那么,权利能不能成立,就必须计算利益的正负,正的是权利,负的就不是权利了。再推演一步,那是不是说,房屋所有权是不是一项权利,要根据市场行情来决定了?再打个比方,结婚是不是一项权利,也要根据一个人结婚是有利益,还是没有利益。结婚赚了就是权利,亏了就不是权利?所以啊,有些似是而非的观点,只要将它推演到极致,或者打个极端的比方,我们就可以发现它的荒谬。

权利与利益的关系,正确的是,权利是可以作为利益实现的手段,但它本身并不是利益。权利的行使可能为自己带来利益,也可能不带来利益。比如,公民有订立合同的权利,但订合同后,自己非但没有增加利益,反而遭受了损失。并且,权利作为一种手段既可以实现自己的利益,也可以实现他人的利益。受教育权实现的是自己的利益,而监护权实现的就是子女的利益。订合同权则既可以实现自己的利益,也可以实现他人的

---

① 耶林,1818年8月22日生于德国,哥廷根大学教授,法学家,著有名作:《为权利而斗争》《罗马法的精神》等。

利益。由此可见,权利与利益并不具有必然的关系,有权利不一定有利益,前面的例子都是;是利益也不一定就是权利,不正当的利益就不是权利,如我们前面讲到的特权。可见,是不是权利,与正当性有关系,而与利益没有关系。

总结一下,如果用利益来定义权利,在逻辑上就会导致这样几种荒谬结论:(1)有些正当诉求因为没有利益就不能作为权利,如监护权。(2)公民提起诉讼时必须证明自己具有利益,否则就没有起诉资格,如公益诉讼。(3)有些权利因为财产贬值了就不再是权利,如房产权。(4)有些权利因为最终没有实现自己的利益而可以被否定为是权利,如缔约权,结婚权。无论哪一种情形,都是权利这个概念所不能承受的谬论。因此,用利益来定义权利,逻辑是不会答应的。

四、权利与自由的关系

权利从外观上看就是权利人的行为具有自由性,因此,权利与自由的含义非常接近,但其实,细细考究,两者的含义也是有很大不同的。由于自由与权利的关系非常紧密,且自由也是法理学研究的重要内容,因此,这里对权利与自由关系的讨论,就远多于对权利与资格和利益关系的讨论。

(一)什么是自由

自由,从字面上讲,指的是不受约束的一种状态。它既可以从哲学意义上来理解,也可以从社会学意义上来理解。认识的角度不同,其具体含义也不同。

从哲学上来认识自由,是基于认识论的角度。从哲学上讲,自由就是指对必然的认识和支配。这里的必然是指事物的客观规律。认识就是指人对自然规律的认识,而支配就是指人对自然规律的运用。认识与支配的逻辑关系是,认识是支配的前提,而支配则是认识的目的。一个人对自然规律认识得越清楚,那么他在与自然打交道的过程中也就越行动自如。好比,你搞清楚了建筑原理,在设计建筑时也就能够得心应手。可见,哲学意义上的自由关涉的是人与自然的关系。正如恩格斯说的,“自由是在于根据对自然的必然性的认识来支配我们自己和外部的自然界”。[①]

社会学对于自由的理解不同于哲学。社会学意义上的自由关涉的是人与人之间的关系。人与人之间的关系有两种,一是自然关系,就是征服与被征服的主体与客体的关系;二是社会关系,就是具有共识的主体与主体的关系,也就是本书前面说到的主体际关系。从人性本能上看,在人与人的关系中,一个人总是想征服另一个人,而另一个人总是想摆脱其征服。避免这种征服与被征服的关系,就要靠社会规范了。所以,社会关系也就可以理解为,是受社会规范约束的人与人的关系,而自由,也就可以理解为是被社会规范所允许的自由,即规范自由,这与哲学意义的认识自由迥然有别。在社会规范的大家族中,法律规范是其中最重要的社会规范。所以,我们也就可以理解,法律意义

① 参见《马克思恩格斯全集》第20卷,中共中央编译局译,人民出版社1971年版,第126—127页。

上的自由就是指法律规范的自由。

根据英国哲学家伯林的说法，自由有消极自由和积极自由两种含义。消极自由回答的问题是："主体（一个人或人的群体）被允许或必须被允许不受别人干涉地做他有能力的事，成为他愿意成为的人的那个领域是什么？"[①]而积极自由，它要回答的问题是："什么东西或什么人，是决定某人做这个、成为这样而不是做那个、成为那样的那种控制或干涉的根源？"[②]这个翻译有点不简洁，我们可以简化一下来理解。根据伯林的观点来理解，消极自由就是不让别人做我主人的自由，即"我不是别人的奴隶"；而积极自由则是做自己主人的自由，即"我是自己的主人"。因此，消极自由是一种防卫性的自由，而积极自由则是一种自主性的自由。简单来讲，消极自由是 be free from……是免于……的自由；积极自由则是 be free to do……是去做……的自由。好比，"你不能迫使我做我不喜欢做的事"，这句话就是在消极自由意义上讲的；而"我想成为科学家"，这句话就是在积极自由意义上讲的。

从法律上理解，消极自由比积极自由更重要。消极自由与积极自由的逻辑关系是，消极自由是积极自由的条件，没有免于被别人干涉的自由，自己就没有做什么的自由。积极自由只是要求自己，这是一个纯粹个人性的事务；而消极自由则是对抗别人，这涉及自己与别人的关系。打个比方，你买彩票中奖了，法律并不关心你对于巨奖的自动放弃，这是你的积极自由。但是，如果你的奖金被无端剥夺了，法律就必须介入，这就是消极自由。因此，消极自由是免于奴役的自由、免于不公正的自由、免于恐惧的自由。法律是干什么的？法律就是规范人与人关系的，因此也就当然将正义的人际关系作为其理想追求。所以，相对于积极自由，法律更关心消极自由。

（二）自由与权利的关系

也有人从自由的角度来理解权利。霍布斯说过，"'权利'这个词确切的含义是每个人都按照正确的理性去运用他的自然能力的自由。"[③]洛克则认为，有某种权利即表明"人享有使用某物的自由"[④]。可见，在这两个牛人那里，权利几乎与自由同义。是这样吗？

我想，自由与权利这两个概念至少有以下两点不同：(1) 自由具有描述性，权利具有评价性。自由，是指一个人不受约束的状态，不管是什么约束，自然力量的约束也好，他人力量的约束也好，只要不存在约束，就可以说是自由的。可见自由强调的是事实，只要在事实上不受约束，我们就说是自由的。但权利则不是，我们前面讲过，权利是一个正当性的诉求，它强调的是正当性。因此，在自由与权利的比较意义上，权利的概念具有评价性，评价主体的行为是否正当。只有行为具有正当性，才可以说是权利。自由

---

① 〔英〕以赛亚·伯林：《自由论》（修订版），胡传胜译，译林出版社 2011 年版，第 170 页。

② 同上。

③ 转引自夏勇：《人权概念的起源》，中国政法大学出版社 2001 年版，第 44 页。

④ 同上。

的概念则不同,自由的概念具有描述性,描述主体是否受到约束的事实。只要没有或不会受到约束,那就是自由的。这里补充一点,这里特意强调自由与权利的“比较意义”,是因为自由这个概念在其他场合也会作为价值概念来使用。但这与我们这里要讨论的自由概念没有关系,此不赘述。(2)有权利就有自由,但有自由并不就有权利。权利,从外在表现看,就是主体“可以为”也“可以不为”。所以,自由是权利的一个特征。从逻辑上分析,自由是权利的必要条件,没有自由就没有权利。但是,权利并不是自由的必要条件,有自由并不意味着就有权利,没有权利也不意味着就不自由。我们以随地吐痰为例子。随地吐痰在法律上是自由的,因为,法律并没有规定,随地吐痰要承担法律责任。但是,随地吐痰不是一项权利,因为,随地吐痰并不具有正当性。所以,法律有“法无禁止即自由”的说法,但没有“法无禁止即权利”的说法。

自由与权利尽管不同,但两者的联系还是非常紧密:(1)有些自由本身就是一项权利。一项自由,如果本身就具有正当性,那么这个自由就是一项权利。比如言论,因为公民对政府的批评具有正当性,因此,这样的言论也就是一项权利,这就是宪法所说的言论自由,也可以叫言论自由权。但是,针对私人的言论,如果侵犯了他人隐私,就不具有正当性,所以也就不是一项权利。(2)自由也可以转化为一项权利。我们仍然以随地吐痰为例。尽管随地吐痰不是一项权利。但是,当法律惩罚一个随地吐痰的人时,吐痰人就可以主张我的这个行为不受法律干涉。吐痰人的这个诉求在法律上具有正当性,因此,这就是他的一项法律权利。强调一下,这不是吐痰的权利,而是吐痰不受法律干涉的权利。我们再以低俗为例。低俗当然不是一项权利,但却是一项自由。法律不能要求一个人高尚,那是道德问题。也就是说,自由的本身尽管不是权利,但是,排除他人对于自由的干涉则可以是一项权利。注意,是“可以是”而不是“就是”。总之,这个时候,不是自由本身是权利,而是自由不受干涉是权利。

(三)干涉自由的原则

尽管自由并不就是权利,但自由不受干涉却可以成为一项权利。那接下来的问题是,什么样的自由,法律不得干涉?或者说,什么样的自由,法律应当干涉呢?洛克也有类似的说法:“当其他任何人的一时高兴可以支配一个人的时候,谁能自由呢?”[①]可见,自由必须有一定限度。孟德斯鸠认为,公民只有法律自由,法律之外没有自由。他说:“如果一个公民能够做法律所禁止的事情,他就不再有自由了,因为其他的人也同样会有这个权利。”[②]在理论上,有学者归纳了限制自由的几种法律原则[③],下面分而论之:

1. 伤害原则

“伤害原则”是由英国思想家密尔最早提出的,因而又被称为“密尔原则”。密尔认为:

---

① 〔英〕洛克:《政府论》(下篇),叶启芳、瞿菊农译,商务印书馆1964年版,第36页。
② 〔法〕孟德斯鸠:《论法的精神》,张雁深译,商务印书馆1961年版,第154页。
③ 参见赵震江、付子堂:《现代法理学》,北京大学出版社1999年版,第132—134页。

“人类之所以有理有权可以个别地或集体地对其中任何分子的行动自由进行干涉……唯一的目的只是要防止对他人的危害。”[①]也就是说，当且仅当一项行为，是为了阻止对于他人或公共利益的伤害时，法律对自由的限制才是正当的。罗尔斯也说过类似的话，“自由的优先性意味着自由只有为了自由本身才能被限制”。[②] 伤害原则为法律干涉自由提供了很有说服力的理由，但是在实践中也会遇到一些问题，诸如：怎么判断对别人有没有伤害？以随地吐痰为例，你说对别人有没有伤害？如果这个吐痰人是从新冠肺炎疫区来的呢？伤害是否有程度和范围的要求？伤害是物质性的，还是也可以包括精神性的？如果可以包括精神性的，那么会不会又产生随意性？这些问题往往是“伤害原则”所必须面对的。

2. 父爱主义原则

当一个人的行为会使他自己丧失重大利益，那么，这个时候，法律就可以充当“家父”的角色，强制性地限制他的自由。“父爱主义”是假定一个人会在特定情形时丧失理性，缺乏自主的权力，法律就像父亲一样来替他作主。可见，父爱主义是对人理性不足的填补。禁止吸毒、驾驶汽车必须系安全带、摩托车司乘人员必须戴头盔等，这些法律规定就不同程度地体现了父爱主义原则。但是，父爱主义的决定就一定是理性的吗？比如禁止安乐死，从父爱主义的角度来看，活着是一个人的最大利益，好死不如赖活着嘛。但是，如果从病人的角度看，好死真的不如赖活吗？家父想赖活就想当然地认为儿子也愿意赖活吗？并且，父爱主义也为以父爱为名干涉公民自由提供了可乘之机。由于父爱主义原则很容易导致国家权力的扩张，所以法律应当严格控制父爱主义的滥用。就算是亲父亲，在家暴时不也经常会说“我打你是为你好”吗？可是，又有哪个被打的喜欢这样的好呢？

3. 法律道德主义原则

这一原则主张法律应当限制违反道德的行为。因为社会不是个体简单的集合，而是个体以共识作为纽带而结成的价值共同体。公认的社会道德是社会存续之必需，因此，社会有权动用法律来保护社会公认的道德。法律道德主义原则为禁止卖淫嫖娼、赌博等有伤风化的行为提供了理由。但是，法律道德主义原则也有问题。法律与道德本来就是两分的，法律能不能因道德要求就可以对他人的自由实施强制？比如，随地吐痰是不道德行为，法律可以强制吗？并且，道德带有很大的主观性，公认的道德又如何判断？因此，法律道德主义容易导致优势群体的道德排斥弱势群体的道德。比如，某些国家关于禁止同性恋的法律，就很有可能是异性恋者的道德选择。低俗的自由也有这样的问题。低俗与高雅相对，低俗与高雅如何判断？如果法律可以禁止低俗，那么势必导致某些精英将自己的爱好强加给其他群体。所以，运用法律道德主义原则也要极其谨慎，稍有不慎就会侵犯公民自由。

---

① 〔英〕约翰·密尔：《论自由》，许宝骙译，商务印书馆 2007 年版，第 10 页。

② 〔美〕罗尔斯：《正义论》，何怀宏、何包钢、廖申白译，中国社会科学出版社 1988 年版，第 234 页。

4. 冒犯原则

根据这一原则，某些行为并不伤害他人，但由于冒犯了公众的情感，使人产生极度的羞耻、惊恐或愤怒，那么，法律对此类行为也可以进行限制。冒犯原则与法律道德主义原则有很大重合，其不同在于，法律道德主义可以干涉“不道德的行为”，但是，对于“冒犯原则”来说，只有当不道德行为冒犯了他人时，才可以被纳入法律干涉的范围。以同性恋为例，认为同性恋不道德，这可以成为法律道德主义原则干涉的理由，但不能成为冒犯原则干涉的理由。只有在同性恋行为冒犯了他人，比如，同性恋在公共交通工具上相互抚摸和接吻，就容易引起部分公众的反感，这时，冒犯原则才可以作为法律干涉的理由。可见，冒犯原则对于不道德行为的惩罚相比于法律道德主义原则要严格，范围大大地缩小了。冒犯原则与伤害原则也有一定的重合，只是“冒犯”更多的是指向精神情感方面，而伤害原则则不以精神伤害为限。

需要指出的是，上述原则并非单一起作用，它们对法律的影响往往是综合的。此外，上述原则只是说理的根据，并且也只是学理性的，它只在告诉我们，任何对于个人自由的限制都必须提供正当性的理由。但这并不意味着，现实生活中的法律，其立法理由就一定是出于上述原则的考虑，没有法理根据的法律多着呢。更不意味着，法官在司法中引用上述原则就可以免于引用具体法律规定的义务，法律原则不可以直接跳过法律规则而发挥法律的规范功能。当然，即使是这样，也不影响我们讲法理。并且，恰恰是这样，才更需要讲法理。因为，讲理也是对权力的约束。

五、 法律权利与道德权利

法律权利与道德权利有很近的关系，因此，有必要说清楚两者之间的关系。

（一）法律权利与道德权利的区别

法律权利与道德权利的区别主要体现在来源、原则和保障三个方面。

1. 来源不同

法律权利来自法律规定，而道德权利则来自公认的道德。法律权利与道德权利大部分会重合，如父母有要求子女赡养的权利，这既是法律规定的，又是道德支持的。但是，法律权利与道德权利也有分离。一是法律权利，但不是道德权利。比如，随地吐痰不受干涉可以是法律权利，但不是道德权利。同理，低俗不受干涉可以是法律权利，但不是道德权利。二是道德权利，但不是法律权利。比如说，师傅有要求徒弟孝顺的权利，但这不是一项法律权利。同理，尊敬老师，对于老师来说，这只是道德要求，而不是法律权利。造成法律权利与道德权利分离的原因，是道德的要求高于法律的要求。法律是以普通人的道德水平为标准，只要达到正常人的道德水平，法律就不会干涉，也不应干涉。因为，道德有高尚道德与基本道德之分，前者是以高尚人为标准，如学雷锋做好事；后者是以普通人为标准，如不得损人利己。这个我们前面讲到过。

2. 原则不同

法律权利涉及人与人关系的制度性安排,因而与人与人之间是否公平紧密联系在一起,所以,法律对于权利的规定要体现平等性与普适性。道德权利对公平性的要求则并不强烈,只要获得公认道德的认可就可以。道德权利与伦理联系在一起,要求维护人伦秩序。在人伦秩序要求下,道德权利并不考虑公平与否。再以师傅带徒弟为例,师傅有要求徒弟孝顺的道德权利,但反过来,徒弟就没有要求师傅同等对待自己的道德权利。由此可见,法律权利强调公平性,道德权利则强调伦理性。

3. 保障不同

法律权利的实现依赖于国家权力。法律权利可以采取相应的法律手段来获得救济,所谓"无救济就无权利",其实指的就是法律权利。道德权利的实现,没有物质性的力量作保证,它只与社会舆论有关,与义务主体的良知有关。自然债务就是这样,一项债务过了诉讼时效后,债权人的权利就不受法律保护了。但是,作为一项道德权利它当然还是存在的。这个道德权利能不能实现,就只取决于债务人的意愿了,即取决于他的道德水平。

(二) 法律权利与道德权利的联系

法律权利与道德权利的区别并不表明两者相互隔膜,事实上,两者的联系还非常紧密。两者的联系表现在以下几个方面:

1. 道德权利向法律权利的转化

一般来说,法律权利往往意味着法律对于道德权利的肯定。而法律之所以肯定,是因为其作为法律权利并不会给他人或社会带来危害。道德权利向法律权利的转化有两种情形,一是历史现象的转化,二是特定权利的转化。(1) 从历史起源上看,总是先有道德后有法律,法律逐渐脱离道德而获得了独立性。因此,法律权利的产生也就是道德权利向法律权利转化的结果。(2) 从特定权利的转化来看,是指某项具体的权利原来只是道德上的,后来被法律规定了就成了法律权利。比如名誉不受侵犯,起初只是作为道德权利而存在于人际交往的礼仪中,后来被法律规定了,就成了法律上的一项权利了。

2. 法律权利向道德权利的转化

这种转化也有两种情形:(1) 权利原来既是法律的又是道德的,后来法律不再规定了,就只是道德权利了。如中国古代父母对于子女的一些权利,在今天就只是以道德权利的形式存在着,不再有法律效力了。比如父母对于子女婚姻的同意权。(2) 一项行为原来与道德没有关系,但因为被法律规定了,也就同时成为道德权利了。比如,靠右行走被写入交通法后,要求行人靠右行走,这就是法律权利。但同时,行人如果不靠右行走,我们也会认为,行人的行为是不道德的。这就表明,要求行人靠右行走也成了一项道德权利。

3. 法律权利必须以道德权利为基础

道德权利与法律权利的相互转化,是从形式上来分析的,从内容上看,法律权利必须以道德权利为基础。一般来说,法律权利越是以道德权利为基础,其也就越能够得到人们的尊重,法律的强制保障的成本也就越低。人们对于道德认可的法律,更容易自愿遵守。相反,法律权利越是与道德权利相分离,那么,它就越有可能引发权利的道德危机,招致人们的恶评,甚至反抗,法律的强制保障的成本也就越高。暴政就是针对后者而言的,只推崇暴力,而轻视道德,那么,也就容易招致人们以暴制暴,甚至革命。

六、 人权

人权,简单来讲,就是人作为人的权利。人作为人只是一种事实,但这种事实本身就构成了对抗他人的正当性根据,所以,在这个意义上,人权是不证自明的。对于人权,我们必须明确以下几点:

(一) 人权的"类"属性

人权是在忽略人的具体差别的基础上,抽象出来的人的共同性和一致性的"类"权利。只要在心理上承认对方与自己是同一类的人,这种心理就是人权意识。因此,什么是人权,简单来说,就是要求对方将自己当作人来看待。因此,人权超越国别、阶级和历史等界限而具有普适性,与等级和特权不容,与具体权利不同。因此,那种通过刻意强化国家、阶级、民族等的差异来定义人权的做法,就容易导致对人权的否定。

人权是普遍性的,这是承认人权的基础,而所谓的人权特殊性,只是指人权的实现方式因不同情形而有不同而已。人权的单位主要是个体,集体人权的概念在使用时要特别小心,它很容易导致集体成员中的个体权利被忽视。好比,如果沉浸在"这群人的存活率在99%"上,那么那1%的人的权利就被忽视了。只有将人权单位锁定在个体时,没有存活的那1%的权利才会引起人们的关注。数字很难激发人们的情感,人们只有从具体人的故事中才容易产生感同身受的同情心。因此,从某种意义来说,人权就是基于对他人经历的感同身受而产生的"己所不欲,勿施于人"的相互认可。所以,在人权的思维里,人人应当平等,人人应有尊严。

(二) 人权的绝对预设性

人权是很难通过经验或其他办法来证明的。你要么承认,要么否定,这与价值观有关系,而与事实没有关系。作为绝对预设,人权是一个人思考人与人关系的前提。知道形而上学吗?可能我们一听说到这个词,就会想当然地联想到一种静止的、教条的、机械的看问题的方法。这个我们不管,我要告诉大家的,形而上与形而下是相对的,形而下注重的是经验,形而上则注重的是超验,就是经验检验不到的。经验检验不到,那就只能借助预设来建立推理。数学就是这样,"1+1=2"你能够证明吗?很难,但这并不影响人们将它首先作为公理,然后在它的基础上推演其他数学公式。人权就是这样,它是绝对预设,不需要再为之证明了,它在今天就是公理。作为公理,它是其他理论证明的前提,而不是其他理论证明的结果。

作为绝对预设,人权当然是其他权利以及一切政治制度的基础。那种执着地要为人权再寻找根据的做法,无异于是对人权的否定。在今天,恐怕几乎没有人会否定人权,即使内心想否认,他也不敢直白地说出来。他一说出来,人家就会质疑他的人品,他就很难立足了。你连人权都不承认,那你还是人吗?没有人愿意承认自己不是人,所以也就不好意思不承认人权。可见,将人权作为不证自明的公理的观念,已经深入人心了。任何对于人权的质疑,都会将自己置于不利的对话环境中,这就有点像意识形态了,在政治上就会被认为政治不正确。

(三)人权与主权的关系

什么是主权?主权是指在国际交往中,一国独立于其他国家所应该具有的权力。一国主权范围内的事由主权国家行使,这就是国家内政不受干涉的原则。主权的行使者有说君主的,有说人民的。在今天,只有主权在民的说法具有正当性。当然,从主权行使来看,主权往往就是政府的权力。从社会契约的关系来看,公民人权先于国家主权,国家主权来源于公民权利的让渡。而公民之所以让渡一部分权利给国家,是指望国家能够保护其人权。[①] 所以,国家是人权的义务主体。主权行使得好还是不好,其标准就是看人权是不是获得了国家很好的保护。

但是,这里有一个悖论,国家主权一旦形成,其无所不能的“利维坦”趋势就很难被阻止,从而反过来对人权构成最大威胁。这个问题也是国际人权与国家主权的关系所要面对的问题。

(四)国际人权与国家主权的关系

由于人权的普遍属性,所以人权总是与国际力量联系在一起,因此,人权与主权的关系就表现为国际人权对于国家主权的约束。于是,随着人权观念的普及,以往的主权绝对性的观念就被主权相对性的观念给代替了。人权与主权的关系,可以类比家庭与社会的关系。家庭是一个私人空间,家庭自治是一项基本原则,这与国家内政不受干涉是一样的道理。但是,如果家长对其成员实施了严重的暴力,那么邻居就有义务制止这种暴行。如果一个邻居看到了某个家庭发生了严重的暴力而袖手旁观,说那是人家的家务事,外人不好管,那么,这个邻居就会被人们指责为冷血,没有起码的良知。所以,邻居的社会责任感,是维护正义和良知之所在。同理,国际社会对主权侵犯人权的约束,也是维护国际公道和人类良知之所在。比如,卢旺达发生大屠杀,国际社会可以听之任之吗?

人权是具有普遍属性的,它超越于国家,而主权只在特定国家内有效。国际人权之

---

① 参见〔英〕洛克:《政府论》(下篇),叶启芳、瞿菊农译,商务印书馆1964年版,第77—80页。

所以能对国家主权构成一定的约束，这是因为：(1) 在价值意义上，国际人权在话语上容易占据道德优势，而致相应国家陷于不道德名誉中。就好比在一个小区，那个天天打老婆的人，在小区就容易陷于孤立，大家都不理你，都对你翻白眼，你是不是不好意思啊？(2) 国际人权的干涉也不仅仅停留于道德谴责上，国际人权也会经常借助于物质性的力量来干涉主权，比如贸易制裁等，以迫使相应国家作出调整，善待人民。好比，小区里的居民不让你去他家里玩，与你有生意往来的人断绝供货给你。

第二节　义务

一、什么是义务

义务是指应他人或社会的正当性要求，而必须作为或不作为的一种状态。也就是说，义务的产生源于他人权利的诉求，因为他人权利的诉求而处于无可选择的必为或必不为的状态。义务是与权利相对的概念，从权利相对的角度来理解义务，义务的含义就容易理解多了。

（一）必为性

必为性是指义务主体必须作为，它强调的是作为的"必须"。必为是广义上的，包括必须为和必须不为两种情形。前者是指积极的作为义务，如债务人的还债行为；后者是指消极的不作为义务，如不得侵犯他人权利的行为。不过，周永坤老师认为，义务也不都是必须要履行的，义务因权利人的放弃就不必履行。[①] 我以为，当权利人放弃权利时，这看起来是义务不必履行了，而实际上是义务已经被免除了。也就是说，这个时候，义务已经不存在了，那当然就不必履行了。这种情形，义务之所以能够免除，是权利人放弃的结果，而不是义务人自我免除的结果。义务是不可以自我免除的，所以，义务因权利人放弃而不必履行，这与义务的必为性并没有任何矛盾。

义务的必为是指义务主体因其意志受到了某种限制，而处于必须为或必须不为的状态。这并不是说，义务主体丧失了选择的自由意志。义务人只是基于某种社会压力而没有选择的空间，但在事实上，他仍然是可以选择的。比如，你欠我钱了，你有义务还我钱，在法律上你没有选择，只能还钱。但在事实上，你仍然可以选择不还钱，不然那些"老赖"是怎么来的？所以，恰恰是因为义务人在事实上"可以不为"，所以，义务的"必

---

① 参见周永坤：《法理学》(第二版)，法律出版社 2004 年版，第 284 页。

为"才有意义。也就是说,义务总是暗含了相反行为的可能性。如果相反的行为在事实上根本就没有可能,那么,再规定为义务就没有意义了。举例来说,公民个人迄今为止尚不具有飞到火星上的能力,那么,"任何人都不得到火星上开发自然资源",这样的规定就多此一举。

(二) 应为性

应为性是应当作为的简称。应为是指社会对义务主体为或不为某种行为的肯定,同时也是对与义务相反行为的否定。义务行为具有应为性,相反行为就具有不应为性。你欠我钱了,你有义务还我钱。你还我钱,这是法律所肯定的"应为",你不还我钱,这是法律否定的"不应为"。义务的相反行为之所以被社会所否定,是因为相反的行为会给他人或社会带来危害,所以就必须禁止。

应为不同于必为。应为包含了正当性的评价,必为只是对于必须作为状态的描述。义务是必为的,强盗的命令也是必为的,否则他会要了你的命。所以,必为是不能将义务与强盗的命令区分开来的。但是,义务是应为的,而强盗的命令是不应为的,这样一来,应为就将义务与强盗的命令区分开来了。强盗的命令尽管在事实上也导致了行为人处于被迫的"必为"状态,但因为其不具有正当性,因而不应为。

义务的应为性与权利的正当性有所区别。应为与正当的不同在于,应为不仅含有赞同的态度,而且还含有期待的心理,并且对相反的行为持反对的态度。但是,正当表达的则是不反对、不强求、不阻碍的态度。因此,义务与权利相比较,权利反映的是社会的消极态度,权利不行使,对于他人和社会是无害的,所以,权利主体可以为,也可以不为,法律对此无所谓,所以,权利人可以放弃。好比,法律规定了结婚的权利,至于你结不结,那是你自己的事。而义务则反映了社会的积极态度,义务不履行,对于他人和社会是有害的,所以,义务主体只能为或只能不为,而不能做相反的行为,法律对此是非常在意的。所以,义务是不可以放弃的。

(三) 能为性

所谓能为性,是指社会要求的义务行为,是义务人在能力上能够做到的行为。法律设定一项义务时,必须考虑其具有现实性。如果法律设定的义务原本就是人所不能为之的行为,那么设定义务也就没有意义。能为性是必为性和应为性的事实条件。离开了能为性,那么,必为性就是强人所难,根本就没有实现的可能;而离开了能为性,那么,应为性也就是强词夺理,不具有正当性。能为性有两种情形,一是能力上的能为性,一是伦理上的能为性。

能力上的能为性是指人在体能上的能为。举例来说,在疫情期间要求公民必须戴口罩,但其前提是市场上能够买到,或者政府能够提供,否则也是强人所难。当然,能为性并不是以具体人的能力为标准,而是以普通人的能力为标准。举个例子,某个超人有飞到月球上的能力,但法律并不能因此而规定"任何人都有去月球开发自然资源的义务”。同样，法律也不能因为某个具体的人没有履行义务的能力，就认为他没有义务。举个例子，某个债务人无钱还债，我们就说，他没有还款的义务，这显然是不对的。不然，这种人一下子就多了起来。法律规定什么义务和不规定什么义务，一定要想到其可能的后果会不会有危害性。

伦理上的能为性是指人在道德上的能为。举例来说，雷锋叔叔的行为尽管是非常高尚，但由于其要求远远超过了普通人所能达到的道德水准，所以如果将此设定为法律义务，那就超过了一般人的能为性了。做好事并不难，难的是一辈子做好事。所以，雷锋叔叔可以作为道德楷模，但不能作为普通人的义务标准。中国古代的亲亲相隐制度，就是考虑到了伦理上的能为性，如果规定亲属都有相互举报的义务，那就超越了一般人所能承受的伦理限度。学生举报老师上课的言论，也可能存在这样的伦理障碍。用我们这里的话来说，就是超越了伦理上的能为性。所以，法律也就不宜将它作为义务来规定。

（四）负担性

负担性是指义务人的行为处于受拘束的一种心理状态。受拘束对于个人来说是不舒服的，所以说是一种负担。义务的负担其实也是一种心理负担。心理负担通过转化为心理压力而起作用。这种心理压力促使着义务人为卸除心理负担而积极地履行义务。我就有这种体验，借人家钱老想着还人家。借钱给我的那个同学说我：“我借出的钱都是我催人家还我，哪里像你一样，老是催着要还我。”这其实就是义务所产生的心理负担。

不过，也有人将义务表述为不利，我以为，这是有失严谨的。负担与不利的不同在于，负担是针对义务人的意志来说的，不利主要是针对义务人的利益来说的。负担与不利的联系是：有些负担是不利的，比如欠债还钱；但也有些负担是有利的，比如摩托车司机有戴头盔的义务。可见，不利是对结果的判断，负担是对心理的描述，两者性质完全不同。

（五）责任性

义务人必须为之却不为之，或者必须不为之却为之，就要承担不利的后果，这就是责任。如果是法律上的不利后果，那就是法律责任。关于责任与义务的关系，我们将在法律责任一章中予以详细阐释，这里就不展开了。

二、义务的类型

义务的类型，从不同的角度可以划分出不同的类型。权利的分类也好，义务的分类也好，都是知识性的东西，学理上可探究的地方不多，但是，一点也不讲，也不利于对权利义务的理解。所以，这里我们讲一下义务的两种分类，其他分类大家可以举一反三。而通过义务的分类，大家也就容易把握权利的分类。

（一）积极义务与消极义务

前面我们在讲义务的特征时，已经讲到了“行为”实际上可以划分为两种行为，一是作为，一是不作为。从物理上理解，作为是指人的身体的运动，也就是行为；而不作为则是指人的身体的不动，也就是不行为。因此，我们说，行为可以划分为作为与不作为。这样说在逻辑上是有问题的，就像是说A划分为A和B一样。但是，从义务的角度理解，行为是指法律要求义务人必须实施的行为，而不行为则是指法律要求义务人不得实施的行为。此时，物理划分看起来的矛盾，从两者的不同要求上看就不存在了。也就是形式上看起来有矛盾，实际上并没有矛盾。被划分的母项“行为”与划分出来的子项“行为”的意思其实是不一样的，只是因为采用了同一个语词而已。这是语言局限性所导致的误解。

从义务人的角度理解，义务的行为要求义务人主动实施，所以又称为积极义务；与此相对，义务的不作为要求行为人不得主动去实施，所以又称为消极义务。举例来说，债务人的义务就是要如期偿还借款，债务人的这项义务就是积极义务。任何人都不得侵犯他人的权利，这里，任何人的义务就是消极义务。积极义务与消极义务的划分，其意义在于确定义务人违反义务时的法律责任。从民法上理解，一般来说，如果义务人违反的是消极义务，其导致的就是侵权责任；而如果义务人违反的是积极义务，其导致的就是合同责任。

（二）普遍义务与特定义务

义务主体有特定与非特定之分。所谓特定义务主体是指确定的、具体的、特指的某个义务主体。比如，合同关系的债务人就是特定的主体，合同之外的人与此没有关系。而非特定义务主体则是指负有义务的主体是不确定的、不特指的、不具体的，可以是社会上的任何人。比如，所有权的义务主体就是非特定主体，社会上的任何人都负有不得侵犯所有权的义务。

由于义务主体的上述划分，那么相应地，义务也就可以分为特定义务和普遍义务。特定义务人的义务就是特定义务，而非特定人的义务就是普遍义务。特定义务是特定的法律关系中的义务人，其义务可以因权利人的意思而免除，民事合同的义务就属于这一类。普遍义务是所有社会成员都要承担的，且是无条件的义务，因此，具有普遍性和绝对性，民事侵权法以及公法上的义务就属于这一类。

三、权利与义务的关系

有许多法理学教科书将权利义务的关系表述为对立统一关系。[①]“对立统一”这个词，大家是不是非常熟悉？是的，我们中学时候都死记硬背过，经过了高考，估计这一生都不会忘记了。显然，把权利义务关系说成是对立统一关系，是受到了哲学教义的影响，将哲学上所说的事物之间的关系直接套用到权利义务的关系中来。但是，哲学上所说的事物之间的关系是对事物关系的抽象性表述，而权利义务关系则是具体事物之间

---

① 参见李龙主编：《法理学》，武汉大学出版社2011年版，第305—307页；张文显：《法哲学范畴研究》（修订版），中国政法大学出版社2001年版，第327页；周永坤：《法理学》（第二版），法律出版社2004年版，第261页；吕世伦、文正邦主编：《法哲学论》，中国人民大学出版社1999年版，第553页。

的关系。哲学上的抽象关系只是为分析具体关系提供指导，而不能代替具体关系的探讨。如果具体关系直接套用哲学上的抽象关系的话，那么，就不仅是权利义务关系，其他任何事物的具体关系都可以说成是对立统一的关系。简单是简单，且一劳永逸，方便考试。只是，这样一来，所有的具体关系都因哲学的抽象而变得空洞了，言之无物，说了相当于没说。

权利与义务的具体关系，必须立足于权利义务的特征来理解。从它们的特征来看，某个具体的权利总是与某个具体的义务相对应，某个人的权利总是与某个特定的人或某些不特定人的义务相对应。由此可见，权利义务具有对应的关系，具体表现为：

（一）权利实现与义务履行的对应

权利作为权利人的正当性诉求，其能否实现依赖于义务人的义务能否履行。也就是说，义务履行是权利实现的保障，两者构成对应关系。举个例子来说，张三借钱给李四，张三对李四享有债权，而李四则对张三负有债务。张三债权的实现与李四债务的履行构成了对应关系，两者不可以分开。权利义务的这种对应性，使得权利与义务不可剥离。

（二）权利正当与义务应为的对应

义务人之所以应当为或不为，其根据就在于权利具有正当性。因此，权利也就是义务的根据，而义务则是权利的必然结果，权利的正当与义务的应为就构成对应的关系。这种对应关系也可以说成是，权利的原因与义务的结果构成对应的、互为因果的关系。正如，李四有还钱的义务，其原因就在于张三有要求他还钱的权利，反之亦然。

应为就是“应当为”的意思，这个应当就含有正当性的意思在里面。所以，义务的这个正当性就与权利的正当性构成相互论证的对应关系。具体来说，权利的正当性可以通过义务来论证，同样，义务的应当性也可以通过权利来论证。

（三）权利可为与义务必为的对应

权利意味着权利人具有选择的空间，可以为，也可以不为。但义务则不然，它处于一种必为状态，这种必为状态恰恰是因为权利人可为所导致的结果。权利可以选择，义务就不可以选择。或者说，权利的可选择性，是由义务的不可选择性来保证的。倒过来理解也是一样的，义务的不可选择就是为了确保权利的可以选择。因此，权利人的可为状态与义务人的必为状态就构成了对应的关系。

举个例子来说明就更加清楚了。比如说，李四欠张三钱，张三可以要求李四还钱，也可以不要求他还钱。但李四是不能选择的，他必须还钱。张三的“可为”与李四的“必为”构成了对应关系。由于可为是一种主动行为，必为是一种被动行为，所以，权利可为与义务必为的对应关系，也可以说成是权利主动与义务被动的对应关系。

（四）权利无负担与义务有负担的对应

权利没有负担，而与此相对，义务则是一种负担。权利人的无负担与义务人的有负担构成了对应的关系。世界能量是守恒的,你多了,那他就少了;你少了,那他就多了。权利义务就是这样一种能量守恒的分配关系。“权利的无负担”与“义务的有负担”有因果关系。以债权债务关系为例,在张三与李四的债权债务关系中,张三所享有的一万元债权就是李四所必须支出的一万元债务,权利的无负担量与义务的负担量,构成了等值式的对应关系。当然,我们这里说的负担是指各自在法律上的负担,并不是指实际上的负担。因为,在现实生活中,债权人的心理负担有时候比债务人的心理负担还要重,生怕债务人赖账而使自己竹篮打水一场空。有一个笑话,说一个银行行长请企业老板喝酒,酒后分手时,行长反复叮嘱老板路上千万要小心,因为老板在他手上贷了巨款。

权利与义务的对应性关系,并不表明两者是不相容的关系。事实上,义务本身就暗含了权利的内容。当我们说,这是我的义务时,是说我必须这样做,但同时也意味着,我这样做是正当的,是可以的,这就有点权利的意思了。打个比方,学生有去教室听课的义务,也就可以推出,学生去教室听课是正当的,这就是权利了。由此,我们不难发现,义务其实包含了权利的内容。当然,反过来并不成立。当我们说,这是我的权利,这是说我可以这样做,但这并不意味着我必须这样做。所以,权利并没有包含义务的内容。

权利与义务关系的对应性原理告诉我们,确定了一方的权利,也就确定了另一方的义务;同理,确定了一方的义务,也就确定了另一方的权利。所以,我们在起草合同时,要么是从权利的视角来明确当事人的权利,而未明确的义务则可以从对应的关系中得到明确;要么是从义务的视角来明确当事人的义务,而未明确的权利则可以从对应的关系中得到明确。不宜同时列举权利,又列举义务。同时列举权利义务的做法,一是在逻辑上不严谨,二是在实践中容易产生争议,三是不经济。但这种方法在合同文本中非常普遍,这说明,权利义务关系的“对应性”在理论研究上还没有得到很好的揭示,“对立统一”的说法还有很大影响,虽然它对于权利义务关系来说有点不知所云。

四、权利本位与义务本位的问题

大概是在 20 世纪 80 年代末 90 年代初,学术界曾有过关于权利本位与义务本位之争的讨论,讨论的结果是,权利本位逐渐成为强势观点,以至于今天权利本位成为学术上的意识形态话语,不可置疑。

所谓权利本位和义务本位,是指在权利和义务的关系中,何者居于主导地位,何者居于从属地位。不过,我认为,权利义务关系并不存在什么本位的问题,其理由,我们可以分别从逻辑、起源和作用三个方面来一一分析。(1) 基于逻辑的分析。由于权利义务是对应性的关系,权利和义务都不可能单独存在,而权利或义务的确定都可以导致相应义务和权利的确定。因此,在逻辑上就不存在权利本位或义务本位一说的问题。(2) 基于起源的分析。社会规范的内容必须是既有权利规范,又有义务规范,缺少其中任何一个,都不成其为规范。因此,从规范的发生学分析,是权利先于义务,还是义务先于权利,两者似乎是鸡生蛋和蛋生鸡的问题。也就是说,在起源上,很难有什么权利本位或义务本位的问题。(3) 基于作用的分析。义务本位说有利于强调公民的义务意识;而权利本位说则有助于树立人们的权利意识。这两种作用并不存在孰轻孰重,只是作用的表现方面不同而已。当然,对于权利意识不强的国家,权利本位说似乎现实意义要强一点,这可能就是权利本位说在我国很有市场的原因。

根据上述分析可知,权利本位说也好,义务本位说也好,都不能从逻辑上和起源上提供有说服力的理由,只是基于不同作用而产生的争论而已。而任何对于作用的评价,都与评价主体的立场有很大的关系。关于这一点,我们在讲法律的作用时就已经讲过。因此,权利本位与义务本位之争,其实是立场之争,而不是是非之争。所以,我认为,在权利义务关系中,所谓的权利本位与义务本位的问题,其实是一个不折不扣的伪命题。

第三节　权力

前面讲过,法律关系就是权利义务的关系,而权力要成为法律关系中的内容,那么,它就必须转化为权利,而与相对的义务发生权利与义务的关系;或者转化为义务,而与相对的权利发生义务与权利的关系。要讲清楚这个关系,我们先从认识什么是权力开始。

一、 社会学对于权力的认识

(一) 什么是权力

什么是权力?各个学科有不同的定义,法学与社会学的定义不同。社会学对于权力的定义侧重于社会事实,代表性的观点有能力说、意志说和关系说三种。(1) 能力说强调权力主体的能力。美国社会学家帕森斯的观点是其代表,他说,“权力是系统中的一个单位在其他单位的对立面上实现其目的的能力”[①]。在帕森斯看来,权力这个概念反映了权力主体为了实现其目的,而具有的控制反对力量的能力。(2) 意志说强调权力主体的意志。德国社会学家韦伯的观点是其代表,他认为,权力是“一个或若干人在社会活动中即使遇到参与该活动的其他人的抵制,仍能有机会实现他们自己意愿的能力”[②]。在韦伯看来,权力这个概念反映了权力主体具有实现自己意志的可能性,可以不必顾及他人的反对。(3) 关系说强调权力对于人际关系的改变。英国《不列颠百科

---

① 〔美〕帕森斯:《现代社会的结构与过程》,梁向阳译,光明日报出版社 1998 年版,第 148 页。

② 汉斯・格恩、赖特・米尔斯合编:《马克斯・韦伯文选》,牛津大学出版社 1946 年版,第 180 页。转引自吴惕安、俞可平主编:《当代西方国家理论评析》,陕西人民出版社 1994 年版,第 304 页。

全书》对于权力的定义是其代表,其定义是,“权力是一个人或许多人的行为使另一个或许多人的行为发生改变的一种关系”。[①] 在《不列颠百科全书》看来,权力这个概念反映了权力主体与权力对象之间的一种支配与被支配的关系。

能力、意志和人际关系是权力概念的三要素,上述三种定义虽然只是强调其中之一,实际上每一种定义都直接或间接地包含了能力、意志和关系这三个因素。(1) 能力。能力说直接将权力定义为能力;而意志说也是将其意志的实现建立在可以克服他人抵抗的能力基础上;而关系说虽然将权力定义为关系,但这种关系可以使他人的行为发生改变,能力也隐含其中。可见,能力不仅体现在能力说中,意志说也好,关系说也好,都包含了能力的因素。(2) 意志。意志说直接将权力定义为意志;而能力说虽然强调能力,但能力是为了实现权力者的目的,意志因素显然在其中;关系说强调的是对他人行为的改变,权力者的意志因素也是隐含其中。(3) 关系。关系说直接将权力定义为对于人际关系的改变;能力说反映了权力主体与权力对象的支配与被支配的关系,关系因素非常明显;意志说所说的可以不顾及他人的反对也可以实现自己的意志,其关系因素也非常清楚。因此,上面三种定义,尽管表述各自不同,但都直接或间接地表达了权力者的“我能够”“我想要”“我比你强”的意思,分别对应于能力、意志和关系这三个要素。

但是,如果权力的全部内涵只是能力、意志和关系,那么,权力与武力就不好区别了。因为,武力与权力都包含了迫使对方屈服的意思,并且武力显然也包含了权力所具有的能力、意志和关系这三个要素。不过,武力通常反映的是物理学或生物学上的力[②],它“涉及对待一个人好像不过是一个物体,充其量不过是生命过程中易受痛苦和损伤的生物学上的一个有机体”[③]。动用武力的人是将武力对象,无论是不是人,都看作是物,因此,其反映的是人与物的关系。而权力主体是将权力对象看作是人,其反映的是人与人的关系。因此,武力对应的是自然关系,而权力反映的是社会关系。当然,武力与权力的区别并不表明两者没有联系。两者的联系是,权力的失效容易引发武力的使用[④],而武力的使用又可能迫使对方回到权力的支配关系中来。

(二) 权力与权威的关系

什么是权威? 美国社会学教授丹尼斯·朗对权威有过很好的论述,他通过将权威与说服进行对比来说明什么是权威。他认为,权威与说服不同,权威是对他人判断未经检验的接受,而说服则是对他人判断经检验后的接受。[⑤] 被说服是将对方的判断经过思考后,认为是对的,然后就转化为自己的判断,并且作为自己行为的依据。但权威不

---

① 《大不列颠百科全书》(英文版),第 14 卷,第 697 页。转引自李建华:《罪恶论——道德选择的逆向选择》,辽宁人民出版社 1994 年版,第 185 页。

② 参见〔美〕丹尼斯·朗:《权力论》,陆震纶、郑明哲译,中国社会科学出版社 2001 年版,第 29 页。

③ 同上书,第 30 页。

④ 同上。

⑤ 同上书,第 31—32 页。

是这样。权威不是意见的内容,而是它的来源,即说话人的身份、资源和个人的品质所引起的遵从。[①] 在说服关系中,是听从,而不是服从,是觉得对方的意见是对的。在权威关系中,是服从,而不是听从,不管对方的意见是不是对的。简而言之,在说服关系中,被说服者最终服从的是自己,尽管这种服从是因为接受了劝告者的意见;而在权威关系中,权力对象服从的是权威者,尽管这种服从是出于自愿。比如,老师上课就是一个说服的过程,而军事首领发布命令则是运用权威来迫使属下对自己的服从。

权威与权力的关系非常密切。从权威与说服的比较中,我们可知,权威是一种特殊的权力关系,其与纯粹的权力相比,不同在于:(1) 权威强调权力对象的自愿性和主动性,而权力则强调权力者的能力和意志的因素,暗含了权力对象的非自愿性和被动性。(2) 权威强调权力的正当性,以至于权力对象能够自愿地服从。权力强调的是某种能力,以至于权力对象被迫服从。(3) 权威暗含了权力对象的认同,而权力则暗含了权力对象的可能反抗。(4) 在权威关系中,权力对象的服从有自由选择的成分,而在权力关系中,权力对象的服从则有被动的成分。

当然,权威与权力也会相互转化,当权力的来源具有正当性时,权力就转化为权威;而当权力的正当性流失时,权威就会转化为纯粹的权力。事实上,任何权力都或多或少包含一定的正当性。如果一项权力,其正当性资源流失殆尽,那么权力也就不成为权力,而完全是一项赤裸裸的暴力了。所以,暴力、权力和权威这三个概念,共同的地方是都包含了施力者的能力和意志的因素;而不同的地方,就在于正当性的有无和多少。正当性为零的是暴力,正当性最多的是权威,正当性介于暴力与权威之间的是权力,这在法律权力中体现得更为明显。

二、 法律对于权力的定义

法律对于权力的定义不同于社会学对于权力的定义。法律的定义与社会学的定义有以下两点不同:(1) 社会学一般是在权力与权威相分离的意义上来认识权力的,强调的是事实性因素,凡是反映支配关系的能力都是权力,所以,社会学定义的权力可以直接称之为社会权力。而法律则是在权力与权威相结合的意义上来定义权力的,强调的是规范性因素,只有被法律规范的权力才是权力,所以,法律定义的权力可以直接称之为法律权力。(2) 法律权力的范围小于社会权力。法律权力一般是由国家机关专门行使,因此,法律权力又经常被称为国家权力。而社会学所定义的权力,不只是国家权力,那些非国家权力,诸如道德权力、宗教权力、世俗权力等社会权力都可以包括在其中。

综上,根据上述两点不同,法律权力可以定义为,由法律规范安排的,由国家机关行使的,一种确认或改变他人行为、财产、人身的强力。法律权力除了具备社会权力的三个要素外,还具有以下特征。

---

① 参见〔美〕丹尼斯·朗:《权力论》,陆震纶、郑明哲译,中国社会科学出版社2001年版,第42页。

（一）正当性

一项权力是否正当，不是社会学所应该关心的，但却是法律所必须关心的。法律权力的正当性有两个方面的要求，一是法律内的正当性，一是法律外的正当性。（1）法律内的正当性是指，权力当且仅当其有法律根据时才具有正当性。权力不能自我规定、自我授权，而只能由法律规定，这就是权力法定原则。（2）法律外的正当性，指权力虽然有法律依据，但由于权力所依据的法律本身就不具有正当性，那么权力的正当性也会受到影响。因为，这个正当性不是问有没有法律依据，而是问这个法律在道德上能不能成立，这个就是法律外的正当性。如果说，法律内的正当性是指实在法意义上的正当性的话，那么，法律外的正当性也可以称之为自然法意义上的正当性。古代君主的权力，其正当性就不来自实在法，而来自其刻意宣传的君权神授，这也可以从自然法意义上来理解。所以，大家可以参考自然法学派所说的自然法概念，也可以结合守法的道德义务，以及法律价值对于正义的阐述等内容来理解。

法律权力具有正当性，这就使得法律权力含有权威性的因素，从而激发人们的自愿服从。相反，一项权力如果不出自法律，那么就是非法权力，人们就有权利拒绝服从。如果权力所依据的法律体系不具有正当性，那么人们就有权利进行反抗，至少从自然法意义上理解是这样。所以，如果权力不具有正当性，轻则会导致人们服从的自愿性的流失，重则会引发革命。暴政就是因为其正当性的丧失，权力完全蜕变为暴力的结果。

（二）公益性

法律权力的设定和行使只能以公共利益为目的。权力的公益性与正当性关系紧密。如果前面讲的正当性，可以看作是权力来源的正当性的话，那么这里讲的公益性，就可以看作是权力目的的正当性。所以从逻辑上来理解，前面讲的正当性，应该将公益性纳入其中，不然就有失严谨。不过，这样一来，权力的公益性这个特征就很难引起足够的重视了。为此，这里将公益性从正当性中抽取出来，给它一个独立的位置。

不把公益性放在正当性中讲，还有一个原因。公益性只是对法律权力的要求，并不表明法律权力在实际上就一定具有公益性。而正当性虽然也是对法律权力的要求，但其法律内的正当性则是必须具有的，不具有则不是法律权力。也就是说，正当性既可以是法律权力的应然特征（指法律外的正当性），又可以是法律权力的构成性特征（指法律内的正当性）；而公益性则只是法律权力的应然性特征。事实也是这样啊，有些权力，法律宣称的公共利益只是个噱头，权力真实的目的往往被掩盖了。当然，无论权力的真实目的是什么，法律在表面上还是要满足公益性要求的。到目前为止，还没有哪一个国家的法律直接明白地宣称其设定的权力不是为了公共利益。所以，从这一点来理解，公益性也可以看作是权力的构成性特征，在某种意义上至少对权力者的恣意构成了一定的约束。

权力的公益性，从反面来理解，就是权力不能私有。权力是公共资源，与财产的性质不同,财产必须私有,权力只能公有,这是政治学和经济学的常识。财产公有,就分不清你的和我的,那就会引发抢劫和暴力。财产不是你的,也不是我的,那谁都想据为已有。权力私有,就分不清楚私人的与公共的,那么,公共的就成了权力者自己的。权力不得私有就是要求权力不能指定、不能继承、不能世袭、不能谋取私利。

权力的公益性,也要求权力只针对公共事物,不得干涉私人事务。公共事物简单来讲就是与别人有关的事物,而私人事务则纯粹是与自己有关,与公共事务没有关系。所谓"风可进,雨可进,国王不可进",说的就是权力不能介入私人领域。所以,私人产权的房子,非基于公共利益,非经充分补偿,非经法定程序,不得强拆。同理,夫妻在家看黄碟也好,过家家也好,警察也不能破门而入来扫什么黄。公职人员周末邀请几个朋友在家里喝几杯小酒,划个拳什么的,纪检也不能去管。公民的私人生活、私人道德都与公共利益没有关系。所以,要求权力的公益性,也是保护公民私生活免于权力侵犯的一道屏障。当然,如果私人事务已经超过边界,那就不再是私人事务了,这个时候,权力就可以介入。比如家庭暴力,比如一方要求解除婚姻关系,此时,权力的介入就具有正当性。因为,此时就已经不再是私人事务,而是公共事务了。

(三)责任性

法律权力的行使必须符合权责一致的原则,所谓有权力就有责任。有权力就有责任的"责任"有两种含义,一是指义务,一是指不利后果。当责任作第一种含义的理解时,是指权力主体必须作为,权力实际上就是义务,权力主体不可以私自处分权力,更不能放弃权力。警察有处罚违章行为的权力,那同时也意味着警察必须处罚违章者。警察不作为或不恰当地作为,首先就意味着警察违反了这一义务。权力主体对于义务的违反,就必须承担不利的法律后果,这就是责任的第二种含义。责任的第一种含义与第二种含义的关系是,前者是后者的依据,而后者则是前者的保障,相当于我们后面讲法律责任时要讲的法律义务与法律责任的关系。权力责任性上述两种含义的结合使用,才是权责一致的完整含义。

由此可知,权力的责任性也就意味着权力的指向具有双向性:一是,权力对于权力对象的不利,二是,权力不作为或不恰当作为所招致的对于权力者自身的不利。而我们前面讲的社会学意义的权力,则只是强调权力对于权力对象的单方面作用。可见,对权力责任性的强调,既是法律权力与社会权力的一个区别,也是法律权力的一个意义。

法律权力的正当性、公益性和责任性的这几个特征,是在与社会学意义的纯粹权力比较的基础上归纳出来的。当然,这几个特征肯定不是法律权力不同于社会权力的全部特征。如果需要,我们完全还可以没完没了地列举下去,比如制度性、正式性、司法性,在国家时代还可以说国家性、阶级性等。但是,我想,上述三个特征足以将法律权力与纯粹社会权力区别开来,并且也足以反映法律权力的主要意义。所以,如果再列举下去,就没有多大意思了。当然,指出这一点,也是为了保证本书论证逻辑的严谨。因为,与其让读者指出来,还不如我主动交代。我老老实实的,你就不好说我逻辑不严谨了。

可见，逻辑对诚实还很友好，它不放过的是谎言和虚伪。

三、 权力与权利的关系

关于权力与权利的关系，我们从两者区别和联系两个方面来认识。

（一）权力与权利的区别

权力与权利在影响和支配他人的关系上具有一致性，以至于许多非法学专业的人对这两个概念并不能很好地区分，我们在电视上就经常看到“权利”与“权力”混用的字幕。但是，如果法学专业的人也搞不懂，那就会闹出笑话来了。不过，这还真不是笑话，我在博士生招生面试时就几次问过这个问题，居然有好几个考生答不出来，这就很说不过去了。

在法理上，权力与权利主要有以下不同：

1. 强调的方面有所不同

权力强调的是“力”，权利强调的是“理”。权力作为可以确认或改变他人行为、财产、人身的一种能力，它给权力对象传达的首先是“我有能力这样做”的信息。所以说，权力主要是一个“讲力”的工具。而权利作为一项正当性的主张，它给对方传达的首先是“我可以这样做”的信息。所以说，权利主要是一个“讲理”的工具。当然我们这样讲，并不是说权力就一点都不讲理，权利就没有一点“力”。事实上，法律权力由于为法律所安排，当然具有正当性，在与权力对象的交涉过程中，它也会传达出“我可以这样做”的信息。而权利由于获得法律支持，当然也会产生积极的“能力”，私力救济就是权利的延伸。所以，为了逻辑严谨，我在“讲力”和“讲理”前面都加上了“主要”这两个字来限定。只是我们要注意，这两个概念的中间地带总是模糊不清的。因此，要区分它们的不同，我们只有将概念置于两个极端才能讲清楚。

2. 作用的领域有所不同

权力是由公共机关行使的管理社会的一种强制性力量，具有公益性；但是，权利则是社会主体所享有的，与私利性有关系。因此，在谈到权利与权力的关系时，如果没有特别指明，权利就是指私权利，而权力则是指公权力。权力的主体为特殊主体，主要是国家机关及其工作人员或者是其他经由正式授权的人员。权利的主体为一般主体，主要是公民、法人或其他组织；公权力主体，当它以民事主体身份出现时，则也为权利主体。权力的公益性决定了权力主体不具有选择的自由，其自由裁量的权力也只能为了公共利益，并且也只有在法律允许的范围内才可以。那种以自由裁量权具有选择性来否定权力的不可放弃，其理由是站不住脚的。因为，权力者，比如法官，你必须行使自由裁量的权力，不能不行使，不行使就是不作为。而权利的私利性则决定了权利主体有自由选择的空间，权利主体既可以行使、也可以放弃。造成以上区别的原因在于，权力的作用空间只是公共领域，法律严格限定权力对于私人领域的介入；但权利的作用空间则不限于私人领域，在公共领域它也起着重要的作用，特别是政治权利。

3. 实现的途径有所不同

权利只是讲正当性、“讲理”的工具，它本身并不是一种强制性的力量。因此，权利主体对于其权利的实现一般不能依靠自身力量而实现，它首先得依赖于义务主体的主动配合。当义务主体不配合时，权利主体就只能借助国家权力如司法权力而得以实现，权利主体的自力救济被法律压缩在极小的空间里。但是，权力作为一种法律所规定的确认或改变他人行为、财产、人身的一种强力，其本身就是一种国家强制性力量。因此，权力在行使过程中，如果遇到阻力，权力主体可凭法律强制力予以排除，径直实现权力。当然，这是从权力的外部关系来说的，这并不能否认权力内部的职能分工。由于权力内部职能的分工，一种权力经常得依靠另一种权力，但这是就权力的内部关系来说的，与前面所说的权力的外部关系不是同一回事。所以，这里并没有矛盾。

4. 产生的方式有所不同

无论是法律权利还是法律权力，其产生的方式都是由法律规定的。但是，两者的产生方式仍然存在一些差异。在法律规定中，无论法律如何严密，都不可能将权利或权力以清单的方式列举完毕，因此，在法律规定外，就一定存在一个既没有规定为权利，又没有规定为权力的真空。如果权力与权利发生冲突时，那么，这个未定空间是作为权利还是权力呢？这就是一个问题。由于权力设立的目的是保护权利，并且由于它是一种强制性的力量，因而权力在为权利提供保护的同时，也因其扩张的本能而容易侵害权利。基于此认识，法治国家对于权力都是严防死守，扎紧篱笆，将权力牢牢地关进笼子里，而把这个未定空间留给权利。也就是说，在这个未定空间，存在未列明的权利，但不存在未列明的权力。说得直接点，权力只能是法定的，所谓“法无授权即无权”；而权利则既可以法定，也可以推定，所谓“法无禁止即自由”就隐含了对于权利的推定。当然，我们前面在讲权利与自由的关系时，已经讲过自由并不是权利，因此，“法无禁止即自由”推定的只能是“自由”，而不是权利。怎么理解说有权利推定的成分呢？推定的自由要成为权利，需要经过自由向权利的转化。“法无禁止即自由”推出的自由，有些直接就是权利，有些则需要转化为权利。前者，比如，法律没有规定卖馒头是公民的一项权利，也没有规定政府有许可公民卖馒头的权力，那么，就推定公民有卖馒头的权利，而政府则由于无法律根据而没有这项许可的权力。后者，比如，法律没有规定随地吐痰是一项权利，但也没有规定政府对随地吐痰有行政处罚的权力，那么政府则由于无法律根据而没有这项处罚的权力，而当政府强行处罚时，公民则被推定有随地吐痰不受政府处罚的权利。之所以，有些自由是权利，有些自由要转化才是权利乃是因为正当性不同。当自由本身就具有正当性时，自由就是权利；当自由本身不具有正当性，经转化后才有正当性时，那么转化的自由就是权利。建议大家结合权利与自由的关系来加深理解。

最后，提醒一下，上面四点中的“有所不同”中“有所”两个字是不能省略的。“有所不同”表达的意思是两者在某个方面存在差异。如果省略了“有所”两个字，意思就大相径庭了。从逻辑学分析，“有所不同”是特称判断，也叫存在判断，是指存在某些属性，在这里，其表达的意思就是“在这个方面至少有一个是不同的”。如果省略了“有所”，那么就成了全称判断,所有的都具有某些属性。在这里,其表达的意思就是"在这个方面都是不同的",这就与上面的分析不符了。补充这个提醒,逻辑就十分严谨了。

（二）权力与权利的联系

在权力与权利的关系中,由于权力主体有为权利主体服务的义务,而权利主体则有要求权力作为或不作为的权利,从而权力与权利的关系就转化为义务与权利的关系(注意,不是权利与义务的关系,顺序不能颠倒)。权力与权利具有以下关系。

1. 从内容看,权力具有权利性

当一个公民说"我有权这样做"时,我们能够理解他的意思,他是在主张自己的行为具有正当性,其表达的意思是"他可以这样做"。但同样,一个行政官员在执法时,有时候也会声称"我有权这样做",这个时候,我们同样能够感觉到,他也是在声称他这样做具有正当性,表达的意思也是"他可以这样做"。但尽管从声音上,我们无法判断两者有什么不同,但作为一个法律人,我们当然能够明白,前者是指权利,后者是指权力。也就是说,权力与权利都含有正当性。只不过,正当性对于权利而言是核心,而对于权力而言则只是一个方面,其主要方面是"强力"。因此,我们就可以将权力具有正当性直接表述为权力具有权利性。并且,这个表述之所以能够成立,还有一个更为充分的理由:法律关系就是权利义务关系。权力与义务的关系只有转化为权利与义务的关系,才可以作为法律关系来处理。转化的媒介是什么呢?这个媒介就是权力的权利性。

权力的正当性,前面已经讲过,有两种含义,一是法律内的正当性,即权力有法律依据,二是法律外的正当性,即权力所依据的法律具有正当性。无论何种正当性,权力的行使者就因此而有了理直气壮的口气:"我有权这样做"或"我可以这样做"。看过警匪片吧,警察大叫:"警察,把手举起来",看似命令,又何尝不是告诉你,警察有权让你把手举起来。如果不是警察而是个城管,你就会理直气壮地抗议,"你一个城管凭什么让我把手举起来"?警察凭的就是他有正当性依据,而城管就没有正当性依据。

2. 从本源看,权力源自权利

从发生学分析,本源的问题就是指哪个在先,哪个在后。具体来说就是指,是权利来自权力,还是权力来自权利。主张前者谓之权力本源说,主张后者则谓之权利本源说。权力本源说认为,权利是法律规定的产物,因此,先有国家权力,才有公民权利,国家权力通过制定法律而赋予公民权利。一般来说,对法律概念持命令说和统治阶级意志说的观点,均在逻辑上与权力本源说保持了一致。与此相对,权利本源说则认为,权利是天赋的、自然的,非以人间力量而能为。社会契约说就是这一主张的代表。社会契约说认为,在社会产生之前有一个自然状态。在自然状态里,人们就有一种可称之为自然权利的权利。但是,由于自然状态下的种种不便,所以,"许多个人以他自己的自主权利相互订立一种契约以产生政府,这是政府有权利因此产生的唯一方式,也是政府有权利赖以存在的唯一原则"[①]。因此,根据社会契约的解释,是权利产生了权力,而不是相反。但是,无论是权力本源说,还是权利本源说,以上说法都不是人类学的根据。

究竟是权利来自权力,还是权力来自权利,虽然从人类学上无从考察,但这并不妨碍我们从逻辑上来分析和判断:(1) 私人领域一定早于公共领域,公共领域的出现催生了公共权力的产生。因此,权力作为公共领域的产物在逻辑上就不可能先于权利。(2) 权利可以推定,这说明权利并非都是由法律明确规定的,未被法律列举的权利广泛存在于法律之外,其存在并不依赖于法律形式。(3) 社会契约论尽管是虚构的,但它作为政府权力正当性唯一来源的理论根据,已经越来越成为现代国家的共识。国家权力来自公民权利的让渡,而国家政治权力的架构也都与权利让渡的形式在逻辑上保持了一致。事实上,无论是什么性质的国家,都无一例外地承认权力来自人民的同意。因此,从本源看,权力源自权利,在逻辑上能够自洽自足,并在实践中被广泛承认。

3. 从目的看,以保障权利为目的

既然权力来自权利的让渡,那么有一个问题就出来了,权利为什么要被转让给权力呢?根据社会契约理论,人们之所以要将自身权利让渡给政府,其原因是,在自然状态里,权利并不能自保,因而通过契约的形式将部分权利转让给政府,目的就是指望权力能够保护权利。1789 年,法国《人权和公民权宣言》第 2 条就明确宣布:"任何政治结合的目的都在于保护人的天赋和不可侵犯的权利。这些权利就是自由、财产、安全和反抗压迫。"[②]同年,美国《宪法》也在其序言中宣称,人们为了"增进全民福利和确保我们自己及我们后代能安享自由带来的幸福",才建立美利坚联邦政府。事实上,无论是什么政治性质的国家,都无不宣称政府的权力是为人民服务的工具,相反的宣传绝无仅有。因此,无论是从理论上、还是宣传上,权利与权力的关系都是目的与手段的关系。

既然,权利与权力的关系是目的与手段的关系,那么,保障权利就是权力设定和行使的唯一理由,权力不得以任何非权利保障的理由来设立、变更和行使。只要权利为法律所规定,或者虽然没有规定,但可以推定出来,那么,权力就不得以任何借口来侵犯权利,即使是以公共利益的名义。因为,保护公民的权利,就是最大的公共利益。当然,前面所说的是从应然意义来说的,这并不是意味着,在现实生活中,权力都会以保障权利为目的。事实上,由于权力可以为权力者带来利益,因而权力就有扩张的动力。并且,由于权力借助了国家的"强力",因而也就有扩张的能力。所以,在现实生活中,我们经常会看到与理论相反的现象。实践与理论的脱节,这只能说明应然与实然本来就不是同一性质的问题。我们不能因为权力与权利的实然关系而否定其应然关系。简而言之,面对这种不一致的情形,需要改变的是实然,以与应然相符,而不是相反。

4. 从本位看,以权利为本

接下来,我们就可以根据前面的分析,再一次讨论权利本位的问题了。我们前面讲

---

① 〔英〕潘恩:《潘恩选集》,马清槐等译,商务印书馆 2012 年版,第 146—147 页。
② 转引自〔英〕霍布豪斯:《自由主义》,朱曾汶译,商务印书馆 1996 年版,第 29 页。

过，在权利义务关系中，并不存在权利本位还是义务本位的问题，因为两者具有相反的一一对应关系，在逻辑上由于两者的等量性，因而不可能存在何者主、何者从的问题。但是，当权利与权力发生关系时，权利本位与权力本位的问题就凸显出来了。

权利与权力并不是相反的关系，且在数量上也不是等值的关系。恰恰相反，权利与权力的关系是此消彼长的关系。当权力庞大时，权利的空间就会被权力所挤压；而当权力被压缩到最小范围时，也就是权利得到最充分保障时。根据权利与权力这种此消彼长的态势关系，强调前者就可以称之为权力本位，强调后者就可以称之为权利本位。那么，在权力与权利的关系中，究竟应该是权力本位，还是权利本位呢？

前面已经讲过，权利是权力的本源，权利是权力的目的，那么，在权利与权力的关系中，就是权利本位。也就是说，权利本位是权力权利关系原理自然地、逻辑地推导的结果。而权力本位则显然在逻辑上与权力权利关系原理直接相抵触。可见，能够在逻辑上成立的是权利本位，而不是权力本位。当然，在现实生活中，权力本位的现象广泛存在。待遇、头衔、评比，甚至座次，什么都按行政级别来分配，这就是权力本位的表现。好歹，权力本位常常是作为批评的对象，因此，即使那些权力本位的受益者，也不敢堂而皇之地、理直气壮地宣称这是理所当然的。也就是说，能够用来讲理的只能是权利本位，而权力本位则不能端上台面。

坚持权利本位的观点，对于消解权力本位的观念和现象，具有非常现实的意义：(1) 有利于确立公民的主人翁意识，避免权力至上，将公民作为政府的附从。后者与国民是臣民，而不是公民的观念具有因果关系。(2) 有利于树立公民权利优先的观念，约束权力以公共利益的名义而牺牲公民的权利。(3) 有利于坚持权力为人民服务的思想，而不是相反。(4) 有利于建立人民监督权力的制度，以对权力进行严格的控制。权利本位要求控制权力，而控制权力的最有效的办法，就是将权力置于人民的监督之下。

四、权力与义务的关系

在权力与义务的关系中，由于义务主体有服从权力主体的义务，而权力主体也有要求义务主体服从自己的权利，从而权力与义务的关系就转化为权利与义务的关系。而权力具有义务性，这可以从以下两个方面来理解：

(一) 从权力的必为性看

权力的义务性与权力的必为性可以互相解释。当一个公民说“你必须这样做”，我们能够理解，他是在声称对方有做某事的义务。但同样，当一个公务员在执法时，也有时候会被公民声称“你必须这样做”，这个时候，我们也能够理解，他是在声称那个公务员有做某事的义务。尽管从声音上，人们无法判断两者是否不同，但作为一个法律人，我们当然能够明白，前者是指义务，而后者是指权力。也就是说，权力与义务都具有必为性。打个比方，交警抓到你闯红灯，要处罚你，你向他求情，他说，“这是我的权力”，其强调的就是权力的必为性。只不过，必为性对于义务而言是核心，而对于权力而言则只是一个方面，后者主要方面是“强力”。因此，我们就可以将权力的必为性直接表述为权力具有义务性。并且，这个表述之所以能够成立，还有一个更为充分的理由，法律关系就是权利义务关系。前面已经讲过，权力与权利的关系必须转化为权利与义务的关系。转化的媒介是什么呢？这个媒介就是权力的义务性。转化之后，权力与权利的关系就成为“义务与权利”的关系。补充一下，这一段的论证与前面“权力具有权利性”的表述几乎一致，因为两者的逻辑是一样的。

（二）从权力的责任性看

权力的义务性与权力的责任性也可以互为解释。正因为权力具有义务性，所以权力必须为或必须不为。而如果必须为却不为，或者必须不为却为，那么权力者就得承担不利的法律后果，这就是权责一致性原则的体现。因此，权力之所以要承担责任，就是因为权力违反了其义务性。权力的义务程度与其责任的大小是对应的，权力的义务要求高，则其责任也重；反之，权力的义务要求低，则其责任也轻。因此，权力义务性为权力的责任性提供了理论根据，否则，何以解释权力就要承担责任，而权利却与责任没有关系呢？我们前面讲过，权力不能由权力主体自由处分，其实也是因为权力具有义务性。当然，反过来，权力的责任性也是权力义务性的保证。因为权力有了责任，权力的义务内容才不会落空。因此，权力的义务性与权力的责任性也是可以互为解释的。

需要补充的一点的是，无论是权利本位还是义务本位，当且仅当在公法领域，并且与权力发生关系后，它才是一个问题。这与我们前面讲的权利本位或义务本位是一个伪命题并不矛盾。因为前面所讲的本位问题是在权利义务对应关系上所讲的，并没有限定在公共领域。比如，在民事领域里，就因为没有权力作为媒介，根本就不会有什么权利本位或义务本位的问题。正是这一意义上，它是一个伪问题。而在公共领域，它才是一个真问题。两个问题千万不能混淆了。

第五章　法律责任

第一节　法律责任概述

法律责任是法律的重要概念，法律中的权利和义务（包括权力）能否规范和实现，最终都取决于法律责任的落实。因此，从这一意义上讲，法律责任是权利义务的守门员，而权利义务则始终围绕法律责任来展开博弈。

一、法律责任的定义

要搞清楚"法律责任"的含义，首先得搞清楚"责任"的含义。责任一词在汉语中有多种意义，典型的有三种含义。我们先来看几个句子，看看它们表达的分别是什么意思：(1)"这件事情由你负责"；(2)"这件事情你有责任"；(3)"这件事情你要承担责任"。

第一句话，"这件事情由你负责"，经常用于上司对下属分派工作的场景。在这里，责任表达的是"分内应该做的事情"，即职责的意思，类似于义务的含义。如"军队负有安全的责任""这是做丈夫的责任""天下兴亡，匹夫有责"等，其"责任"表达的都是义务的意思。只不过，这个义务或者是道德义务，或者是法律义务。显然，这里的责任与义务可以相互置换，置换后不会有任何歧义。在法律上，举证责任的"责任"就是义务的意思，是故，举证责任与举证义务的意思是一样的。

第二句话，"这件事情你有责任"，经常用来寻找事情发生的原因。"这件事情你有责任"表达的意思是，"这件事情的发生原因在你"。因此，在这类用法中，"责任"表达的是"原因"的意思。不过，这里的"原因"并非指客观原因，而含有极强的主观认定，并且指向的是人而不是物，含有责怪、怨恨的意思。显然，纯粹的原因与法律责任的意思毫无关系。但是，如果以人的原因作为责怪的理由，就有可能导致责任人（原因人）不利的后果，此时就与责任的第三句话表达的含义有联系了。

第三句话，"这件事情你要承担责任"，经常用于对事情不利后果的归属和分摊。在这里，这句话表达的意思是"这件事情的不利后果得由你来承担"。由此，我们得到责任的第三种含义，即责任就是指应当承担的不利后果。如李某对于王某的死亡负有全部责任，就是说李某对于王某死亡要承担所有不利的后果。交通事故中的所谓全责、次责等也是这个意思。本章中要讲的法律责任就是在第三种含义上使用的。简言之，法律责任就是法律主体根据法律规定而要承担的不利后果。

综上,责任一词在法律上有第一种用法和第三种用法,而与第二种用法没有关系。但是,法律责任一词只存在于第三种用法中。不过,上述三种用法在法律上并不是完全没有关系。义务、原因和责任三者之间存在阶梯式的因果关系,义务的违反会导致责任的归属,而责任的归属又导致不利后果的承担。因此,对于法律责任概念的理解,虽然是以第三种意义为依据,但在因果关系的认识上却与第一种和第二种不能完全割裂。第一种作为义务和第二种作为原因结合在一起,又共同构成第三种作为法律责任的原因,即一个不利后果的承担,往往是因为被归属者存在某种义务,或者存在某种可归咎的原因。第一种作为义务与第二种作为原因,在法律上又都可以被纳入法律义务的范畴中。因为,从法律上理解,既然某事发生的原因可归于某人,其前提就是某人负有某种义务,而某人又恰恰违反了该义务。由此,我们可以认为,第三种作为法律责任的意义与第一种作为义务的意义和第二种作为原因的意义之间的关系,在法律上,就可以简化为法律责任与法律义务的关系。

不过,也有人认为,法律责任是责任主体因违反法律而应当承担的法律上的不利后果。这个定义将法律责任的原因归于违反法律,而不是归于违反义务。违法当然得承担法律责任,但是,的确也有一些法律责任,其原因并不是在于行为人违法,而是在于行为人违反了某种约定,或者仅仅是存在某种联结关系。约定如合同,联结关系的如监护。这两种情况,责任人都不是因为违反了法律的规定,而是因为责任人违反了某种义务,或合同义务,或监护义务。违法当然也是对于某种义务的违反。因此,违反义务的范围显然要广于违反法律的范围,将"法律责任表述为责任主体由于违反义务而必须承担的法律上的不利后果",就比"法律责任是基于责任主体因违反法律而应当承担的法律上的不利后果"更准确。

周永坤老师对法律责任的定义比较准确,他说"法律责任是由于违反了法定义务或契约义务或不当行使法定权利、权力,法律迫使行为人或其关系人所处的受制裁、强制和给他人以补救(赔偿、补偿)的必为状态"[①]。周老师生怕挂一漏万,因此采取了这么一个非常复杂的表述句式。我以为,这个界定尽管在逻辑上没有问题,但作为定义,其实是可以再精炼一点的。一是,"违反了法定义务或契约义务或不当行使",都可以归于"违反义务"中;二是,"所处的受制裁、强制和给他人以补救(赔偿、补偿)的必为状态",也都可归于"法律上的不利后果"中。所以,尽管周永坤老师是我的老师,我也只能"吾爱吾师,吾更爱真理",在不失准确的前提下,将周永坤老师的定义尽量缩减,这至少可以方便大家理解、记忆以及考试。

当然,或许细心的读者会发现,我的定义是讲"违反义务",而没有讲"违反法律义务",这是不是又有点过于简略而有失准确了呢?我是这样认为的,法律规定不可能穷尽所有的义务,如果将"义务"限缩为"法律义务",就可能面临法律并无规定为义务,而又必须承担法律责任的情形。不说"法律义务",而说"义务",那么,就避免了画地为牢

---

① 周永坤:《法理学》(第二版),法律出版社2004年版,第283页。

的困境。事实上，也的确有这种情形，有的法律责任，并不是因为责任人违反了某项明确的法律义务，而只是因为责任人触犯了某项道德义务或世俗义务。好比，某个村民在农历七月份给其祖先烧纸时，不找一个僻静的地方，却对着邻居的大门又是拜呀，又是磕呀什么的。法律上虽然没有具体规定如何烧纸，但他至少得承担停止侵权的民事责任吧？因此，以“违反义务”而不是以“违反法律义务”作为法律责任的理由，它不是为了简练，而是为了准确。

二、法律责任的性质

法律责任就是指责任主体由于违反义务而必须承担的法律上的不利后果。法律责任的特征依次有以下几点。强调依次，是因为下列几个特征有主要与次要的不同。

（一）不利性

法律责任是一个后果性的概念，它强调的是行为的后果，而不是行为本身。它强调的后果是不好的后果，而不是好的后果。因此，法律责任对于法律主体而言总是意味着不利。这个不利既可能是财产上的损失，大部分的民事责任就是；也可能是人身受到的限制，大部分的刑事责任就是。由于法律责任，特别是刑事责任以及民事侵权责任，包含了一定的道德评价因素，因此，责任主体在遭受法律不利的同时，还可能要承受道德的不利评价。总之，不利性是法律责任的首要特征，其他特征都是围绕这个“不利”而展开的，或服务它，或证成它。

（二）强制性

强制性就是对法律责任的不利后果提供保障的手段。将“不利后果”最终落实到责任主体上，就依赖于强制性。当责任主体的法律责任确定后，如果责任主体不主动承担责任时，国家权力就出场了，或对责任主体的财产进行强制，其措施主要有：强制划拨、强制扣缴、强制拍卖、强制扣押、强制冻结、强制查封等；或对责任主体的人身进行强制，其主要措施有：强制传唤、强制戒毒、强制治疗，强制关押，以及其他限制人身自由的措施。强制性措施依靠的是国家权力，因此又可称之为国家强制性，以排除权利主体对于责任主体的直接强制。就是说，只有国家才能强制，个人不得强制。所谓的自力救济只有在极其有限的情形下才可以。这些强制措施从施予者的角度看就是法律制裁，而从承受者角度看就是法律责任。

（三）应责性

应责性就是承担法律不利后果的正当性之所在。法律责任之所以成立，是因为责任主体未履行应尽的义务而导致的不利后果。法律责任的正当性根据就在于行为人对于义务的违反。所以，义务是否正当是责任是否正当的根据，如果义务的正当性不足，最终会影响到法律责任的正当性。比如，某个学生因未劝阻家长闯红灯而受到老师处罚，这个处罚就不正当。理由是，学生有劝阻家长闯红灯的义务，这个规定本身就不正当。从这个例子中可见,法律责任的正当性与社会价值观念有很大的关系。当社会价值发生变化时,法律责任的正当性也会随之变化。比如株连,在古代具有正当性,在今天就没有了,虽然在现实生活中还有些残余,但总是理不直、气不壮。

不利性、强制性和应责性,是法律责任的三个特征。在这里,我们发现,法律责任的特征与前面所讲的权利、义务、权力的特征,存在交叉重叠的现象。以正当性为例,权利、义务、权力、责任,都对正当性有要求。因为,它们都是在法律规范的意义上言说的,由于任何规范在正当性上都有最低限度的要求,因此,上述概念在规范意义上也就必然会或多或少地含有正当性的成分。简单来说,凡是法律规定的都可以视为具有规范正当性。但是,上述概念对于正当性的要求程度并不相同,对于权利来说,正当性是其核心,而正当性之于法律责任,其地位就不如前面所说的三个特征。法律责任首先意味的是不利的后果,其次这种后果具有强制执行的效力,再次,责任主体的行为具有应责性。因此,法律责任的不利性、强制性和应责性这三个特征,看似各个独立,但其排序其实是很有讲究的。没有将正当性作为法律责任之独立特征,不仅因为它并非法律责任的核心特征,而且也因为它可以被应责性所容纳。

三、 法律责任与法律义务的关系

从上面法律责任的特征看,法律责任与法律义务有着非常紧密的关系,许多方面都有相同的含义,特别是,责任的第一种意义与义务可以互换,以至于许多人对这两个概念并不能很好地区分。事实上,我们在前面分析责任在实践中的三种用法,以及确定法律责任的特征时,就已经触及两者的关系了。因此,这里从理论上来归纳两者的关系也就容易了。两者的关系具体体现在以下三个方面。

(一) 主体意志方面

虽然义务和责任都强调了必为性,但两者还是存在差异的。

(1) 虽然义务主体的选择空间被压缩,但义务人的意志仍然是自由的,他事实上仍然可以选择义务的相反面。但是,在责任关系中,责任主体并没有任何意志自由,它在事实上并没有选择的空间。好比,你欠我钱了,你必须还,但还不还,你是可以选择的,你可以冒着我起诉你的风险嘛。但是,如果你没有还而被法院判决承担还债的责任,这个责任你是不可以选择的,如果不还,法院可以强制执行。

(2) 义务人的意志自由,是因为义务所要求的义务行为具有有益性;而责任人的意志不自由,是因为责任人的行为与义务的方向刚好相反,具有有害性。好比,你欠我钱了,你还钱的义务是法律鼓励的行为,因为它是有益的。但是,你之所以要承担清偿债务的法律责任,正是因为你不还钱,而不还钱则是一个有害的行为。有害不仅体现在对于权利人利益的侵犯,而且也体现在对于法律秩序的挑战。所以,剥夺你的意志自由,就不仅是为了维护权利人的利益,也是为了维护法律的权威。

(3) 义务由于在意志上是自由的,所以,义务强调的是义务主体的主动性;责任则由于在意志上是不自由的,所以,责任强调的是责任主体的被动承受。好比,你欠我钱了,你还钱是你主动的行为,但是如果被法律判决承担清偿债务的责任,这个责任你就是被动的。因为这点的不同,责任的道德负面性要强于义务。好比,你欠我钱了,你还钱的行为无关乎道德,但是当你因为不还钱而被法院判令要承担还钱责任时,你就有了负面的道德标签了。

(二)因果关系方面

义务强调的是"分内应该做的事",而责任则是指分内应该做的事但却没有做好,所以要承担不利后果。由此,我们发现,义务与责任具有因果关系,义务是责任的根据,而责任则是义务未履行的结果。你欠我钱了,你还我钱是你的本分。你该还不还,所以才有了后面的法律责任。正如凯尔森所指出的,"法律责任是与法律义务相关的概念。一个人在法律上要对一定行为负责,或者他为此承担法律责任,意思就是,他作相反行为时,他应受制裁"。[①] 法律责任的发生,就是因为义务没有得到履行,或者没有得到很好的履行。所以,没有义务也就没有责任。

(三)性质转化方面

责任关系也是权利义务关系。当义务主体未履行,义务就引起了责任。当责任主体面对权利主体时,其责任又转化为一种新的义务,双方又构成了一种新的权利义务关系。只不过,责任主体的义务具有双重性。因为,责任主体除了与权利主体相对外,还必须同时面对国家权力。责任主体对强制性的国家权力负有服从的义务,而此时的国家权力因其具有权利性而与责任主体也构成了权利义务关系。正因为法律责任最后又转化成了义务,所以,也有人将责任称为第二性义务,而将原来的义务称为第一性义务。[②] 这个说法其实是不准确的。前面已经讲得很清楚,义务就是义务,责任就是责任。事实上,学者所说的第二性义务其实是指由法律责任派出来的义务,与原生义务的性质一致,但与法律责任的性质并不相同。三者的逻辑关系是:原生义务→法律责任→派生义务。原生义务是法律责任的根据,而法律责任又可以成为派生义务的理由。也就是说,原生义务因未履行而转化为法律责任,而法律责任最后又以派生义务的面目出现。

举一个例子来说明。比如你把我打伤了,在这个案件中:(1) 你不能打我,这是你的义务;(2) 因为你打伤了我,所以法院判决你承担赔医药费的责任;(3) 根据这个法律责任,你又负有给我钱的义务。第一个是法律义务,其根据是法律,双方是原生的权利义务关系;第二个是法律责任,其根据是义务,是原生权利义务关系发展的结果;第三个又是法律义务,其根据是法律责任,双方形成派生的权利义务关系。派生的权利义务关系与原生的权利义务关系不同,后者可以由国家直接执行。所以,所谓的责任向义务的

---

① 〔奥〕凯尔森:《法与国家的一般理论》,沈宗灵译,中国大百科全书出版社 1996 年版,第 73 页。

② 参见张文显:《法哲学范畴研究》(修订版),中国政法大学出版社 2001 年版,第 122 页。

转化，其实是指法律责任以法律义务的形式表现出来而已。

第二节　法律责任的功能

法律责任的功能与法律责任的根据有很大关系，根据什么来确定法律责任，这与法律责任的功能定位有因果关系。下面逐一讲解。

法律责任无论是对于个人，还是对于社会，都会产生正向或反向的功能。从经济学意义上理解，法律责任对于责任行为具有抑制的功能，而同时对于与责任行为相反的行为则有激励的功能。具体来说，法律责任主要有以下几种功能。

一、惩罚功能

惩罚是法律责任的一项重要功能，尤其是在早期的法律中，惩罚几乎就是法律的唯一功能。法律遵循报应主义观念，通过对行为人施以相当的痛苦，以回应其不当行为。其惩罚的具体措施，或者是剥夺财产，或者施以人身痛苦，或者制造精神上的难受等。由于惩罚的出发点是为了惩罚，因此，惩罚的力度并不以被害人的损失为标准，而以施害人有相当程度的不愉快为满足。法律惩罚到何种程度，当然与行为人行为的严重程度有关，虽然并不与被害人的损失直接有关，但其实与被害人因受害而产生的不愉快有关，至少法律在设定具体惩罚力度时，要考虑到这种因素。好比，小孩把邻居家的花瓶给打碎了，家长打小孩，虽然着眼于惩罚小孩，惩罚到什么程度也与小孩犯错的程度有关系，但家长也一定会考虑到解恨的因素，或者自己是不是解恨了，或者受到小孩冒犯的人是不是解恨了。打给邻居看，就是让邻居解恨。

惩罚以惩罚为目的，这只是一种表象。但是，从规范上理解，惩罚也是为了达到矫正行为人的目的。就像家长打小孩一样，打当然是对小孩的惩罚，但其实也包含了家长希望小孩记打，希望小孩以后不会再犯类似错误的意思。所以，家长打小孩，会边打边说："看你以后还这样不？"因此，从这一意义上讲，惩罚的功能也可以表述为矫正的功能。矫正就是通过惩罚而迫使行为人回归到正常秩序上来，这在刑事惩罚中特别明显。什么是犯罪？按照涂尔干的说法，"犯罪乃是每个社会成员共同谴责的行为。"[①]因此，对犯罪行为予以矫正，迫使其回归到共同意识的轨道上，就成为刑事惩罚的主要依据。[②]

---

① 〔法〕埃米尔·涂尔干：《社会分工论》，渠东译，生活·读书·新知三联书店2000年版，第36页。

② 参见周安平：《许霆案的民意：按照大数法则的分析》，载《中外法学》2009年第1期。

二、报复功能

原始社会，没有法律，维系人际关系的做法只能是同态复仇。当氏族部落成员遭受来自其他氏族部落成员的伤害时，被害者及其所属氏族部落就对后者施以同样的伤害，即所谓“以眼还眼，以牙还牙”。不过，同态复仇本身并不是责任，虽然加害人会面临一个极其不好的后果。但是，在事实上，他仍然可以基于自身体能上的对抗而有免除不利后果的可能。法律责任的真正起源是在同态复仇的权利由民间转移至专门机构之后而产生的。从这一意义理解，责任与文明有关，而与野蛮发生分离。

法律产生后，同态复仇的权利被收归国有，由国家代替被害人对加害人作出惩罚。国有化的惩罚机制成立后，报复的功能仍然得到了延续。随着社会文明的不断提升，法律报复罪犯的功能日益淡化；但在事实上，法律仍然要满足被害人报复加害人的心理需求，这在死刑判决中尤其明显。否则，被害人就不指望国家，而有可能直接诉诸同态复仇。还记得 2019 年闹得沸沸扬扬的张扣扣为报杀母之仇而连杀三人的案件吧？至少在张扣扣看来，法律没有满足其报复的心理。了解这一点，我们就知道，尽管学术界一直在倡导废除死刑，但立法却很难通过，其中一个很现实的原因，就是法律担当了替被害人报复罪犯的角色，泄愤和解恨的心理一直隐藏于刑法具体的法律责任中。

对于法律具有报复功能，一般学者都不太愿意承认，似乎承认了就将法律与野蛮联系在了一起。我以为，报复的功能与其说是与野蛮有关，不如说是与人性有关，承认法律的报复功能实际上就是对于人性的承认。如果无视人类的这种报复罪犯的心理，法律将就很难完全取代“同态复仇”而取信于民。因此，正确的态度是，法律必须正视这种需求，而不是一概否定这种需求。法律既然不能消灭这种需求，那么能够做的就是合理引导，将报复的功能控制在一个适度的范围内。

三、威慑功能

与惩罚和报复功能有关的是威慑功能。正因为法律承载了惩罚和报复的功能，对于加害人的威慑功能才能够得以发挥。惩罚和报复是威慑的手段，法律惩罚加害人，使加害人以及其他潜在的加害人产生畏惧心理，从而减少和抑制违反义务行为的发生。因此，惩罚功能和报复功能与威慑功能之间具有内在的因果关系。

当然，要达到威慑的效果，惩罚的力度一般要大于犯罪的收益才有用，以使罪犯在高昂的成本面前望而却步。经营者销售假冒伪劣产品，你罚得不痛不痒，那他下次还会继续。那有人又要问了，既然要有效阻遏违法犯罪，为什么不把惩罚的力度尽量往上加呢？这个问题，我有一次坐出租车时，与司机闲聊，司机也说，对那些拐卖人口的，强奸妇女的，直接枪毙不就得了，以后看哪个还敢再犯。抛开正当性问题不考虑，即使从效果上考虑,这个想法也是不行的。你从强奸犯角度想想,强都强奸了,反正是死刑,那还不干脆把那个女的杀了?不杀也是死刑,杀也是死刑。杀人灭口,说不定公安还破不了案呢?所以,你想想,无限度地提高威慑等级,就将加害人推向穷凶极恶,从而置被害人于更加危险的处境中。所以,我们必须明白,轻罪重罚就是轻罪与重罪同罚,结果就会使重罪频发。可见,一味地严刑峻法,效果适得其反。

法律要达到威慑的效果,提高查处率也是必需的。你把法律规定在那里,虽然违法的成本很高,但执法机关不去查处,或查处率很低,那也起不到威慑的效果。以前违章驾驶的现象非常普遍,其中一个原因就是被抓到的概率很低。现在不一样了,有了交通监控探头,司机遵守交规的自觉性就好多了。当然,查处率也是违法的一项成本,因此,提高查处率也可以看作是提高违法成本的一种方法。

威慑功能又可以因其产生的警示效应而称之为预防功能。法律对罪犯的惩罚,使罪犯本人忌惮惩罚而不敢再犯。对此,学术界称之为个别预防。同时,法律对罪犯的惩罚也向社会传递了法律会惩罚此类行为的信息,从而对社会上其他不特定的人产生威慑的效应,所谓杀鸡给猴看就是这个意思。所以,为了达到这个目的,古代行刑往往选择在闹市区,甚至还要把尸体挂起来示众。那些潜在的犯罪者看到了,就可能打退堂鼓了。对此,学术界称之为一般预防。

四、补偿功能

义务是法律设定的应当行为,其原因是义务的相反行为会给权利人带来损失,因此,法律责任的其中一项功能就是对被害人予以补偿。人类规则在历史演化中,原始野蛮的"同态复仇"慢慢发展为向财产赔偿转化,由加害者向被害者支付一定的财产,以换取对方"同态复仇"权利的放弃。渐渐地,财产赔偿就在一定程度上替代了"同态复仇"。

随着人类社会的发展,社会风险的增加,对被害人损失的关注越来越变得很现实,特别是在行为人并无道德过错的案件中,惩罚行为人并无多大意义,而对于受害人损失的弥补和分摊则往往更为现实。适应此要求,法律责任的补偿功能也就得到了强化,这在民事法律中体现得尤其明显。现代社会,社会风险增加,什么交通事故啊、什么宠物伤人啊,受害人关心的只是自己的损失如何挽回,至于惩不惩罚,就不是那么重要了。除非对方不愿意赔偿,惩罚的功能才可能走到谈判的前台,以惩罚来压赔偿,最终目的还是为了赔偿。

补偿功能与惩罚功能不同,两者的方向相反。前者关注的是受害人的损失,因此,补偿标准是以受害人的损失为标准。后者关注的是侵权人的痛苦程度,因此,惩罚程度是以侵权人的不愉快为衡量指数。一般来说,补偿功能主要在民事领域发挥作用,而惩罚功能则主要在刑事领域发挥作用。至于理由,我们后面会讲。

五、恢复功能

法律责任是因为原生义务被违反，因此，法律责任的一项功能就是对被破坏的规范秩序的恢复，简单来说，就是通过适用法律责任而告诉社会，规范是有效的，规范是说话算话的，是可信赖的。如果规范被违反了而没有得到及时的恢复，那么，公众将因原来一直信赖的法律突然失效而变得无所适从，大家不知道该信什么了，该遵守什么规则了。就好比清末，读书人一直指望通过科举考试出人头地，突然有一天，说没有科举了，读书人就蒙了，不知道出路在哪里，结果许多读书人就迷茫了。

如果义务被违反而没有得到及时恢复，那么，它还会给社会传递法律无效的信息，从而引发示范效应。这是非常可怕的。这无异于告诉人们，违反这个法律无所谓，结果就是，违反的人越来越多，最后这个法律也就真的没有用了。所以，法律的有效性甚至比正义还要重要。正如有学者所指出的："在每个法律体系里，一个规范被正式适用的首要功能不在于要惩罚某人，或者回复正义的状态，或者通过惩罚或折磨违法者以彰显正义之神的作为，或者血债血偿，当然这是在流血被认为是必要的情形下。适用法律最为急迫的目的还在于维持该系统的可信度。"①

当然，上述功能并不是非此即彼的关系，或可同时存在，或可主次有别，或不同法律功能有所侧重。一般来说，刑事责任和民事责任都强调恢复功能，但相比较，刑事责任侧重于惩罚、报复和威慑，而民事责任则强调补偿。究其原因，犯罪行为构成了对社会利益的挑战，因此刑法所保护的社会利益，其重要性远远超过被害人的利益。所以，刑事责任是以行为人为中心，它关注的是行为人的主观过错，重点是行为人的行为及其精神状态，道德性特别强。正因此许多刑事责任容易打上耻辱的道德标签。注意，我所说的是"许多"，说明就不是全部，良心犯就是这样。与刑事责任不同的是，民法是以受害人为中心，它关注的是后果，即受害人的损失，至于行为人的主观过错和精神状态，也只有在涉及举证责任时才重要，其他场合并不重要。一些与道德性毫无关系的因素，如运气或某种关联，都有可能成为其追究责任的理由。因此，与刑事责任相比，民事责任的惩罚功能、报复功能和威慑功能要弱得多，而补偿功能则较为突出。当然，这只是相对于刑事责任而言的。事实上，在民事责任中，合同责任与侵权责任也是有差别的。合同责任几乎都是强调对于守约方损失的弥补，即使是惩罚性的违约金，它也不过是为了避免守约方损失的发生而预先约定的赔偿数额。与之不同，侵权责任的惩罚性功能则相对比较明显，以惩戒行为人的违法行为。

最后，补充一点，上述功能并非法律责任功能的全部内容。事实上，本书前面所讲的那些法律规范功能的内容，在法律责任中都可以得到体现，如教育功能、示范功能等，此不一一赘述。

---

① 〔美〕迈克尔·瑞斯曼：《看不见的法律》，高忠义、杨婉苓译，法律出版社2007年版，第107—108页。

第三节 法律责任的道德类型

法律责任,从道德的角度看,它或者具有道德根据,或者不具有道德根据。法律责任的道德根据与法律责任的规范根据不同。前者是指法律规范规定的法律责任所具有的道德理由;后者是指,法律责任的根据在于某个具体的法律规定,即某个行为之所以应当承担责任,是因为违反了某个法律规定的义务。道德根据与规范根据的关系表现为,规范根据是道德根据的具体体现,而道德根据则是规范根据的根据。

法律责任的道德根据,当然并不意味着任何法律责任对于道德的要求是同等的。根据法律责任与道德的关系程度,法律责任的道德性可以分为强道德性、弱道德性。而如果法律责任有违道德,则可称之为非道德性。此外,有些法律责任与道德没有关联,我们可称之为无道德性。由此,我们获得了四种法律责任的道德类型:强道德性、弱道德性、非道德性和无道德性。

一、法律责任的强道德性

所谓法律责任的强道德性,是指一个人之所以承担不利的法律后果,是因为,并且也只能是因为行为人在道德上具有可非难的道德过错。所谓道德过错,是指行为人原本可以选择一个无害于社会的行为,但事实上却选择了一个有害的行为。原本可以选择无害却选择了有害,这就是行为人的过错了。此类法律责任与道德责任高度重合,行为人承担法律责任的同时,也要接受道德的谴责。行为人对其错误的自选动作必须承担不利的后果,这在道德上是可以证成的。这个道德根据就是行为人的意志是自由的,正如萨特所说的:“这种绝对的责任不是从别处接受的:它仅仅是我们的自由的结果的逻辑要求。”[①]什么是自由,自由通常有两个特征:第一,当行为人面对一系列选择时,究竟选择哪一个,这取决于行为人自己;第二,行为人的选择或行动产生于行为人自身,而不是产生于其无法控制的外部因素。[②] 在自由之下,行为人有选择善恶的自由,有选择有害无害的能力。具体来说,就是行为人对其行为具有选择空间,并且有选择能力。[③]

所谓选择空间,是指行为人当时有若干个备选项,但行为人却偏偏选择了一个不应

---

① 〔法〕萨特:《存在与虚无》,陈宣良译,生活·读书·新知三联书店1997年版,第689页。

② 参见姚大志:《道德责任是如何可能的——自由论的解释及其问题》,载《吉林大学社会科学学报》2016年第4期。

③ 参见崔雪茹、易立:《道德行为的自由与责任析论》,载《理论现代化》2016年第3期。

该选择的有害项。备选项越多,则行为人对于有害项的选择的过错程度也就越大。相反,则越小。好比,你与人发生了纠纷,你可以找他索赔、可以找人调解、可以提起诉讼、甚至也可以上访,这么多的选项你不选,但却偏偏选择了往人家大门上泼粪。当然,如果所有的途径你都穷尽了,虽然你最后还是选择了报复,但与前者相比,过错就要轻多了。而当备选项为1时,行为人就没有选择空间,那行为人在主观上就没有过错。因为,这个时候,事情的发生是必然的,而非人所选择的。

所谓选择能力,是指行为人的意志是自由的,其对于有害项的选择并非受制于非自主因素。选择能力是对强制或胁迫的排斥,正如亚里士多德所指出的:"如果去做那件事是在我们能力之内的,不去做就同样是在我们能力范围之内的。"[①]选择能力因行为人的认知能力、知识水平和精神状态等因素的不同而有差异。一般来说,选择能力的判断标准,是以普通人为参照标准,不能以超人或专业人士为依据。但是,如果行为人本身就是一个专业人士,此时判断标准就得以同一专业人士的标准为标准。当然,选择能力是一个相对的概念,行为人的选择能力越强,则其过错程度就越大,反之就越小。以精神病为例,完全不能辨认自己行为的精神病人,就是没有选择能力;而不能完全辨认自己行为的精神病人,说明有一定的选择能力。所以,前者没有过错,后者就有部分过错。

当然,选择空间和选择能力并不完全是可以分开使用的判断因素。行为人如果处于恐怖分子所控制和威逼的环境下,其选择空间和选择能力会同时下降。在这种情形下,行为人的选择空间和选择能力都受到了极大限制。刑法对于受胁迫而犯罪的可以减轻和免除处罚,就是考虑到了胁从犯的选择空间和选择能力都受到了限制这一因素。

以道德过错作为法律责任的理由,那么也就意味着,一个人在没有道德过错的情形下却要承担责任就不具有正当性。无过错,也就是一个人的行为并不具有可选择性,其选择空间为1或选择能力为0,此时,行为人的意志处于不自由的状态。以年龄因素为例,民法规定的无民事行为能力年龄和刑法规定的无刑事责任年龄,其根据就是处于该年龄段以下,其辨别是非的能力在法律上被看作0,所以,就不应承担法律责任。同理,行为不是选择的,而是被决定的,那么行为人也就不应该承担责任。2008年汶川地震时,一个姓范的老师在地震来临那一刻,喊了一声"地震了",就率先逃出了教室,后被网民讥讽为"范跑跑"。[②] 无论范的言论是否应该受到批判,但他的行为并不需要承担什么法律责任。其理由就是,范的行为是人的本能反应,是由求生的欲望所决定的自动反应,由不得他选择。而"当一个行为者根据某种完全不可抗拒的欲望采取行动时,他正在经历某种不是理性反应的生理过程,正是这种实际生理过程的缺乏理性反应才把指导控制和道德责任排除在外"[③]。关于"范跑跑",我写过一篇论文,其中"本能与伦理无

---

① 〔古希腊〕亚里士多德:《尼各马可伦理学》,廖申白译,商务印书馆2003年版,第72页。

② 相关报道参见于英杰:《震时先逃,"范跑跑"饱受网友讥讽》,载《扬子晚报》2008年5月30日。

③ 〔美〕约翰·马丁·费舍、马克·拉维扎:《责任与控制——一种道德责任理论》,杨绍刚译,华夏出版社2002年版,第42页。

关”就是对这个问题的专门讨论。[1]

二、法律责任的弱道德性

所谓法律责任的弱道德性，是指法律责任并不以道德为充分条件，只要满足了最低限度的道德，或者不与道德冲突即可。在这种责任类型中，一个人之所以承担不利的法律后果，并不是(1)因为行为人在道德上具有直接可非难的原因，而仅仅是(2)因为行为人自身的因素与某种客观因素结合在了一起。很明显，由(1)所决定，这种责任不是典型的道德责任。因为，行为人不具有可归因于其道德品质方面的因素，而是由某种外在于自己的因素所导致的。而由(2)所决定，客观因素与行为人自身因素的结合，又使得行为人不能完全摆脱干系。“不完全能够摆脱”就意味着行为人与道德具有微弱的联系。是故，此种类型的法律责任可称之为弱道德性的法律责任。

运气就是经常与行为人自身因素结合在一起的客观因素。行为人的行为是否导致某种结果的发生，与其运气有很大的关系。运气因素与行为人的过错不同，它在道德上不具有可责难性，或者可责难性程度较低，或者至少不与道德相冲突。这种基于运气不好所导致的责任，与过错责任相比，道德性因素明显趋弱，是为弱道德性。

运气可以分为好运气和坏运气。法律责任与坏运气有关。[2] 民法中的过错推定责任和无过错责任，从结果上来看就是由坏运气导致的责任。产品责任、动物伤人、环境污染等，这些结果的发生并不完全控制在责任主体手上，责任主体并不能完全避免其不幸情形的发生。此时，我们可以说，责任人对于不幸后果的承担，并不是因为责任主体有可直接证明其有道德过错的原因，而是因为责任主体遇到了一个坏的运气而已。

坏运气与法律责任的联系并不是任意的，而是因为坏运气与责任主体存在某种关系，以至于行为人得对这种后果承担责任。坏运气与行为人存在的关系主要有：(1)坏运气与责任主体的行为有关系。比如《道路交通安全法》第76条第2项规定，“机动车与非机动车驾驶人、行人之间发生交通事故……机动车一方没有过错的，承担不超过百分之十的赔偿责任……”机动车在没有过错的情形下，是否出现事故就与运气有关了。在这里，机动车车主之所以要承担责任，就是因为这样的坏运气与其驾驶行为结合在了一起。(2)坏运气与责任人的物有关系。比如，《民法典》第1252条规定的：“建筑物、构筑物或者其他设施倒塌、塌陷造成他人损害的，由建设单位与施工单位承担连带责任，但是建设单位与施工单位能够证明不存在质量缺陷的除外……”在排除人为因素外，建筑物是否倒塌，有很大的运气成分。而建筑物倒塌是否致人损害，也存在运气的成分。责任人之所以要承担责任，就是因为这样的坏运气与其物结合在了一起。(3)坏运气与责任主体的关系人有关系。比如，《民法典》第1191条规定的：“用人单位的工作人员因执行工作任务造成他人损害的，由用人单位承担侵权责任……”雇佣人是

---

[1] 参见周安平：《“范跑跑”事件的法理解读》，载《法商研究》2008年第4期。
[2] 参见周斯佳：《坏运气与民事责任》，载《南大法律评论》2016年春季卷。

否有害作业，或者其作业是否致人损害，这对于用人单位来说就有一定的运气成分了。用人单位之所以要承担责任，就是因为这样的坏运气与其雇佣关系结合在了一起。

运气不仅对民事责任发挥着作用，对刑事责任也有着不小的影响。举个例子。在加油站打手机引发爆炸，这是有概率的。设某甲和某乙先后去加油，都打了手机，但某甲没有出事，而某乙引起了火灾。在这个案件中，某甲遇到了好运气，而某乙则遇到了坏运气，以至于某甲不要承担责任，而某乙则要承担刑事责任。在这个案例中，运气的好坏决定了两个人迥然有别的司法命运。当然，刑法学者一定会提出，某乙存在主观过失，能够预见而没有预见。是的，某乙的确存在主观过失。可是，为什么具有同样过失的某甲就不要承担责任呢？能够有说服力的理由就是，某乙遇到了一个坏的运气。正因此，刑法中的过失犯罪与故意犯罪相比，其道德性就相对较弱。

正如许多学者所认为的，由运气所致的法律责任实际上是一种结果责任[①]，它不是因为责任主体的过错，而是因为其行为的后果。对于民事责任来说，是对损害后果的分摊；对于刑事责任来说，则是根据危害结果而进行的倒追责任。运气的法律责任与过错的法律责任不同，过错的法律责任在于责任人具有可非难的主观过错，而运气的法律责任则与责任人的主观过错没有必然关系，至少关系不明显。因此，当坏运气作为法律责任的根据时，就削弱了法律责任的道德性。

当然，运气作为法律责任的根据并不意味着责任主体一定不具有主观过错。前面讲过，坏运气与责任人存在某种关系，这是责任人承担某种义务的前提，而这恰恰也就是责任主体要承担坏运气结果的理由。因此，责任主体对坏运气的发生尽管没有过错，但却与责任主体未能尽到某种义务有一定关系。还记得前面所讲过的法律责任的定义吗？此类责任就属于定义中的“违反义务”。这种义务也是此类法律责任具有最低限度的道德要求的体现之一。此外，法律之所以基于坏运气与责任主体的某种关系，而将坏运气的结果分配给责任主体，还有一个理由。一般来说，责任主体相对于受害人处于较为优势的经济地位，由责任主体来承受不利损失，这既符合经济效益原则，也与人们根深蒂固的“劫富济贫”的伦理观念相一致，这也是此类民事责任道德性的一点体现。因此，坏运气的法律责任，尽管其道德性弱于过错责任，但也不属于无道德性之列。

合同责任也是一种弱道德性的法律责任。合同责任源于合同义务，而合同义务又源于当事人的约定。虽然，合同责任是因为当事人对于合同义务的违反。但当事人对于合同义务的违反，并不一定就是因为当事人有道德过错。合同责任并不考虑当事人是否具有道德过错，只要当事人违约了，合同责任就产生了。但是，如果因此而认为合同责任的当事人一点都没有道德过错，那也是不能成立的。理由是：(1) 合同义务尽管取决于当事人的任意约定，但其约定的内容不能违背社会公认道德，这是道德对于合同

---

① 参见葛四友：《正义与运气》，中国社会科学出版社 2007 年版，第 2 页；段素革：《内在运气，自主性，以及道德责任的恰当性——对伯纳德·威廉斯〈道德运气〉的一个解读》，载《云南大学学报（社会科学版）》2008 年第 3 期；王旭凤：《道德运气与道德责任》，载《广西社会科学》2008 年第 2 期。

责任的第一位要求。(2) 合同义务在约定时,当事人应当充分意识到不能履行的风险。因此,风险评估能力的缺失也是其自身过错的一种表现。(3) 合同义务的违反,虽然只要对当事人的客观行为进行判断即可,但这并不是说,当事人对于合同义务的违反就一定没有过错。不要求证明过错与事实上没有过错并不能画等号。(4) 合同责任的过错可以进行推定,如果当事人能够证明其违约是不可抗力造成的就可以免责,不能证明就暗含了对其过错的推定。由此可见,合同责任也不是完全没有道德过错。那些因故意违约而产生的合同责任,从个案来看,当属强道德性的法律责任。只不过,从规范来看,法律并不关心具体合同的道德过错,只关心客观上是否有违约的事实,于此而言,合同责任当属于弱道德法律责任类。

违誓责任与合同责任的性质一样[①],也应归之于弱道德责任。与合同责任同理,违誓也有故意与非故意之分。从个案来看,前者引发的违誓责任是一种强道德性责任,后者引发的违誓责任则是弱道德性责任。但从规范来看,法律对于违誓并不严格区分故意与非故意,只要宣誓人违背了誓言,就会引起相应的违誓责任。据此而言,从法律上来讲,违誓责任与违约责任一样,也应当归于弱道德性的法律责任这一类型中。

需要指出两点:(1) 弱道德性的法律责任并不是对义务是法律责任根据的否定。前面我们讲过,没有义务就没有责任。合同责任中的义务与责任之间的关系相当清楚,这个大家容易理解,难理解的是由运气所导致的责任。运气所导致的责任看起来与义务没有关系,而事实上,义务仍然暗含于其中,即一个人对其行为、物或其关系人负有控制的义务,尽管其不能控制是因为运气而不是因为过错。因此,法律责任的弱道德性,并不意味着责任主体不存在先在的义务,而仅仅意味着责任主体对义务的违反不存在很强的道德过错而已。(2) 尽管责任本身与道德过错没有很强的关系,但是,法律责任一旦确定,责任人就有实现法律责任的义务,这个义务就包含了强烈的道德性。如果拒绝承担,就容易招致道德的批评。只不过,此时的道德问题是责任实现的道德问题,而不是责任本身的道德问题。

三、 法律责任的非道德性

所谓法律责任的非道德性,是指法律责任尽管在法律上被制定和实施,但在道德上却不被承认和支持。就是说,法律责任与道德发生了冲突。这种冲突表现在,如果认同道德,那么法律就不应该这样规定;如果认同法律规定,那么它又不合乎道德。从规范上来看,就是合法的但又是非道德的。"二战"期间,纳粹德国发生了许多起告密者案,许多人因为毁谤元首被亲友告密而坐牢。从被告密者的角度来看,其所承担的法律责任就属于非道德性的法律责任。按照自然法学派的说法,这就是"恶法"所强加的法律

---

① 关于违誓责任的性质可参见周斯佳的两篇论文,一是《公职人员就职宣誓的效力与责任——基于全国人大常委会关于〈香港特别行政区基本法〉第 104 条解释的分析》,载《法律科学(西北政法大学学报)》2018 年第 3 期;二是《元首宣誓对象研究及其对我国的启示》,载《安徽大学学报(哲学社会科学版)》2017 年第 4 期。

责任。

非道德性的法律责任主要见于刑法中。刑事犯罪在理论上可以分为自然犯罪和制度犯罪两种。所谓自然犯罪是指在自然意义上而成立的犯罪，其行为无论在什么国家、什么时代、什么制度，都会被作为犯罪来处理，如杀人、放火、强奸、抢劫等。对于此类犯罪，公众不仅将有罪判决视为违法的证明，也将其视为某种谴责的依据。[①] 所谓制度犯罪，是指其行为是不是犯罪并不是自然意义上的，而是由制度强行规定的犯罪，制度规定为犯罪才是犯罪，如政治犯、思想犯、良心犯等。自然犯罪的刑事责任具有很强的道德性，而在制度犯罪中，就存在非道德性因素。制度犯罪与自然犯罪相比，两者的道德评价的因果关系是相反的，自然犯罪是因为其行为是不道德的，所以它才被规定为犯罪；制度犯罪则是因为这样的行为被规定是犯罪，所以它才可能被人们视为不道德。两相比较，自然犯罪的行为容易打上道德评价低下的印记，而制度犯罪的行为则不容易引起较低的道德评价，相反，行为人反倒有可能被视为英雄，比如，“文革”时期反抗“四人帮”迫害的张志新。也就是说，这些行为并非不道德，相反，将之作为犯罪来处理，才是不道德。

思想犯就是一种非道德性的制度犯罪。思想犯之所以在道德上不具有正当性，是因为，思想是人的基本属性，甚至是人之成为人的证明，是故“我思故我在”。所以，惩罚思想犯，无异于是否定一个人做人的资格。也因此，在这一意义上，思想犯就与人权联系在了一起。并且，从规范的角度来看，法律只能规范人的行为，而不能规范人的思想，我们前面在讲法律规范的功能时已经讲过。如果可以用法律来惩罚思想犯，那就为专制君主滥用刑罚，打击不同政见者提供了可乘之机。思想犯是古代社会的残留，腹诽罪的说法就是其极端表现，现代国家一般都不会在刑法中堂而皇之地规定。可见，惩罚思想犯的非道德性已是社会共识，强行规定会招致道德批评。与思想犯相近的是良心犯。思想犯与良心犯并不能区分得很清楚，有时候只是不同的说法而已。思想犯也好，良心犯也好，都不是规范名称，而经常是对政治犯的称谓。所谓政治犯，其实就是指反政府的犯罪。政治犯从当时来看，或许是破坏社会秩序的力量，但从历史来看，或许就是推动历史进步的力量。所以，人们有时候就会用良心犯来称呼政治犯，其实就是对惩罚政治犯所作的道德批评。因此，思想犯也好，良心犯也好，政治犯也好，这些说法对政府来说都是道德不好的标签。所以，现代各国法律针对的一般是诉诸暴力行为的政治犯，并不会明文去惩罚非暴力反抗的政治犯。当然，非公开的惩罚仍然很难杜绝，其主要做法是在其他罪名中“夹带私货”。

制度犯罪不仅存在于政治领域，也存在于经济领域。比如，历史上的“投机倒把罪”就是。投机倒把行为其实就是商人的买卖行为，无论是从人性来讲，还是从谋生来讲，这种行为都是很正当的。因此，将这种正当的行为当作犯罪来处理就具有非道德性。

---

① 参见〔波〕克里斯托夫·斯斯卡斯基：《基于双重效应原则的道德责任与刑事责任的关系》，刘建伟译，载《环球法律评论》2018 年第 2 期。

如果说，惩罚政治犯是为了维护政治利益的话，那么惩罚某些正当的经济行为的做法，就可能是维护经济利益，比如为了维护高额垄断利益，或者是为了防止税收流失。历代王朝对于盐铁走私的打击，其实就是因为盐铁走私影响了官府盐铁专卖的垄断收入。理解这一点，我们就明白了为什么读者津津乐道“梁山好汉智取生辰纲”的故事，明明是抢劫却说成是“智取”。还不就是说，你大宋朝廷的财富不具有正当性。你财富不正当，那么你套在我头上的抢劫罪也就不正当了。这就是历史上农民起义的道德逻辑。

当然，道德过错与法律过错不同。对于制度犯罪，在司法中，根据主客观一致的原则，当然也要求行为人具有主观过错。不过，这个过错只是法律上的，而不是道德上的。法律上的过错是行为人承担责任的规范依据，而不是其承担责任的道德依据。道德根据恰恰是拷问其规范依据是否具有道德性的理由。因此，我们将此类法律责任归为非道德性一类，就是说，因为行为人不具有道德上的过错，所以，法律设定的责任就在道德上不能成立。说法律责任的非道德性，其意义在于对法律规范进行道德批判，以约束立法行为的恣意与专横。

非道德性的法律责任在民法中也可能有。我国《民法典》第 1254 条规定，“……从建筑物中抛掷物品或者从建筑物上坠落的物品造成他人损害……经调查难以确定具体侵权人的，除能够证明自己不是侵权人的外，由可能加害的建筑物使用人给予补偿……”这个条款就很值得商榷。我住在楼上，路人被楼上哪个缺德的扔下一块石头给砸伤了，我既没有监督邻居扔东西的义务，也没有指挥行人好好走路的义务，我承担责任的义务究竟是什么呢？没有看见是谁扔的就有责任，难道我有看见的义务？假设某人在王府井大街被不明身份的人用石头砸伤了，是不是凡是那一天去过王府井大街的人都要承担责任，除非你能证明自己不是砸人者。你能证明吗？果如此，无论你多么小心谨慎，也没有办法避免因为别人的某个不当行为，而深陷于责任漩涡中，以“祸从天降”来形容一点都不为过。让邻居承担高空抛物责任，既违反了责任自负原则和责罚相应原则，也导致法律责任的惩罚功能、威慑功能、教育功能的全部落空。

非道德性的法律责任在行政法的实践中也可能有。一般来说，随着社会的发展，人类道德水平的提高，法律直接规定非道德性的法律责任会越来越少，但在实践中仍然很难完全杜绝。比如，为拆迁而对被拆迁人的亲属施以某种限制。让其亲属承担不应有的责任，是古代社会株连变相的表现，有违责任自负原则。显然，这种行政处罚从道德上看来就具有非道德性。

四、法律责任的无道德性

所谓法律责任的无道德性，是指法律责任与道德没有关系，道德对于法律责任，既不肯定，也不否定。法律责任与道德，两者表现为相互隔膜、互不相干的关系。法律责任的无道德性不同于非道德性。无道德性是法律责任与道德没有关系，而非道德性则是法律责任与道德有关系，只是关系的方向相反而已。

无道德性的责任，一般存在于技术性的法律中。我们以交通规则为例。在各国道路交通规则制定前有两种可能的习俗：靠左驶和靠右驶。靠左驶与靠右驶，在每个人看来都是同样的好，没有好与坏的不同。中国法律规定司机靠右走而不是靠左走，英国法律规定司机靠左行而不是靠右行，这都是任意的历史事件，和公平不公平没有关系。[①]交通信号灯的设计也是这样的。红灯停、绿灯行，尽管有心理学上的根据，但从道德上来看则可以是任意的，反过来也未尝不可。可见，由这些法律所规定的责任，从其设定来看，纯粹是出于技术上的考虑，道德因素不在考虑之中。

技术性的法律也大量存在于市场交易中。票据转让、银行结算、股票交易等规则都具有很强的技术性。特别是，人工智能出现后，机器人代替了人工作业，出现了人机对话，甚至是机机对话。人工智能由于程序设计的预先性，交易过程完全被程序所拟制，与自然人的主观过错没有任何关系。在人工智能模式中，是否发生交易，以及发生何种性质的交易，有时候完全不在自然人的控制范围内。交易什么时候发生法律效力，完全取决于程序设计时的技术考虑，而与道德没有关系。由于技术和方法只与使用的方便和习惯有关，而与道德无关，因此，责任的设定，在道德上就可以是人为的和任意的。相信，随着人工智能的进一步普及，与道德无关的法律责任将会呈几何式的增长。

当然，这里所说的法律责任的无道德性，只是说法律责任本身与道德没有关系，而不是说，法律责任的适用也与道德没有关系。无道德性的法律责任一旦确定后，如果行为人拒不履行，就与道德发生关系了。好比，在交通行为中，靠左走，还是靠右走，原本与道德没有关系。但是，一旦把靠右走确定为交通规则，那么，靠左走就是不道德的行为了。只不过，此时说的不道德，是指法律责任的实现，而不是指法律责任的设定。后者才是我们这里说的法律责任的无道德性。

我们在说法律责任的无道德性时，必须与民法的侵权责任中的无过错责任区别开来。所谓无过错责任，是指行为人造成他人损害，虽然没有过错，但依照法律规定而应当承担的民事责任。显然，无过错责任并不是说行为人就一定没有过错，只是在诉讼中不要求证明其过错而已。因此，按照本书的说法，无过错责任是弱道德性的法律责任，而不是无道德性的法律责任。造成这个误解的原因是，民法将无过错责任原则作为侵权行为的归责原则。什么是归责原则？所谓归责原则是指确定行为人承担民事责任的根据[②]。“无过错责任”在逻辑上是个负概念，即不具有某种属性的概念，至于它到底具有什么属性并不清楚。从字面上理解就是，“没有过错”是“行为人承担民事责任的根据”，这就匪夷所思了，误解就这样产生了。

最后，在结束本节之际，有必要补充两点。第一，我们在讨论法律责任的道德性时，是在承认道德责任自由意志的前提下，那种否认自由意志的决定论，我以为，由于它与

---

① 参见〔英〕罗伯特·苏格登：《契约论与规范》，董良译，载包利民编：《当代社会契约论》，江苏人民出版社2007年版，第207页。

② 魏振瀛：《民法》(第三版)，北京大学出版社2007年版，第678页。

道德责任产生了不相容[①],因而也就没有被纳入本章的考虑中。第二,在强道德性、弱道德性、非道德性和无道德性四类责任中,除了无道德性外,其他三种都是程度性的划分。从强道德性到弱道德性,再到非道德性,中间的过渡边界其实是模糊的。比如刑事责任中的故意犯罪与过失犯罪,前者刑事责任的道德性强于后者的刑事责任。再比如合同责任,其过错程度也因不同的违约情形而在道德上表现出不同的强弱状态,主观违约与因不能履行而导致的客观违约,前者的道德性显然要强于后者。并且,即便是非道德性,也会因为不正义的程度而有所不同,从轻微不正义到极端不正义也会呈现出一个逐渐变化的过程。并且,只要不是极端的不正义,公民就有必要的忍让义务;但不正义超过一定的限度,公民便有了不服从的权利。问题是,这个度在哪里?可见,法律责任与道德关系的类型划分只是定性分析,并不是定量分析。

第四节　法律责任的原则

法律责任的原则是指法律责任在设定和适用时,应当遵循的精神和原理。一般来说,法律责任的原则主要有以下几项。

一、责任自负原则

责任自负原则是指承担责任的人就是违反义务的人,说得通俗一点,就是自己的事自己兜着。责任自负在公法和私法中有不同的要求。责任自负原则对刑事责任的要求十分严格,即使是有血缘关系的亲属,每个人都必须独立承担刑事责任,以防止株连或变相的株连。一般来说,责任自负原则在刑法中贯彻得比较好,但是在刑事诉讼过程中,以及行政执法领域,事实上的株连和变相株连的做法还是时有发生。比如,为迫使犯罪嫌疑人到案,对其亲属拘禁或变相拘禁。又如,为了拆迁,而对当事人的子女在上学、就业等方面进行限制。这些做法就是对责任自负原则的违反。

责任自负原则对于民事责任的约束相对较低一点,责任主体与其他人之间因为某种关系,而要承担某种责任。连带责任就是这样一种责任。连带责任之所以成立,是因为连带债务人之间存在某种关系,以至于其中任何一个人都得为其他人承担责任。夫

---

① 关于道德责任与决定论是否相容的问题,伦理学和哲学界有许多的讨论,参见姚大志:《我们为什么对自己的行为负有道德责任?——相容论的解释及其问题》,载《江苏社会科学》2016年第6期;姚大志:《道德责任是如何可能的——自由论的解释及其问题》,载《吉林大学社会科学学报》2016年第4期;徐向东:《来源的不相容论与道德责任》,载《世界哲学》2018年第5期;徐向东:《自我决定与道德责任》,载《哲学研究》2010年第6期。

妻关系就是夫妻承担连带责任的根据，彼此都要对对方的债务承担责任。合伙关系也是合伙人之间承担连带责任的根据，合伙人相互对合伙行为的债务承担责任。表面看起来，连带责任有违责任自负原则，而实际上，连带关系虽然是连带责任的根据，但同时也是连带受益的理由。从受益和责任看，连带关系人是一个整体，因此，从整体的视角看，仍然是责任自负，只不过这个时候的"自己"不是一个个体，而是一个整体。

当然，私法领域经常会出现一种可称之为替代责任的现象，即责任人的责任最终由其他人代为承担。代替承担责任发生的原因，一是，责任主体的亲朋好友主动出来承担责任，比如弟弟打架伤人了，哥哥主动支付医药费；二是，责任主体是另一人的债权人，经相关当事人协商，由另一人代替责任主体承担债务。比如，我要赔他 500 元，刚好你欠我 500 元，最后我们商量，就由你替我给他 500 元。这两种情形看起来与责任自负原则不符，而实际上恰恰是责任自负原则的体现。因为，替代人只是事实上的承担人，并不是法律上确定的责任主体，他或者是基于情谊，或者是基于协商而主动替代，并不具有法律责任的被动性和强制性。

二、 责罚相当原则

责罚相当原则是指行为人的行为或行为的危害，与其承担的法律责任必须相应相称。责罚相当原则反映到刑事责任中，就是罪责相应相称。所谓罪责相应相称，是指行为人所受到的刑罚，必须与其犯罪性质、社会危害等相应相称。说得通俗一点，就是轻罪要轻罚、重罪要重罚。刑事责任具有惩罚功能，如果轻罪重罚，那么对于行为人就不公平；而如果重罪轻罚，那么，惩罚的功能也就会落空，并且对其他同种犯罪人来说也不公平。

责罚相当原则反映到民事责任上，一般来说，就是赔偿与损失要相应相称。民事责任侧重于弥补受害人的损失。因此，侵权人的赔偿数额以受害人的损失为最大赔偿数额。当然，之所以加上"一般来说"，是指在衡量损失与赔偿相应相称时，还要将过错，甚至行为人的赔付能力等因素加进去考虑。由于前面所讲的最大数额的限定，加入这些因素的实际结果往往是，侵权人的赔偿责任在受害人全部损失范围内被进一步缩小。此外，非财产损失是很难用货币来计算的。如名誉侵权，你能算出损失了多少？如交通事故致人死亡，你说死一个人损失多少？怎么计算？按什么标准计算？的确是，死者身份不同，损失也就不同，如果按损失来计算，那就会出现身份歧视的现象，引发"同命不同价"的道德批判。而如果执行同一标准，那么，一个亿万富翁的死亡赔偿与一个农民工的死亡赔偿一样，似乎也不公平。毕竟，他们未来创造的财富是不等量的。因此，所谓的责罚相当，在此类侵权责任中，原则的指导性尤其明显。最后，还要说明一下，民事责任的责罚相当原则，主要适用于侵权责任。合同责任的大小取决于当事人的约定，只有在当事人未约定，或约定不明，或约定显失公平时，责罚相当原则才有可能被引入。

还要指出一点的是，"罚"字一般是指上对下的处罚，而民事责任只是平等主体之间的“责”。因此，以“责罚相当”来表达民事责任并不准确。这里只取概念之精神，而不以其字面意义为其意义。因为，在自然语言中实在很难找到这么一个词，既有刑事责任“罚”之义，又不失民事责任“责”之义。这是自然语言的局限性造成的，我又不是大文豪，临时造个字来表达，以后你们就照我的用就好了。所以，我这里只好取“罚”一字，同指“罚”“责”两义了。

三、责任先定原则

责任先定原则是指行为人承担的责任必须在法律中预先作出明确的规定。前面已经讲过，法律责任是因为行为人对于义务的违反而导致的法律上的不利后果。从这一定义可知，有义务才有责任，无义务则无责任，只有事先存在某个义务，事后才能有某个责任。因此，责任先定也可以说成是义务先定。[①] 责任先定原则的目的是防止权力的擅断，以保护公民不被无端科以责任。责任先定原则也是法律预测功能的体现，公民可以借此预测法律后果，并及时作出调整。

责任先定原则反映到刑事责任中，就是罪刑法定原则。所谓罪刑法定原则，其基本含义是“法无明文规定不为罪”或说“法无明文规定不处罚”，即什么是犯罪、犯罪的种类、犯罪的构成条件和刑罚处罚的种类、幅度等，都由法律预先明确规定。凡是法律没有明文规定为犯罪的，其行为就不构成犯罪；凡是法律没有明文规定处罚的，其行为就不受处罚。罪刑法定原则要求不得类推适用法律和扩张解释以防止刑罚扩大适用范围。罪刑法定原则也要求不得对行为人作不利的溯及既往，以不利于行为人的新法律来对行为人进行处罚。责任先定原则反映到民事责任中，就是，侵权责任要由立法者在法律中预先规定好。合同责任也是由当事人在合同中预先约定好，否则合同责任无由产生。

法律责任预先规定的立法形式主要有两种，一是义务与责任结合，义务内容之后，紧接着就是法律责任，刑法条款就是这样规定的，大家可以看一下刑法分则。二是义务与责任分离。分离又有两种形式，一是法律责任独立成篇，二是法律责任分散到其他法律规范中，由此得到三种立法体例。(1) 义务与责任结合的立法例。该体例的优点是义务以责任作保障，不致义务的内容落空。其不便之处在于，有些义务并不能直接对应法律责任，如《民法典》婚姻家庭编中规定的“夫妻有忠诚的义务”就属于此内容。(2) 法律责任独立成篇的立法例。该体例的优点是法律责任条款集中，便于公民熟悉和掌握。其缺点是，法律责任与义务容易发生脱节，规定了法律义务，但法律责任篇中却又没有对应的责任条款，让人感觉，法律也只是说说而已，这就极大地损害了法律的权威性。(3) 法律责任分散规定的立法例。法律责任分散到其他规范中，其原因是，不

---

① 这里的义务先定是指义务要在法律中预先确定，而不是张恒山教授所说的，义务的确定先于权利。张教授有一本书，书名就叫《义务先定论》，讲的是在权利义务的逻辑关系中，义务先于权利。关于权利义务的逻辑关系，究竟是权利先定，还是义务先定，本书前面在讲权利义务的关系时已有涉及，与张教授的观点并不相同。

同的部门法,其调整的内容和手段不尽相同,法律责任只能由其他专门法律所规定。如刑事责任专门由刑法所规定,环境污染法中涉及刑事责任的,当然不能自行规定,得以刑法为依据。这种立法形式,一是为了不重复,以节省立法资源,二是为了不出现矛盾,以维护法律体系的一致性。缺点是,必须结合相关法律来确定法律责任,但由于法律责任分散在不同规范中,落空、矛盾和不协调的现象就难以避免。比如,有些法律规定,"根据相关法律承担法律责任",但却找不到"相关法律"。

四、责任文明原则

责任文明原则是指法律责任必须尊重人权。责任主体是法律责任的承受者,他必须承受法律上的不利后果,但是,责任主体是人或人的集合(如法人),因此,作为一个人,责任主体的人格尊严必须得到尊重,这就是责任文明原则所要求的内容。当然,责任文明是一个包容性的概念,凡是积极可取的价值都可以涵盖其中。事实上,如果从最广义的角度来理解,那么,责任自负原则、责任先定原则、责罚相当原则都可以纳入其中。显然,将责任文明与其他三个原则并列,是取其狭义,即以尊重人权为其主要内容。是故,将责任文明原则表述为尊重人权原则,也无不当。

责任文明原则的具体要求,主要体现于但不限于以下几个方面:(1) 严格区分民事责任和刑事责任,不得以刑事责任作为民事责任的实现手段。(2) 严格禁止对责任主体实行酷刑和变相酷刑。(3) 严格禁止侮辱责任主体的人格尊严,即使是执行死刑,也必须保证被告能够体面地结束生命。上述禁止的不文明做法,普遍存在于古代社会的法律当中。如,中国古代法律民刑不分,以刑事手段解决民事纠纷,不人道的酷刑和侮辱人的法律比比皆是。至于什么是人格尊严,这对那个时期的人来说,几乎就是外星人的词汇了。随着时代的进步,上述做法逐渐为现代各国法律所抛弃。但是,在司法实践中,责任不文明的现象仍然时有发生,刑讯逼供屡禁不止就是责任不文明的体现。当然,也正因为存在这些不文明的现象,所以,将责任文明作为法律责任的原则之一,就具有重要的现实意义。

第五节　法律责任的影响因素

法律责任的有无或大小,其最终确定要受到各种各样因素的影响,这些影响因素主要有责任能力、主体意志、行为性质、损害后果和因果关系等。

一、责任能力

责任主体之所以得承担责任,是因为其意志是自由的。意志自由与人的年龄和精神状态有关,反映到法律责任上来就是责任能力。年龄太小,其认知能力和判断能力没有或者较低,因此,民法和刑法都会对人的责任年龄作出规定,以确定其责任能力的大小。成年人与未成年人的划分就与此有关。当然,由于刑事责任和民事责任的功能不一致,两者对于责任年龄的要求也不完全相同。

民事责任主体按年龄分为完全民事行为能力人、限制民事行为能力人和无民事行为能力人。18周岁以上的为完全民事行为能力人;16周岁以上的未成年人,以自己的劳动收入为主要生活来源的,视为完全民事行为能力人;8周岁以上的未成年人为限制民事行为能力人;8周岁以下为无民事行为能力人。完全民事行为能力人独立承担民事责任;无民事行为能力人、限制民事行为能力人造成他人损害的,由监护人承担侵权责任。监护人尽到监护职责的,可以减轻其侵权责任。有财产的无民事行为能力人、限制民事行为能力人造成他人损害的,从本人财产中支付赔偿费用;不足部分,由监护人赔偿。

刑事责任年龄分为完全刑事责任年龄、相对刑事责任年龄和无刑事责任年龄。16周岁以上的为完全刑事责任年龄,16周岁以下12周岁以上为相对刑事责任年龄,不满12周岁的为无刑事责任年龄。相对刑事责任又分两段:(1)已满14周岁不满16周岁的人,犯故意杀人、故意伤害致人重伤或者死亡、强奸、抢劫、贩卖毒品、放火、爆炸、投放危险物质罪的,应当负刑事责任;(2)已满12周岁不满14周岁的人,犯故意杀人、故意伤害罪,致人死亡或者以特别残忍手段致人重伤造成严重残疾,情节恶劣,经最高人民检察院核准追诉的,应当负刑事责任。刑事责任的有无和大小与年龄的大小息息相关。

当然,法律对责任年龄的划分,对于个体而言并不准确。有些人年满18周岁,却懵懵懂懂,有些人只有14周岁,却非常理智,而两者的司法命运却可能阴阳两隔。没有办法,这就是规则之治所必须承受的代价,法律为了追求形式平等而不得不牺牲个案的公平。

精神状态也会影响一个人的认知和判断。根据精神状态,自然人分为精神正常人、不完全精神病人和完全精神病人三种。(1)精神正常人,是一个自由意志的人,为完全责任能力人,得对其自由选择的行为独立承担责任。(2)不完全精神病人,其精神不完全正常,是一个相对自由意志的人,为不完全责任能力人,得对其相对自由选择的行为承担相应的责任。(3)完全精神病人,其精神完全不正常,是一个无自由意志的人,为无责任能力人,对其行为不承担法律责任。因为他的行为就不是他自主选择的,而是病理导致的结果。根据精神病的发作时间,精神病人又分为持续的精神病人和间歇性的精神病人。① 持续的精神病人,对精神病持续发作期间的行为,根据其精神状态或者不承担或者部分承担法律责任。② 间歇性精神病人,对其发作期间的行为,根据其精神状态或者不承担法律责任,或者部分承担法律责任。正常期间,得承担法律责任,不正常时间则不承担法律责任。

当然,精神状态如何,以司法鉴定的结论为依据。但受制于诊断技术的限制,精神病的诊断,不同的机构作出的鉴定往往具有很大的出入,这就为一些人逃避法律责任提供了可乘之机。曾经看到一个报道,某国(记不得了)卫生部对精神病鉴定一直持有怀疑态度,于是组织了一个小组去精神病医院调查。该小组由精神科医生、记者、教师以及其他职业人员组成。他们假扮成精神病患者潜入精神病医院,与真精神病患者一起生活,以此来检验那些精神病医生到底有没有能力来鉴别他们。遗憾的是,一个星期过去了,没有任何一个医生发现了他们有什么不同,反倒是那些真精神病患者觉得他们不一样。多年来,"被精神病"现象时有耳闻,这与诊断结论的非客观性有很大的关系。

二、 主观过错

一个人在自由意志或相对自由意志下所作出的选择,如果与义务相违背,这就是过错。一般来说,行为人有过错或没有过错,与责任的有无和大小紧密相关。在法律发展的早期阶段,法律奉行的是客观归责原则,即只要有危害后果,无论行为人是否有过错,都要承担责任,过错有无与责任的大小有关系,但与责任的有无没有关系。随着法律功能由惩罚发展到了除惩罚之外,还有预防和补偿等多种功能,客观归责也就逐渐过渡到了主客观归责,行为人的主观过错也就具有十分重要的意义了。所以,有无过错,以及过错程度对于法律责任的有无和大小都起着十分重要的作用。

一般来说,刑事责任对于过错的重视高于民事责任。刑事责任无过错就无责任,不管有没有危害社会的行为发生。刑事责任将过错划分为故意和过失两种。所谓故意是指明知自己的行为会发生危害社会的结果,并且希望或者放任这种结果的发生。所谓过失是指应当预见自己的行为可能发生危害社会的结果,因为疏忽大意而没有预见,或者已经预见而轻信能够避免,以致发生这种结果的。这两个定义完全来自刑法学,大家可以结合刑法学教材来理解。故意犯罪重于过失犯罪,两者严格对应于不同的犯罪。有些罪必须具有故意才能成立,而有些罪则只能是由过失构成,前者如放火罪,后者如交通肇事罪。同一种犯罪因故意或过失而有不同的刑事责任,比如,同是杀人,故意的当然要重于过失的。此外,动机和目的也是与过错相关的因素。所谓目的是指行为人所要实现的目标,所谓动机是指行为人之所以这样做的原因。动机和目的这些心理活动对刑事责任的量刑也有参考意义,蓄谋的杀人与一时兴起的杀人,主观恶性就不同,刑事责任也就不同。民事责任由于注重补偿功能,将过错划分为故意与过失的意义就不如刑法那么重要。特别是合同责任,只要违约了就要承担责任,不管有没有过错,除非出现了不可抗力。此外,动机和目的在民事责任中也不太重要。但是,如果受害人存在一定的过错,则可以减轻甚至免除行为人的责任。可见,过错既存在于行为人,也存在于受害人。

需要指出的是，这里讲的过错，是指法律过错，并不是指道德过错。法律过错是指行为人本可以选择不违反法律或不违反合同的行为，却偏偏选择了这样一个行为。如，法律不让偷盗，你却要偷盗。而道德过错是指行为人本可以选择不为道德否定的行为，却偏偏选择了这样一个行为。如，一个人要诚实，而你却偏要谎言连篇。由于道德比法律具有主观性，所以，法律过错也就比道德过错具有客观性。这在前面讲法律责任的道德性时已有涉及，大家可以结合前面的内容来理解。

三、 行为性质

行为在法律责任中居于核心地位。这是因为：(1) 行为是行为人的主观过错的外在表现，行为人的心理活动只能借助于行为来识别。行为人应该做且能够做却没有做，是行为人承担法律责任的前提。法律责任正是通过“应该做、能够做，却没有做”的行为来判断其主观心态的。比如，法官判案，他有没有过错，当然我们看不到他的内心活动，但是他不按程序走，这个行为就反映了他有过错。(2) 行为是危害后果的原因。危害社会的后果就是行为直接作用于具体对象的结果。法律责任中的因果关系，考察的就是行为与结果之间的关系。比如，你打他，导致了他受伤，这就是因果关系。(3) 行为是可规范的对象。过错是一种心理活动，法律不能直接规范。对后果的防范和控制，只能通过对行为的防范和控制来实现。所以，行为在法律中的意义非常突出。

行为有社会行为和非社会行为之分。所谓社会行为，是指能够对他人或社会产生影响的行为，比如买卖、赠与、社交等。与此相对，不能够对他人或社会产生影响的行为就是非社会行为，如个人爱好、个人习惯等。社会行为之所以会产生社会影响，是因为其指向对外，涉及他人。而非社会行为之所以不能产生社会影响，是因为其指向自己，与他人无关。法律关心社会行为，是因为法律的目的就是为了防止一个人的行为给他人造成不利的影响，所以，纯粹的自我行为，法律没有必要关心。好比，一个人总喜欢说自己是全校最帅的，我们可以在心里笑他，但不能干涉他的这个爱好或习惯。当然，你或许偏执地认为，他的这个爱好影响到了你，因为你认为全校最帅的是自己，那我只能告诉你，你所说的不利影响并不是法律上的不利影响，而是你自己的心理认识问题。关于这个，有兴趣的同学可以参考本书第十七章“法律与人性”来理解。

行为又可以分为法律行为和非法律行为。法律行为是指行为人意志所控制的，并具有法律效果的行为，如签订合同、购买商品等行为。非法律行为是指行为人意志不能控制的行为，或者虽能控制但没有法律效果的行为。不能控制的行为，如哈欠、梦游等；能够控制但没有法律效果的行为，如礼仪、友谊等。因此，一个人的行为之所以是法律行为，必须同时满足两个条件：一是意志性，二是法律效果。需要指出的是，不能控制的行为，并不一定就不产生法律效果，如梦游如果导致了他人的损害，也仍然会引发民事赔偿责任。这个行为在民法看来，其实是事实行为，即虽然与行为人意志无关，但却可以引起法律效果的行为。注意，我说的是“法律效果”，不是说“效果”。如果只是说效果，那范围就大了，什么行为没有效果啊？鼓励大家做梦，有没有效果？当然有，比如激发你的幻想，但这不是法律效果。

需要指出的是，有学者，主要是民法学者将法律行为称为合法行为。据此，非法律行为就是非法行为了。这样一来，前面讲的那些，行为人能够控制但没有法律效果的行为，如礼仪、友谊、面子、爱情等，岂不是非法行为了？此外，民法学还有民事法律行为、民事行为、准民事行为等概念。看到这么多形似而意不同的概念，是不是头都要胀了？的确，要搞清楚这些概念有什么不同实不容易。我以为，如何表述不同的概念，首先要考虑，概念的分类在实践上有没有意义；其次要确保，概念之间的关系在逻辑上有没有问题；再就是要斟酌语词的自然语义，看语词能否指称概念。

由于行为是主观过错的物质载体和危害后果的直接原因，法律责任透过行为考察过错和结果这两个因素，刑事责任与民事责任的表现是不一样的。刑事责任透过行为来确定行为人的主观过错，而民事责任则重点关注行为人的行为所导致的损害后果。

四、 损害后果

前面讲行为性质时讲过，法律之所以关注行为，就是为了避免行为人的行为对他人或社会造成损害，通俗一点说，就是为了防范损人行为。注意，不是损人利己，法律不关心利不利己，法律只关心损不损人。你搬起石头砸自己的脚，法律才不管呢。法律责任说到根本，就是因为已经有了损害后果，或者会导致损害后果。法律责任之所以要关心行为人的过错和行为，还不是因为要关心损害后果，所以才倒过去关心它们的。离开了损害后果，什么过错呀、什么行为呀，一切都是浮云。

损害后果，从表现形式上可以分为两种，一是财产损害，二是非财产损害，后者又可以分为人身损害和精神损害。损害后果，从发生与否的角度看又可以分为两种，一是已经发生的损害，二是可能发生的损害。已经发生的损害并不等于实际损害，既得利益的失去和可得利益的落空都可归于已经发生的损害。前者，如因治疗伤害而支出的医药费，后者，如失窃的中奖彩票。可见，凡是损害是不可逆的，都是已经发生的损害。可能发生的损害，是指行为有可能导致损害后果的发生，但实际上并不就一定会发生。如排放不达标气体，并不一定就导致了空气质量的下降。可能发生的损害强调的是行为具有的“社会危险性”。民事责任强调补偿功能，前面已经讲过，责任人的赔偿责任一般以受害人已经发生的损害为限。与民事责任相对，刑事责任强调预防功能和惩罚功能，因此，其损害后果就不以“已经发生的损害”为限，“可能发生的损害”也是其关注的重点。刑法不说“损害后果”而说“危害后果”，就是因为，刑法要追究的行为是“具有危险性”的行为。因此，在刑法中，某个行为虽然没有导致实际损害后果的发生，但仍然被视为危害社会的行为，如危害公共安全的犯罪，就不以其实际发生的损害为要件，而是因为它可能给社会上不特定的多数人带来危险。当然，是否已经造成实际后果在定罪量刑上还是有区别的，发生了危害后果的，处罚往往要重于没有发生危害后果的。

需要指出的是，由于危害后果的评价与评价主体的利益紧密相关，因此，与民法“损害后果”具有的客观性不同，刑法的“危害后果”具有很强的主观性。比如，在封建社会，一个行为在君主看来具有“危害后果”，而在社会大众看来就可能没有，甚至还可能认为有益。我前面讲到的制度性犯罪，尤其是那些具有强烈政治色彩的犯罪，就容易出现评价不一甚至对立的观点。因此，某些犯罪，从规范上分析具有社会危害性，但从道德意义上分析就可能没有社会危害性。后者说的其实就是法律责任的非道德性，这在本书前面已经讲过。

五、因果关系

法律责任中的因果关系是指行为人的行为与损害后果之间存在一种引起与被引起的关系。行为人之所以被科责，不是因为发生了损害后果，而是因为该损害后果是行为人的行为所造成的。事物与事物之间的因果关系非常复杂，既有多因一果，也有一因多果，还有多因多果。但是，法律责任对于因果关系的关心，只在于起作用的人的因素，比如过错啊、行为啊等，至于其他的自然现象，尽管也是原因之一，但并不是它所关心的内容。比如，某地失火，既有天气干燥的原因，也有打雷闪电的原因，这些就不是法律责任所关心的因素，法律责任只关心是不是有人为的原因，即有没有人要对失火承担责任。

法律上的因果关系与事实上的因果关系不完全相同。一般来说，法律关系必须是事实上的因果关系，那种建立在迷信基础上的想象的因果关系，就不是法律责任的影响因素。比如，巫蛊杀人就是想象的因果关系，在法律上并不能成立。但是，想象的因果关系只要为人们所共识，也可以成立法律上的因果关系。比如，有装修工人在业主委托的新房子里上吊自杀，业主认为工人自杀与房子贬值具有因果关系，这是可以成立的。因为市场价格与需求有很大关系，而大家的看法，尽管不是科学的，但却实实在在地会影响需求。

法律上的因果关系与科学上的因果关系不同。科学上的因果关系必须是必然的因果关系，即没有此原因就一定不会有此结果。但是，法律上的因果关系由于受到诉讼时效及科学手段的局限，它不可能复原因果关系的真相。因此，法律就经常采用推定的办法来确定因果关系。在刑事诉讼中，如果没有充分证据证明行为人犯罪，就推定其无罪。不过，民事责任与刑事责任的推定有所不同。在民事诉讼中，当一方提出的证据达到一定概率时，尽管并不充分，也可以推定存在因果关系。证据学上将此类因果关系称为盖然性的因果关系。曾经轰动一时的美国辛普森杀人案，刑事责任认定无，而民事责任认定有，就是因为刑事诉讼与民事诉讼对于证据的要求不同，从而作出了不同方向的推定。关于法律因果关系与科学因果关系，本书第十九章“法律与科学”会专门讨论，这里就点到为止。

法律关系有强因果关系和弱因果关系之分。当有两个或两个以上行为人时，行为人对于损害结果的发生的影响并不是等量的,有强弱之分。一般来说,强因果关系的法律责任要大于弱因果关系。比如,交通事故因司机高速驾驶和行人不注意观察所共同酿成,如果司机的行为与事故是强因果关系,行人的过失与事故是弱因果关系,那么,司机就要负主要责任,而行人则负次要责任。强因果关系和弱因果关系的区分,在确定若干责任人的责任份额时很有意义。

需要指出的是,当多重法律因果关系发生竞合时,必须对其加以区分以适用不同的法律责任,不同的法律责任各自独立,互不影响。比如,无证驾驶与交通事故如果有关系,那么,司机既要接受无证驾驶的行政处罚,又要承担交通事故的损害赔偿。如果没有关系,那么,司机只承担行政责任,而不承担民事责任。不过,在实践中,当遇到多重因果关系时,越是为法律所禁止的行为,就越有可能被视为原因,或被视为主要原因。比如,某患者到一家诊所看病,后出现症状,经医疗鉴定,与医生的诊疗行为并不存在因果关系,自然不应承担民事责任。但卫生部门在查处过程中,发现该医生是无证行医。那么,无证行医就有可能被视为损害后果的原因了。于是,医生既被要求承担行政责任,又被要求承担民事责任。这种现象在现实生活中非常普遍。好比酒驾,与人发生碰撞,明明是对方违规了,但因为自己是酒驾,结果既承担了行政责任,又承担了民事责任。这种做法表面上看起来,让违法者付出了代价,但也有可能助长碰瓷现象的发生。网上有一个笑话,说是两车相碰了,司机打电话给了交警。在等待交警到场的过程中,一位司机从车里拿出一瓶酒,对另一位司机说,我们边喝边等。另一位司机不知是计就喝了几口,结果变酒驾了,全责。网民非但不认为这个坏心眼的司机的做法有什么问题,反倒认为他很机智,这就是非不分了。如果酒驾所产生的行政违法责任与交通事故的民事责任能够区分开来,那么,那个坏心眼的司机也就没有使坏的空间了。因此,不区分责任性质,简单地将损害后果归因于违法行为的做法,会诱发道德风险。“黑吃黑”的行为,往往就是利用了这一点。

六、小结

1. 关于构成要件的提法

许多法理学教科书以“构成要件”来归纳法律责任的成立条件。所谓构成要件,是指法律责任的成立所必须具备的条件,缺少其中之一,法律责任就不成立。但是,关于法律责任的构成要件,说法并不统一。周永坤老师说的构成要件有:(1)与法律责任有关的因素,包括行为、心理状态、因果关系、损害;(2)归责基础;(3)免责条件;(4)法律责任的合理性。[1] 而张文显教授主编的《法理学》教材,则将法律责任的构成要件概括为(1)责任主体;(2)违法行为或违约行为;(3)损害结果;(4)主观过错这四个方面。[2]可见,关于法律责任的构成要件,法理学界并没有形成共识。

---

① 参见周永坤:《法理学》(第二版),法律出版社2004年版,第290—299页。

② 参见张文显主编:《法理学》(第三版),高等教育出版社、北京大学出版社2007年版,第171页。

法律责任的构成要件之所以不能取得共识，这是有原因的：(1) 不同部门法的法律责任，其对于条件的要求并不相同。如刑事责任和民事责任，两者对于过错和损害后果的要求就不一样。所以，刑法的主体、客体、主观方面和客观方面四个要件，就不能作为民事责任的构成要件。(2) 同一部门法的不同责任，其条件也不相同。比如民法中的侵权责任和合同责任，两者对于过错和损害后果的要求也是不一样的。你能够给它们归纳出共同的构成要件吗？很难。(3) 同是侵权责任，不同的责任类型，对于过错的要求也不同。所以，侵权责任有过错责任、过错推定责任和无过错责任之分，就是根据它们对于过错的要求并不相同而划分出来的结果。所以，尝试对法律责任的构成要件作普遍适用的概括就不可能。

正是基于这种考虑，本书不以“构成要件”，而以“影响因素”来指称本节的内容。事实也的确是这样，上述因素对不同的法律责任都存在影响，只是影响的程度有所差异罢了。将各个影响因素揭示出来，以及将各个因素对于法律责任的影响揭示出来，这比笼统地说构成要件要合理得多。

2. 关于法律责任的抗辩理由

所谓法律责任的抗辩理由，是指在法律责任的确定过程中，责任人提出的免除或减少自己法律责任的理由，以对抗或抵销对方的主张。本节所讲的法律责任的影响因素与法律责任的有无和大小直接相关，因此，这些影响因素也就既可以作为法律责任证成的理由，也可以作为法律责任的抗辩理由，只是证明的方向相反而已。证成立足于证明上述因素的存在或程度高，抗辩则立足于证明上述因素的不存在或程度低。比如说过错，一方极力证明对方有过错或者有很多的过错，对方则极力证明自己没有过错或者很少的过错，前者就是证成，后者就是抗辩。

一般来说，刑事责任的抗辩理由主要与行为人有关，可以通过证明行为人责任能力不足、无过错、行为合法等，来减轻或免除行为人的责任。而民事责任的抗辩理由则主要与受害人有关，可以通过证明受害人没有损失或损失很少、受害人损失与自己的行为无关、受害人存在过错等，来减轻或免除自己的责任。这是由于刑事责任和民事责任各自承担的功能不同所决定的。

第六章　法律规范的构成

从形式上理解，法律是由法律规范所构成的，而法律规范又是由法律概念、法律规则和法律原则构成的。法理学教科书一般将法律规范的构成称为法的要素①或法律要素②。我以为，这是可以商榷的。所谓要素，就是指不可缺少的元素。我们前面在讲法律概念的时候就讲过，法侧重表达内容，而法律则侧重表达形式，那是在“法”与“法律”比较的意义上来说的。但是，当“法律”与“法律规范”比较时，法律侧重表达的是法的内容，而法律规范则侧重表达法的形式。也就是说法律既可以表达法律的内容，也可以表达法律的形式。因此，所谓的“法的要素”这个概念，就只能指称法律内容上的必要构成要素，法律主体、权利义务、法律责任等就是法律内容上的构成要素。因为，缺少其中之一，就不成其为法律。而所谓的“法律要素”这个概念，则既可以指称法律内容的必要构成成分，此表达的是“法的内容”的意思；也可以指称法律形式的必要构成成分，此表达的是“法律规范”的意思。如果从法律内容上来理解，那么，法律主体、权利义务、法律责任等就是法律的内容要素，这与“法的要素”的具体内容相同。而如果从形式上理解，那么，法律概念、法律规则、法律原则等就是法律的形式要素。因为，缺少其中之一，也不成其为法律。但是，纵观法理学教科书，无论是说“法的要素”也好，还是说“法律要素”也好，其具体的要素所指的都是形式要素，并没有将法律的内容要素与形式要素区别开来，这在逻辑上显然有失严谨。基于此，本书以“法律规范的构成”来称谓，以与前面所讲的权利义务等内容区别开来。再说清楚一点就是，前面讲的是法律的内容要素，这里讲的是法律的形式要素。

第一节　法律概念

要讲清楚什么是法律概念，首先得讲清楚与法律概念相对的自然概念。

一、自然概念

概念是用来反映事物的特有属性的思维形式。事物总是具有这样或那样的属性，有些属性是与其他事物所共有的，有些属性是区别于其他事物所特有的。概念作为人们认识事物的工具，就是将某些对象共同具有，且又是其他对象所不具有的特征，归为

---

① 参见张文显主编：《法理学》（第三版），高等教育出版社、北京大学出版社 2007 年版，第 112 页。

② 参见周永坤：《法理学》（第二版），法律出版社 2004 年版，第 207 页。

一个对象类，从而形成这类对象的概念。打个比方，“马”这个概念，就是将我们见到和听到的各种各样的马，白的、黑的，亚洲的、非洲的，不同的马，发现它们具有某些共同的特征，我们就将它们归到一个类，并约定俗成地用“马”这个词来指称，从而在我们的大脑中就建立了“马”这个概念。由于概念反映的是这一类对象的共同特征，舍去了具体事物的个性化特征，因而概念总是具有概括性和抽象性。你想想，“马”这个概念是不是比你看到的“这匹马”或“那匹马”要抽象得多了？“法律概念”这个概念也是这样，它是将某些法律专门术语指称对象的共有特征归为一类，并在与其他专门术语区别的基础上，以“法律概念”的语词来指称而得到的一个概念。

概念反映的是思维者的思想，停留在思维者的大脑中，它必须借助语词才能表达。语词是人们交流的工具，大脑中的概念如果要让别人理解，那就必须借助语词这样的语言形式表达出来，所以，概念与语词的关系其实就是内容与形式的关系，概念是语词的内容，而语词则是概念的形式。不过，要提醒一下。前面我们说过，法律概念是法律的形式要素，这里又说概念是语词的内容。概念怎么一会儿是形式，一会儿又成了内容呢？这里没有问题。理由是，内容与形式的区别是相对的，是内容还是形式，要看它在什么意义上来使用。

概念与语词的具体关系是：(1) 概念要借助语词来表达，但并非语词都表达概念。概念总是意味着有所指称的对象，因此，一般来说，实词都是有所指的词，因此都表达概念；但虚词中的语气词无所指，所以不表达概念。(2) 同一概念可以用不同的语词来表达。这种情况，其实就是语文所说的同义词。比如“法院”和“审判机关”，大多数情形下表达的就是同一个概念。(3) 同一语词在不同情况可以表达不同的概念。这种情况，其实就是语文所说的多义词。比如我们上一章讲到的“责任”就有多种意义。一词多义必须借助语言环境来确定其概念意义，否则就可能犯张冠李戴的错误。举个例子，民间字据中经常会出现“还欠款”字样，是理解为“还(hái)欠人家多少钱”呢，还是理解为“已经还(huán)了人家多少钱”呢？这就需要结合其他相关证据才能确定其真实意义。

自然概念是人们在工作生活中自然而然形成的概念，其语言形式为自然语词。语言原本只是表音符号，并没有什么意义。当为信息受众所理解时，它才有了信息意义，而成为表义符号。语言作为人际交往的工具，最早是以口头语言的形式出现的，后来又出现了书面语言。一般来说，口头语言是即时性的、面对面的交流符号，是同一时空的交流符号(但随着现代信息交流技术的出现，这种即时性、面对面以及同一时空的要求已经被突破，比如微信语音就是)。而书面语言则是非即时性的、非面对面的交流符号，是为了克服时空局限而创造出来的不同时空的交流符号。两者比较，口头语言完全是大众在日常生活中约定俗成的，自然而然地形成，自然而然地流行，自然而然地消亡。在这个过程中，平民化和平等性的特点非常明显。但是，自从书面语言出现后，这种格局就被彻底打破了。

自从文字出现以来，书面语言就逐渐与日常大众发生了脱离，而为读书人所垄断。读书人利用这个垄断优势创造了许多有利于读书人的说法。知识就是力量，这句话当然没有错,但是读书人偷梁换柱,只把书上的东西定义为知识,然后又把读书人说成是知识分子。这样拐来拐去的,读书人就高高在上了。万般皆下品,唯有读书高嘛。还记得我小时候听过的一个故事,这个故事是为了鼓励人们好好读书的。说是一个大力士和一个秀才比谁有力气。大力士一把就将一块大石头举了起来,然后讥笑秀才弱不禁风。秀才说,你能把这块手绢扔过墙去吗?大力士试了好几次都没有成功。然后,秀才将手绢包上一块石头,轻轻一扔,手绢就被扔过去了。大力士磕头就拜,我一块手绢都扔不过去,你还加了一块石头,佩服!佩服!然后秀才及时总结道:"所以说嘛,知识就是力量。"知识分子可以通过定义的方法来规定概念的意思,所以,我们今天看到的历史都是读书人写出来的历史。

总而言之,书面语言被垄断,语言的意义就不完全是自然而然的了,因为读书人可以人为地来定义语言的意义。但是,随着读书人越来越多,语言被一部分人垄断的局面也就被瓦解了。特别是到了今天,每个人都能够及时并有效地发声,自媒体就是这个意思,所以,要垄断就更困难了。因此,总体来说,语言的形成、发展和变化还是呈现出自然性和自发性的特点。也正因此,语言被人们称为自然语言,而自然语言所表达的概念也就称为自然概念。

二、 法律概念的特征

法律概念就不同于自然概念了。法律是什么,至少在国家时代,它是国家权力制定出来的,所以,它就一定有不同于自然概念的特征。在说清楚它的特征前,我们首先理清楚一下,"法律概念的概念"不同于"法律的概念"。"法律"这一概念,揭示的是法的共有特征,回答的是"法律是什么"。而这里讲的"法律概念"这一概念,是指作为法律规范的其中之一的组成成分,是指由法律对自然语言进行效力定位而形成的法律专业术语。法律的概念其认识的对象是"法律",而法律概念是将"法律概念"作为认识对象。"法律"是对众多不同的法律进行概括而得到的一个概念,而"法律概念"则是对众多不同的法律专业概念进行概括而得到的一个概念。

由于法律概念与自然概念相对,所以,要理解法律概念,就要从与自然概念相对的意义上去理解。与自然概念相比,法律概念具有以下特征:

(一) 规定性

与自然概念主要呈现的约定俗成的特点不同,法律概念表现出强烈的规定性。法律概念是立法者人为规定的,其语言形式为法律术语。法律术语是立法者刻意加工而成的概念,其形式是书面的,其意义一般不为大众所熟知。法律概念表达的是立法者的意志,立法者要将其意志表达出来,就要人为地、强行地赋予某个语词以特定意义。此外,法律概念之所以要规定,是因为法律概念是操作性的概念,为求精确就不能受制于自然概念的束缚,而必须通过立法技术来规定。

立法规定法律概念的形式有两种,一是改变,二是生造。(1) 法律概念来自立法对于自然概念的改变。法律概念与自然概念，两者的语词形式尽管一致，但意义并不相同。如未成年人这个概念，其自然概念与法律概念的意义就不尽相同。造成不尽相同的原因是，法律概念本身就是立法者对自然概念进行限定而形成的。所以，法律人与非法律人的交流，在这种情形下往往是你说你的，我说我的。正如网上一篇很热的文章，说两个人无法交流的原因是，我说的是金庸，你说的是金康。(2) 法律概念来自立法的生造。有些法律概念的语词，在自然语言库中找不到，是立法者新造出来的。比如，民法中的“紧急避险”“不当得利”，国际私法中的“反致”和“转致”就可能是立法者刻意创造出来的专业词汇。特别是，在一些专业性很强的部门法中，生造的专业术语特别多。没有办法，要说明想要说明的意思，现存词典里又没有，只好新造一个概念来表达。专业术语，就是由本专业的人创造的，且只有本专业的人才能懂的那种术语。专业术语，对于本专业人来说是通用概念，但却增加了外行人理解的困难。

（二）评价性

根据概念指称对象的性质，概念可以分为两种，一是事实性概念，一是价值性概念。所谓事实性概念，是指概念指称的对象是事物的自身情况，它传达的是关于事物是如此或者不是如此的信息，用来表明事物自身情况就是概念指称的那样。比如，“欠债”就是一个事实性概念，它描述的事实是一个人欠了另一个人债。所以，事实性概念也被称为描述性概念。所谓价值性概念，是指概念指称的是对事物自身情况的评价，它传达的主要是表达者对某事或某现象的评价，表明的是表达者对事物情况的好恶情感，以及赞赏或不赞赏的态度。比如，“欠债还钱”就是一个价值性概念，它表达的意思是，一个人欠了别人的债，是应当偿还的。所以，价值性概念也被称为评价性概念。可见，事实性概念具有一定的客观性，而价值性概念则具有一定的主观性。

一般来说，一个概念要么是事实性概念，要么是价值性概念，看起来，两者的区分非常明显，但实际上，也有很多概念，既有事实描述，又有价值评价。比如说，“这个姑娘长得漂亮”，你说，“漂亮”是描述事实呢，还是对美丑的评价呢？再比如，“万里长城永不倒”，你可以理解为，那个实体性的万里长城经得起长期的日晒雨淋；你也可以理解为，言说者表达的是对祖国坚不可摧的自豪情感。事实性的概念可以表达评价性的内容，这就为法律概念的评价性提供了条件。

法律概念是规范性的概念，所谓规范，从动词来理解，就是规定什么可以做，什么不可以做，所以，规范概念包含了强烈的评价性的内容。即使那些看起来是事实性的法律概念，也隐含了强烈的评价因素。比如，我们说船长的行为是“紧急避险”，它反映的事实就是，船长的举动是以小保大，但同时也包含了船长的行为是合法的行为这样的评价。再比如，我们说这是张某的“债权”，它反映的事实是别人欠张某的，但也包含了对张某要对方还钱这一行为的肯定。再比如，“追诉时效”，这是一个纯粹事实性概念，但同样包含了评价，即如果超过追诉时效，就不应该追究行为人法律责任。可以这样说，几乎所有的法律概念都可以借助“可以”“应该”“禁止”“必须”等规范词来表达其评价的意思。毕竟，法律概念也承担了法律的规范功能，而这在自然概念中是不常见的。

（三）强制性

自然概念以约定俗成的意义作为依据，而由于约定俗成具有一定的随意性、偶然性和模糊性，因而其对于人的约束并不正式。毕竟，自然概念到底是什么意思，即使《现代汉语词典》有收录，其对于人的约束也不具有强制性。所以，如果一个人在信息交流中违反了约定俗成的意思，那么，他可能会受到表达能力或理解能力的质疑，甚至人品诚实的质疑；最终会影响他的人际关系，比如人家不带他玩了，不和他说话了，甚至不和他来往了。当然，这样说，并不意味着，自然概念我想怎么说就怎么说。我在博士论文答辩会上，就经常遇到这样的问题。我说，这个你不能这样理解。他说，我说的这个概念的意思和您说的不一样。我说，不管你说的是不是和我一样，但语言是约定俗成的，你必须按大家约定俗成的意思来使用。否则，你写的论文人家就看不懂。同行看不懂不能证明你有水平，而是说明你的表达能力有问题。我举这个例子意在说明，自然概念由于没有制度上的约束力，以至于人们在日常交际中，经常会发生争议。

法律概念则不然，法律概念是国家规定的，具有法律约束力的概念。凡不合于法律规定的意义，其意义就没有法律效力。法律概念的强制性与法律概念的规定性，两者是手段与目的的关系，强制性就是为了保证规定的意义有效。法律概念的强制性要求：(1) 对于法律概念的使用，必须根据法律规定的意义，而不能根据自己的理解，也不能根据约定俗成的意思来解释。如刑法中的“国家工作人员”“未成年人”，无论你自己的理解多么合理，也不能改变其法律意义。(2) 自然概念中对于同义词的使用非常灵活自由。使用同义词的好处是可以帮助人们从不同的角度来理解。你不懂老百姓说的“偷人”是什么意思是吧？说“通奸”你就明白了。相声小品中大量使用同义词，可以起到“抖包袱”的效果。但是，法律概念却经常要禁止使用同义词，更不允许随意杜撰新的词汇来替代。例如，表达因重婚而构成犯罪的概念，只能使用“重婚罪”这个法律概念，而不能以“二婚罪”“再婚罪”或“双婚罪”等来代替。同样，“非法同居”不能说成“包二奶”，“精神病”不能说成“神经病”。在法律概念中使用同义词来表达，一是不严肃，二是容易引发歧义，所以法律严格限制。

（四）精确性

一般来说，任何概念，其中心的意思都非常明确，但越到边缘，则其意义就越模糊。我们前面举过的“秃子”的例子就很能说明。长满了头发，当然不是秃子，这是没有歧义的。但是，秃子与非秃子的界限就很模糊。好与坏，极端的好与极端的坏，大家都不会有争议，但在好与坏的交叉地带就很难区别了。显然，自然语言很难有一个确定的标准，一切都取决于约定俗成，取决于语境，模糊性和随意性非常强。并且，因风俗和文化的不同，同一个语词表达的意思，各地的理解也会大相径庭。汉语中就有很多这样的语词,老外很难掌握。比如“东西”,说“你是东西”不对,说“你不是东西”也不对。比如“方便”,“我方便一下”,“请您方便一下”,说的意思完全不一样。再比如“意思”,“我不是这个意思”,“一点小意思”,意思也是很大不同。所以,要理解自然概念,就需要结合具体的情境才能把握。但即便是这样,也很难避免因人而异的解释。以谈情说爱为例,“你是个坏人”,你能从文字中解释“坏人”的真实意思吗?这还要看说话的人是男的还是女的,发音是狠狠的还是柔柔的。真的是只可意会,不可言传。所以,因为语言意义的理解偏差而闹出误会和笑话的也不少。不过,也为相声小品脱口秀丰富人们的生活提供了佐料。

但是,法律概念则不然。自然概念的模糊性和随意性,恰恰是法律概念之大忌。精确性是法律概念的特点,也是法律概念的要求,以尽量避免概念发生歧义。法律的精确性是通过规定来实现的,体现了法律概念的强制性,从而保证了法律概念评价功能的落实。可见,法律的精确性与前面几个特征彼此之间的关系非常紧密。当然,法律概念在追求精确性的同时,也会产生僵硬的问题。以“成年人”这个概念为例,法律强制性规定年满 18 周岁为成年人,未满则为未成年人。而事实上,一个 18.1 岁与一个 17.99 岁的人并无多少差异。甚至,作为个体,一个年满 18 周岁的人,其认知能力和判断能力完全有可能不如一个未满 18 周岁的人,这就有违个案公平了。因为精确,所以反而不准确。当然,这也是法律之治必须承受的代价。

三、 法律概念的逻辑关系

概念与概念之间的关系,是指不同概念在外延方面的关系,即概念外延指称的对象是否完全相同而形成的关系。所谓外延就是可用概念来指称的那些所有的被指称者。如“中国各级法院”的外延就是最高人民法院、各高级人民法院、各中级人民法院、各基层人民法院,以及各专门人民法院。任何两个概念之间的关系,在逻辑上有:(1) 全同关系,即两个概念的外延完全相同,如“人民法院”与“中国审判机关”表达的对象完全相同。(2) 交叉关系,即两个概念的外延仅有一部分相同,如“犯罪分子”与“国家工作人员”,两者就存在交叉的关系。(3) 种属关系,即一个概念的外延是另一个概念的外延的一部分,如“基层人民法院”与“法院”,前者是种,后者是属。(4) 属种关系,即一个概念的外延大于且包括另一个概念的外延,如“犯罪分子”与“盗窃分子”,前者是属,后者是种。属种关系与种属关系的种属顺序刚好相反,两者合称为从属关系。(5) 全异关系,即两个概念的外延完全不同,如“法院”与“法官”。或许同学会有疑问,“法官”不是“法院”的一部分吗,何以完全不同?不错,“法官”属于“法院”,但“法院”是指机构,而“法官”是指人,“法官”并不具有“法院”的属性,所以,两者是部分与整体的关系,而不是概念之间的种属关系。

这五种逻辑关系可以用图分别表示如下:

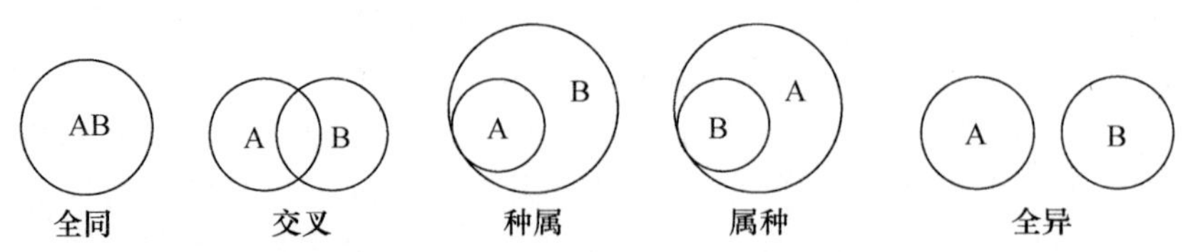

全异关系又可以分为矛盾关系和反对关系。这两种关系是我们这里要重点讲的内容。之所以舍前面四个逻辑关系不讲,而独讲这两个逻辑关系,是因为这两种关系在法律中经常运用到,并且也经常被搞混,加之,有许多法学院不开设法律逻辑学这门课,所以更觉得有讲的必要了。

所谓矛盾关系是指,A 概念与 B 概念具有全异关系,且 A 与 B 的外延之和等于 C 概念的外延。比如,A 概念为“成年人”,B 概念为“未成年人”,C 概念为“人”。“成年人”与“未成年人”是全异关系,且由于“成年人”A 与“未成年人”B 的外延相加等于“人”C,所以,“成年人”与“未成年人”就是矛盾关系。由于矛盾关系的两个概念相互排斥,因此,两者不可同真,必有一假。又由于两者之和等于其属概念,因此,两者也不可同假,必有一真。简单来讲,就是不可同真,也不可同假。举例来说,如果一个人是“未成年人”,他就不可能是“成年人”;反之亦然。一般来讲,具有矛盾关系的概念,通常表现为一个是正概念,一个是负概念。所谓正概念就是指具有某种属性的概念,而所谓负概念就是指不具有某种属性的概念,后者带有否定词。“成年人”就是正概念,“未成年人”就是负概念。正概念与负概念从形式上看,有点类似于正数与负数的关系。不过,要注意的是:(1) 并不是所有带否定词和不带否定词的两个概念都是矛盾关系。“合法行为”与“非法行为”就不是矛盾关系,因为除了“合法行为”与“非法行为”外,还存在既不是“合法”也不是“非法”的灰色地带,两者其实是后面要讲到的反对关系。(2) 并不是所有的矛盾关系,都会有一个概念带了否定词。比如在“犯罪”作为属概念的范围内,“故意犯罪”与“过失犯罪”是矛盾关系,虽然并没有哪一个带了否定词。因为,不存在既非故意,又非过失的犯罪行为。

所谓反对关系是指,A 概念与 B 概念具有全异关系,且 A 与 B 的外延之和小于 C 概念的外延。比如,A 概念为“合法行为”,B 概念为“非法行为”,C 概念为“行为”,“合法行为”与“非法行为”是全异关系,由于还存在一个既不是“合法行为”,也不是“非法行为”的灰色地带,因此,A“合法行为”与 B“非法行为”的外延相加少于 C“行为”,所以,“合法行为”与“非法行为”是反对关系。由于反对关系的两个概念相互排斥,因此,两者不可同真,必有一假,这与矛盾关系相同。又由于两者之和小于所属概念,因此,两者可以同假,这是与矛盾关系不同的地方。简单来讲,就是不可同真,但可同假。举例来说,如果一个人的行为是“合法行为”,就不可能是“非法行为”。但反过来,如果一个人的行为不是“合法行为”,并不能断定他的行为就一定是“非法行为”,有可能他的行为是既不合法又不非法的灰色行为。

矛盾关系和反对关系,可以用图分别表示如下:

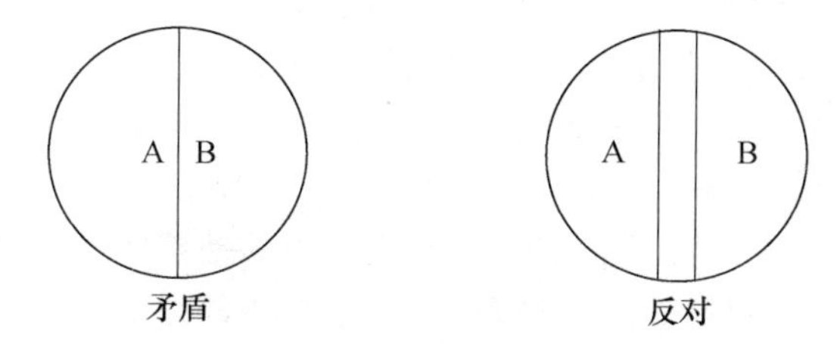

矛盾　　反对

运用矛盾关系和反对关系，要注意：(1) 反对关系容易被当作矛盾关系。在辩论中，当一方提出某个主张是假的时候，对方总想从对立面去证明它是真的。如果是矛盾关系，那就没有问题。但如果是反对关系，那就不能达到目的。比如，原告律师提出，A不是非婚生子女，被告律师为了证明A是非婚生子女，就提出了A不是婚生子女的证据。由于婚生子女与非婚生子女之外，还有养子女、继子女，因此，婚生子女与非婚生子女就不是矛盾关系，而是反对关系，所以，被告律师的辩护就不是一个绝对有效的辩护。(2) 区分矛盾关系和反对关系，必须结合属概念才能确定。例如，故意犯罪和过失犯罪，当所属概念为"犯罪行为"时，两者是矛盾关系；但当所属概念为"行为"时，两者就是反对关系。

四、法律概念的界定方法

为保证法律概念的统一性，法律强行规定法律概念的主要方法有定义和划分。

(一) 定义

定义是揭示概念内涵的方法。所谓内涵，是指概念所指称的对象（也就是它的外延）具有的特有属性，它揭示的是指称对象所具有的特征。因此，下定义其实就是将概念指称对象的特征揭示出来的一种逻辑方法。

下定义的常用方法是"种差＋属"的方法，用公式表示就是：

被定义项＝种差＋属概念

所谓属概念就是被定义项所从属的类，在这一类中，被定义项与其他同类概念具有共有特征，被定义项与属概念的关系就是种概念与属概念之间的关系。比如，"犯罪"就是"故意犯罪"的属概念，反过来，"故意犯罪"就是"犯罪"的种概念，两者是种属关系，或说从属关系。在"犯罪"中，"故意犯罪"与同属于"犯罪"概念下的"过失犯罪"都具有"犯罪"的特征。所谓种差就是被定义项与其他同属于属概念的概念之间的区别特征，即根本差别。比如，"故意犯罪"与"过失犯罪"之不同就是种差。刑法对"故意犯罪"下的定义就是采用这种方法："故意犯罪，是指明知自己的行为会发生危害社会的结果，并且希望或者放任这种结果发生，因而构成的犯罪。"在这个定义中，属概念"犯罪"是"故意犯罪"与"过失犯罪"共有的特征，而"明知自己的行为会发生危害社会的结果，并且希望或者放任这种结果发生"就是"故意犯罪"所特有的，并区别于"过失犯罪"的特征。我们可以用“种差+属”的定义法来检验一下“民法”的定义，很有意思。“民法是调整平等主体之间的财产关系和人身关系的法律规范的总称。”简化就是，“民法是……的总称。”“总称”是民法的属概念吗？是不是不通啊？以后遇到定义，你们就可以用这种办法检验一下，是对是错，一目了然。

“种差+属”的定义方法要求被定义项与定义项的外延相等。种差方法的思维过程可以分解为两步，首先找到最邻近的属概念，注意是最邻近的属概念，不能越级。其次，再确定种差。第一步是概念的概括，由种概念过渡到属概念；第二步是概念的限制，就是在属概念前加上限制性的特征，一直加到两边相等为止。被定义项外延大于定义项外延就是定义过窄，反之就是定义过宽。以《民法典》第133条对民事法律行为的定义为例，“民事法律行为是民事主体通过意思表示设立、变更、终止民事法律关系的行为”，如果将其中的“变更”抽掉，就是定义过窄了，如果将其中的“民事法律关系”中的“民事”抽掉，就是定义过宽了。

在法律条文中，运用“种差+属”的下定义方法来界定法律概念的做法非常普遍。大致说来，法律条文的“种差+属”表达法主要有两种，一是并且型，一是或者型。

1.“并且型”

所谓并且型，是指法律规定的若干个特征必须同时具备。如果缺少了其中之一，就是定义过宽了，而如果增加了特征，那就是定义过窄了。如《刑法》第222条规定，“广告主、广告经营者、广告发布者违反国家规定，利用广告对商品或者服务作虚假宣传，情节严重的，处二年以下有期徒刑或者拘役，并处或者单处罚金”。如果我们采用“种差+属”的公式来表达，“虚假广告罪”的定义就是指，“广告主、广告经营者、广告发布者违反国家规定，利用广告对商品或者服务作虚假宣传，情节严重的行为”。在这个定义中，虚假广告罪内涵可以分解为：(1) 广告主、广告经营者、广告发布者；(2) 违反国家规定，利用广告对商品或者服务作虚假宣传；(3) 情节严重。这三个特征就是“并且”的关系，缺少其中之一，均不构成虚假广告罪；但如果增加了某个特征，比如“造成严重损失”，那就定义过窄了，从而限制了虚假广告罪的适用。

2.“或者型”

所谓“或者型”，是指法律规定的若干个特征必须至少具备其中之一，只有全部缺少，定义才不成立，而缺少其中之一，就是定义过窄，而增加一个，就是定义过宽了。如《刑法》第293条的规定，“有下列寻衅滋事行为之一，破坏社会秩序的，处五年以下有期徒刑、拘役或者管制：(一)随意殴打他人，情节恶劣的；(二)追逐、拦截、辱骂、恐吓他人，情节恶劣的；(三)强拿硬要或者任意损毁、占用公私财物，情节严重的；(四)在公共场所起哄闹事，造成公共场所秩序严重混乱的”。这个条文可以看作是对寻衅滋事罪的定义，用标准公式就可以表达为：寻衅滋事罪是指随意殴打他人、情节恶劣，破坏社会秩序的行为；或者追逐、拦截、辱骂、恐吓他人，情节恶劣，破坏社会秩序的行为；或者强拿硬要或者任意损毁、占用公私财物，情节严重，破坏社会秩序的行为；或者是在公共场所起哄闹事，造成公共场所秩序严重混乱，破坏社会秩序的行为。在这个定义中，上述四个特征就是“或者”的关系，缺少其中之一，不影响罪名的成立；但从定义来讲，缺少其中之一，则是定义过窄了。而如果增加一个“或者”，那就定义过宽了。可见，“或者型”过窄过宽的情形与“并且型”刚好相反。

当然，“并且型”与“或者型”的区分只是就特征的总体关系而言的。事实上，在“并且型”内部，也可能再包含“并且”“或者”的关系，如虚假广告罪中“违反国家规定，利用广告对商品或者服务作虚假宣传的”就是“并且”的关系；而虚假广告罪的主体，“广告主、广告经营者、广告发布者”就是“或者”的关系；而在“或者型”内部，也有可能再包含“并且”“或者”的关系，如寻衅滋事罪中的“随意殴打他人，情节恶劣的”，两者之间就是“并且”的关系，而“追逐、拦截、辱骂他人”就是“或者”的关系。从标点符号来看，“并且”关系采用的是逗号，“或者”关系采用的是分号或顿号。

（二）划分

如果说，定义是揭示概念内涵的逻辑方法，那么划分就是揭示概念外延的逻辑方法。所谓划分，是指按照一定标准，把一个属概念分成若干个种概念，以揭示概念外延的方法，用公式表示就是：

$$母项=子项_1+子项_2+子项_3\cdots\cdots+子项_N$$

划分必须遵守三个逻辑原则：(1) 被划分项的全部外延和子项的外延总和必须相等。如果母项外延大于子项之和，就是划分过窄，又叫划分不全；反之，如果母项外延小于子项之和，就是划分过宽，又叫多出子项。母项与每一个子项的关系都是属种关系，与定义中的被定义项与定义项的属种关系相反；而子项与子项的关系则必须是相互排斥的关系，即是全异关系。(2) 划分必须根据一定的标准，并且同一次的划分标准必须同一，否则就犯了“多标准错误”。(3) 划分所得的子项之间必须相互排斥，否则就犯了“子项相容”错误。比如，“刑事责任年龄分为完全刑事责任年龄、相对刑事责任年龄和无刑事责任年龄”。而如果划分成了，“刑事责任年龄分为完全刑事责任年龄、相对刑事责任年龄、无刑事责任年龄、15 岁以上的和 18 岁以下的年龄”，那么，就同时犯了多出子项、多标准、子项相容的错误。

目前，各地都在积极推行垃圾分类的做法。垃圾分类是一项具有环保意义的重要举措，但是，有些地方在将垃圾分类时，将“垃圾”划分为“干垃圾”“湿垃圾”“有害垃圾”和“可回收垃圾”四类，这就犯了逻辑错误。干垃圾与湿垃圾相对，其划分的依据是水分含量；有害垃圾与无害垃圾相对，其划分的依据是垃圾对于人的危害性；而可回收垃圾则与不可回收垃圾相对，其划分的依据是垃圾的再利用价值。干垃圾与湿垃圾是矛盾关系，两种垃圾与有害垃圾和可回收垃圾又分别构成交叉关系，而有害垃圾和可回收垃圾也是交叉关系。可用图表示如下。因此，当这四个概念置于同一序列时，就产生了子项相容的逻辑问题。试想，一个家庭主妇，当她提着一包未过期的中药去倒垃圾时，她是放入干垃圾桶中，还是放入有害垃圾桶中，还是可回收垃圾桶中呢？

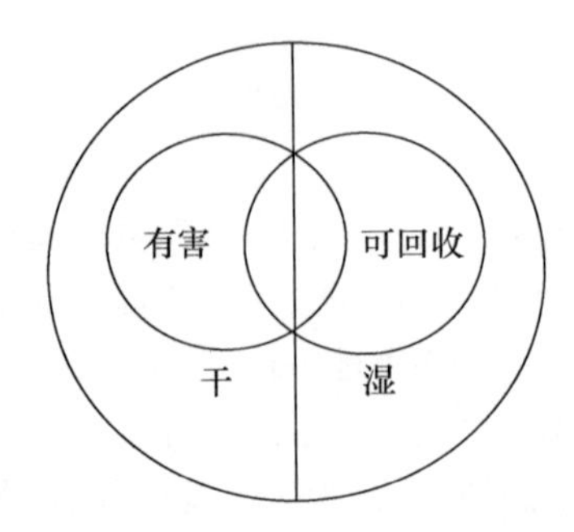

划分不同于列举，所谓列举，是指通过具体列出概念所指称的对象来明确概念外延的方法。如当事人是指被害人、自诉人、犯罪嫌疑人、被告人、附带民事诉讼的原告人和被告人。(1) 列举可以不需要明确的列举标准，而划分则必须有确定的划分标准。(2) 列举出来的对象并不一定相互排斥，如当事人既可以是被害人，又可以是自诉人和附带民事诉讼的原告人；而划分则严格要求子项不相容。

划分也不同于分解。所谓分解，是指把某个概念所指称的对象，拆分成若干个组成部分。例如，法院分为民事审判庭、刑事审判庭、行政审判庭、告诉申诉庭等职级部门，这就是分解，而不是划分。分解出来的子项不具有母项的属性，两者是整体与部分的关系，而不是属种关系。如“法院由法官、书记员、行政职员等组成”，这就是分解。因为“法官、书记员、行政职员”属于“法院”，但“法院”是指机构，而“法官、书记员、行政职员”是指人。“法官、书记员、行政职员”并不具有“法院”的属性。

法律概念对于划分的运用，在逻辑规则上与自然概念并无不同。但是，法律概念是否符合划分规则，其判断必须根据法律的规定，而不能根据约定俗成的解释。比如，犯罪分为故意犯罪和过失犯罪，这是法律规定。而如果根据自然语言，有人完全有可能这样说，犯罪分为故意犯罪、过失犯罪和好心办坏事三种。我们说这个划分是错误的，其逻辑错误是多出子项，而多出子项的认定依据就是法律规定。因此，法律概念的划分是否遵守了划分规则，其判断始终不能脱离法律的规定。

第二节　法律规则

法律概念是法律规范的元要素，即组成法律规范的最小单位。由法律概念根据一定的形式结合组成的命题，就是法律规则。

一、什么是法律规则

规则是关于人的行为的准则、标准和规定等，也就是人们日常用语所说的规矩。规则与规范有所同，也有所不同。规则只是作名词，而规范则既可作名词，又可作动词。(1) 当规范作名词时，与规则大致同义，只不过，规则常作具体规范的理解，而规范则往往作整体规则的理解，把法律规则作为法律规范的要素就是在这一意义上来理解的。(2) 当规范作动词时，意思是指对人的行为进行规范，以保持行为的一致性，这个意思是规则没有的。规则的种类有很多，有道德规则、宗教规则、政党规则、纪律规则，还包括乡规民约等。社会秩序与社会规则的关系十分紧密。没有规则，一个有秩序的社会就不可能存在，这就是我们经常说的，无规矩不成方圆。

法律规则是社会规则之一种。周永坤老师在对“法律规则”下定义前，先是对“规则”下了一个定义，即“规则是权威部门颁行或社会习俗中包含的关于人们行为的准则、标准、规定等等”。[①] 然后再对“法律规则”下定义：“法律规则是规定法律上的权利、义务、责任的准则、标准，或是赋予某种事实状态以法律意义的指示、规定。”张文显教授主编的《法理学》关于法律规则的定义与此相同[②]，因为该章内容就是周永坤老师执笔的。周永坤老师的这个定义是否合适，我们可以根据前面所学的定义方法作一分析。既然规则是法律规则定义的基础，那么，按照“种差＋属”的定义法，法律规则的属概念就是“规则”，其种差就是法律规则不同于其他规则的特征，因此，法律规则的正确表述就是：“法律规则是……的规则。”但令人不解的是，周永坤老师为法律规则找的属概念却不是“规则”，而是其属概念的属概念“准则、标准、规定”。不同的是，法律规则的定义去掉了“等等”二字，缩小了规则的外延，同时增加了“指示”，这又扩大了规则的外延。那么，问题来了，法律规则到底还是不是规则之一种呢？此外，“准则、标准、规定、指示”，与其说是法律规则的属概念，还不如说是法律规则的具体形式。所以，周永坤老师的这个命题，我们不要从定义的角度去理解，只能从诠释的角度去理解。诠释只是解释，不拘泥于严格的逻辑定义。

张恒山教授对法律规则有专门研究，我们来看他是怎么定义法律规则的。他说：“法律规则是国家以语言、文字等方式表达的、对人的行为提出的约束性要求的信息。或者说，它是以语言、文字的方式加以描述和设定的在一定的条件下人们应为(或应不为)的行为模式以及在违反这种行为模式时，特定的国家权威机关对行为人所施加的不利性惩罚。”[③]张教授的定义也是一个“或者型”定义。前一句，法律规则的属概念被确定为“信息”。将法律说成是某种信息，一般人很难接受。当然这不是逻辑问题，而是认识问题。后一句是一个“并且型”定义，两个属概念“行为模式”和“不利惩罚”要同时具

---

① 周永坤：《法理学》(第二版)，法律出版社 2004 年版，第 212 页。

② 参见张文显主编：《法理学》(第三版)，高等教育出版社、北京大学出版社 2007 年版，第 116—117 页。

③ 张恒山：《法理要论》，北京大学出版社 2002 年版，第 38 页。

备。显然，这个定义过窄了。理由是，惩罚是公法责任，而不是私法责任。平等主体的违法行为会引起民事责任，但与惩罚没有直接关系。如果一个人违反了合同法，就要遭到国家机关的惩罚，那岂不是刑民不分了？

我们这里按照“种差＋属”的定义方法，也试着对法律规则下一个定义。第一步，首先找到法律规则的最邻近的属概念“社会规则”，社会规则比“规则”更邻近；第二步，确定法律规则不同于其他社会规则的特有属性。由此，法律规则的定义就可以表述为，“法律规则是法律规定的，用以调整人们权利义务关系的社会规则”。这个定义简单是简单，但也不是没有问题。因为，这个定义是用法律来定义法律规则，那么什么是法律呢？法律似乎又要靠法律规则来定义了，还是没有讲清楚。这在逻辑上就叫循环定义。

推笔到此，我们发现，无论如何定义法律规则，都很难取得共识。这是因为，对法律规则特有属性的确定，其实与人们对法律规则的认识有很大的关系。不同派别、不同学者对于法律规则的认识并不相同。法律规则的定义是这样，法律的定义也是这样。用“横看成岭侧成峰，远近高低各不同”来形容，就非常贴切。当然，各自定义的不同并不是没有意义，不同角度可以帮助人们全方面立体地认识法律。所以，我们再回过头去看周永坤老师的那个定义，虽然在逻辑上有点瑕疵，但好歹让我们体会到法律规则究竟是个什么东西。的确是这样，如果有人问，法律规则是什么，你说，你知道准则、标准、规定吗？对方就对法律规则有印象了。可见，不是什么概念都要下定义，诠释有时候也很管用的，特别是对那些不好下定义的概念来说。

不过，法律规则具有多义性。前面讲的法律规则是从与其他社会规则相区别的角度来认识其内涵的。而事实上，本章所讲的法律规则，是要从法律规范的构成去认识其内涵的。作为社会规则之一的法律规则，其与法律规范是一个意思；而作为法律规范的组成部分的法律规则，其与法律规范则是部分与整体的关系。在这个整体中，除了法律规则外，还有法律概念和法律原则。因此，本章对法律规则下定义，就不应该去揭示它与其他社会规则的区别，而应该去揭示它与法律概念和法律原则的区别。许多法理学教材对于法律规则定义的错误就在于，一方面将法律规则作为法律的构成要素，而另一方面又在法律构成要素下，将法律规则作区别于其他社会规则的理解。其实不仅法律规则有这样的问题，许多概念都有这样的问题，即其内涵相对于不同的概念而有不同的含义。

法律规则与法律概念、法律原则比较，法律规则与法律原则的意义更具有相近性，因此，对法律规则的定义，更应该强调其与法律原则的区别。如果说，原则代表了一种精神性的指导，具有一定的灵活性，那么，法律规则就是指确定的、明确的和清晰的规定。《牛津法律大辞典》就认为，规则是“关于某些事项的法律规定的陈述，通常比学说和原则更加详细和具体”。[①] 张恒山教授也认为，“规则的意义是，当某种条件具备时，

---

① 转引自郭道晖：《法理学精义》，湖南人民出版社 2005 年版，第 233 页。

某种现象会发生，或应当发生，总会或几乎总会发生”。[①] 事实上，周永坤老师在分析法律规则的结构、分类时，也是在这一意义上进行阐释的。[②] 所以，虽然，各位前辈的定义是在法律要素下，而不是在法律规范上来下的，但通过他们的观点，法律规则的特征还是得到了相当的揭示，至少我们可以体会得到，虽然未必表达得出来。就是可以意会，不可言传吧。

二、 法律规则的特征

虽然对法律规则不太容易下定义，但这并不妨碍我们从其特征上来认识法律规则。我们在理解法律规则时，应该将其与法律概念和法律原则区别开来，虽然法律原则我们还没有讲，但我们心里对法律原则应该有个大概的印象。法律规则的特征有以下几点：

（一）意义的明确性

法律具有指示的功能，而指示功能与法律规则的明确有很大的关系。法律规则之所以能够发挥指示功能，是因为法律规则采用了规范命题的形式。规范命题就是指法律概念通过“可以”“应当”，以及与此相同意义的规范词连接而成的命题形式。如，“禁止赌博”“受害人有权要求赔偿”“当事人不得违反合同规定”等。规范命题通过“可以”“应当”这些规范词，向大众传达了清楚的、确定的指示信息，什么可以做、什么不可以做，什么必须做、什么必须不做的指示。单纯的法律概念不具有直接指示的功能。

（二）适用的可操作性

法律规则由于其意义非常明确，指示非常具体，因此，其在适用上的歧义空间也就相应较小，具有很强的实践性意义。从结构上分析，规则一般由行为模式和法律后果两部分构成，前者是关于权利义务的内容，后者是关于法律责任的内容。如刑法条款，前半部分规定禁止的行为，后半部分规定刑事处罚。不过，标准的二要素结构[③]，也主要在刑法中。其他法律的责任条款，或者“独立成章”，或者要“参照其他法律”，这在法律责任那一章中已经讲过。但无论法律后果是不是紧随行为模式，法律规则的操作性都是很强的。单纯的法律概念是不能操作的。

（三）效力的普适性

法律规则的效力具有普适性，这体现在两个方面：(1) 空间上的普适性。法律规则是针对抽象的人、抽象的行为而发布的，因此可以普遍适用于不特定多数人。(2) 时间

---

① 张恒山：《法理要论》，北京大学出版社 2002 年版，第 37 页。

② 参见周永坤：《法理学》（第二版），法律出版社 2004 年版，第 213—218 页。

③ 除了二要素说外，也有学者主张三要素说。三要素说认为，法律规则的结构由三部分组成，即假定、处理和制裁。假定是法律规则中指出适用这一规则的前提、条件或情况的那一部分；处理是法律规则中具体要求人们做什么或禁止人们做什么的那一部分；制裁是法律规则中指出行为要承担的法律后果的那一部分。参见周永坤：《法理学》（第二版），法律出版社 2004 年版，第 213 页。

上的普适性。法律规则的效力指向未来，所以，它在有效的时间范围内可以反复适用。法律规则与行政命令不同，后者只是对具体人和具体行为作出的，其效力是特定的，不可以适用于其他人，也不可以适用于其他事。单纯的法律概念不具有法律效力，因为它不具有规范的功能。

三、法律规则的分类

法律规则根据不同的标准可以划分为不同的种类。对法律规则作不同的划分，其意义在于帮助人们理解法律规则，从而有助于人们确定其效力及其适用范围。(1) 根据调整对象，法律规则可以分为刑法规则、民法规则等；(2) 根据权利义务性质，法律规则可以分为实体性规则和程序性规则；(3) 根据适用地域，可以分为国际法规则和国内法规则；根据适用领域，可以分为公法规则和私法规则；(4) 根据裁量空间，可以分为客观性规则和裁量性规则；(5) 根据行为模式，可以分为权利性规则、义务性规则和权力性规则。前面这五种划分容易理解，这里就不展开了。总之，法律规则根据不同的划分标准，可以分为不同种类。我们前面讲过，法律关系就是权利义务的关系，而权力又可以转化为权利义务关系，所以，我们这里主要讲这三种法律规则。

权利和义务虽然是相对的法律关系，但是，从法律规则的形式上看，权利义务往往是分离的，或是权利性规则，或是义务性规则。那么，什么是权利性规则、什么是义务性规则呢？我们运用"种差＋属"的方法，可以确定其属概念是"规则"，而权利和义务则分别是其种差。这样一套，定义就出来了。所谓权利性规则，就是规定权利内容的规则，具体是指人们可以作为或不作为的规则。所谓义务性规则，就是规定义务内容的规则，具体是指要求人们应当作为或不作为的规则。权利性规则为人们提供自由选择的空间，权利主体具有自由性、意愿性和主动性。与权利性规则相对，在义务性规则中，义务主体则具有受约束性、非自愿性和被动性。大家可以结合本书前面讲过的法律关系一章的权利概念和义务概念来理解。

周永坤老师将权利性规则表述为授权性规则①，我以为是不恰当的。理由是：(1) 授权性规则意味着权利来自某一主体的授予，而相对于权利而言，有权授予的只能是权力主体，或者说权力主体通过法律来授予，这就与权利本源说相矛盾了。(2) 我们已经知道了，权利不完全表现为法律规定。即使法律没有明确规定，权利也可以通过推定的方式而获得。因此，如果以"授权性规则"来指称权利性规则的话，那么势必得出"法无授权即无权"。这样一来，权利推定就被否定了。(3) 这种提法也不利于权利本位说意义的发挥。权利本位说的意义就在于约束权力。如果权利依赖于权力的授予，那么，作为本位的就不是权利，而是权力了。

事实上，法无授权即无权的，不是权利，而是权力。因此，授权性规则并不是关于权

---

① 参见周永坤：《法理学》(第二版)，法律出版社 2004 年版，第 215 页；张文显：《法理学》(第三版)，高等教育出版社 2003 年版，第 118 页；张恒山：《法理要论》，北京大学出版社 2002 年版，第 54 页。

利的规则，而是关于权力的规则。不过，法理学教材一般将权力规则称为职权性规则。真正的授权性的权力性规则不叫授权性规则，而无授权性的权利性规则反而称为授权性规则，这是说不通的。权力性规则，又因为权力既具有权利性，又具有义务性，而又被称为权义复合性规则。如果我们用“种差＋属”的方法对权力性规则下一定义，则可得：权力性规则，就是规定权力内容的规则，具体是指规定权力主体可以作为或不作为，并且必须作为或不作为的规则。权力性规则，由于权力只能来自法律授权，因而又可称为授权性规则；又由于其内容具有权利性，又具有义务性，因而又可称为权义性规则。在权力性规则中，权力主体的行为受到了很大的限制，权力不作为或者作为不当，都得承担法律责任，这种情形又被称为权责一致。

上述关于权利性规则、义务性规则和权力性规则的划分，都可以借助“可以”“应当”等规范词来判断。而事实上，如果结合主体和内容来判断，那么，任何一条规则实际上都可以析解出权利性内容、义务性内容。这是因为，权利与义务是对应的关系，一条权利性规则，对于义务主体来说，就是义务性规则；反过来也成立。而权力由于同时具有权利性和义务性，因此，一条权力性规则，也可以根据主体的不同而分别析解出权利性的内容和义务性的内容。到底是权利，还是义务，其判断依据就看对什么主体。

四、法律规则之间的逻辑关系

法律规则是对人的行为进行规范的规则，具体而言，就是对行为人可以作为还是不可以作为，应当作为还是不应当作为所作出的指示。从其语言表述形式来看，前面已经讲过，它采用的是规范命题的形式，以“可以”“应当”以及其他相同意义作为规范词联结而成。

（一）法律规则的命题形式

规范命题的形式，根据规则指示的具体内容，分为“可以型”和“应当型”两种。

可以型规范命题，是以“可以”“有权”等来表达行为人的行为具有正当性，权利性规则就是可以型。(1) 权利性规则用“可以”的，如《民事诉讼法》第 58 条第 1 款规定的，“当事人、法定代理人可以委托一至二人作为诉讼代理人”。(2) 权利性规则用“有权”的，如《民事诉讼法》第 56 条规定的，“对当事人双方的诉讼标的，第三人认为有独立请求权的，有权提起诉讼”。无论是“可以”，还是“有权”，从行为规范的角度来讲，都是法律对行为人可以作为或可以不作为所作出的指示。

应当型规范命题，是以“应当”“有义务”“有责任”“得”等来表达行为人的行为具有必为性，义务性规则就是应当型。(1) 义务性规则用“应当”的，如《民法典》第 509 条第 1 款规定的“当事人应当按照约定全面履行自己的义务”。(2) 义务性规则用“有义务”的，如《民事诉讼法》第 80 条第 2 款规定的“有关单位和个人根据人民法院的通知，有义务保护现场，协助勘验工作”。(3) 义务性规则用“有责任”的，如《民事诉讼法》第 64 条第 1 款规定的“当事人对自己提出的主张，有责任提供证据”。(4) 义务性规则用“得”或“不得”的，如《民法典》第 545 条规定的“……当事人约定非金钱债权不得转让的，不得对抗善意第三人。当事人约定金钱债权不得转让的,不得对抗第三人"。无论是"应当""有义务""有责任"还是"得",从行为规范的角度来讲,都是法律对行为人必须作为或必须不作为所作出的指示。需要指出的是,由于义务具有必须为或必须不为的正当性,因此,应当型也可以转化成可以型,如"当事人对自己提出的主张,有责任提供证据"。这个规范命题当然也包含了"当事人对自己提出的主张,有权提供证据"的意义,这就转化为可以型了。

由于权力同时具有权利性和义务性的内容,因此,权力性规则的规范命题形式,可以视情形而分别为可以型和应当型。如《刑事诉讼法》第 80 条规定的,"逮捕犯罪嫌疑人、被告人,必须经过人民检察院批准或者人民法院决定,由公安机关执行"。这是一个权力性规则。它作为应当型时是指,对于符合逮捕条件的,人民检察院应当批准、人民法院应当决定,公安机关应当执行。它作为可以型时是指,逮捕犯罪嫌疑人、被告人,人民检察院可以批准,人民法院可以决定,公安机关可以执行。权力性规则是作为应当型,还是作为可以型,视其相对情形而定。在相对人要求下,就是应当型,在相对人的阻挠下,就是可以型。当然,童之伟教授并不同意此种说法,为此他别出心裁地提出了一个他称之为"法权"的概念,还发表了一系列的论文。"法权说"激起了学术界的大讨论,但大多数人并没有接受童教授的观点,我也没有。童教授开过几次研讨会,明明知道我不同意他的观点,他还是把我叫上了,估计我是他计划要说服的人之一。学者都是很自信的,童教授很自信,我们同样很自信,结果谁也没有说服谁。大家如果有兴趣可以检索一下童教授这方面的文章,看看大家能不能被童老师说服,或者写出文章把童老师说服。

事实上,从相对的主体来看,任何一个规范命题都可以被分别确定为应当型或可以型。如,《刑事诉讼法》第 77 条第 2 款中规定的,"被监视居住的犯罪嫌疑人、被告人违反前款规定,情节严重的,可以予以逮捕"。以犯罪嫌疑人和被告为主体,其作为"应当型"表达的意思是:被监视居住的犯罪嫌疑人、被告人未违反前款规定,或虽然违反但情节不严重的,就不应当被逮捕。其作为"可以型"表达的意思则是:被监视居住的犯罪嫌疑人、被告人不得违反前款规定,如果违反且情节严重,就可以被逮捕。以司法机关为主体,其作为"应当型"表达的意思就是:对被监视居住的犯罪嫌疑人、被告人违反前款规定,情节严重的,应当予以逮捕。其作为"可以型"表达的意思则是,"对被监视居住的犯罪嫌疑人、被告人违反前款规定,情节严重的,可以予以逮捕。由此可见,规范命题的类型,并不是非得依据"可以""应当"等规范词来识别,也可以根据不同主体并结合具体内容来判断。

(二)规范命题的逻辑推导关系

由于可以型可以分解为"可以为"和"可以不为"两种规范命题,应当型可以分解为"应当为"和"应当不为"两种规范命题,由是,我们可以得到法律规则的四种规范命题,即:"可以为""可以不为""应当为""应当不为"。这四种规范命题之间,在逻辑上分别具有以下四种推导关系:

(1) 反对关系：如“应当为”与“应当不为”的关系。“应当为”与“应当不为”，作为义务性规则，不可以同时成立，但可以同时不成立。比如“你应当做某事”与“你应当不做某事”。也就是说，“为”与“不为”不能同时作为义务，但可以同时不作为义务。这种不能同真，但可同假的关系，在逻辑上就称为反对关系。

(2) 差等关系：如“应当为”与“可以为”“应当不为”与“可以不为”的关系。“应当为”则一定“可以为”，“应当不为”则一定“可以不为”。不可以“可以为”则一定不可以“应当为”，不可以“可以不为”则一定不可以“应当不为”。前者，如“你必须做某事”与“你可以做某事”。后者，如“你应当不做某事”与“你可以不做某事”。即当“为”或“不为”可以确立为义务时，“为”或“不为”也就可以确立为权利。但当“为”或“不为”不可以确立为权利时，“为”或“不为”也就不能确立为义务。这种“应当”推出“可以”，而“可以”的否定则推出“应当”的否定，在逻辑上就称为差等关系。

(3) 下反对关系：如“可以为”与“可以不为”的关系。“可以为”与“可以不为”，作为权利性规则，可以同时成立，但不可以同时不成立。即“为”可以确立为权利时，并不意味着其“不为”就不可以确立为权利。但是，当“为”不可以确立为权利时，那么，“不为”就一定得确立为权利。比如，“我可以做某事”与“我可以不做某事”。这种可以同真，但不可以同假的关系，在逻辑上就称为下反对关系。

(4) 矛盾关系：如“应当为”与“可以不为”“应当不为”与“可以为”的关系。“应当为”与“可以不为”，既不可以同时成立，也不可以同时不成立。即当“为”作为义务时，“不为”就不能作为权利，反之也是。当“为”不能作为义务时，“不为”就一定得作为权利，反之也是。比如“你应当做某事”与“你可以不做某事”。同理，“应当不为”与“可以为”，也是既不可以同时成立，也不可以同时不成立。即当“不为”作为义务时，“为”就不能作为权利，反之也是。当“不为”不能作为义务时，“为”就一定得作为权利，反之也是。比如“你应当不做某事”与“你可以做某事”。这种不可同真，也不可同假的关系，在逻辑上就称为矛盾关系。

为了方便大家掌握，这四种逻辑关系可以用图表示如下：

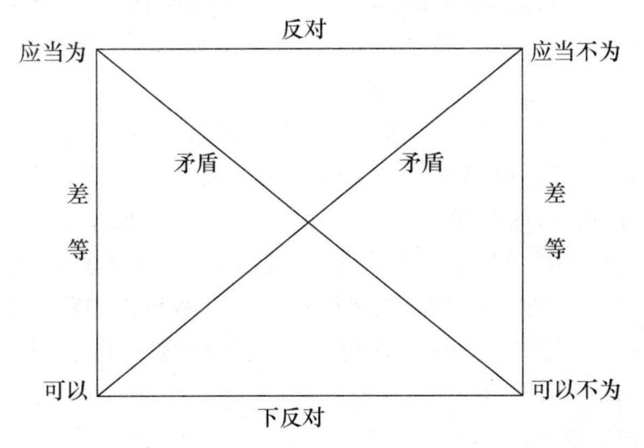

当然,上述“为”或“不为”可以是简单命题,也可以是复合命题。所谓复合命题就是包含了其他命题的命题,说得明白一点,就是命题里面还有命题。复合命题的逻辑推导关系更加复杂,有兴趣的同学可以找一本逻辑学教材认真读读。

第三节 法律原则

一、什么是法律原则

什么是法律原则,学术界尚无统一的定义。《布莱克法律辞典》将法律原则定义为,“法律的基础性真理或原理,为其他规则提供基础性或本源的综合性规则或原理,是法律行为、法律决定的决定性规则”。[①] 我以为,《布莱克法律辞典》的定义是可取的,其界定的法律原则有三层含义:(1) 法律原则是法律的基础性真理或原理。既然是法律的基础性真理或原理,那么至少在法律领域内,它是不证自明的。法律原则的公理性特点决定了,它不必为证明自身成立而在法律领域内再去寻找其他理由。比如法律面前人人平等,就具有不证自明的性质。假设,一个法律原则,如果还需要依赖其他理由来证明,那它就不是法律原则,而是对其作为法律原则的否定。(2) 法律原则为其他规则提供基础性或本源的综合性规则或原理。法律原则免于证明,但却可以作为其他规则的证明根据。事实上,法律原则的功能之一,就是为其他规则提供正当性的证明。人文社会科学领域中的证明活动,不像自然科学可以无限地追溯原因。人文社会科学的证明总要从某个开端发起,而法律原则就是法律规则正当性证明的开端,是证明法律规则之所以成为法律规则的理由。(3) 法律原则是法律行为、法律决定的决定性规则。如果说,法律原则作为法律规则证成的根据,是在立法层面而言的,那么,法律原则作为法律行为、法律决定的决定性规则,则是在法的适用层面而言的,它对人类具体法律实践可以起指导作用。

根据《布莱克法律辞典》的定义,我们可以归纳出法律原则以下的特征:(1) 道德性。法律原则之所以具有不证自明的性质,是因为其与道德紧密联系在一起。道德箴言的成立不是借助于证明,而是依赖于共识,只要为社会所承认就可以。当然,法律原则具有道德性,是将法律原则与法律规则相比较而言的,并不意味着每一个法律原则的道德含量都是等量的。比如,法律面前人人平等的原则与正当程序原则相比,就与道德的联系要更紧密。(2) 前提性。法律原则是其他法律规则的正当性依据,这就决定了

① 转引自郭道晖:《法理学精义》,湖南人民出版社 2005 年版,第 235 页。

法律原则是其他法律规则的前提。在同一法律体系中，法律原则与法律规则具有因果关系，法律原则是前提，而法律规则则是法律原则推导的结果。(3) 指导性。法律原则既然是规则的依据，自然也就对规则有指导的作用，不仅指导法律规则的制定，也指导法律规则的应用。(4) 普适性。法律原则前面几个特征，决定了法律原则具有普适性，即它的适用的涵盖面要广于法律规则。当然，法律原则的普遍性并不意味着，所有的法律原则的普遍适用范围是相等的。法律面前人人平等的原则，显然要比无罪推定原则的适用面要广。(5) 整合性。由于法律原则的前面几个特征，又决定了法律原则可以使基于同一原则之下的法律规则形成相互联系、逻辑一致的融洽体系。也就是说，法律原则对法律规则具有整合的功能，确保人们从整个法律体系来理解法律规则，以消除法律规则之间的矛盾和不协调。一句话总结，法律原则是法律规则的源泉，又是法律规则的保证。

我们用法律原则的上述原理来分析一下侵权行为归责原则，看看有什么问题。(1) 作为侵权行为归责原则，按照民法学者的说法，它必须是“贯穿于侵权行为法之中，并对各个侵权行为规则起着统帅作用的指导方针”。[①] 原则与原则之间的关系在适用上是竞争的关系。所谓竞争关系，是指它们可以共同参与、共同指导，只是在比例上和先后上有所竞争而已，并不是那种非此即彼的关系。但过错责任原则与无过错责任原则的关系则不然，它们两者是相互排斥的关系，也就是非此即彼的关系，以其中一个原则来指导，另一个就不能指导，怎么能贯穿始终呢？(2) 从伦理上看，只有过错责任原则在道德上具有正当性，而无过错责任则与道德没有关系，这就与原则的道德性不符。(3) “无过错责任”在逻辑上是负概念，即不具有某种属性的概念，至于它到底具有什么属性则并不清楚，总不至于说没有过错“是据以确定行为人承担民事责任的根据和标准”[②]吧？我以为，民法教科书所说的过错责任原则和无过错责任原则，与其说是侵权行为法的归责原则，还不如说是侵权行为的两种责任类型。此外，还有一些教科书将公平原则也作为侵权行为的归责原则。这又带来一个问题，似乎与公平责任原则并列的其他两个原则是不公平的，这就匪夷所思了。还记得我们前面讲过的划分吧？划分不能根据多种标准，否则会造成子项相容。而且，公平原则不只是可以贯穿整个侵权行为法，也可以贯穿整个民法，乃至整个法律体系。总不能理解为，其他法律就不要公平了吧？因此，公平原则并不是侵权行为法的特有原则，而是整个民法的原则，甚至整个法律体系的原则。看来，对于“原则”的使用还是要慎重。

二、法律原则与法律规则

法律原则与法律规则有什么不同，前面在认识法律原则的概念及其特征时，其实就已经涉及了。不过，前面主要是讲两者的联系，立足于宏观方面，抽象性强。而这里要

---

① 魏振瀛：《民法》(第三版)，北京大学出版社 2007 年版，第 678 页。
② 同上。

说的是两者的区别，立足于微观上和具体适用上。关于法律原则和法律规则的区别，法理学教材一般都以德沃金的观点来加以解释。在这个问题上，本书结合各家观点，从以下几个方面来分析法律原则与法律规则的不同：

（一）抽象性程度上

法律规则对于人的行为指导比较具体，适用面窄；而法律原则作为法律规则的规则就比较抽象，其覆盖面要宽。如果说法律规则的内容具有微观性，那么法律原则的内容就具有宏观性。与其宏观性相适应，法律原则的适用空间有很大的弹性，可以容纳比法律规则更多的生活内容。并因此，法律原则的变化速度也远远要小于法律规则，即稳定性要强于法律规则。当然，抽象与具体是相对的，原则可以具体化而为规则，规则背后的抽象理念则可以形成原则。而且，有些规范既不是极端的抽象，也不是极端的具体，而是介于抽象与具体之间。[①] 因此，法律原则的抽象性与法律规则的具体性也是比较而言的，并不具有绝对性。

（二）确定性程度上

法律规则与法律原则相比，前者的意义具有明确性，后者的意义则具有模糊性。前者可以直接适用，后者则要求权衡。正如德沃金指出的，“一个规则和一个原则的差别在于，一个规则对于一个预定的事件作出一个固定的反应；而一个原则则指导我们在决定如何对一个特定的事件作出反应时，指导我们对特定因素的思考”。[②] 因此，法律原则赋予法官更大的自由裁量空间。对此，阿列克西说得更加清楚。他认为，由于原则要求尽最大可能地实现在法律和事实上的可能性，因而原则并不要满足确定性的要求；规则则不同，由于规则包含了一个法律和事实可能性范围之内的当为决定，因此规则就要求有确定性。[③] 当然，确定性也是一个相对的概念。我们说法律规则的确定性强，并不意味着法律规则的确定性程度都是同等的。因为，即使同属于法律规则，裁量性规则与客观性规则相比，确定性程度也是不同的，前者就弱于后者。同理，我们说法律原则的确定性不强，也不意味着法律原则的不确定性程度是同等的。按照德国法学家拉伦茨的说法，法律原则可以分为“开放式的”和“法条形式的”两种类型。由于“开放式的”通常具有主导性法律思想的特质，而“法条形式的”则已经凝聚成可以直接适用的规则，因此，前者的不确定性要强于后者。[④]

（三）法律效力上

德沃金认为，“规则在适用时，是以完全有效或者完全无效的方式。如果一条规则

---

① 参见刘叶深：《法律规则与法律原则：质的差别？》，载《法学家》2009 年第 5 期。

② 〔美〕罗纳德·德沃金：《认真对待权利》，信春鹰、吴玉章译，中国大百科全书出版社 1998 年版，中文版序言第 18 页。

③ 参见林来梵、张卓明：《论法律原则的司法适用——从规范性法学方法论角度的一个分析》，载《中国法学》2006 年第 2 期。

④ 同上。

所规定的事实是既定的，那么，或者这条规则是有效的，在这种情况下，必须接受该规则所提供的解决办法；或者这条规则是无效的，在这样的情况中，该规则对裁决不起任何作用”。[①] 但是，原则则不然，按照德沃金的说法，“原则具有规则所没有的深度——分量和重要性的深度。当各个原则互相交叉的时候（如保护汽车消费者的政策和合同自由的原则互相交叉），要解决这一冲突，就必须考虑有关原则分量的强弱”。[②] 贝勒斯教授也同意德沃金的观点，他说：“规则是以要么有效要么无效的方式适用的，如果它们适用于一种情况，它们就限定了它的价值。例如，要求一个不是死者亲笔所写的遗嘱需有两个证人的法律就是一个规则。假如，一个遗嘱只有一个证人，它就是无效的。相反，当原则适用的时候，它们并不必然限定一种估价。可能有这样一个原则：人们可以根据自己的意愿以‘遗赠’（遗嘱）的方法自由地处分他们的财产，但这并不必然随之要求一个自由订立的遗嘱应当受到保障，因为一个相对的原则（如一个人应当为未成年子女作出适当安排）也将适用。另一方面，因为原则不是以要么有效要么无效的方式适用，并且原则可能互相冲突，所以原则有‘分量’。就是说，互相冲突的原则必须互相衡量或平衡，有些原则比另一些原则有更大的分量。”[③]

可见，法律原则是法律规则和法律价值的中间性概念。三个概念中，最具体的、最确定的是法律规则，最抽象的、最模糊的是法律价值。法律原则与法律规则比，是抽象的和模糊的；与法律价值比，则是具体的和确定的。法律原则既是法律规则通向法律价值的桥梁，也是法律价值影响法律规则的媒介。

三、 法律原则的司法适用

法律原则在司法中并不能直接适用，只有在法律规则没有时，或者法律规则的适用导致了不正义时，或者法律规则发生竞合而需要选择时，法律原则才会出场。这就好比打擂台，师傅不轻易出场，只有在徒弟不行了的时候才现身，以体现师傅的重量地位。法律原则适用的条件，其实是法律规则对于法律原则适用的限制。因此，法律原则在司法中的适用主要存在于以下三种场合：

（一）无规则可适用时

法律规则是立法者先前制定好的，但由于立法者不是上帝，司法实践中总会遇到立法应当规定而没有规定的情形，这种情形也叫规则空白。这个时候，法律原则就从幕后走向前台了，直接代替法律规则来裁决案件。

为了说明这一情形，法理学教材经常引用一个案件，那就是1889年美国的“里格斯诉帕尔默案”。该案的案情大致是：帕尔默的祖父立下遗嘱，给他留下了一大笔遗产。

---

① 〔美〕罗纳德·德沃金：《认真对待权利》，信春鹰、吴玉章译，中国大百科全书出版社1998年版，第43页。

② 同上书，第45—46页。

③ 〔美〕迈克尔·D.贝勒斯：《法律的原则——一个规范的分析》，张文显、宋金娜、朱卫国、黄文艺译，中国大百科全书出版社1996年版，第12—13页。

由于祖父又再婚了,帕尔默就开始担心祖父中途会变卦,后奶奶天天枕边风,变卦完全有可能啊,这个中美文化好像没有什么不同。于是,帕尔默在1882年的某一天,用毒药毒死了自己的祖父。帕尔默因杀人罪得承担刑事责任,这是没有疑义的;但他能否享有继承其祖父遗产的权利,就有很大分歧了。帕尔默的姑姑们坚决主张,既然帕尔默杀死了被继承人,那么法律就不应当继续赋予帕尔默继承遗产的权利。但问题是,帕尔默祖父生前所立遗嘱完全符合法律规定的有效条件。而当时纽约州的法律也没有规定,继承人杀害被继承人的就要丧失继承权。因此,帕尔默的律师争辩说,帕尔默应当享有继承遗产的合法权利,如果法官剥夺帕尔默的继承权,那么就意味着法官在更改法律。但是,法官没有接受帕尔默律师的意见,最后还是判决了帕尔默丧失继承权。法官的理由是:"的确,对关于规定遗嘱制作、证明和效力以及财产转移的成文法,如果拘泥于字义进行解释,并且,如果这些成文法的效力和效果在任何情况下都不能够予以控制或者修改时,应该把财产给予凶手。"[①]但是,法官又继续指出:"一切法律以及一切合同在执行及其效果上都可以由普通法的普遍的基本的原则支配。任何人都不得依靠自己的诈骗行为获利,亦不得利用他自己的错误行为,或者根据自己的不义行为主张任何权利。"因此,帕尔默不能继承遗产。[②] 显然,在帕尔默案中,法官是在法律空白的情形下,将"不得从不正当行为中获利"这一原则直接适用于司法中。当然,帕尔默案也可以从个案不正义的角度来理解法律原则的司法适用。

(二) 个案不正义时

当法律规则的适用效果导致个案不正义时,法律原则就被激活了,通过否定法律规则的效力,以达到矫正个案不正义的目的。

无独有偶,2001年在中国也发生了一起轰动一时的遗赠案。四川省泸州市,一名七十多岁的黄姓老汉生前与一名张姓女子同居多年,其间黄某患肝癌晚期住院,得到张女士的悉心照顾。黄某去世前经公证立下遗嘱,将其财产遗赠给了张某。黄某去世后,张某诉请黄老汉配偶蒋某移交所赠财产。法院一、二审均以违反"公序良俗"原则认定遗赠无效,判决张女士败诉。当时,社会公众对"包二奶"的行为极其反感,对"小三"居然向"原配"讨要财产更是难以容忍。所以,在法院宣判时,旁听席上"掌声雷动",为判决叫好。但是,这份判决在法学界也引发了很大争议。赞同者认为,本案判决是法官在法律出现明显漏洞时,依据公序良俗原则,合理地协调了社会公德、法律原则与具体法律规则的关系。但是,更多的是质疑的声音。我以为,本案并不存在明显的法律漏洞,当时的《继承法》对遗赠的形式已作了明确规定,但法律并没有要求,遗赠是否有效,因遗赠人与被遗赠人关系的不同而不同。因此,公序良俗原则是否可以否认法律规则的

---

① 〔美〕罗纳德·德沃金:《认真对待权利》,信春鹰、吴玉章译,中国大百科全书出版社1998年版,第41—42页。

② 同上。

效力,这是值得商榷的。而且,遗赠也涉及背后的遗赠自由原则,因此,这不仅是法律规则与法律原则的冲突,也是法律原则与法律原则的冲突。在法律原则与法律原则的冲突中,公序良俗原则是否就一定比遗赠自由原则更有"分量",这也是值得商榷的。

本案关于法律原则与法律规则的应用之争,是由个案不正义而引起的。当我们以原配偶为叙事主体时,黄某可以被叙述成抛妻离子,在外"养小三",所以,如果判原配败诉,则似乎对原配不正义。但是,当我们以黄某和张某为叙事主体时,蒋某也可以被舆论塑造成对丈夫没有情义,不照顾身患重病的丈夫;而张某的行为或许也就可以被解读为心地善良,对黄某不离不弃。此时,如果判张某败诉,则对她似乎也不正义。这说明,从个案正义的角度去思考还是需要谨慎的。在我看来,这个案件,判决任何一方败诉,都有说得过去的理由,也有说不过去的理由。我的观点是,一方的理由如果没有绝对超越于对方的理由时,法律规则的安定性就应该置于第一位。甚至我们还可以打个极端的比方,一个人为了留下好名声,就将他的财产遗赠给希望工程,我们是不是要说,这个人为了追求名声,是一种爱慕虚荣的自私行为,法律就不应该支持他这种行为?如果这样,恐怕法律对任何赠与都要否定了。因为,世界上就找不到一个"纯粹的、高尚的和完全脱离低级趣味的"赠与。

泸州遗赠案与帕尔默案都是法律原则运用的案例。如果说帕尔默案的判决是法律原则成功运用的范例,那么泸州遗赠案的判决则是法律原则运用至少是有争议的范例。不过,即便这样,四川泸州遗赠案仍然不失为法理学用来讲解法律原则适用的最好案例。

(三)法律规则的适用需要解释时

当法律规则的适用需要解释时,法律原则可以提供方向性的引导。有一个案例可以用来说明此种情形法律原则的运用,可惜现在网上再也搜不到了。不过,这个案件的大致情况我还记得一些。说的是某法院审理这样一个案件,一个消费者在拿到自己购买的商品房时,发现商品房没有门进出,在与开发商交涉无果后,这个消费者就以被告违约为由起诉到法院。开发商答辩称,由于与原告之间签订的销售合同并没有就房门作过约定,因此,被告的行为并不违约。法院审理后居然接受了被告的答辩理由,认定被告行为并不违反合同约定,从而判原告败诉。案件判决后,网上一片哗然。我们知道,商品属性可以分为基本属性和特殊属性。基本属性是指满足该商品的通用性能,比如冰箱会制冷,电灯会发光,基本属性是该商品之所以成为该商品所必须具备的属性,不具备就不合格。所谓特殊属性,是指顾客对于商品的特殊要求,比如冰箱的容积、电灯的瓦数等,特殊属性只是顾客的特殊需求,商品没有满足此要求并不影响该商品成为该商品。消费者在购买商品时,对商品有特殊要求的应当作出特别约定,而对商品基本属性的则不必作约定。住房的功能是居住,没有门的住房就不是住房。住房销售合同,需要门是不需要约定的,不需要门才需要特别约定。显然,法官对于本案的判决,完全拘泥于字义而作极其狭义的规则解释,从而导致其判决失当。从法律原则理解,被告的行为其实就是对诚实信用原则的违反,因此应当判决被告败诉。

对上述三种情形需要总结一下。上述三种适用情形的划分,只是基于分类教学的需要。事实上,三种情形经常呈交叉状态。当然,这并不影响我们对于法律原则适用的理解。这几种情形,既可以看作是法律原则对司法的指导,也可以看作是法律原则适用的条件。虽然法律原则是法律规则的正当性理由,但在司法适用中,法律原则却无一不受到法律规则的限制。因为,立法的主要任务就是将法律原则具体化为法律规则,因此在司法适用中,如果法律规则可以直接适用,那么,法律原则就不必走到台前来干扰司法判决。就是我们讲过的比喻,徒弟能够解决问题,师傅就不要出面了,否则,司法就僭越了立法。除非是遇到了疑难案件,法律规则的直接适用出现了困难,法律原则作为司法的应激机制才可以被启动。当下,对于法律原则与法律规则的关系,人们一般只是认识到了法律原则对法律规则具有指导的功能,却没有注意到法律规则对法律原则也具有限制的功能。以合同自由原则为例,合同自由原则对合同法的制定和适用当然具有指导作用,但同时,合同法的具体规则,其实也是对合同自由原则适用的限制。也就是说,徒弟的本事,也是对师傅出场的限制。

法律原则的司法适用,尽管对法律规则的刚性起到了缓和的作用,但同时也对法律的安定性构成了威胁。因此,法律原则在司法适用中必须遵守两条原则,一是规则合理推定原则,二是规则优先适用原则。所谓规则合理推定原则,是指规则的适用没有出现明显不公时,得首先推定法律规则的适用是合理的和正当的。所谓规则优先适用原则,是指当原则与规则发生竞合关系时,首先得适用规则。只有在适用规则出现明显不公平时,才可以考虑引入法律原则。

第七章　法律渊源和法律分类

第一节　法律渊源

什么是法律渊源，什么可以成为法律渊源，法学界至今并无共识。没有共识的原因是，人们在讨论法律渊源时，并没有对法律渊源的定义域进行限定，以至于渊源的不同语义都可以在其中找到栖身之所。我以为，法律渊源是一个实践性很强的概念，只有从法官的视角去理解，法律渊源的概念才有意义。因此，本书对于法律渊源的理解，是立足于司法主义立场来展开的。

一、法律渊源的定义

渊源是一个汉语词汇，渊指深水，源是指水所出的地方，即源头。所以，渊源首先是指水的源头，这是渊源的本义。渊源的引申意义很多，至少有以下四种：(1) 比喻事物的本源。比如说："这件事，若要追求它的渊源的话，那就说起来话长了"。(2) 学术上的师承关系。比如我说："我的学术渊源于周永坤老师。"(3) 两者有关系或有联系。比如说："毛泽东和胡适很有渊源。"(4) 深邃、深广。比如说："他学问渊源，非一般人所能及。"

因为渊源一词的多义，也就决定了法律渊源一词的多义。法律渊源从语词上分析，至少在以下意义上都是可以成立的：(1) 法律的起源，是指法律最早怎么产生的，这是从人类学的角度来解释法律产生的过程。(2) 法律的历史来源，是指某个特定法律从什么事件而来的，这是就法律形成与变化具有影响的历史事件来说的。(3) 法律的理论渊源，是指法律根据什么理论而来的，这是指法律制度或法律原则形成的理论根据。(4) 法律的效力渊源，是指法律的效力来自什么，或者说，法律是根据什么而有效，比如是来源于公意、意志呢，还是来自神意、理性或者是强制性呢。(5) 法律的形式来源，是指法律效力来源的形式，就是指法律之所以有效，是根据什么规范来说的。这个说得直白一点，就是法律的存在形式，存在于什么规范形式中；或者说法律的表现形式，表现在什么规范形式中。所以，在这一意义上，它又可以直接称为法律形式。

法律渊源的上述意义是对语词析解而来的可能意义，但是，语词上成立的意义并不就是其作为法学术语的意义。根据庞德的归纳，西方法学界关于法律渊源概念的定义主要有以下五种：(1) 法律渊源是法律权威的来源；(2) 法律渊源是司法裁判的原始材料；(3) 法律渊源是法律权威的文本；(4) 法律渊源是创制法律规范的机构；(5) 法律渊源是发现法律表达形式的论著。[①] 中国法学界对于法律渊源的定义也非常多，从定义方法上看，主要有四种：基于法律的形式、基于法律效力的来源、基于法律的产生以及基于法律的适用。下面分而论之。

（一）基于法律的形式

张文显教授主编的法律版《法理学》认为，法律渊源是指："那些具有法的效力作用和意义的法的外在形式，因此，法的渊源也叫法的形式，它侧重于从法的外在的形式意义上来把握法的各种表现形式。"[②]这个定义，是将法律渊源等同于法律形式。如果直接说法律形式，大家就容易明白，可是，一说成法律渊源，没有学过法律的人就一头雾水了。因此，如果法律渊源说的就是法律形式的话，那么，将法律渊源直接说成为法律形式，岂不更好？这至少不会折磨人，让读者拐很大的弯来理解吧。

其实，法律渊源与法律形式并不一样。法律形式是法律文本的表现方式，法律渊源可以来自法律形式，但并不就是法律形式。对此，有学者归纳了两者的不同：(1) 从实践来看，法律渊源之法是指司法之法，法律形式之法是指立法之法；(2) 从内容来看，法律渊源之法是具有一定开放性的规则体系，而法律形式则是具有一定封闭性的规则体系；(3) 从路径来看，法律渊源之法是在司法适用过程中发现和寻找的，法律形式之法是立法中形成的。[③] 按照该学者的说法，法律形式是立法视角，而法律渊源是司法视角。所以，将法律渊源直接说成是法律形式，并不准确。

（二）基于法律效力的来源

周永坤老师的《法理学》认为，"法律渊源是指法律的权威及强制力的来源或法律的存在样态"。[④] 这个定义采用的是逻辑上的"或者型"结构，它可以分解成两部分：一是，法律渊源是法律的权威及强制力的来源；二是，法律渊源是法律的存在样态。定义的第一部分，"法律的权威及强制力的来源"，可以作多种意思的理解：(1) 它既可以作形式来源的理解，也可以作实质来源的理解；(2) 它既可以理解为效力来源的根据，也可以理解为效力来源的形式；(3) 它既可以理解为效力来源的法律本体，也可以理解为效力来源的法律之外的道德根据。定义的第二部分"法律的存在样态"。什么是"法律的存在样态"，是不是就是法律形式？如果是，为什么不直接说成法律形式？如果不是，那具体又是指什么？这就令人困惑了。总而言之，周老师的这个定义过于宽泛，以至于法律渊源的种类可以无穷的多。这个，我们后面讲法律渊源的分类时，还会讲到，这里暂且不表。

---

① 参见〔美〕罗斯科·庞德：《法理学》（第三卷），廖德宇译，法律出版社 2007 年版，第 286 页。
② 张文显主编：《法理学》，法律出版社 1997 年版，第 77 页。
③ 参见彭中礼：《论法律形式与法律渊源的界分》，载《北方法学》2013 年第 1 期。
④ 周永坤：《法理学》（第二版），法律出版社 2004 年版，第 41 页。

（三）基于法律的产生

张文显教授主编的《法理学》认为，法律渊源的"基本含义主要是指法的来源或法之栖身之所，也有著述称法的渊源主要指法之产生的原因或途径"。[①] 这个定义有这样几个问题：第一，"法的来源"既可以指道德来源，也可以指法律效力的规范来源。第二，"栖身之所"是形容的说法，不适合用于专业概念的定义。虽然法律渊源一词本身也是来自其比喻意义，但因其已为学界所默认，其原始意义已经发生了改变。而从字面上来理解，"栖身之所"似乎既可以指法律形式，也可以指法律存放地，比如资料室或档案馆，显然后者与法律渊源的意义相距甚远。第三，"产生的原因或途径"，针对的是法律的产生，而法律渊源只是一个名词，它指称的是某种事物，而不是事物的产生。

（四）基于法律的适用

从上可知，无论中西，学界关于法律渊源的认识都没有确定的共识。仅从法律渊源的字面来理解，上述各种各样的说法也都有其一定的合理性。但是，我们必须明白，法律是一门实践性很强的学科，其法律术语与法律实践存在紧密的关系。完全脱离于法律实践的法律术语，既没有产生的可能，也没有存在的必要。

法律渊源的意义究竟为何，这与该概念的来源有很大关系。有学者对法律渊源一词的来源作了一番考证，认为，法律渊源一词是从英文 source of law 翻译而来，其源头是罗马法上的 fons juris。古希腊时期没有法律渊源概念，只有法律起源的早期观念，其主要原因是，古希腊时期的法律生活还没有出现职业化。罗马法上的 fons juris 概念产生于司法实践，是法官选取和发现纠纷解决依据的场所。[②] 如果这一考证能够成立的话，那么，法律渊源从其开始就与司法实践联系在一起。

德国法理学教授魏德士认为，法律渊源有广义和狭义之分。他说："广义上讲，它指的是对客观法产生决定性影响的所有因素。这样一来，法学文献（如'法学家法'）、行政实践（如'不断的裁判'）和国民的观念（一般法律意识）都属于法的渊源。上述渊源可以帮助法官正确认知现行的法（法律认知的辅助手段）。仅在这个意义上，人们可以称之为'广义的法律渊源'或'社会学的法律渊源'。"[③]而从狭义上讲，"只有那些对于法律适用者具有约束力的法律规范才是法律渊源"。[④] 魏德士无疑也是赞同狭义的法律渊源概念的，所以，他将法律渊源定义为，"客观法的（能够为法律适用者所识别的）形式和表现方式"。[⑤] 广义和狭义相比较，前者过于宽泛而无意义，后者就具有极强的实践性。所以，魏德士认为，法理学多数学者使用的是狭义的法律渊源概念。[⑥]

---

① 参见张文显主编：《法理学》（第三版），高等教育出版社、北京大学出版社 2007 年版，第 89 页。
② 参见彭中礼：《法律渊源词义考》，载《法学研究》2012 年第 6 期。
③ 〔德〕伯恩·魏德士：《法理学》，丁小春、吴越译，法律出版社 2003 年版，第 101 页。
④ 同上书，第 102 页。
⑤ 同上。
⑥ 同上。

魏德士关于法律渊源的广义与狭义的区分,可以转换成立法与司法的角度来理解。一般来说,一个司法判决的根据或理由,如果要得到彻底证成的话,它必须经过两个证明阶梯。首先,作为判决根据的来源,一般就是指实在法,这是证明的第一层阶梯。其次,作为用来证成判决的实在法的效力来源,一般是指道德,这是证明的第二层阶梯。第一个阶梯是司法证明,第二个阶梯是立法证明。司法证明与立法证明相比,前者的实践意义要强于后者,后者容易流于道德批判和抽象的辩论,在立法辩论时有效,但并不具有直接的司法实践意义。所以,法律渊源的定义,如果将司法和立法都包括进去,那么,法律渊源的范围就过于宽泛了,并因为过于广泛而无实际意义。可见,魏德士狭义的法律渊源就是一个立足于司法主义立场的定义。

立足于司法主义立场来理解法律渊源,可以最大限度地保证法律渊源的实践意义。从司法实践意义来看,作为法律渊源,它应当满足以下条件:(1) 必须具有法律效力。没有法律效力,尽管对司法实践有实际影响,也不能看作是法律渊源。强调这一点,是为了约束法官对法律渊源的援引。近年来,司法实践中出现了裁判文书中引用《论语》《孟子》等经典的现象,但要注意的是,经典不具有法律效力,不能被视为法律渊源。(2) 必须为人们所感知,即人们能够感知到它的客观存在。一般来说,当下法律规范当然是法律渊源;但为当下法律规范所支持的理由,当它能够被感知时也可以作为法律渊源。(3) 必须是能够在司法判决中加以明示的理由,隐含的理由以及不可明说的理由,是不能作为法律渊源的。(4) 作为判决的理由,它本身并不需要再证明。基于此认识,我认为,法律渊源的定义就可以简化为:为当下法律所赋予法律效力的裁判案件的依据。在这个定义下,作为裁判案件的依据,它既包括法律形式,也包括那些不表现为法律形式的其他权威性理由。

我的一个博士生在校对本书时,提出过这样一个问题:行政执法也是法律实践活动,为什么法律渊源只从司法视角来理解,而不能从执法角度来理解?对此,我的回答是:第一,执法适用的法律是否正确,其最终判断的权力在于司法;第二,法律实践不仅存在于司法与执法中,守法也是法律实践的重要环节。如果要将执法者的视角纳入其中,那么守法者的视角也要纳入其中。这样一来,法律渊源就完全取决于个人的理解了。

二、 法律渊源的类型

法律渊源的定义是司法主义的,那么,法律渊源的分类也应该立足于司法主义。法律渊源可以根据不同的标准作不同的划分。法理学有两种代表性的划分,一是主要渊源与次要渊源的划分,一是正式渊源与非正式渊源的划分。

(一) 主要渊源与次要渊源

将法律渊源分为主要渊源和次要渊源,代表人物是周永坤老师。周老师认为,主要渊源一般包括制定法、判例法和习惯法,次要渊源一般包括权威理论和公认的价值。主要渊源比次要渊源优先适用，只有在主要渊源空白，或主要渊源的适用导致不公正时，次要渊源才发挥作用。[①] 显然，这个划分的依据是法律渊源在司法适用中的地位，看起来是一个司法主义的划分。不过，从司法主义立场来分析，这个分类仍然有三个问题需要讨论。

第一，周老师的司法主义划分与其定义并不一致。周老师的定义是，“法律渊源是指法律的权威及强制力的来源或法律的存在样态”[②]。前面我们已经讲过，周老师的这个定义非常宽泛，其种类可以无穷的多，并不限于司法。也就说是，周老师的分类虽然是司法主义的，但其定义却不是司法主义的，其分类与其定义产生了矛盾。

第二，主要渊源与次要渊源，虽然从其具体的法律渊源类型上看，可以作为司法适用的依据。但是，从名称来看，主要与次要的说法并不只是体现于司法主义的场景中，立法上也可以循此方法将法律分为主要渊源与次要渊源，只是具体的法律形式不同而已。换言之，主要与次要的划分，不同的人可以根据不同的标准划分出不同的具体类型。

第三，主要渊源与次要渊源的划分具有相对性，其内部又有主次划分。虽然，周老师列举的主要渊源从主到次依次是制定法、判例法和习惯法，但这个顺序只是大陆法系的顺序，在英美法系，判例法的地位就超过了制定法。并且，即使是在大陆法系国家，这个顺序也只是同一部门法内的顺序，一旦涉及若干部门法，顺序就会因部门法位阶的不同而不同。比如，同是宪法习惯，在宪法内，宪法习惯次于宪法制定法；但是，在不同法之间，宪法习惯就优于其他制定法了。

第四，在我国，最高人民法院作出的规范性的司法解释，在司法实践中仅次于制定法。但是，周老师无论是在主要渊源，还是在次要渊源，都没有为司法解释留出一个应有的位置。当然，我们可以从应然意义上为周老师的观点辩护，司法解释本来就不应该是法律渊源嘛。不过，既然是司法主义的立场，那么就要从法官的视角来看。法官关心的是“是不是”法律渊源的问题，并不关心“应不应该是”法律渊源的问题，前者就是司法主义的，后者则是立法主义的。因此，说最高人民法院的规范性解释不是法律渊源，这与我国的司法实际并不相符。

可见，主要渊源与次要渊源的分类，虽然是从司法的视角来看，但在逻辑上它又不是一个理想的司法主义分类。

（二）正式渊源与非正式渊源

与法律渊源的主要与次要划分不同的是，美国法理学家博登海默将法律渊源分为正式法律渊源和非正式法律渊源。博登海默说：“正式渊源，我们意指那些可以从体现为权威性法律文件、可以从明确文本形式中得到的渊源……所谓非正式渊源，我们是指

---

① 参见周永坤：《法理学》（第二版），法律出版社 2004 年版，第 43 页。
② 同上书，第 42 页。

那些具有法律意义的资料和值得考虑的材料，而这些材料和值得考虑的材料尚未在正式法律文件中得到权威性的或至少是明文的阐述和体现”[①]。博登海默认为，正式渊源的主要例子有宪法和法规、行政命令、行政法规、条例、自主或半自主机构和组织的规章、条约协议、司法先例等；而非正式渊源的种类有正义标准、推理和思考事物本质的原则、衡平法、公共政策、道德信念、社会倾向和习惯法。[②]

博登海默的正式与非正式的划分与周永坤老师主要与次要的分类，在逻辑上有交叉。制定法既是正式渊源又是主要渊源，权威理论和道德信念既是非正式渊源又是次要渊源。但是，其他类型，诸如习惯，在周永坤老师那里是主要渊源，而在博登海默看来则是非正式渊源。这是因为，博氏的正式与非正式划分是以成文与否作为标准，而周氏的主要与次要划分则是以司法适用先后为标准。不过，英美法系的判例虽然是法律规定的正式法律渊源，但却不是成文形式。而在中国，以成文形式表现的不只是制定法，司法解释、会议记录、内部文件也是成文形式，并且，它们在事实上也的确对司法的适用起着或明或暗的影响。因此，如果强调以成文形式作为正式法律渊源的依据，那么，英美法系的判例法就不能纳入其中，而这既与英美法系的法律规定不符，也与其司法实践不符。而且，如果以成文形式作为正式法律渊源的依据，那么，会议记录、内部文件反倒应该被纳入其中，而这又与法律渊源的概念不符；毕竟，这些并不会被法官堂而皇之写入判决书，来作为判决理由的。可见，正式与非正式的划分，如主要渊源与次要渊源的分类一样，也不是司法主义的理想分类。

听到这里，你是不是很崩溃啊？法理学许多原理性的知识，一遇到实践问题，尤其是遇到中国问题，就很难在逻辑上自洽了。其实，法理学有一个基本前提，那就是一切都必须在法律之治的意义下来理解和推演，凡是与法律之治不符的历史与现实，都必须排除出去。比如，朱元璋的诏书、希特勒的命令、卡扎菲的指示，这些是不是法律渊源呀？从事实上讲，它当然是，法官敢说它没有司法效力吗？但这样一来，所有的法理推导都没有办法再继续下去了。因此，只能将这些非法律的东西统统排除出去，否则就没有办法讲理了。毕竟，法理学是一门讲理的学问，讲的就是逻辑之理。因此，如果既要将英美法系的判例包括进来，又要将会议记录、会议精神、内部文件排除出去，那么，就必须对正式与非正式的划分寻求一个新的标准。我以为，这个新的标准，从司法主义立场看来，就是要看法律究竟是如何规定的。

（三）法定渊源与酌定渊源

本人认为，无论是主要次要，还是正式非正式，都不是基于司法主义的立场。从司法主义立场来看，法律渊源的最理想分类是法定渊源和酌定渊源。凡是由法律规定了法官具体适用的法律渊源就是法定渊源；凡是法律没有规定的，或者虽然规定了可以适

---

① 〔美〕E. 博登海默：《法理学：法律哲学与法律方法》，邓正来译，中国政法大学出版社 1999 年版，第 414—415 页。

② 同上书，第 415 页。

用，但没有规定其具体内容，而是由法官酌情适用的法律渊源就是酌定渊源。法定与酌定的划分标准取决于法律的规定，这就比主要与次要、正式与非正式的划分有了客观的依据。根据这个划分，法定渊源，在大陆法系国家就是制定法，英美法系国家就是判例法，在中国就包括司法解释，这些都是由法律直接规定的。而习惯、公认价值和社会观念等就属于酌定渊源。这些内容，法律没有直接规定必须适用，或者虽然规定可以适用，但内容得由法官自由探寻。酌定渊源只有在正式法律渊源空白或因适用而导致严重不公正时，方可进入司法。根据法定与否的划分标准，那些会议记录、会议精神、上级文件等，就可以被排除出去。

法定渊源与酌定渊源的区别是：(1) 前者是法律本身；后者是法律之外的因素。(2) 前者法律规定必须适用；后者是否适用由法官酌情决定。(3) 前者法律明示了，内容具有确定性；后者须经法官探寻，内容有一定的不确定性。(4) 前者内容在司法前已经确定，它是司法适用的前提；后者内容在司法前还没有确定，是在司法适用过程中被确定的，它不是司法适用的前提，而是司法适用的结果。

法定渊源与酌定渊源的划分，与前面两个划分的关系是，法定渊源是正式渊源又是主要渊源，而酌定渊源则既是非正式渊源又是次要渊源。这个分类相对于主要与次要的分类，其积极意义在于保证了司法适用的客观性，从而保证了法官有据可依；而相对正式与非正式的分类，其积极意义在于将分类限定在司法适用中，从而避免了立法主义成分的介入。因此，这个分类彻底体现了司法主义纯而又纯的立场。

三、法定渊源

法定渊源因大陆法系和英美法系而有不同。为了让大家理解我们经常提到的英美法系和大陆法系，我们这里先介绍一下法系的知识。法系是指由相同法律文化传统的数个国家和地区所组成的法律家族，凡是具有共同传统的国家法律，就被归为同一法系。当今世界主要有两大法系，一是大陆法系，一是英美法系。大陆法系是指以罗马法为源而形成和发展起来的法律家族，因此，大陆法系也被称为罗马法系或民法法系。大陆法系国家主要包括欧洲的法、德、意、荷兰、西班牙、葡萄牙等国和拉丁美洲、亚洲的大部分国家。英美法系是指在日耳曼习惯法的普通法的基础上，逐渐形成的法律家族，又称“普通法系”“判例法系”。英美法系首先产生于英国，然后再扩大到英国曾经的殖民地和附属国，包括美国、加拿大、澳大利亚、新西兰、印度、巴基斯坦、孟加拉国、新加坡、马来西亚，以及非洲的个别国家和地区，也包括中国的香港。此外，也有一些学者将世界法系分为社会主义法系与资本主义法系两大法系。这种划分在冷战时期非常盛行，但从其区别点来看，意识形态浓厚，为区分而区分的痕迹十分明显。因此，随着中西文化交流的不断加强，这种划分方法逐渐淡出了学术领域。

在大陆法系国家，制定法是其主要法定渊源，在中国还包括司法解释。而在英美法系国家，判例法是其主要法定渊源。近几年来，由于两大法系呈现出相互融合的趋势，大陆法系国家(地区)也开始吸收判例法的形式,而英美法系国家(地区)也加大了对成文法的制定,以弥补判例法的不足。鉴于两大法系的制定法、判例法的主次并不相同,而我国当下还没有判例法,所以,以下具体法律渊源的出场并非以重要性为序,而是以学术界的习惯为序。

(一)制定法

制定法在大陆法系国家非常重要,在司法适用中居于首要地位。制定法是指立法机关制定的法律,由于表现为文本形式,又称之为成文法。有权制定法律的机关,不同的国家有不同的规定。就一国而言,就是指国家的立法机关,在西方是议会,在中国是全国人大及其常委会,其他机关经立法机关授权也可以制定法律。在我国,制定法可以分为根本法和一般规范性法律文件。前者是宪法,后者包括法律、行政法规、地方性法规、部门规章、地方政府规章以及地方自治条例和单行条例。制定法的效力权威直接来源于制定机关的权威,不同的机关所制定的法律规范对应的规范类别不同。在我国,根据《宪法》和《立法法》的规定,有权制定法律的是全国人大及其常委会;有权制定行政法规的是国务院;有权制定地方性法规的是省、自治区、直辖市和设区的市的人大及其常委会;有权制定部门规章的是国务院部委;有权制定地方政府规章的是省、自治区、直辖市和设区的市、自治州的人民政府;有权制定自治条例和单行条例的是民族自治地方的自治机关。不同机关制定的成文法,虽然同为法定渊源,但也有主要与次要的区别,从主要到次要依制定机关的级别而定。

制定法经历了一个从神化到祛魅的过程。在19世纪的法典化运动中,人们相信法典可以解决人类生活的所有问题。正如博登海默在其书中所说的:"实证主义法学家和分析法学家确信,实在法制度乃是一种全面的、详尽的、在逻辑上自洽的规范体系,而且该规范体系为法院所可能面临的一切法律问题都提供了答案。"[①]持这种观点的学者信奉法条至上,反对法官造法。其理由是,法官不是立法的人,只是适用法律的人,说得形象一点,法官是法律的喉舌,是法条适用的机器。如果法官抛开制定法而寻求法外之法,那么就为法官徇私舞弊打开了方便的大门。因此,制定法作为司法唯一的法律渊源,不仅保证了法律适用的统一,也杜绝了司法腐败行为的发生。这当然是理想,但它必须满足一个条件,那就是制定法必须是一个封闭且自足的系统,为现实生活事先准备好了所有的答案,法官的工作只是从现成的法条中寻找答案而已。但是,由于立法的滞后性、不周延性以及法律语言的模糊性,制定法不可能是一张精细的网,总会存在这样和那样的缺漏和不足。正因此,在制定法之外,必然还有其他法律渊源。

(二)判例法

判例是英美法系非常重要的法律渊源,它泛指可以作为先例援引的法院判决。根

---

① 〔美〕E.博登海默:《法理学:法律哲学与法律方法》,邓正来译,中国政法大学出版社1999年版,第442页。

据判例法制度，某一个判决所确立的法律规则，不仅适用于该案，而且作为一种先例可以适用于后案，即对该法院及其下级法院所管辖的案件都具有拘束力。只要案件的基本事实相同或相似，先前的判决所确立的原则就要得到遵守，这就是“遵循先例”原则。不过，或许有人会质疑，按照前面所说的法定渊源与酌定渊源的区分，判例法就应该是酌定渊源，而不是法定渊源。理由是，判例法的内容法律上并不明示，须经法官探寻才可以。我以为，这个理解是不正确的。的确，判例法的产生是法官探寻的结果，但其一旦产生，其内容就是确定的，并对同级以及下级法官具有约束力。说得再明白一点，判例法一旦被确定，其对于同级法官和下级法官来说就是先在的和确定的。因此，判例在英美法系当然属于法定渊源。

判例法不是来自立法者制定的成文法，而是来自法官的先前判决，所以，也有法官造法的说法。不过，法官造法的说法，只是一种夸张的说法，与司法实际并不相符。按照英美法系的做法，法院判决——特别是终审法院的判决，构成了法律的一般渊源和正式渊源。这看起来，法官如同立法者一样，享有了创制法律的权力。但实际上，法官作出的判决本身并不是法律，它充其量是证明什么是法律、什么不是法律，以及它们自身是不是法律的证据。[①] 所以，与其说是法官造法，还不如说是法官宣告法律之所在。毕竟，判例作为法律渊源，并不是先例的判决本身，而是先例中得到正确陈述的法律原则。

判例法与制定法比较，主要区别在于：(1) 法律的形成过程不同。制定法来源于立法者的制定，其存在就是判决的理由，法官没有义务去论证制定法为什么具有法律效力。而判例法则不然，法官对于其判决负有说明的义务，说明其依据的法律原则是怎么来的，为什么是正当的，以及为什么可以作为其判决的依据。(2) 法律的表现不同。制定法表现为成文的法条，判例法并不表现为先例的文字，而是支持判例的理由和精神。[②] 基于此，法官对于制定法采取的是寻找法条的方法，而对于判例法则是采取发现的方法，去发现判例背后的原则和精神。后者的工作相对于前者具有创造性。(3) 司法判决的思维不同。在制定法体系下，其逻辑推理是从一般到个别的演绎推理。司法判决主要采用三段论形式，这在刑事审判中体现得非常明显。制定法的相关法条作为大前提，案件事实作为小前提，大小前提结合推导出判决结论。只要引用法规正确，案件事实明确，那么判决的结论就具有必然性。但是，在判例法体系下，其逻辑推理则是从个别到个别的类比推理。所谓类比推理是指根据两个或者两类事物的某些属性相同，而推出它们另一些属性也相同的推理。由于某些属性的相同是推理的根据，因此，在判例法体系下，发现当下案件与先例的相同点非常重要，相同点越多，先例也就越能够作为法源。而如果要反对先例作为当下案件的法源，就是寻找其不同点，不同点越多，先例也就越不能作为法源。(4) 教学方法不同。由于思维方法的不同，在法学院的

---

① 参见〔美〕E. 博登海默：《法理学：法律哲学与法律方法》，邓正来译，中国政法大学出版社 1999 年版，第 431 页。

② 同上书，第 430 页。

教学方法上，制定法注重训练学生对于法条的理解以及操作；而判例则注重案例教学法，通过对具体案例的分析，来培养学生发现先例的能力以及说理的能力。根据以上几点不同，我们发现，判例法对于法官的判断能力和说理能力的要求远高于制定法。由于地位、待遇往往与能力相匹配，所以，英美法系法官的地位要远高于大陆法系的法官，其原因可能也与此有关。

判例法因法官有造法之嫌，因此在大陆法系早期被严格限制。查士丁尼就命令，“案件应当根据法律而不应当根据先例来判决”。[①] 但是，这种早期严格限制判例的态度，正如博登海默所指出的，也只是在理论上主张得多，而在实践中限制得要少。他说：“法院的判决，尤其是终审法院的判决，所具有的事实上的权威性，有着很高的效力，而且这些先例的重要性也会随着重复和重新肯定这些先例所阐述的原则的判例数量的增多而增加。一系列对法律主张做出相同陈述的判例，其效力几乎等同于英美法系的判例或一系列英美法院判例的权威性。”[②]鉴于这些发展，大陆法系国家也逐渐承认司法判例作为权威性的法律渊源。

判例在我国并不具有法律约束力。由于法官对于制定法的不同理解，同样的案件，如王海，一个职业打假人，其利用《消费者权益保护法》的知假买假行为，不同法院的判决就大相径庭了。在这里王海是消费者，在那里却又不是了。同样，无名流浪汉交通事故案，民政部门以流浪汉监护人的身份起诉肇事者，有些法院支持，有些法院不支持。这种现象多了，以至于有人戏说，在中国打官司，如同踢足球，要讲究主客场。为改变这种同案不同判的现象，1982 年最高人民法院开始发布案例，目的是为当下类似的案件提供判决范例。后来，案例指导制度就是在这个基础上逐渐发展而来的。许多学者也开始从事案例指导制度的研究，一时间，案例研究成为热门。但是，提供范例也好，提供指导也好，它都不是法律渊源。虽然它可能会有一些实际影响，但在法律上却并没有约束力。所以，有学者在 1990 年就建议我国逐步承认判例的法源地位[③]，但时间已过去三十年，还是没有下文。可能原因，一是，我国受大陆法影响深远；二是，法官水平跟不上判例法的要求；三是，法官审判还没有完全独立，法官不敢担当风险，抱着多一事不如少一事的心理。

（三）司法解释

法官在审判案件时就其适用的法律当然具有解释权。事实上，真正的司法解释其实就是指法官解释。因为，法官作为法律的执行者，必须对法律有所理解，而法官的理解又必须告知并说服当事人。法官解释与当事人解释不同，法官解释会形成有拘束力的判决，当事人的解释则具有任意性。因此，法官解释的过程其实就是个说理的过程，

---

① 转引自〔美〕E. 博登海默：《法理学：法律哲学与法律方法》，邓正来译，中国政法大学出版社 1999 年版，第 434 页。

② 同上。

③ 参见李步云：《关于法系的几个问题——兼谈判例法在中国的运用》，载《中国法学》1990 年第 1 期。

不然就是不讲理。如早期判决书就非常简单地说“依法判决”，这就过于笼统了，是讲“力”，而不是“理”。当然，法官在适用法律过程中所作的解释，只对其适用的个案有效，对于其他案件和其他法官并不具有约束力。

不过，我们这里所说的司法解释，并不是指法官解释，而是指我国最高人民法院的解释，具体来说，是指最高人民法院对各级人民法院法官具体应用法律问题所作的解释。在我国，司法解释并不是个案解释，而是普适性解释。它不是法官在司法适用中的解释，而是最高人民法院针对司法适用所作的规范性解释。它的存在不像判例法一样融入个案中，而是以规则条文的形式出现。因此，最高人民法院的司法解释其实是一种立法活动。虽然根据宪法，最高人民法院只是司法机关，而不是立法机关，没有立法权。但是，最高人民法院事实上就是这样行使着立法权的。怎么解释这个逻辑？如果还有逻辑的话，这个逻辑就是实用逻辑。的确，我国立法质量不高，难以适应司法之需，非经细化而不能适用，所以，由最高人民法院制定实施细则，在现实层面来说很有必要，这是其存在的现实原因。

司法解释在我国是不是法源，学界一直有争论。反对的人认为，司法机关不具有立法权力，承认司法解释的法源地位，无异于变相地承认了司法机关的立法权。肯定的人则认为，无论你同不同意，它事实上就是法源。1997 年最高人民法院《关于司法解释工作的若干规定》，其中有一条规定，“司法解释与有关法律规定一并作为人民法院判决或者裁定的依据时，应当在司法文书中援引”。因此，承认它的法源地位，既是现实，也是不得已。毕竟，司法解释能够以明文规定的形式出现，这远比会议记录、会议精神和内部文件要好多了。承认其法源地位，至少还可以对其具体内容进行批判和商榷，以求得内容上的正当性。因此，从现实策略来看，承认比不承认要好。

当然，如果你一定要较真的话，最高人民法院即使作了这个规定，难道就一定有法律效力吗？法理不是有一个原理，说是法无授权即无权吗？这的确是一个在逻辑上讲不通的问题，如果一直追问下去，讲不通的地方还会没完没了。逻辑就是这样，一个地方不通，处处不通。这个我们就暂且不论了。反正，它应不应当作为法源是一回事，实际上是不是作为法源又是一回事。既然，司法解释在我国是一种特殊的制定法，在司法适用中起着实际规范的作用，那么，我们就不能对其事实上的法源地位视而不见了。偏要自欺欺人地告诉自己，它尽管这样，但不是这样，有意义吗？理论上当然有意义，但现实上没有意义！

当然，你还可以不依不饶地追问下去。既然，“应不应当作为法源是一回事，实际上是不是作为法源又是一回事”，那为什么，会议记录、会议精神和内部文件又不能作为法源呢？这些在司法适用中也实际起着作用啊？你这个诘难难不倒我。我前面讲过，是不是法律渊源，必须为当下有效的法律所支持。最高人民法院的司法解释明明白白地写在了纸面上，它明确要求法官必须遵守；但是你能找到会议记录、会议精神和内部文件作为法律效力的明文规定吗？不能吧？充其量是一种“潜规则”，总不能说“潜规则”也是法律渊源吧？毕竟，“潜规则”是不为法律所支持的。

当然，司法解释和法律，虽然都属于制定法，但两者作为法源的地位还是有区别的。司法解释的对象是法律，这就决定了司法解释依附于法律，司法解释只能对法律作补充和细化，但不能与法律相冲突。因此，虽然两者都属于法定渊源，但两者地位还是有主次之分的，立法是主要法源，而司法解释则是次要法源。这个次要在法定渊源中是相对于法律来说的，而不是相对于酌定渊源来说的。相对于后者它就是老大了，当然，我说的是在我国。

四、酌定渊源

所谓酌定渊源，前面已经讲了，主要是指法律没有规定，而由法官权衡决定适用的渊源。酌定渊源一般不以具体的形式来表现其存在，而是以其内容来表明其存在，完全依赖于法官的良知和专业水准去发现并衡量。比如，我们后面所说的习惯法，就不是以一个可见的形式来表明其存在的，而是存在于集体行为方式中，由法官去发现和判断；权威理论，也不是因为某个著名学者所写的哪本书表明了它的存在，而是因为该理论在学术界具有影响并为大家所认可。至于道德观念，也不是说有一本道德文本给法官看，而是看不见、摸不着的，完全由法官自由判断。所以，酌定渊源的特点有以下三点：一是法律没有明文规定；二是没有客观的物质形态；三是由法官自由裁量。

对于酌定渊源，实证主义法学经历了一个从否定到承认的过程。19 世纪前，概念法学盛行，实证主义法学对制定法之外的因素完全持排斥的态度。19 世纪和 20 世纪初期，实证主义法学因对法律自足能力信念的破灭而陷入了困境。当法定渊源在个案中不能满足法官需要时，法官可以诉诸什么手段呢？奥斯汀的观点有一定的代表性。他认为，当实在法不能提供任何指导和参考意见时，法官就有权制定新的规则，即可以诉诸各种渊源，包括不具有法律效力，但却得到了整个社会或社会某个阶层公认的习惯、国际法准则，以及他本人关于法律应当是什么的观点。[①] 奥斯汀是实证主义法学的代表，原本对实在法之外的观念、习惯、价值等持严格排斥的态度。奥斯汀的这一观点，反映了实证主义法学的转向，也承认了酌定渊源的司法地位。

酌定渊源是与法定渊源相对的一个概念，也可以称为非法定渊源。非法定渊源在逻辑学上是一个负概念，也叫否定概念。否定概念是指其不具有某种属性的概念，但其具有什么属性则不清晰，这一点我们前面说到过。因此，作为否定概念的非法定渊源，其具体种类究竟包括哪些，理论上是可以无限的。博登海默列举的非正式渊源有：正义之标准、理性与事物之性质、个别衡平、公共政策、道德信念、社会倾向、习惯法。[②] 周永坤老师则在次要渊源中将权威理论和公认价值列入其中，而将习惯法列入主要渊源。我认为，博氏之分类存在相当大的重合性，以正义标准为例，它或多或少存在于后面诸

---

① 参见〔美〕E. 博登海默：《法理学：法律哲学与法律方法》，邓正来译，中国政法大学出版社 1999 年版，第 442 页。

② 同上书，第 446—468 页。

种类中,与周永坤老师的分类相比,其类型化程度较低。结合博氏的非正式渊源和周老师的次要渊源,我列举的酌定法源是:习惯法、正义观念、权威理论和公共政策四种。之所以表述为"正义观念"而不是"公认价值",是因为,公认价值之价值具有多元性,既可以是法律价值,也可以是政治价值,还可以是经济价值,而相较而言,正义观念与法律的联系就更紧密。此外,将正义观念调整到权威理论之前,是因为,正义观念在司法适用中一般优先于权威理论,权威理论往往是在缺乏公认的正义观念时,才不得已而求之。只要是法官判决所援引的根据,并且这种根据为法律所支持,那么它就可以归为酌定渊源。

(一)习惯法

习惯法与习惯不同。习惯是指一个行为的反复,从而导致行为的自动沿袭。习惯有个人习惯与集体习惯之分。纯粹的个人习惯,由于与他人没有关系,因而也就不能成为法律。比如有人有吃素的习惯,虽然可以引起别人聊天的兴趣,但由于它不是与他人交往的集体规则,因而就不具有法性,即不具有法律属性。能够称为习惯法的一定是集体习惯。集体习惯在文化意义上经常被称为习俗,而在经济行为上则被称为商业习惯。集体习惯与习惯法的关系是,习惯法一定是集体习惯,但集体习惯并不一定就是习惯法。集体习惯,虽然与他人有关,此与个人习惯不同,但是从利益角度分析,集体习惯可以分为与人利益有关的集体习惯和与人利益无关的集体习惯。比如贴对联、放鞭炮,这是中国人过年的集体习惯,这里也可以叫作习俗。如果一个人就是不贴对联、不放鞭炮,这虽然会引起人们的非议,甚至指责,但终究因为不侵害他人利益,而不能取得法性(法律属性)。但是,在商业行为中流行的一句话"砍肉问提手",意思是说谁提货,谁负责,这就是商业习惯。由于与他人利益有关,因此它就容易取得法性。

从发生学看,个人习惯导致了集体习惯的产生,而集体习惯又孕育了法律。当某一个人的习惯行为被他人模仿,就容易形成集体习惯。当某一个人的习惯被一个部落或一个社区大多数人所共同遵从,就形成大多数人遵从的法则,并随着遵从的人数增加,其对叛逆者的约束力也就增强。这种约束原本是心理上的,后来才演变为物理上的,并最终上升为法律。这是从法律产生的人类学来说的,与法律制定没有关系。然而,事实上,制定法的许多内容也都与习惯有关系,比如,刑法中的许多行为之所以被确定为犯罪,就是因为,这是少数人对于多数人习惯的违反。大家都是通过劳动来获得食物,而你却偷盗别人的食物作为自己的食物,你的行为就违反了集体习惯,所以,立法就把这样的行为确定为犯罪。当然,这是从立法角度来看法律与习惯的关系,与习惯法作为司法适用的法源有所不同。司法适用的习惯法并不是指已经成为法律的习惯,而是指还没有取得法律地位的习惯。习惯只有当法官在司法中赋予其法律效力后,它才成为我们这里所说的习惯法。

尽管我们容易对习惯下定义,但在法官赋予其法律效力前,它其实是不确定的。按照博登海默的归纳，习惯要取得习惯法的地位，必须满足以下三个标准[①]：(1) 习惯不得与制定法发生矛盾，习惯之确立，不得用来对抗制定法。(2) 习惯必须已经存在了很长时间，必须得到公众持续不断的实施，而且公众还必须视这种习惯具有强制性。比如我国古代实行的典当行业，就是因为存在了相当的时间。而在社交礼仪中，"不知者不为罪"为人们所承认的习惯，因此，不知者的行为就不会被认定为冒犯。(3) 习惯必须是合理的。它不能违背基本道德原则，也不得侵害不具有此习惯的人的利益。所以，法院完全可以在正义的名义下，宣布某一个习惯不具有法律效力。例如，我国银行柜台前经常会安放一块牌子，提示顾客"离柜概不负责"。这是习惯，但是不合理的习惯。因为，如果银行多给顾客钱了，往往认定顾客不当得利而要追回，反过来就"离柜概不负责"了，这对顾客不公平。所以，法院就可以不承认其具有习惯法的效力。

习惯法与制定法的关系是一种此消彼长的关系。在制定法不发达的时候，习惯法是主要法律渊源，而当国家立法逐渐占据上风，并成为主要法律渊源时，习惯法的地位就开始下降了。但是，即使习惯不能直接作为法律渊源，它仍然会以间接的方式进入法律领域而影响司法。例如，对被告是否存在过失的判断，总是会选择正常人的反应习惯来作为参照标准；诉讼法中关于证据的认定与推定，也无不与正常人的习惯，或与当地的习惯性做法有关系。在解释商业合同时，法官更是频频诉诸交易习惯，以确定当事人的权利义务。还记得我们前面讲到的商品房没有门的案例吗？其实也可以从商业习惯的角度来理解。

我国《民法典》第 10 条规定："处理民事纠纷，应当依照法律；法律没有规定的，可以适用习惯，但是不得违背公序良俗。"这表明，我国法律对习惯法是持肯定态度的。只是"可以适用"的措辞，又表明了习惯法在我国处于比较"次要"的法源地位。尽管我国规定习惯法较为次要的法源地位，但是否适用由法官决定，且其具体内容仍得由法官探寻而获得，正因此，我们说习惯法是酌定渊源。法官在司法适用中，对于证据的推定与认知，以及合同的解释等，都要结合习惯来判断。也正因为习惯法在我国实践中也是不可或缺的，所以，近几年来，法理学界形成了"民间法"的研究热，并取得了不少成果。而所谓民间法，在很大意义上就是指广泛存在于民间社会的习惯法。

（二）正义观念

公认的价值观主要以公认道德的面目出现，在我国也与情理联系在一起。法官是否有权以正义观念作为法源，不同学派有不同的主张。实证主义法学坚持将法律与道德分离，认为"法律是什么"与"法律应当是什么"是两个问题。法官确认的公认价值观所反映的就是人们关于"法律应当是什么"的评价。如果允许法官以正义观念裁决案件，那么，"法律是什么"就会因为法官的态度而改变。并且，这样还会带来另一个后果，

---

① 参见〔美〕E. 博登海默：《法理学：法律哲学与法律方法》，邓正来译，中国政法大学出版社 1999 年版，第 472 页。

那就是，制定法将因此而不再安定，法律的确定性也因此而丧失。自然法学派则坚持法律与道德的联系，认为实在法之外存在一个可称之为自然法的法，实在法不得违反自然法，所谓“恶法非法也”。实证主义法学派与自然法学派的论争在第二次世界大战后审判战犯时逐渐趋于和缓，实证主义法学派最终也接受了拉德布鲁赫的公式：“透过立法和权力所确立的实证法，即便其内容不正义或不合目的，仍然具有优先性，除非实证法和正义之间的冲突达到不可忍受的程度，以至于实证法成为‘不正确的法’而必须向正义让步。”①

事实上，撇开学派之间的理论争论，即使是严格坚持制定法，法官在司法适用中也不能完全避免正义观念的影响。一般来说，正义观念进入司法判决有两种情形：一是，制定法没有判决可资援引的法律，而法官又不得拒绝审理；二是，制定法的适用导致严重的不公正。这两个条件看起来与我们前面讲过的法律原则的适用条件是不是很相似？是的。法律原则的适用条件是没有法律规则或者规则适用导致严重不公。而正义观念的适用条件是没有法律或适用法律导致严重不公。看出区别来了没有？正义观念所说的两种情形中的法律是作为整体性的法律，它既包括法律规则也包括法律原则。也就是说，当仅仅是没有规则，或适用规则导致不公时，就诉求原则；而诉诸正义观念，则还要进一步，当原则也没有，或者适用原则也导致不公时，才可以。法律原则是法律本体的内容，也就当然具有法源地位，并且是法定渊源的内容，而正义观念则是法律之外的因素，能不能作为法源，这正是我们这里要讨论的问题。

正义观念作为法源，与正义观念对司法的影响并不是一回事。前者是将正义观念作为证明判决的依据，即只有在法官将其司法判决的“正确性宣称”②直接以文字的方式诉诸正义观念时，正义观念作为法源的身份才被确定。在我国，法律并没有明确授权法官可以直接将正义观念作为司法判决的理由。实践中，如果法官遇到法律没有规定的情形，法官基本上会以“法律没有规定”而驳回原告请求；而法官即使是基于正义观念而避免刚性地适用法条，也不会将不适用的理由说成是正义观念。许霆案的改判就很能说明这一问题。

2006 年 4 月 21 日晚，许霆来到某银行 ATM 取款 100 元，结果取出 1000 元。许霆查询银行卡后发现账户只扣了 1 元钱，狂喜之余，连续取款 5.4 万元。当晚，许霆回到住处，又伙同同伴郭安山再次前往提款，先后取款共计 17.5 万元。2007 年 12 月，广州市中级人民法院审理后认为，被告许霆以非法侵占为目的，伙同他人采用秘密手段，盗窃金融机构，数额特别巨大，其行为已构成盗窃罪，遂判处无期徒刑，剥夺政治权利终身，并处没收个人全部财产。案件经媒体曝光后，舆论一片哗然。2008 年 3 月 31 日，广州市中级人民法院重审该案后宣判，被告人许霆盗窃罪成立，且数额特别巨大，依法本应适用“无期徒刑或者死刑，并处没收财产”的刑罚。但鉴于许霆是在发现银行自动

① 转引自〔德〕罗伯特·阿列克西：《法概念与法效力》，王鹏翔译，商务印书馆 2015 年版，第 28—29 页。
② 参见同上书，第 35、36 页。

柜员机出现异常后产生犯意，采用持卡非法窃取金融机构经营资金的手段，其行为与有预谋或者采取破坏手段盗窃金融机构的犯罪有所不同；从案发具有一定偶然性看，许霆犯罪的主观恶性尚不是很大。根据本案具体的犯罪事实、犯罪情节和社会的危害程度，最终判决许霆犯盗窃罪，判处有期徒刑 5 年，并处罚金 2 万元，追缴许霆的犯罪所得 173826 元，发还受害单位。法院明明是在民意压力下作出的改判，但其改变的理由怎么也不会说成是基于正义的观念。

因此，正义观念在我国无论是立法上，还是实践中，都没有承认其法源地位。究其原因，正义的观念过于主观，立法者并不放心将正义观念的判断权交给法官，而法官也不想因诉诸正义观念而给自己的职业生涯带来风险。在我国，正义的观念经常会以民意的方式表现出来，但民意并不等于正义的观念。因此，法官即使是在民意的压力下作出妥协，也不想给公众留下屈从于民意的印象。这些恐怕就是正义观念在我国未能取得法源地位的原因。当然，没有法源地位，并不表明不产生实际影响，这是两回事。

（三）权威理论

权威理论一般是指权威理论学家的解释或其主要观点，魏德士称之为“法学家法”[①]。权威理论有两种表现形式，一是法学家发表的论著，一是法学家向法庭出具的专家意见书。法学家发表的论著，由于作者是以学者的身份书写，基于学术研究的目的，因此，中立性强。后者是法学家针对个案所发表的法律意见，有可能因为与当事人存在某种关系，而带有偏向。权威理论对于法律的制定有很大的影响。法典化的制定一般是在学者研究的基础上展开的，权威性的理论往往融入法条之中。不过，这种权威理论对于立法的影响并不是其作为法源的问题。权威理论的法源问题是关于“权威理论是不是可以作为法官判决的根据”的问题。

权威理论在古罗马时期具有重要的法源地位。公元 528 年，查士丁尼国法大全中的《学说汇编》就与制定法一样具有法律效力。法官遇到疑难问题请教法学家，或当事人请求法学家出具法律意见，这一直是大陆法系一些国家的传统。只是后来随着制定法的不断强化，权威理论的法源地位才开始衰落。不过，即使法学理论不再作为法律渊源，但它对一切领域的规范制定却仍然具有举足轻重的意义。正如魏德士所指出的，法学在法政策方面具有广泛的咨询功能，规范的制定机关常常以公认的法学权威的意见作为依据，而立法者或最高法院制定的有效的法律规范本来也就是法学的成果。[②]

我国汉代开创了“引经决狱”的传统，这也可以看作是权威理论作为法源的历史证据。不过，那只是在古代，并且其权威理论也仅限于《春秋》等儒家经典。当代中国，权威理论并没有取得法源地位。近年来，在司法实践中也出现了法学家向法庭出具法律意见书的做法。尽管可能会对法官判决产生影响，但它并不能作为法源。理由是：

---

① 参见〔德〕伯恩·魏德士：《法理学》，丁小春、吴越译，法律出版社 2003 年版，第 117 页。
② 同上书，第 118 页。

(1) 法律意见书不是制度,而是当事人私下的做法,只是社会现象,而不是法律制度。(2) 法律意见书并没有法律效力,法官可以采纳,也可以不采纳。(3) 即使法官采纳,法官也不会在判决书中堂而皇之地写明,"法律意见书"是其判决书"正确性宣称"的理由。只有在法官吸收了法学家的意见,并把其意见作为论证判决的理由时,法律意见书才算起了作用。再说清楚一点,这个时候,作为判决理由的不是法律意见书,而是法律意见。从实践来看,请法学家出具法律意见书的做法的确会出现乱象,需要引起重视。

权威理论在当下中国没有取得法源地位,那么,应不应该赋予其法源地位呢?我以为,权威理论的第一种形式,即法学家在论著中所发表的学术观点可以作为法源。当然,其条件是,法学家的学术权威为学界所公认,其观点亦必须为学术界所公认,或者至少有很强的说服力。你总不能引用一个不知名学者的观点吧?什么是权威,我们前面讲过,身份的因素很重要。而权威理论的第二种形式,即法学家出具的法律意见书,基于前面所提到的乱象,以及可能产生的对司法的不利影响,我以为是不宜作为法源的。

(四) 公共政策

政策,一般是指政治集团为了实现其利益和意志而规定的奋斗目标、行动纲领、工作方式等。政策的形式主要存在于两种情形中:一是,法律之中的政策。比如,法律关于结婚年龄的规定,往往就体现了国家的人口政策。所以,这种情形,执行法律也就相应地落实了政策。二是,法律之外的政策。这种政策,一般是以会议公报、政府工作报告、上级文件甚至领导讲话等形式出现。法律之外的政策依其公开程度,又可以分为公开的政策和内部掌握的政策。因此,政策能不能作为法源的问题,其实就是指第二种情形,即是指法律之外的政策能不能作为法源的问题。

当然,政策要作为法源,必须具有公共性。政策只有具有公共性,它才与法律发生联系。与一国法律有关的政策的公共性,是指政策是否影响公民利益,且受影响的公民,其意志能否得到尊重。因此,政策公共性的判断有两个维度,一是政策制定者的意志是否具有公共性,二是政策利益是否具有公共性。

政党政策与国家政策不同。政党政策不具有公共性,它是政党内部的政策,体现的是政党意志,仅对党的组织和成员有效,其公共性不应影响或不足以影响到非党领域。因此,政党政策不是法源。政党政策与法律的关系主要发生在立法前,并受到了法律的严格限制。在现代国家,政党当然会通过竞选和游说等法律允许的方式,去积极影响立法,从而使法律不免被打上政党政策的烙印。特别是,当政党成为执政党时,其政党政策对于立法的影响尤为明显。

国家政策则不然,它体现的是政府意志。政府是建立在民意的基础上,因此政府政策最终体现的是人民意志,这体现了意志的公共性。执政党为一党时,政党政策与国家政策往往不容易区分。但无论如何,国家政策因为关系到公民利益的分配和负担的分摊,因此,至少从其实施来看,国家政策始终具有极强的利益公共性。也因此,讨论公共政策的法源问题,其实就是讨论国家政策的法源问题。

国家政策的内容往往与一定时期所要达成的目标和任务有关，如移民政策、产业政策等。在我国耳熟能详的政策有计划生育政策、拆迁政策、房地产政策等，这些政策都具有极强的公共性，因为它涉及对公民利益的重大调整。法律也具有公共性，政策也具有公共性，那么为什么法律之外还要有政策呢？这就涉及政策与法律的区别。一般来说，法律之外之所以还要有政策，大致有这样几个原因：(1) 法律具有超强的稳定性，不能朝令夕改，而政府所应对的事务又往往带有突然性，时间性强。如果只采取法律一元治理模式，则法律因其硬性规定而使政府丧失机动性，从而政府被捆住手脚而不便作为。(2) 法律涵盖的面是整个法域，而国家政策因不同的内容，而适用于不同的空间和不同的事务，具有灵活性。法律一元治理模式将使政府不能具体问题具体分析，机械、僵化，从而使政府不能有所作为。(3) 法律由专门司法机关负责实施，政府行使的是行政权，法律一元治理模式将使政府处处事事受制于立法和司法，而使政府不能有所作为。

政策对于法律，既可以因为对法律有所补充而发挥好的作用，又可能因为与法律发生矛盾，而产生不好的效果。在我国，计划生育政策、拆迁政策、殡葬改革政策等，在实施中由于有些地方政府采取过激措施，导致了政府与公民关系的紧张。造成关系紧张的根本原因在于，公民的基本权利受到了政策的剥夺。在这种背景下，政策进入司法的方式主要有两种：一是，公民以政策或政策实施的过程违法而起诉政府。此时，司法对政策及政策的执行就负有审查的义务。长期浸淫于政策治理的公务人员并没有意识到，执行政策并不能成为一个人免于法律责任的理由。2018 年，某省在强行推行殡葬改革的过程中，公务人员的入户抢棺材行为，就可能涉嫌犯罪。在这种方式里，政策是法官审查的对象，而不是法官适用的法源。

政策进入司法的另一种方式，是法官在审理案件中，考虑案件可否适用政策的问题，这才是政策能否作为法源的问题。政策能不能作为法源？一般来说，在三权分立的国家，由于特别强调审判独立以及司法权对行政权的约束，因此，在这些国家，政策只能成为司法审查的对象，而不可能成为司法适用的法源。在我国，1949 年废除“六法全书”后，国家长期无法可依，政策一度成为司法的主要法源，甚至是唯一法源。1979 年后，国家逐渐制定一系列基本法律，政策的法源地位开始下降。但纵观 1949 年以来的中国历史，政策并没有完全从司法适用的领域退场，在特定时期，其地位反而还有所上升。1983 年，国家开展了一场大规模的“严厉打击刑事犯罪活动的运动”。在这场“严打”运动中，“从重从快”就被明确规定为当时的政策。时至今日，将政策规定为司法适用的法源的做法仍然较为常见。

我以为，既然政策在我国被作为法源是事实，那么，就应该对其设定严格的适用条件。这些条件应当是：(1) 政策必须是公众所周知的。只有公开的政策才可以作为法源；而内部掌握的政策，诸如会议记录、会议精神、内部文件等，由于形式化程度不高、且有秘密立法的嫌疑，因此须严格禁止其流入司法。(2) 政策不得违背宪法和法律。政策违反宪法和法律，从法理上讲，就会引起司法审查。虽然我国还没有司法审查制度，司法不能直接宣布政策无效;但是,司法有义务不适用违背法律的政策。(3) 政策在不违反宪法和法律时,可以推定其具有合理性,公务员执行政策的行为可以优先于相反行为而得到司法尊重。(4) 政策可以作为司法推定的根据。前面我们已经讲过,习惯可以作为司法推定的基础,同理,政策也可以作为司法推定的根据。比如公务人员的行为,在确定其行为性质时,可作执行政策或合乎政策的推定。但如果有相反的事实,推定就不成立。

第二节　法律分类

法律因不同的划分标准而可以得到不同的法律种类。法律分类的意义有:(1) 法律渊源存在于各种法律种类中,通过分类,可以帮助法官准确判断法律渊源存在于何种法律中。(2) 不同种类的法律,其调整的原则不同。通过分类,可以判断应当适用何种原则的法律。(3) 不同种类的法律,其方法不同。通过分类,可以判断应当适用何种调整方法的法律。(4) 不同种类的法律,其适用的效力不同。通过分类,在法律适用发生竞合时,法官可以判断何者优先适用。(5) 不同种类的法律,其适用的主体、事项、时空不同。通过分类,可以判断并选择与其所对应的法律。

在逻辑学意义上,分类是通过逻辑划分而得到的结果,因此,法律分类也要遵守划分的三个逻辑规则,即(1) 被划分项的全部外延和子项的外延总和必须相等;(2) 划分必须根据同一标准;(3) 划分所得的子项之间必须相互排斥。这些在前面都已经讲过,这里就不重复。法律因其划分标准的不同而可以得到不同的种类。由于标准可以是无限的,因而分类也就可以是无限的。本章主要讲几种常见的分类,选择的是对法律具有认识意义的分类,即可以从法律的不同角度,帮助我们认识法律的多种面相的那些分类。

一、国内法与国际法

这是以国家为参照,主要根据法律适用范围为标准而划分所得到的类别。国内法主要为国家制定或认可的法,主要在国内有效,并主要由国家强制力保障实施。说“主要”是因为存在“特别”。“主要为国家制定”,是因为除了制定法,还有国内习惯法等酌定渊源;“主要在国内有效”,是因为国家基于自身利益的保护,其适用范围也有延及国外的情形,将逃犯引渡回国审判就是;“主要由国家强制力保障实施”,是因为国际社会也会基于司法合作而协助他国法律执行。国内法的制定、适用及实施是一国主权的体现,因此,治外法权往往会被看作是一国主权丧失的标志,清末租界的司法就是这样的。国内制定法是最典型的法律形态,人们对于法律的认识就是从国内法开始的。

国际法则不同。国际法产生的方式不同,它不是由国家立法机关制定,而主要是由国家与国家之间通过谈判协商的方式而产生的,或者加入他国之间已经存在的协议中,即使是国际组织也是基于国家的意愿加入或退出的。这有点类似于个人之间签订的合同。我们说,合同是当事人之间的法律,因此,国家之间的协议也就是国家之间的法律。国际条约只对条约国有效,就好比合同只对订立合同的双方有效。国际法主要调整对象是国家,个人不是其法律主体,但随着国际人权意识的提升,个人也开始成为国际法的主体。欧洲就有一个人权法院,可以审理个人对于政府违反人权的起诉。国际法是基于国家协议或自愿加入而形成,并且,由于国际上并没有一个实体性的强制机构来保障实施,因此,国际条约的有效性主要建立在"信用"的基础上。如果一国违反国际法,对方只能诉诸舆论谴责、贸易制裁、断绝外交关系,最严重的就是军事干预。实际上,就像我们日常生活交往,做人的"信誉"很重要,如果一个人一向蛮不讲理,不守信用,说话出尔反尔,慢慢大家也就不和他玩了。

国际法的出现,在很大程度上动摇了传统法律概念。如果从国家制定法的角度来看,国际法其实不能算作是法,只是借用了法律的名称而已。国际法由各种各样的国际条约、国际惯例构成,前者是国家主动协商而形成的,后者是在实践中基于习惯而形成的。也就是说,国际法作为一个整体的法律并不存在,它只是存在于各国之间的条约和惯例中。随着全球化时代的到来,国际关系日益密切,国际法的效力也逐渐从缔约国之间延伸到国内。如我国《民事诉讼法》第 260 条规定,"中华人民共和国缔结或者参加的国际条约同本法有不同规定的,适用该国际条约的规定,但中华人民共和国声明保留的条款除外"。这表明,国际法在我国也已经取得了国内法的效力,并且其效力高于国内法。

二、 根本法与普通法

按照学界通说的观点,所谓根本法是指在一国的整个法律体系中居于最高地位的法,一般就是指宪法,又称基本法。而普通法则是指宪法之外的其他法律,比如民法、刑法、诉讼法等。一般认为,根本法与普通法的不同,在于两者的法律的地位、效力和制定程序上不同。

宪法的地位高于其他法律,其他法律的效力来自宪法,故不得与宪法相冲突,否则无效。一条规范在法律上有效,就是因为它是由上位阶法律所授权制定的。如果有权机关制定的每一部法律都与其上位阶法律保持一致,那么整个法律体系就是有机的和一致的。因此,宪法对于整个法律体系就具有非常重要的整合功能。正是基于这种认识,许多人将宪法称为母法,而将其他法律称为子法。

宪法与其他法律是母子关系吗?在我看来,宪法与其他法律比较,其主要的不同,并不是因为彼此之间存在上下位阶的关系，而是调整内容的性质不同。宪法是对国家政治所作的制度安排，就是对政府权力的来源、架构和运作所作的制度安排。所以，宪法的内容主要是有关权力安排及其对于权力的控制。而其他法律则只是对公共生活的某一方面所作的规定。一定要以母法与子法来指称宪法与其他法律关系的话，有一个基本事实也是没有办法讲得通的。那就是，在没有宪法的国家，或者在还没有出现宪法的时代，其他法律又是根据什么产生的呢？没有母亲，儿子是怎么来的？我们一直说，法理是关于法律的逻辑之理，如果你坚持母子关系这个理，那你就必须一以贯之；而如果不能一以贯之，那就只能说明不是母子关系。尽管这只是比喻，但道理是一样的。

在我看来，宪法与其他法律的关系并不都是上与下的关系。从立法权来说，其他任何法律的立法权都是来自宪法的安排，这有点母子关系的意思。但是，从法律内容来看，就不是这么一回事。宪法作为权力安排最大的法，其与其他有关权力安排的法律，比如刑事诉讼法、行政法，以及与其他法律中涉及的具体权力安排的法律规定，构成上下关系。而与其他非有关权力安排的法律，就不是上下关系，而是平行关系。至于说，宪法与普通法的区别是根据制定和修改程序上的不同而作的分类，就更不能成立了。因为，程序上的不同，那只是不同的表现，而不是不同的根据。宪法与其他法律，其划分的标准是关于法律调整内容的性质不同，是关于权力的根本安排，还是其他。所以，根本法的称谓，并不是因为它相对于普通法而言，而是因为其内容是关于国家的根本政治制度。

当然，宪法并不只是表现为宪法典这么一部法律。宪法典只是狭义上的宪法，有的国家还没有一部成文宪法。因此，凡是对国家政治制度作出安排的法律都属于广义上的宪法的范围，如立法法、国旗法、选举法、组织法等。由于宪法典是对一国根本政治制度的安排，是有关国家重大政治生活的制度，因此，宪法典的制定程序和修改远比其他法律要严格得多。也因为其程序十分严格，一部宪法制定后，就具有超强的稳定性。这个，看看美国宪法历史就清楚了，美国《宪法》自 1789 年通过以来就一直有效至今。宪法特别需要稳定，这是因为，一国宪法的制定，本来就是社会动乱、政局变化后求稳定的产物。你看看哪一个国家的宪法法典，不都是因为经历了重大革命变故后才产生的？美国 1789 年《宪法》是美国革命之后，法国 1791 年《宪法》则是法国革命之后，中国 1949 年《政治协商会议共同纲领》也是在推翻了国民党的统治之后。借助宪法来巩固革命成果，是各国制定宪法的根本目的。宪法制定后，宪法法典不得重新制定，除非政局发生重大变化，需要借助宪法来重新调整政治利益。当然，非经革命，宪法法典不得重新制定，并不表明宪法不能修改。[①] 只不过，可以改变的内容也受到了严格的限制，具体哪些可以修改，哪些不可以修改，一般视其重要程度而定。对重要的条款进行修

① 关于制宪权与修宪权的区别，可参见〔日〕芦布信喜：《制宪权》，王贵松译，中国政法大学出版社 2012 年版，第 19 页。

改，实际上是对宪法的重新制定。所以，是修改还是指重新制定，不能只从字面来理解，还要结合修改的内容来看。由于宪法被作为人民与政府的社会契约这一观念已经成为共识，因此，理论上来说，公民权利容易增进，而政府权力则很难扩张，英国王权被不断限制的历史就非常清楚地展示了这一点。总之，宪法是革命的产物，又是防止革命的工具。因此，对宪法典制定和修改的程序要求特别严格，目的就是为了保证国家政治生活的稳定。

三、 一般法与特别法

一般法与特别法是以法律适用范围的普遍还是特殊为标准，而对法律所进行的分类。所谓一般法是指对一般主体、一般事项、一般时间、一般空间都具有效力的法律。刑法、民法、民事诉讼法、刑事诉讼法就是一般法。相对的，特别法是指对特定主体、特定事项、特定时间或者特定空间有效力的法律。比如，针对特定主体的，如军人违反职责条例；针对特定事项的，如建筑合同条例；针对特定时间的，如战时动员法；针对特定空间的，如民族区域自治法。注意，一般法的定义中的诸项之间是"并且型"关系，意即几个并列项只有同时具备，它才是一般法，缺少其中之一就不是。而特别法定义中的诸项之间是"或者型"关系，意即几个选项只要具备其中之一，它就是特别法，并不要求全部具备。

特别法是相对于一般法而言的。如《军人违反职责条例》相对于《刑法》，《建筑合同条例》相对于《民法典》，《战时动员法》相对于平时法，《民族区域自治法》相对于全国适用的法。并且，这种相对性还表现在一部法相对此部法是特别法，而相对于另一部法则又可能是一般法。如《高等教育法》相对于《教育法》是特别法，相对于《高等师范教育法》则又是一般法。《特别行政区基本法》相对于《宪法》是特别法，相对于特别行政区内其他法则又是一般法。一般法与特别法的相对性不仅存在于法律与法律之间，也存在于同一部法律中条款与条款之间，如《民法典》婚姻家庭编关于离婚的普遍性规定与军人离婚的特殊规定，前者就是一般法条款，后者就是特别法条款。

一般法与特别法在适用上，特别法要优先于一般法，比如《高等教育法》比《教育法》要优先得到适用；同一部法中的一般条款与特别条款，特别条款要优先于一般条款，比如军人离婚的特殊规定比离婚的普遍性规定要得到优先适用。

四、 实体法与程序法

实体法与程序法的分类，只要是有一点法律基础知识的人，都不会搞混。即使是对于一个初学者来说，只要举例说明，也立即会明白。就法律整体来说，刑法、民法、行政法等就是实体法，而刑事诉讼法、民事诉讼法、行政诉讼法、宪法诉讼法就是程序法。在同一部法律性文件中，既有实体法内容又有程序法内容的情形也有。如民法典，总体上当然是实体法，但其关于合同订立的要约和承诺的规定就是程序法内容。

实体法与程序法的分类，尽管大家都能明白，却不一定能说清楚。迄今为止，法理学教材对这一问题，都是把它当作常识而一笔带过。可是，当你停下来一琢磨，问题就浮上来了。没有办法，逻辑就是这样，它不会因为你点到为止就轻易放过。纵观法理学教材，我看到的，无一例外都是这样说，实体法与程序法是根据法律规定的内容不同而作的分类。[①] 根据这一观点，区分实体法与程序法的根据是内容。可是又有哪一部法律与其他法律在内容上是相同的呢？如果可以笼统地说是以内容不同作为划分标准，那么，又有哪一种分类不可以说成是因为内容的不同而划分的呢？前面所划分的国内法与国际法、根本法与普通法、一般法与特别法，以及后面还要谈到的公法和私法，无不可以说成是因为内容的不同而作的划分啊。

当然，我们可以这样说，实体法与程序法内容上的不同，是指实体内容与程序内容的不同。实体法是规定实体权利义务的法律，程序法是规定程序权利义务的法律。[②]可是，“实体”和“程序”本身就是被定义项中的概念，根本达不到说明被定义项的目的。因为，什么是实体？什么是程序？这恰恰就是定义项所需要明确其内涵的概念，这在逻辑上就叫作循环定义。为此，有学者试着对实体和程序作了区分，认为“实体法一般是指以规定主体的权利和义务关系或职权和职责关系为主要内容的法”[③]；而“程序法通常指以保证主体的权利和义务得以实现或保证主体的职权和职责得以履行所需程序或手续为主要内容的法”[④]。这样来定义，似乎给人的感觉要好一点，多少揭示了两者具体内容有哪些不同。但是，问题还是没有得到彻底解决：第一，程序法的定义仍然在定义项中包含了“程序”的概念。第二，法律就是关于权利义务的规则，并非只有实体法的内容是权利义务，而程序法的内容就不是权利义务。

程序法强调的是时间、过程、程式及手续，其有关权利义务与法律的进程有着紧密的关系。而实体法强调的权利义务，与法律的过程没有关系。不过，由于“实体”的原始意义具有“有形的”“实际存在的”“真实的”的意思，因此，将“实体”来指称与“程序”相对的概念并不恰当。或许正是因为这个原因，实体法无论如何定义，都很难满足逻辑学的严谨要求。在我看来，实体法名称的由来，或许恰恰是因为出现了“程序法”的名称后，而倒逼出来的一个说法。我的意思是说，实体法的名称很有可能是以程序法为中心，而将凡是不同于程序法的法律笼统地归到了一个不是很清晰的“实体法”名称下。因为程序法的名称清晰，所以人们对于实体法的理解也就不会有歧义。只是这样一来，逻辑定义就为难了。为此，我试着定义一下，实体法是规定独立的权利义务的法，而程序法则

---

① 参见刘全国、张贵成主编：《法理学》，中国政法大学出版社 1992 年版，第 44 页；沈宗灵主编：《法学基础理论》（第二版），北京大学出版社 1994 年版，第 49 页；卢云主编：《法学基础理论》，中国政法大学出版社 1994 年版，第 54 页；李龙主编：《法理学》，武汉大学出版社 1996 年版，第 33 页；张文显主编：《法理学》，法律出版社 1997 年版，第 87 页；乔克裕主编：《法理学教程》，法律出版社 1997 年版，第 24 页；张文显主编：《法理学》（第三版），高等教育出版社、北京大学出版社 2007 年版，第 104 页；周永坤：《法理学》（第二版），法律出版社 2004 年版，第 79 页。

② 周永坤：《法理学》（第二版），法律出版社 2004 年版，第 79 页。

③ 张文显主编：《法理学》（第三版），高等教育出版社、北京大学出版社 2007 年版，第 104 页。

④ 同上。

是实体权利义务落实的法，两者是目标与工具的关系，而其划分的标准就是看法律内容是具有独立性，还是具有依附性。实体法具有独立性，而程序法依附于实体法。这个定义简洁是简洁了，只是未必能完全说清楚，毕竟程序法也规定权利义务的，只不过是程序性的权利义务而已。不过，话又要说回来，实体法与程序法的定义的确也没有多少学术性；并且，无论在理论上如何定义，也不会影响法律人的理解和交流。

五、公法与私法

前面我们讲到了宪法争当"母法"，另外一个也喜欢说自己是母法的是民法，还没有哪个部门法学者争当"公法"。有"母法"没有"公法"，好像说不过去。现在终于出现了"公法"。学人见面，经常开玩笑说，你是母的，我是公的，给严谨的学术交流增添一丝乐趣。不过，这里讲的公法并不是与母法相对，而是与私法相对。在本节的法律分类中，我以为，最有学术价值的分类就是公法与私法。

公法与私法始于古罗马法。最早提出公法与私法划分的是古罗马法学家乌尔比安。乌尔比安认为，"公法是有关罗马国家稳定的法，私法是涉及个人利益的法。"①这个划分方法后来被大陆法系所继承。英美法系早期不承认法律的公私划分，但后来也逐渐接受了。我国基于政治意识形态上的原因，长期不承认公私法的划分，认为公私法的划分是建立在资本主义私有制的基础上，而我国实行的是社会主义公有制，不存在私法的土壤。后来，随着市场经济的不断深入，学术界逐渐认识到公私法划分的学术意义，并开展了有益的研究。有两个以书代刊的刊物，名称就分别叫作《公法》《私法》，发表了大量公法的和私法的论文。

不过，尽管人们已经接受了公私法的划分，但关于两者划分的标准，学者们则一直是各执一词，主要有以下几种说法：(1) 利益说。以保护公共利益为目的是公法，以保护私人利益为目的则是私法。利益说划分的局限性体现在，作为标准私法的民法，其保护的利益并不限于个人利益，也要保护集体和国家利益；而作为标准公法的税法，其保护的利益并不限于国家的税收利益，也要保护纳税人的个人利益。因此，以利益说作为标准，并不能有效区分公法与私法。(2) 主体说。法律关系的主体有一方为国家或国家所属团体的就是公法；法律关系主体双方都是私人者，是私法。与利益说一样，主体说也不严谨。因为，国家机关也会作为平等主体而与其他主体发生民事法律关系，这种平等主体的民事关系当属于民法调整，而民法是典型的私法。(3) 权力说。法律关系为服从与被服从关系的是公法，为平等关系的是私法。权力说也有问题。国家与公民之间并不完全是服从与被服从关系，如公民作为权利主体要求国家赔偿，就不是服从与被服从关系，但国家赔偿法却是公法。(4) 调整说。调整政治生活关系的是公法，调整民事关系的是私法。什么是政治生活？这也是一个不确定性的概念，政治生活的核心

---

① 〔意〕桑德罗·斯奇巴尼选编：《民法大全选译·正义和法》，黄风译，中国政法大学出版社 1992 年版，第 35 页。

是公共生活，民事关系也与公共生活有关，因此，那种将民事关系与政治生活对立起来的观点，也是不对的。

尽管划分标准不能统一，但对于哪些是公法、哪些是私法，学术界还是有高度共识的。一般来说，公法通常包括宪法、行政法、刑法、刑事诉讼法、监察法。而私法则主要有民法、婚姻法、合同法、商事法等。当然，这只是从整体上对法律所进行的归类。而事实上，同一部法律中，既有公法内容的条款，也有私法内容的条款。如保险法、商事法，整体上可以归为私法，但因其里面有大量关于国家管理的规定，这些内容就具有公法性。由于存在这样的情形，有些法律并不能简单地被归为私法还是公法。无论是被归入公法还是私法，都可以从上述划分标准中找到可以归入的理由，或不可以归入的理由，民事诉讼法就是这样。你说是私法嘛，里面关于人民法院的受案、管辖、诉讼程序都是公法内容；你说是公法嘛，里面关于当事人的起诉、应诉等都与当事人的处分意愿有很大关系。可见，公法与私法的划分，并不能为各个法律归入到公法或私法范畴提供清晰明了的标准。

其实，公私划分的意义，并不在于如何将各个法律分门别类地归入到公法或私法的范畴中。公私法划分的真正意义在于确定公法与私法的不同原则。私法以权利为中心，当事人具有意思自治的空间，能够行使处分权。公法以权力为中心，法律主体没有意思自治的空间，当事人不能行使处分权。因此，公私法的划分并不关心各个部门法的归档管理，而是关心不同法律的适用原则。因而，公私法的划分并不只适用于法律，同样也适用于法律的具体内容。公私法区分的意义就在于，通过区分法律规定是公法性还是私法性，来确定法律适用的原则。因此，只要是涉及对于权力的规范、限制和约束，那就表明该法律规定具有公法性，因而得准用公法原则对待之；而只要是涉及公民权利的确认和保护，那就表明该法律规定具有私法性，因而得准用私法原则对待之。因此，公私法的划分，并不是为划分而划分，而是基于对公权力抱着警惕的态度，而以公法与私法的“楚河汉界”去防范权力跨越权利的边界。由此可见，公法私法的划分的根本目的，在于保护权利免于权力的侵犯。

除了上述国内法与国际法、根本法与普通法、一般法与特别法、实体法与程序法、公法与私法的分类外，学术界还有强行法与任意法、实在法与自然法等学理分类。这些学理分类，我们在讲其他内容时，或多或少会涉及，而且，大家望文生义也容易理解，这里就不细讲了。此外，20 世纪八九十年代还流行过，将法律分为奴隶制法、封建制法、资本主义法和社会主义法①，这一划分与法理没有多大关系，这里也不讲了。

---

① 参见刘全国、张贵成主编：《法理学》，中国政法大学出版社 1992 年版，第 41 页。

第八章　法律效力

第一节　法律效力的范围

一、什么是法律效力

法律效力是一个具有多重意义的概念，从不同角度理解而可以有不同的含义。从法律本体上认识，法律效力是指基于法律自身的特性而具有的约束力，包括规范性效力和个别性效力。前者是指法律规范本身的约束力，其约束力具有普适性，针对的是不特定人；后者是指因适用规范而作出的司法判决、裁定、合同所产生的约束力，其约束力不具有普适性，仅针对特定人有效。两者的联系是，前者是后者的前提，后者是前者适用的结果。一般法理学讲法律效力这个概念时，是从前面这一意义讲，将法律效力只界定为法律规范本身的约束力。法律约束力与道德约束力不同，后者的约束力量来源于心理上的强制，而法律约束力则来源于物理上的强制，表现为由国家以强制力赋予了其可见、可知、可感的物理拘束性。因此，法律效力是指因为法律而产生的具有国家强制性的约束力。

为什么法律就具有这种约束力呢？对此，纯粹法学派的凯尔森，坚持本体论的立场，他说："说一个规范有效力就是说我们假定它的存在，或者就是说，我们假定它对那些其行为由它所调整的人具有'约束力'。法律规则，如果有效力的话，便是规范。更确切些说，它们是规定制裁的规范。"[①]凯尔森的意思是，只要是法律规范，就当然具有法律效力，没有法律效力，就不叫法律规范，法律效力是法律规范的表现，也是法律规范存在的证明。为什么法律规范就具有法律效力呢？在凯尔森看来，法律效力就是法律规范自身所固有的，法律规范就是法律效力的理由，并不需要从法律之外去证明。只要法律规范是由一个有权立法的机关，经有效的程序制定，那么它就具有法律效力。

虽然凯尔森关于法律规范具有法律效力的理由，在今天看来未免过于简单，但是，他关于法律效力概念的认识立场无疑是正确的。超越本体论的定义，或者是在讲法律效力的道德效力，或者是在讲法律效力的事实效力，这都不是在回答法律效力的本身。正因此，凯尔森关于法律效力的界定，至今仍有很大的影响。

---

① 〔奥〕凯尔森：《法与国家的一般理论》，沈宗灵译，中国大百科全书出版社1996年版，第32页。

二、法律效力与现实效力和道德效力

当代德国学者魏德士将法律效力分为三种类型：法律效力、现实效力、道德效力。如果说，法律效力是法律本体的问题，那么，现实效力和道德效力则是法律之外的问题，一是社会效果，一是道德根据。

魏德士指出，“法律规定之所以具有效力，是因为它是根据‘有效’的程序公布，并且从那时起就没有被废除”。[①] 他举例说，刑法规定的盗窃罪，无论过去和现在都是有效的，无一例外。但是，这并不表明所有的盗窃行为都会受到惩罚，没有发现或者司法人员放纵，都有可能导致盗窃犯实际上没有受到刑法的约束。[②] 魏德士进而指出，“显而易见，‘法律’效力表明的是普遍的效力要求，也就是法律规范的接受对象都应遵守的当为”。[③] 但是，法律现实效力则不同，它指的是法律规范是否并在多大程度上得到了人们的遵守，据此，这种现实效力又被称为法的实效或功效。[④]

根据魏德士的定义，法律效力与法律实效的关系是，法律效力是法律之所以产生实效的规范根据；法律实效则是法律效力实现的结果。两者的区别是，前者是一个法学概念，规范“应当如何行为”；后者是一个社会学概念，是关于“实际上如何行为”的事实。因此，法律效力与法律实效的认识视角不同，前者是实证主义的法学视角，后者是纯粹法社会学的视角。不过，尽管法律效力与法律实效不同，但是，法律实效仍然是检验法律是否有效的一项重要指标。如果法律在现实生活中不被遵守，至少说明它已经丧失了法律效力的功能。因此，一个在事实上完全没有实效的法律，即便理论上是一个有效的法律，但人们却不再把它当作是一个有效力的法律。名义上还是法律，但实际上已经死亡了。

所谓法律的道德效力，是指法律规范之所以具有法律效力的道德根据。按魏德士的说法，“如果法律规范是出于法律确信而被人们自愿遵守，那么它就具有道德效力”。[⑤] 据此，他提出了一个“法的接受”的概念。他说：“国家制定的法律必须得到人们的接受，才能获得完全的持久的效力。……如果大多数的人认为国家立法是非正义的而予以拒绝，也即如果大多数人拒绝接受，那么法就会与法律共同体的法律确信对立。这样的规范只能通过国家制裁权力予以实施，并强制人们遵守。但是，要承认这种规范为法，一直很成问题。”[⑥]自然法学派倾向于对法律进行道德评价，提倡“恶法非法也”，即如果法律本身是不正义的，那么，这个法律就不是法律，当然也就不具有法律效力。自然法学派提倡的“自然法”就被认为是法律的道德效力的表现。

---

① 〔德〕伯恩·魏德士：《法理学》，丁小春、吴越译，法律出版社 2003 年版，第 153 页。
② 同上。
③ 同上。
④ 同上。
⑤ 同上书，第 154 页。
⑥ 同上书，第 155 页。

法律效力、现实效力与道德效力三者尽管不同，但彼此又有紧密的关系。法律效力是现实效力的条件，而法律的道德效力又是法律效力的根据，三者之间呈现出一条递进式的因果关系链，即道德效力→法律效力→现实效力。一个法律规范如果是非道德的，那么，其法律效力只能纯粹依靠强力，而一个法律规范如果纯粹依靠强力，最终也会导致其实效的递减乃至消亡。正如魏德士所指出的，“一个人有了刺刀可以做很多事情，但是要长久地依靠它是不行的”。[①]

法律效力反映在两个维度上，一是法律的时间效力，一是法律的空间效力。当然，大多数的法理学教材还提出了“法律的对人效力范围”。[②] 其实，法律效力就是对人的效力，只不过因时间或空间的不同而有不同。因此，时间效力也好，空间效力也好，都是对人效力的具体体现。前面两个维度就是对人效力的时空范围，如果再将法律的对人效力范围列为第三个维度，那它就会与前面两个维度产生“子项相容”的逻辑问题。同理，凯尔森提出的属人、属事、属时和属地的四个维度[③]，也会因为“多标准划分”的逻辑错误而产生“子项相容”的逻辑问题。基于此考虑，本书只从时间效力和空间效力两个维度来讲清楚法律效力的范围。

三、法律的时间效力

所谓法律的时间效力，具体就是指法律从什么时候开始生效（生效时间），什么时候失效（失效时间），以及法律对制定前的事件是否有效（溯及力问题）。法律的时间效力只对制定法有意义，而对于非制定法，其时间效力的问题则较为复杂。所以，这里主要以制定法为分析对象。

（一）法律的生效时间

法律的生效时间，就是指法律开始发生约束力的时间。法律规范对于人的行为具有指示、引导和预测的功能，因此，当且仅当法律的效力是指向未来时，法律规范的上述功能才能得以发挥。质言之，法律效力指向的对象通常是可能发生，但还没有发生的事项。不可能发生的事项在立法时就不会，也不应该进入法律；而已经发生的事项，则因法律规范已经丧失了指示、引导和预测的功能，也不应该归入法律规范的范围。因此，法律效力的生效时间一定是在法律出台之后的某一个时间点，最早也不得早于法律公布之时。于是，我们可以确定法律生效两个时间点，一是公布后之日，二是公布之日，前者较后者普遍。

---

① 〔德〕伯恩·魏德士：《法理学》，丁小春、吴越译，法律出版社 2003 年版，第 155 页。

② 葛洪义主编：《法理学》，中国政法大学出版社 1999 年版，第 349 页；李龙主编：《法理学》，武汉大学出版社 1996 年版，第 358 页；张文显主编：《法理学》，法律出版社 1997 年版，第 92 页；张文显主编：《法理学》（第三版），高等教育出版社、北京大学出版社 2007 年版，第 106 页；周永坤：《法理学》（第二版），法律出版社 2004 年版，第 108 页；郭道晖：《法理学精义》，湖南人民出版社 2005 年版，第 260 页。

③ 〔奥〕凯尔森：《法与国家的一般理论》，沈宗灵译，中国大百科全书出版社 1996 年版，第 45 页。

1. 公布后某日生效

公布后某日生效,也可以称为延后生效。从法律公布之日到法律生效之日,有一个时间段。这个时间段,法律上称之为预知期。为保证法律规范功能的发挥,法律的效力必须指向未来,而且,法律的内容还必须为人们所熟悉。常言道,“无知者无罪”,虽然这句话并不绝对,但也对法律提出了要让人们知道的要求。因此,预知期的意义就在于让人们在这一段时间内知悉法律,以调整自己的行为。在预知期内,国家会通过各种媒介,对大众进行宣传和普法教育,以使社会大众周知。预知期究竟设多长,并无统一做法,一般会根据法律规范普法的广度和难度而定,而这与交通是否便捷和信息传播是否高速有关系。当然,预知期并不能保证社会大众的每一个人都能够知悉新的法律。在预知期限内,只要一个正常人有条件知悉,或者绝大多数人都已知悉,那么,这个期限就是合理的。经过预知期后,任何一个人都不得再以“无知者无罪”作为辩护的理由,即使是自己真的不知道,也不能免于责任。此外,预知期还有一个意义,新法的实施需要一定条件,而公布时条件尚不具备,此时,法律也需要空出一段时间供相关机关作准备。如,高速公路启用 ETC 收费,就必须给收费站改装 ETC 留出足够的时间。不过,这个期限就不好叫预知期了,而应该叫准备期才对。虽然预知期与准备期在时间上为同期,但人们已经习惯了叫预知期,而不会叫准备期。不过,从法理上分析,不同的说法包含的理由是不一样的。预知期注重的是保护公众的知情权,而准备期则是以公权力为利益中心。所以,叫预知期而不叫准备期,这说明公众预知的意义要大于政府准备的意义。可见,名称还是很重要的。

延后生效的立法形式,一般规定在待生效的法律文本中,作为法律规定的内容之一,载于规范之末。其表述方式,或是直接写明生效的具体日期,如我国《刑法》规定,“本法自 1997 年 10 月 1 日起施行”;或者注明以特定事件的发生作为生效的日期,如 1951 年《关于难民地位的公约》规定,“本公约于第六件批准书或加入书交存之日后第 90 天生效”。

2. 公布之日生效

公布之日就是生效之日,又称为即时生效,与延后生效相对。前面已经讲过,法律生效必须以公众周知为条件。公布之日就生效的做法,显然剥夺了公众知悉法律的权利,而与法律之治不容。但是,如果公布之日,公众周知的条件即已满足,那么,即时生效的障碍就不存在。这种情形一般是指:(1) 法律在立法阶段已经进行了广泛而热烈的讨论,人们对于即将公布的法律已经知悉。(2) 新法已经立法会议通过,但公布之日与通过之日已经隔了一段时间,这段时间相当于预知期。(3) 虽然公众并不周知,但由于形势紧急,非立即生效不行。这种情形一般指发生战争,或其他紧急情形,国家得通过法律宣布立即进入战争状态或其他紧急状态。因此,法律生效一般以延后生效为原则,即时生效为例外。总之,给公众以预知期,这是法律之治最起码的要求。

即时生效的立法形式,一般规定在待生效的法律文本中,作为法律规定的内容之一,载于规范之末,其表述方式为,“本法自公布之日起施行”或“本条例自发布之日起施行”。

（二）法律的失效时间

失效是相对于生效来说的，因此，法律的失效是指原本有法律效力的法律失去效力。法律失效的“法律”既可以指整个法律体系，也可以指法律体系中的某一部法律。整个法律体系的失效通常发生在政权更迭时，且政权更迭是通过革命的方式发生的，原有政权的全部法律彻底丧失了法律效力。原有的整个法律体系一旦失效，而如果新政权的法律又没有及时跟上，那么整个社会秩序就会遭到破坏，人们将无所适从，这是法律之治之大不幸。非革命方式的政权更迭则不然，除政治性很强的法律外，原有法律一般会延续一段时间，此后新政权在一定时间内会通过立法的方式逐渐废除某些旧法，并逐渐建立起新政权的法律体系。这种过渡方式对社会的震荡不大，是法律体系所能承受的。当然，因政权更迭而导致的整个法律体系的变更，无论是断裂式的还是渐进式的，严格说来都不是法律问题，而是政治问题。因此，也就不是法理学所要讨论的问题和所能讨论的问题。

法理学所要讨论的法律失效，是指法律体系中的某部法律经一定的合法程序而失效的情形。法律失效的情形有：(1) 原法律规定了或暗含了失效时间，届时失效。如新中国成立初期的《土地改革法》，土地运动结束后，该法律就自动失效了。(2) 有了新法，新法生效，旧法失效。这种情形发生的条件是，前后法律为同一部门法。如 1982 年《宪法》生效，那么，1978 年《宪法》就自动失效。当然，如果不是同一部门的法律，即使新法出现，也不会导致原有法律的失效。(3) 专门宣布失效。由有权机关作出决定，宣布废止某项法律。(4) 实际失效。因社会的发展变化，原法律实效已经全部没有了，以至于人们可以合理地认为该法律已经失效。一般来说，从保护人权的角度来考虑，也应当认定这样的法律失效。有一则案例，大致是这么一回事，原告因父亲火化而与火葬场发生纠纷，要求被告承担损害赔偿责任。法院在审理时，发现现行法律并无专门规定，而被告则以丧葬管理条例赔偿标准为依据，只愿意支付几十元赔偿金。法院查明，被告依据的竟然是上世纪六七十年代出台的条例，其赔偿标准与当下社会形势严重不符。这种情形，就应当认定该法律已经失效。

（三）溯及力的问题

法律溯及力的问题，就是指新法对它生效前所发生的行为是否有效的问题，如果有效就是有溯及力，如果无效就是没有溯及力。就好比，某地方政府现在宣布，所有新购买的房子一律不得再出售。如果说，“本规定自下月起开始生效”，这就是一个没有溯及力的规定。你听了，估计你就不再会购买房子了，因为你可以根据这个新的规定来调整自己的行为。而如果说，“本规定自上月起生效”，这就是一个有溯及力的规定。你在上个月是不可能预测到今天有这么一个规定的。当然，政府能不能出台这样的规定，那是立法权的问题，与我们这里要讨论的法律溯及力没有关系。我们只是为了说清楚法律溯及力而打的一个比方，比方就是为了方便读者理解嘛。

我们前面已经反复讲过，法律具有规范的功能，具体来讲对当事人的行为具有指示、引导、预测的功能，因此，如果法律具有溯及力，那么，也就意味着，今天的法律可以规范甚至可以惩罚昨天的行为，而一个人在昨天是不可能未卜先知今天和明天的法律的。正如富勒所认为的："溯及既往型法律真的是一种怪胎。法律是用规则来规范人的行为。说用明天将会制定的法则来规范或指引今天的行为等于在说胡话。"[①]这种回溯性的法律，相当于是"今天命令一个人做昨天的事"[②]，这不是很荒唐吗？

具体来说，法律溯及既往会导致这样的后果：(1) 公民因信赖原有法律的利益被剥夺，相当于说，法律不讲信用；(2) 公民知悉法律的权利被剥夺，这与前面所说的预知期的意义背道而驰；(3) 当权者可以借助溯及既往的法律谋取不正当利益。其实，这些还不是最可怕的，最可怕的是精神上的。因为，如果法律可以溯及既往，那么也就意味着，无论你今天做什么事，都没有是非对错的标准，即使当时是合法的事，也是不可靠的。你既不知道今天的工作，明天能不能获得报酬；也不知道今天的行为，在明天会不会受到惩罚。因此，法律可以任意溯及既往的国家，也是政府极度没有信用的国家。在这样的国家里，每一个人都生活在极度恐惧和自卑当中。正因此，历史上但凡溯及既往的刑事法律都被看作是恶法。所以，法律不得溯及既往，既是对权利的保障，更是对权力的约束，也是法律之治最起码的要求。我国刑法以"从旧"作为原则，就是基于这一理由。所谓"从旧"，就是指旧法已有规定的，适用旧法。

虽然，法律不得溯及既往是法律之治的基本原则，但是如何判断是否被新法溯及了，有时并不容易。试举一例。某高校为了提高研究生教育质量，规定："研究生必须发表2篇论文才能毕业，从明年应届毕业生起实施。"此规定表面上看起来没有溯及既往，因为它针对的是未来事项。但是，已经入学的学生，尤其是高年级学生，其调整自己行为的时间极其有限，实际上就是被溯及了。从这个例子可知三点：(1) 是否溯及不能仅看法律事实发生的时间，还必须看法律主体为适用新法，是否有调整自己行为的时间。如果一个人的行为因新法而不能调整了，那么其行为就是被溯及了。(2) 溯及不仅是个质的问题，而且还有个量的问题。前面的例子，在该规定出台时，只有那些还没有入校的学生没有被溯及，而已经在校的学生都被溯及了并且低年级学生和高年级学生被溯及的程度又并不一样。(3) 溯及与否不只是司法适用的问题，行政执法也经常面临这个问题。解决上述不当溯及或过于溯及的问题，立法上一般会采用过渡期的方法，设置一定的过渡期限，以便当事人在过渡期内调整自己的行为。当下，在一些行政法规、规章中，不当溯及既往的现象还是比较普遍的。特别是，近几年各地政府出台的房地产政策，其中就有不少溯及既往的规定，对消费者的影响非常大。目前，我国还没有建立司法审查制度，而公民对抽象性行政行为也无权提起诉讼，致使法规的有害溯及的做法

---

① 〔美〕富勒：《法律的道德性》，郑戈译，商务印书馆2005版，第63—64页。
② 同上书，第71页。

很难得到及时制止。

法律不得溯及既往是一项原则，而只要是原则就意味着有例外。学术界将法律不得溯及既往的例外情形概括为两种，一是授益性法律可以溯及既往，二是程序性法律可以溯及既往。理由是，前者有利于行为人，后者对行为人并无不利。下面分而讲解。

先来看授益性法律。前面已经讲过，法律不得溯及既往是因为溯及既往会对行为人产生不利。但是，如果溯及既往并不是不利于行为人，而是有利于行为人呢？此时，溯及既往的障碍就不存在了，法律也就可以溯及往了。这就叫"有利溯及"原则。许多国家在法律上都规定了法律可以有条件地适用于既往行为，以"有利溯及"原则作为"法律不溯既往"原则的补充。我国《立法法》第 93 条也作了"有利溯及"的规定，即"法律、行政法规、地方性法规、自治条例和单行条例、规章不溯及既往，但为了更好地保护公民、法人和其他组织的权利和利益而作的特别规定除外"。

我国法理学教材在讲到有利法溯及时，一般都以刑法规定为例。我国刑法采用的是"从旧兼从轻"的原则，即适用旧法是原则，适用新法是例外。如果新法规定的刑罚轻于旧法时，新法就具有溯及力，这就是刑法的有利溯及。新法作较轻处罚或者作无罪对待的，那说明，这种行为的社会危害性并不像以前认识的那么严重，这就是有利溯及的正当性理由。不过，刑法的这一规定是针对未判决或判决未生效的案件，但对于正在执行中的案件则没有规定。以前有这么一个案件，某行为人因流氓罪而判处有期徒刑若干年，后来流氓罪被刑法取消，但该犯人刑期还未届满。此时，问题就出来了，这个犯人是否还需要继续待在牢里？坚持规范主义的学者无疑会坚持既定判决的效力，犯人必须服完刑期，以体现法律的严肃性。但是，有利溯及原则是以犯人利益为中心，而不是以法律严肃为中心，且犯人利益与法律严肃性并不冲突，因此，强调以审判作为判断是否有利于行为人的时间点并无意义。新法取消流氓罪自然有其理由，而这个理由当然也得覆盖到这个犯人身上。虽然当初的司法判决没有错误，但当初的立法规定有没有错误呢？这就不好说了。让他在牢里继续坐下去，这不是对罪名取消的反讽吗？对此，《俄罗斯刑法典》第 10 条就有类似的规定：行为不构成犯罪、减轻刑罚或以其他方式改善犯罪人状况的刑事法律，有溯及既往的效力，其适用对象不仅包括该法律生效前实施犯罪的人，还包括正在服刑的人。我觉得，《俄罗斯刑法典》的这一规定可以作为我国刑法将来修改时的参考。

授益性法律不受溯及既往的限制，这是不是绝对的？也就是说，是不是只要有利于行为人就可以溯及既往？目前，学术界对这一问题似乎没有深究，大都以"授益性法律不受溯及既往的限制"一笔带过。我认为，虽然"授益性法律的追溯力不会对人权构成威胁"①，但是，如果认为，只要是授益性法律就可以溯及既往，那就大错特错了。举一个不是法律但很能够说明问题的例子，某个院长在照顾老师评职称的名义下，决定将某个一般性的杂志确定为核心刊物，并规定其核心等级的认定时间溯及去年。这个规定

① 周永坤：《法理学》（第二版），法律出版社 2004 年版，第 106 页。

的实体内容是否合理我们这里不讨论，我们这里只讨论它的溯及力问题。无疑，这个规定是授益性的规定。但是，有利的只能是在该刊物上已经发表过论文的部分老师，而对其他未在该刊物发表文章的老师来说就很不公平。因为，职称评比具有相对性，一些人上，就意味着另一些人下。据此，可以推论，可溯及既往的法律，并不能简单地扩及所有的授益性法律中，而只能限于惩罚性的法律。否则，有利溯及原则在为行为人避免重罚而打开一扇门的同时，又可能为权力者谋取不正当利益开启了另一扇窗。因此，法律得对授益性法律的溯及力设定条件，这个条件就是不能制造新的不公平。

讲完了授益性法律，我们再来看程序性法律。对程序性法律的溯及力问题，学者大都认为，程序法不应当受到法律不得溯及既往原则的限制。理由是，程序法并不规定行为人独立的权利义务，它只是实现行为人独立的权利义务的程序而已，因此，其溯及既往并不会影响行为人利益。这个观点几乎成了共识。但真的是这样吗？对此，有学者提出了质疑。以证据规则为例，如果新法改变了证据规则，当事人举证责任就可能要重新分配，这就会影响当事人的实体权利了。[①] 原来规定是由对方举证，由于对方不能举证，所以对方输了；现在改成我方举证，我也举不了证，那我就要输了。此外，程序法中的管辖、案件受理的条件等，最终也都有可能影响到当事人的实体权益的。[②] 因此，简单地说程序法就可以溯及既往，也是过于草率了。所以，我认为，立法也应当对程序性法律的溯及力设定条件，这个条件就是不会对当事人的实体权利产生不利影响，否则就是有害溯及。

四、法律的空间效力

法律的空间效力是指法律在什么范围内生效的问题。以国家作为一个法域为参照，而有域内效力、域外效力和域间效力三种情形。

（一）域内效力

域内效力是指一国法律在其主权范围内发生效力。只要在其法律适用地域内，无论是本国人，还是外国人，无论是居住、工作、生活还是旅游、路过，均得适用。从法律的对人效力来讲，可称为属地原则。但按照国际惯例，外交官对所在国法律享有一定的豁免权，这是例外。域内效力又分为两种情形：(1) 域内全部地区有效。这是指法律在一国主权范围内均有效。主权范围包括领土、领空、领海等主权实际控制的物理区域，也包括驻外使馆，以及航行在境外的本国飞机和船舶等象征意义的国土。(2) 域内部分地区有效。又有三种情形，一是，一国有若干个法域，法律仅在某个法域有效，如香港法律仅在香港有效。二是，全国性的立法机关制定的法律，但法律明确规定仅适用于本国特定区域，如我国的民族区域自治法。三是，地方性立法机关制定的法律，其有效范围

---

① 参见杨登峰、韩兵：《法不溯及既往原则的地位和适用的例外》，载《金陵法律评论》2009年春季卷。
② 同上。

仅在制定机关的行政区域内。

（二）域外效力

域外效力是指一国法律在本国之外发生效力。一般来说，从保护本国利益出发，对持有本国护照但生活、工作或旅游在其他国家的居民或者虽不持本国护照但其行为损害本国的，本国法律也可以适用。法律的域外效力，从对人效力的角度来讲，也可称为属人原则，即凡是法律所指向的人，无论其处于何地，均得适用。根据对等原则，有些外国法也会在本国发生效力，如根据国际条约或互惠原则，一国应另一国请求而履行的司法协助行为，就涉及对他国法律效力的承认问题。从本国来理解，就是外国法的域内效力；而从对方来理解，就是其法律的域外效力。此外，还有一种特殊情形，就是治外法权的问题。这主要是指在殖民主义时代，殖民国在被殖民国设立司法机构，以解决殖民地居民的法律纠纷，这对于殖民国家而言，其法律就具有域外效力。治外法权的产生，有两种情形。一是，殖民地国家被迫放弃的。一般来说，殖民国家基于被殖民国的法律及其司法体制的愚昧落后，出于保护本国公民免受不正义法律审判而向殖民地政府强力索取的，这往往是不平等条约的产物。二是，殖民地国家的政府主动放弃的。殖民地国家的地方政府出于多一事不如少一事的心理，主动将殖民地行政和司法事务交给殖民国政府管理。治外法权随着殖民时代的过去而已经成为历史。

（三）域间效力

法律的域间效力主要是指国际法的效力，因国际法主要适用于国家与国家之间的事务，体现的是承诺与信守诺言的义务。它的产生有两种情形，一是本国作为国际条约的缔约国，二是本国作为国际条约的加入国。无论是以缔约国的身份还是以加入国的身份，均得以本国自愿接受国际法为前提。当然，域间效力的“域间”，并不能狭义地理解为国际法的效力在国家与国家“之间”生效，基于法的性质，一些国际法在本国内也会产生效力。

第二节 法律效力的竞争

法律效力的竞争是指在一个法律体系内部，规范与规范之间的效力竞争。因此，在讲法律效力竞争前，必须讲清楚什么是法律体系。

一、法律体系

从前面所讲的法律渊源和法律分类中，我们发现，法律存在于各种各样的形式中。

对于如此之多的法律，如何将它们整合在一起发挥法律的规范功能，这的确是一个问题，这就涉及法律体系这个概念。所谓法律体系，就是指一国现行全部法律按照一定原则而形成的有机体系。法律体系不同于法系。法系这个概念我们前面已经讲过了，是指不同国家和地区的法律因为相同的法律文化传统而被归为同一法律家族，而法律体系则是指同一个国家内所有的法律被整合在一起的有机构成。

法律体系首先意味着法律与法律之间没有矛盾，是和谐一致的。由于法律众多，调整对象和调整手段各异，不同法律彼此之间难免会出现矛盾和不一致的现象。但是，如果说法律是出自同一个立法者，那么，在理论上，法律与法律之间就不可能存在矛盾。因为，矛盾只能存在于事物与事物之间，事物内部自身是不存在矛盾的。所谓存在就是合理，这个合理并不是说，事物的存在在道德上具有正当性，而是说，它在科学上一定有其存在的根据和原因。一个人言行不一，这在旁人看来，他的思想与行为是矛盾的。但是，他的矛盾只是呈现出来的表象，并不是他的本质。事物在本质上是不会有矛盾的，存在就一定有存在的原因和根据，事物是这样，人也是这样，即他的言行不一致，那一定有其存在的原因和根据。对言行不一的人，人们会说人格分裂。实际上，这只是因为人们无法理解其本质，而将"人格分裂"的表象误以为就是他的本质了。所以，人格分裂不是一个事实概念，而主要用来进行道德否定。因此，从这一意义上讲，对于同一事物，矛盾其实是主观的，不矛盾才是客观的。同理，在一个主权国家，法律在理论上只能理解为由一个主权者所制定的，因此，尽管其可能存在矛盾的表象，但它在本质上是不能容忍有矛盾的。否则，相互矛盾的法律就不可能同时具有法律效力。如果不同法律要同时具有法律效力，那么就必须将所有的法律理解为一个整体，理解为同一个立法主体制定的没有矛盾的法律有机体。而能够作这样的理解，其前提就是所有的法律都同处于一个法律体系中。按照魏德士的说法，法律体系就是将整个法律秩序理解并解释为内部无矛盾的统一体或"意义整体"。[①]

前面已经讲过，事物自身是不存在矛盾的，矛盾只存在于事物与事物之间。因此，将一个国家的法律看作是一个法律体系，那么，这个法律体系自身是没有矛盾的，并且也只能理解为没有矛盾，否则就不是一个法律体系。法律体系作为一个整体是不矛盾的，并不说其内部具体的法律与法律之间没有矛盾。这就好比，一个人是不自相矛盾的，但他的各个器官之间难免会出现矛盾。各个器官共同服务于同一个人的身体，彼此之间非常有机和谐，且自上帝造物以来，医生还没有发现人的器官与器官之间是有矛盾的。因此，一旦有矛盾，那就表明某个器官出了毛病，不能很好地配合其他器官工作了。医生的工作就是致力于消除这种矛盾，以恢复其不矛盾的状态。同理，法律整体是不矛盾的，而如果具体的法律与法律之间出现了矛盾，那就是法律不正常的反映。立法者和司法者的职责之一，就是消除这种矛盾，以恢复其不矛盾的状态。所以，法律体系就是为了消除其内部的法律与法律之间的矛盾而发明出来的一个分析工具，旨在将同一个

---

① 参见〔德〕伯恩·魏德士：《法理学》，丁小春、吴越译，法律出版社2003年版，第330页。

法域中的法律看作是一个没有矛盾的整体。

法律体系之所以可能，其前提是所有有效的法律均由同一个立法者所制定[①]，然后以同一个立法者的意志不可能自相矛盾作为理由，来证成其自身不可能存在矛盾。这在理论上当然可以成立。但是，现实中并没有哪一个国家，其法律都是出自同一个立法机关，不同法律往往是由不同的立法机关制定的。因此，法律体系作为一个有机体，只是想象的产物，与事实并不相符。对此，凯尔森提供了较有说服力的论证。他说，法律规范之所以有效，是因为它是按照另一个法律规范决定的方式创造出来的，后一个规范是前一个规范的效力理由。创造一个有效规范的那个规范可以称为高级规范，而被创造的那个规范可称为低级规范。[②] 高级规范上面还有高级规范，最后汇聚到了一个可以被称为基础规范的那个规范上。[③] 正是基础规范一级一级地派生出下一级的规范，最后就形成了一个树型的网状法律体系。[④] 因此，无论具体的立法者是不是同一个主体，只要严格按照规范体系的派生，那么法律体系就是完整的和有机的，从而保证不同立法机关制定的法律都能反映同一个立法者的意志。进而，根据凯尔森的观点，法律体系就不仅是分析工具，而且也是客观事实。也就说，法律体系既是主观的，也是客观的，是主观性和客观性的统一。

既然，法律体系可以作为分析工具，也可以被视为一种客观事实，那么，立法和司法就必须做到以下两点：(1) 立法上，任何一个立法部门在制定法律时，其立法权都必须是来自上一级规范的授权，并且其制定的法律规范不得与其上一级规范发生冲突。由于立法局限而致法律产生表面上的矛盾时，理解上得作无矛盾的解释。因此，法律体系相当于是立法解释的前提。为确保法律法规的体系化，国家立法机关要定期或不定期地对法律法规进行审查和清理。在清理基础上，立法机关将现行法律法规，按照统一的原则，决定法律法规的存废、修改和补充，最终形成一个法律体系。这个工作就叫法律编纂。法律编纂不同于法律汇编。前者是立法活动，产生新法；后者只是指按一定顺序，将法律法规汇编成册，它不是立法活动，不产生新法。为辅导司法考试而编写的法规手册、法规大全就属于后者。(2) 司法上，任何一个法官在解释法律时，都必须以其他法律有效为前提，将待解释的法条置于法律体系中。当法律可作多重意义解释时，首先得作合乎上一级规范的推定，其解释至少不得与上一级规范相抵触。当法规与法规发生效力竞争时，法官得按照法律效力竞争的原则适用法律。这个后面还会讲到。总之，立法与司法的上述做法，既是法律体系对于立法和司法的要求，也是立法和司法对于法律体系的保证。

---

① 拉兹认为，法律体系是否存在，其标准是：(1) 如果所有法律的共同立法者是主权者，法律体系就存在。(2) 如果法律是普遍有效的，法律体系就存在。参见〔英〕约瑟夫·拉兹：《法律体系的概念》，吴玉章译，中国法制出版社 2003 年版，第 7 页。

② 〔奥〕凯尔森：《法与国家的一般理论》，沈宗灵译，中国大百科全书出版社 1996 年版，第 141 页。

③ 同上书，第 126 页。

④ 参见〔英〕约瑟夫·拉兹：《法律体系的概念》，吴玉章译，中国法制出版社 2003 年版，第 120 页。

二、法律位阶

前面已经讲过，在法律体系的概念下，法律效力不应该理解为有矛盾，只能理解为有竞争。法律效力的竞争发生在不同位阶之间和同一位阶之间，而同一位阶之间又具体发生在特别法与一般法之间，以及新法与旧法之间。

（一）不同位阶法律的效力竞争

法律位阶，是一个形象性的说法，意思是指法律规范类似于台阶一样，有层次之分，位于上面台阶的法称为上位法，位于下面台阶的法称为下位法。从中不难发现，上位法与下位法一定是在同一座台阶上，不在同一座台阶不存在上位与下位之分，这座台阶就是法律体系。上位与下位具有相对性，一部法规相对于其上面的为下位法，与其同层次的为同位法，而相对于其下面的为上位法。立法体制借用法律位阶的形象性概念，意在说明，在法律体系下，法规居于不同位阶时，其效力也是不同的。在不同位阶之间，下位法不得与上位法的规定相抵触，当两者发生冲突时，下位法无效，而当两者不发生冲突时，下位法可以看作是特别法，应当被优先适用。由此可见，法律位阶并不是立法要求的原因，而是立法原理借位阶的形象而表达的结果。但是，当法理学教材将上述立法原理表述为法律位阶原理时，就很容易让人们将法律位阶原理看作是一个固有的原理，似乎上述规定是由法律位阶原理推导出来的结果，这就颠倒因果关系了。

学术界一般认为，法律位阶的效力以制定主体的权力地位来确定，制定主体的地位越高，其制定的法律位阶也就越高。根据我国《立法法》规定，基本法律由全国人大制定，其他法律由全国人大常委会制定，行政法规由国务院制定，地方性法规由省级人大和设区的市、自治州制定，部门规章由国务院各部委等制定，地方性规章由省级政府和设区的市、自治州政府制定。因此，根据制定主体的行政级别，各法律法规之间的效力等级是，基本法律高于一般法律，一般法律高于行政法规，行政法规高于地方性法规和部门规章，地方性法规和部门规章又高于地方性规章。这体现在《立法法》第 88 条和第 89 条的规定中。第 88 条规定："法律的效力高于行政法规、地方性法规、规章。行政法规的效力高于地方性法规、规章。"第 89 条规定："地方性法规的效力高于本级和下级地方政府规章。省、自治区的人民政府制定的规章的效力高于本行政区域内的设区的市，自治州的人民政府制定的规章。"但是，我们较真一下，为什么要将法规形式的效力等级，说成是由制定主体的等级决定的，而不直接说成是由法规内容的性质决定的呢？因为，基本法律、一般法律、行政法规，以及地方性法规等，之所以是由不同等级的机关制定，恰恰是由具体法律法规的内容所决定的。基本法律规定什么内容，一般法律规定什么内容，行政法规规定什么内容，立法法已作了详细的规定。并且，立法法正是根据不同的内容，而规定由不同的机关来制定。因此，从这一意义上讲，制定主体的权力地位，只是法规效力等级的表现，而不是法规效力等级的根据，真正的根据是法律法规的内容。显然，这里也是将因果关系倒置了，把表现当作了根据。所以，我说，制定主体的权力地位,不是法规等级的确定依据,而是其判断依据。没有办法,逻辑就要较真。一较真,判断依据和确定依据就区分开来了。

不过,以制定主体的权力地位来判断,也有一点小麻烦。省级政府制定的地方性法规与国务院部委制定的部门规章,两者何上何下,就不能从制定主体的地位来判断。因为,省级政府与国务院部委的行政级别是一样的,两者是同一等级。但从内容上分析,两者规定的内容往往会有重合,因而也就有可能发生冲突。为此,有学者在坚持制定主体权力等级作为划分标准的同时,又提出了事项包容性以及权力同质性作为划分标准。事项包容性的意思是说,如果后一类规范性法律文件所规定的事项,已经被前一类规范性法律文件所包含,则两者具有上下位阶的关系。权力同质性的意思是说,如果上下级权力是同质的话,即同属于立法权,或同属于司法权,那么其制定的规范之间就存在位阶关系。[①] 我这里再强调一下,无论学者表述为什么标准,这些标准都不是确定法律效力等级的依据,而只是判断的依据。恰恰是,法规内容的性质决定了法律效力的等级,而法律效力的等级再决定了这些所谓的"标准"。这些标准只不过是学者对于《立法法》的归纳而已。可能学者在归纳时,发现这个标准说不通,就用"打补丁"的办法,想出另一个标准。搞清楚了这个因果关系,我们就可以断言,其实,法律位阶只不过是为了方便人们记忆而创造出来的概念。事实也的确是这样,《立法法》第 95 条第 2 款对地方性法规与部门规章之间的关系,就没有理会什么法律位阶不位阶的,而是补充了一条解决冲突的办法:"地方性法规与部门规章之间对同一事项的规定不一致,不能确定如何适用时,由国务院提出意见,国务院认为应当适用地方性法规的,应当决定在该地方适用地方性法规的规定;认为应当适用部门规章的,应当提请全国人民代表大会常务委员会裁决"。这也就再一次证明,法律位阶不是法律规定效力等级的理论根据,而是法律效力等级的形象性比喻,是学者为将法律效力的具体规定概括进去,而发明的一个术语。当然,既然已经约定俗成,为表达方便,我们也姑且称之为法律位阶原理。有些概念,其对应的事物原本是不存在的,但说多了,也就成了我们思考问题的依据。所以,有些概念,尽管不是真的,但却是有用的,法律位阶就是这样一个概念。

法律位阶这个概念,预设了一个最高位阶的存在,台阶总不可能是无限的嘛,就是云梯也有限度。《立法法》第 87 条规定:"宪法具有最高的法律效力,一切法律、行政法规、地方性法规、自治条例和单行条例、规章都不得同宪法相抵触。"据此可知,在我国法律体系中,宪法居于法律位阶中的最上位,为所有法律的效力根据,任何法律法规都不得与宪法规定相抵触,否则无效。宪法学者将宪法说成是母法,其理由也是在这里。当然,宪法的至上性,这是仅从形式规范上来理解的。而如果借助自然法的概念,或许还可以认为,宪法之上还有一个更高位阶的法,或称为自然法,或称为高级法。当然,那就不是从规范的形式意义上来认识了,这里就不唠叨了。

---

① 参见胡玉鸿:《试论法律位阶划分的标准——兼及行政法规与地方性法规之间的位阶问题》,载《中国法学》2004 年第 3 期。

以法律位阶原理为根据，在面对不同位阶的法规发生效力冲突时，法官有权判断下位法是否与上位法存在冲突。2003 年，河南洛阳中级人民法院李慧娟法官在一起简单的合同纠纷案的判决中，认为地方人大制定的《农作物种子管理条例》中的某项规定与《中华人民共和国种子法》相冲突，遂根据下位法不得与上位法冲突的原理，认定前者“自然无效”。该案判决后引起该省人大代表的强烈不满，人大代表要求撤销其法官职务，法院迫于压力，还真的免去了李慧娟法官的职务。[①] 但是，我们替该法官想想，如果适用《农作物种子管理条例》，那么，法官是不是又违反了法律位阶原理呢？也就是说，这个法官无论如何选择，都会被认为是不对的。可见，立法上说得很清楚的事情，在司法实践中还是很难贯彻。造成法官左也不是、右也不对的两难原因，是我国还没有建立起司法审查制度，以至于法官无权认定下位法的效力问题。我认为，如果该法官不直接认定下位法“自然无效”，而改成“因与上位法冲突而不适用”，这是不是较为策略一点？当然，也未可知，有许多问题，法理说得通，但实际上做不到。

上位法的效力高于下位法，下位法不得与上位法发生冲突，但是，这绝不意味着，下位法在上位法的约束下就没有立法的空间。如果是这样的话，也就没有下位法了，当然也就没有法律位阶一说了。事实上，下位法在不与上位法发生冲突的前提下，可对上位法的内容进行补充。此时，下位法可以看作是上位法的特别法，可准用特别法与一般法的关系原理，而优先于上位法的适用。如果说，由上位法为下位法提供效力依据，可以看作是法律位阶的正向性效力的话，那么，下位法对于上位法的补充，就可以看作是法律位阶的反向性效力。

（二）同位阶法律的效力竞争

不仅是不同位阶的法律需要确定效力等级关系，就是同一位阶的法律也需要确定效力等级关系。只要法规有可能发生冲突，就必然需要一种办法来调适这种冲突，否则法律体系就不存在了。需要指出的是，法理学界一般将法律位阶关系只用来指不同位阶的关系，而对于同一位阶的关系，法理学一般直接说成是特别法与一般法、新法与旧法的关系。我以为，既然以台阶作比喻，那就不仅有上下台阶的关系，也有同台阶的关系。所以，本书同一位阶的一般法与特别法的关系、新法与旧法的关系也都被纳入法律位阶的概念下，以保持逻辑的严谨。

1. 特别法与一般法的效力竞争

当同一位阶的法规发生冲突时，就要判断两个冲突的法规之间是一种什么样的关系。如果其中一部是一般性的规定，另一部是特别性的规定，那两者就是一般法与特别法的关系。特别法与一般法是一个相对的概念。称为特别法，是因为其规定是对那个称为一般法的内容所作出的特别规定。

特别法与一般法的适用原则是特别法优先于一般法。既然是同一位阶，并且是同

---

① 参见赵晓力：《司法过程与民主过程》，载《法学研究》2004 年第 4 期。

一个机关制定，那么，一般法就相当于是一个普适性的规定，而特别法就相当于是普适性规定的例外，例外当然得优先适用，否则，例外就被一般法"普适"掉了，就没有什么例外了。好比，火车站购票须知要求"购票要排队"，这就是一般性的规则；但同时规定"军人购票不需排队"，这就是特别规则。军人来了，"军人购票不需排队"规则就优于"购票要排队"的规则了。我国《立法法》第 92 条规定："同一机关制定的法律、行政法规、地方性法规、自治条例和单行条例、规章，特别规定与一般规定不一致的，适用特别规定。"至于何者是"特别"，何者是"一般"，就需要根据法规之间的关系是否为"一般"与"特别"来判断。周永坤老师提出了从四个方面来判断[①]：一是时间，特定时期的法律优先于平时的法律，比如特定时期的戒严条例就优先于一般的法律；二是空间上，适用于特定区域的法律优先于普通区域的法律，比如民族自治条例就优于全国性的法律；三是对人上，对特定人有效的法律优先于对一般人有效的法律，比如军人职责条例就优于普遍适用于所有公民的法律；四是对事上，规范特定事项的法律优先于规范一般事项的法律，比如合同法就优先于民法一般规定。大家可以结合前面讲的法律的时间效力和空间效力来理解，这里就不展开了。

2. 新法与旧法的效力竞争

同位阶发生效力竞争关系的不仅存在于一般法和特别法之间，也存在于新法与旧法之间。一般来说，新法颁布，旧法就自然失效，谈不上新法与旧法的效力竞争问题。但是，新法代替旧法，那只是发生在同一部门法中。在不同部门法之间，新法与旧法不一致的情形还是有可能发生。对此，处理的原则是新法优先于旧法。我国《立法法》第 92 条中规定的"新的规定与旧的规定不一致的，适用新的规定"，就是针对这种情形而作出的规定。当然，新法与旧法的这个关系原理，也是针对由同一机关制定的同位法来说的。不同位阶的，或者不是同一机关制定的，其新旧问题被上下位阶的处理方法所涵盖。这在前面已经讲过，此不重复。

最后总结一下，上述处理法律效力竞争的三个原则，上位法优于下位法、特别法优于一般法，新法优于旧法，它们作为原则，在适用时也会发生竞争的。对于这三个"优于"，你还必须确定一个适用上的先后顺序，否则还是理不清楚。这个顺序就是，上位法优先下位法为第一原则，特别法优先一般法为第二原则，新法优先旧法为第三原则。只有这样，才能保证法律体系的完整、有机、和谐。

---

① 参见周永坤：《法理学》（第二版），法律出版社 2004 年版，第 113 页。

中　篇

法运行论

第九章　法律程序

第一节　程序与程序法

一、程序与实体的相对性

程序与实体是一组相对的概念。以一项决定为例，与实体有关的是决定的内容，而与程序有关的则是作出决定所采用的过程和步骤。任何实体都离不开相应的程序，而程序又总是与实体结合在一起。一般来说，程序与实体的关系是服务与被服务的关系。同一实体可以采用不同的程序，如恋爱方式、旅游攻略等；同样，同一程序也可以服务于不同实体，如抓阄既可用于分配利益，也可用来确定会议人选。当然，实体究竟应该与何种程序结合在一起，这既是科学的问题，又是价值的问题。如果结合不当，实体目标就不可能实现，或者虽可实现，但会损害其他价值。这就好比，马上可以得天下，但马上不可以治天下，后者之所以不可以，其实就是因为程序与实体不配。

程序与实体的区分是相对的。一个概念究竟是实体，还是程序，有时得结合语境才能确定。比如，结婚是婚姻的程序，但是，如果一家公司招聘时要求应聘人员已经结婚，此时结婚就是应聘的实体条件。在一些场景中，一个概念看起来是程序上的意义，但实际上也可以理解为实体意义，即实体意义也可以通过程序概念表达出来。比如，公司招聘，要求出具大学毕业证书，“出具大学毕业证书”是一个程序性要求，但其实是个实体性要件，即应聘人员必须具有大学学历，只不过，其实体条件隐藏在程序中而已。再比如，结婚是夫妻婚姻生活的程序，而登记又可以看作是结婚的程序。总而言之，一个概念从不同的视角去看，就会呈现出不同的意义，或者是实体，或者是程序。

二、什么是法律程序

什么是法律程序，我们可以将法律程序与医生治病的程序作一比较。医生治病，人们对其的评价主要是看治疗效果，而不是过程。因此，人们的注意焦点集中在结果上，而不是过程上，至于医生看病的具体程序，比如具体的疗程，药物的配置，患者并不十分关心。但是，当结果不可接受，并产生争议时，由于实体本身无法提供有说服力的理由，治疗程序就会引起人们的关注。因为这个时候，治疗程序就关系到医患责任的分配，比如医生的疗程安排、药物之间的搭配是不是科学的和合理的，这些就会引起当事人的关注了。医疗程序之所以转化为法律程序，就是因为实体本身无法给出无争议的答案，于是司法程序就被启动了。

意大利法学家皮罗·克拉玛德雷指出:“在患者床边进行长久讨论之后,医生可以坦诚地承认,他们无法作出确切的诊断;但是,法官却不能用沉默来结束审判。当通常的逻辑方法无法成功解决问题,以至于他们只能在任何推理都无法攻克的疑问面前退却时,司法程序创设了一种获得判决的稳妥方法。”[①]法律程序就是将法律和常识转化为有约束力结论的一种技术装置。法律程序不直接规定人们的权利义务,而是用来声明、证实或强制实现这些权利义务的手段。法律程序“通过精巧的程序机制,国家创设了一种‘人造的’或‘官方的’逻辑,用来解决所有争议问题,甚至是那些通常推理无法解决的问题。根据这一观念,法律程序被看作是一种法定化的逻辑形式”。[②]

法律程序就是获得一个有约束力决定的过程,而无论这个决定在实体上是否正确。也就是说,法律程序所获得的结论是否正确,其评价不只是依赖于实体的标准,程序也是其标准之一。实际上,不只是法律程序,一些非法律程序,只要强调过程对于决定的效力,其性质就如同法律程序一样。电视连续剧《走西口》中一个抓阄的情节,就很能说明这个问题。两个人一起走西口,途中遇到十字路口,到底是向右走还是向左走,双方发生了争论。由于信息不充分,双方提出的理由都不占优,于是两人决定以抓阄的方式来选择方向。选择的方向是否恰当,实体一时是无法给出答案的,这就只能取决于程序了。即使后来证明当初的选择是错的,程序本身也不应该受到指责。

法律程序规定的虽然不是当事人实体的权利和义务,但程序本身对当事人而言,也是一种重要的权利义务。比如政务公开,从程序的角度看,这是政府必须履行的程序,而从权利义务角度看,政务公开又是政府必须履行的义务,对行政相对人而言则是其知情的权利,知情的权利又可以直接转化为要求政府公开的权利。再比如,在诉讼中,所有的证据都必须经过质证、辩论、陈述,这是法官必须遵守的程序,而对于当事人而言则是诉讼权利,他有权要求法官这样来做。因此,法律程序虽然不与实体性的权利义务直接相关,但却承载了程序性的权利义务。

三、 法律程序与程序法

一般来说,实体与目的有关,而程序与手段有关,正如火车运动的目的是将货物运到目的地,而其手段则在于运动本身。火车的运行手段虽然与其运行目的不可分离,但其手段的重要性仍然可以脱离目的来得到证明。火车的生命就在于其运动,离开了运动,火车就没有存在的意义了。这个例子可以用来说明法律程序的重要性。法律如果不能运动,那法律就是死的法律。所以,法律程序的意义,既是法律生命力的所在,也是法律生命力的展开和证明。法律以法律程序来证明自己的存在,犹如“我思故我在”的逻辑一样,我以思考来证明我的存在。

法律程序就是指具有法律约束力的程序,它是保障法律实体权利义务实现的程序。

---

① 〔意〕皮罗·克拉玛德雷:《程序与民主》,翟晓波、刘纲译,高等教育出版社 2005 年版,第 3 页。
② 同上。

法律程序是以规范的形式表现于外的，这种规范形式就是法律程序法。因为，实体与程序相对，所以，实体法与程序法也是相对的。实体法与程序法的划分是一种学理划分。事实上，实体法中也有大量的程序性规定，如合同法中关于合同的要约与承诺的过程性规定。同理，程序法中也有实体性权利，如诉讼法中关于立案的实体条件。因此，实体法与程序的划分在逻辑上并不严谨，特别是当人们以程序法来指称三大诉讼法，即刑事诉讼法、民事诉讼法、行政诉讼法时，就带来了一个非常严重的逻辑问题。因为，那些非诉讼法，即那些也含有程序内容的法律，如公司法和破产法也就只能统统归入到实体法当中了，而这显然与实体法和程序法划分的依据不符。因此，也正是因为存在这样的逻辑问题，我们说，实体法与程序法的划分只是认识论的划分，而不是一种事实上的划分。关于实体法与程序法的划分，我们前面在讲法律分类时已经讲过，大家可以结合来巩固。

第二节　法律程序的意义

一、法律程序的评价

（一）程序正义的三种类型

法律程序是法律实体权利义务实现的手段，因此，评价法律程序是否正义，其标准首先是看实体正义是否得到了实现。程序正义可以从完善的程序正义和不完善的程序正义两个维度来理解。所谓“完善的程序正义”，按照罗尔斯的说法，就是指只要满足了程序要求，其结果一定是正义的。比如兄弟分蛋糕，如果采用“切者后端”的规则，即负责分配蛋糕的最后拿蛋糕，那么分配的结果就一定是公平的。在完善的程序正义中，有关结果存在着一个独立的评价标准，而程序对结果正义的实现能够提供充分的保证。[①]从逻辑上来说，设计的程序与追求的正义结果，两者的逻辑关系是充分条件关系，只要程序得到遵守，正义的结果就一定能够实现。

在现实生活中，最常见的不是完善的程序正义，而是不完善的程序正义。所谓“不完善的程序正义”，按照罗尔斯的说法，是指程序的正义性可以提高结果的正义，但却无法确保结果的正义，即无论程序如何合理和正当，都没有办法保证结果就是正当的。在不完善的程序正义中，有一个判断结果正义的独立标准，但却没有一套充分保证结果正

---

① 参见〔美〕约翰·罗尔斯：《正义论》，何怀宏、何包钢、廖申白译，中国社会科学出版社 1988 年版，第 85—86 页。

义实现的程序。其程序只能够提高结果正义的概率,而不能确保结果正义得到全部的实现。诉讼程序就是例子,即使程序设计再合理,也没有办法完全避免冤假错案,只是可以提高避免冤假错案的概率而已。[①]

在程序是否完善的正义的基础上,罗尔斯又天才般地提出了“纯粹的程序正义”这个概念。所谓“纯粹的程序正义”,按照罗尔斯的说法,是指程序与结果的正当完全无关,只要程序得到遵守,结果就视为正当,赌博就是。[②] 在纯粹的程序正义中,不存在结果是否正当的独立评价标准,只存在独立程序的评价标准,所谓机会公平就是指此。当然,将赌博程序说成是纯粹的程序正义,也是可以质疑的。因为,赌博的结果是否正当,也会涉及独立的评价标准,这与人们是否承认赌博的态度有关。在一个不承认赌博所得的国家里,其结果就不具有正当性,从而其程序也就被认为不正当。即使是承认的国家,具体程序与结果的正当性之间也存在很大的关联,如果程序的设计不合理,或明显有利于某一主体,那么其结果的正当性就会受到质疑。因此,笼统地说,赌博是纯粹的程序正义并不严谨。

纯粹的程序正义不同于纯粹的程序,前者强调的是结果正义的评价依赖于程序的正当性,后者则是指与结果没有关系的程序。纯粹的程序并不是为了追求某种结果,程序就是程序,故谓纯粹的程序。比如剪彩,剪彩本身与工程开工并没有什么关系,有没有剪彩与工程顺不顺利没有任何科学上的关系,它就是一个纯粹的仪式而已。结婚仪式也是这样的,它与婚姻本身也没有什么关系,没有这个仪式也不影响婚姻的成立。在这些纯粹的程序中,程序从其产生那一天起就不是为了追求某种结果。当然,纯粹的程序与结果无关,但却与人们的意识有关,比如说,剪彩如果不顺利,人们就认为工程会不吉利;结婚仪式不顺利也会被人们视为婚姻不幸的预兆。这些意识一旦为人们所接受,那么,原本只是纯粹的程序,也就因为与结果建立了某种逻辑关系而变得不那么纯粹了。因此,从这一点而言,世上就没有什么“纯粹”的程序,任何程序都与结果有某种关系。只不过,有些是科学意义上的,有些是认识意义上的;有些是自然的,有些是人为的;有些是追求的,有些则是附带的。

(二)三种程序正义的关系

完善的程序正义与纯粹的程序正义有关。兄弟切蛋糕作为完善的程序正义,需要满足一些条件。比如说,如果固定由某个人切,而那个切蛋糕的人的切功又不是很好,总是切不平,那么结果对他来说就始终不公平。或者,那一个先端的人眼神有问题,总是把大的当小的,小的当作大的,那么结果对他来说就始终不利。因此,兄弟切蛋糕,其能够成为完善的程序正义,似乎前面还得附上一个纯粹的程序正义,如抓阄,首先以公平的机会来分配切与端的顺序。不过,这样一来,完善的程序因为混入了纯粹的程序正

① 参见〔美〕约翰·罗尔斯:《正义论》,何怀宏、何包钢、廖申白译,中国社会科学出版社 1988 年版,第 86 页。
② 同上书,第 86—87 页。

义，也就不好再称为完善的程序正义了。也因此，如同纯粹的程序正义因过于纯粹而不存在一样，完善的程序正义也因其对于程序的技术性要求过于苛刻，而在现实世界中几乎不存在，只主要存在于理念世界中。

不完善的程序正义与纯粹的程序正义也有关系。我们以诉讼程序为例来说明。诉讼程序设计的目的也是为了追求结果的正当性，因此，程序本身设计是否合理，其评价的依据就看其能否导致结果的正当性，这与完善的程序正义是同一道理。但是，当人们发现，程序无论如何设计也不能保证结果的正当性时，人们对程序的要求就不那么苛刻了，而是将程序的正当性与结果的正当性进行了适度剥离。程序本身是否就一定导致结果正义暂且不论，但正当程序本身是否得到了严格遵守，就会被看得非常重要。这就又有了一点纯粹程序正义的意思了。法律程序本来就是人为设置的，既然如此，立法者就可以规定某种程序，并以该程序作为结果正义的独立评价标准。如立法程序，只要经过了规定的立法程序，该法律就具有合法性，即立法程序赋予了法律的合法性。至于所制定的法律是否为良法的问题，这只是实体评价的问题，并不影响立法的效力。

要提醒的是，罗尔斯提出的三种程序正义的概念，并不是在逻辑分类的意义上来讲的，否则就有损罗尔斯的逻辑形象了。因为，"完善的程序正义"与"非完善的程序正义"在逻辑上是矛盾的关系，为两者上属概念"程序正义"的全部外延。因此，如果在这两种非此即彼的逻辑关系上，再加入一个"纯粹的程序正义"的概念，那么由于"纯粹的程序正义"与前两个概念都分别是交叉的关系，从而使三者在逻辑上相容。我们前面讲过，划分是不能子项相容的。三者的逻辑关系用图可以表示如下：

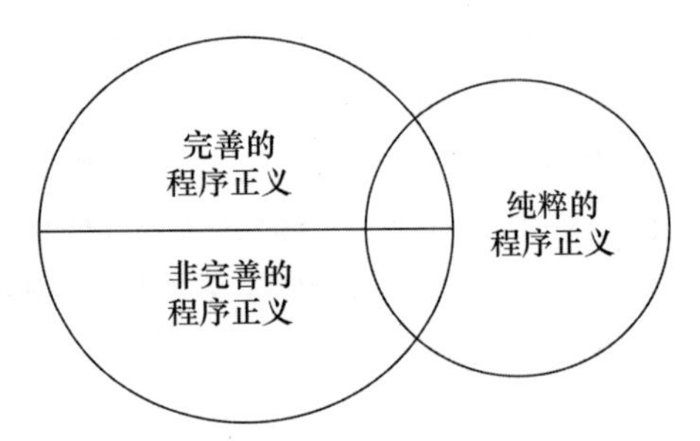

需要说明的是，罗尔斯提出完善的程序正义和非完善的程序正义，是为了引出纯粹的程序正义这个概念，其意义并不在于逻辑分类，而是从认识论上为其后文的"无知之幕"理论的阐述奠定基础。因此，这三个概念的逻辑关系究竟如何，在这里并不是很重要，重要的是为我们评价法律程序提供了两个视角，一是程序的工具性，一是程序的本体性。

（三）程序的工具性与本体性

所谓程序的工具性，就是从工具意义评价程序对于结果正义的实现所具有的意义；所谓程序的本体性，就是从程序本身来评价程序是否正当，而无论其是否满足结果正义实现的条件。

根据这两个视角,我们可以分析一下这三种程序正义类型。(1) 对于完善的程序正义,就看程序与正当结果之间是否具有必然关系,只有当程序完全满足结果正义实现的要求时,程序是“完善”的。这就是程序的工具维度。(2) 对于纯粹的程序正义,人们关注的焦点是程序是不是正当,而不管结果是不是正当。程序与结果正义之间的关系不是科学的,而是人为安排的。只要程序本身是正当的,那么结果就被视作是正当的,即结果的正当性只求诸程序本身,而不管其他。这就是程序的本体维度。(3) 非完善的程序正义,则介于前两者之间,虽然与完善的程序正义一样,必须同时关注程序的正当性和结果的正当性,特别是在立法阶段,必须关注程序是否能实现结果的正当。但是,由于结果的正当性并不总是能完全实现,因而在司法中也就偏重强调程序的正当性,即在结果正义存在争议时,就把结果正义的证明转移到程序本身上来,如果正当的程序得到了遵守,那么结果就必须得到尊重。如果程序存在瑕疵,结果就被视为不正当,虽然结果不正当与程序不正当之间并不具有科学意义上的联系。可见,非完善的程序正义要同时关注程序的工具维度和本体维度。

工具维度和本体维度所揭示的,其实就是程序的意义,分别对应的是法律程序的工具性和法律程序的本体性:(1) 所谓法律程序的工具性,是指程序对于结果正义的实现所具有的工具意义;(2) 所谓法律程序的本体性,是指程序本身是否正当的本体意义。下面分而论之。

二、 法律程序的工具意义

程序有工具主义和规范主义之分。如果程序有助于实现程序的目的,那么程序就是正义的,这就是程序的工具主义。如果人们觉得自己在程序中获得了发表意见的机会,人们就会觉得受到了公正的对待,这就是程序的规范主义。① 我们这里先讲前者,再讲后者。

程序正义的工具主义是将法律程序看作是实现实体正义的工具,程序与结果正义之间具有科学意义上的因果关系。如果程序在科学上能够确保结果正义的实现,那么程序的工具意义就满足了。在“完善的程序正义”中,程序的工具意义就得到了最充分的体现。在“非完善的程序正义”中,程序对结果正义具有较强的工具意义,只是不很充分。而在“纯粹的程序正义”中,程序不具有任何工具性的意义,因为程序对于结果正义并不具有科学上的因果关系。

程序的工具性是法律程序设计的起点,否则法律程序就没有存在的必要了。法律程序在立法时就是奔着如何更好地实现实体内容来设计的。就诉讼程序而言,立法者首先是奔着如何能够发现案件事实真相,以及如何避免错误判决这个目的去设计程序的。那些要求法官回避、赋予当事人辩护权利、对证据要求质证等规定,就是因为这些

---

① 参见〔美〕汤姆·R. 泰勒:《人们为什么遵守法律》,黄永译,中国法制出版社 2015 年版,第 203 页。

规定对发现真相具有意义而被人为设计出来的。这些规定就很好地体现了程序的工具意义。

程序的工具性能否发挥,取决于程序规定与结果正义之间是否具有科学意义上的因果关系,倘若程序被赋予了工具性,但其与结果正义之间却并不具有科学上的因果关系,那么,其工具性非但不能发现真相,反而有害于真相的发现。如有些地方政府部门规定,在老年人遗失老年证而要求补办时,必须由派出所为其开具遗失证明。近年来,此类奇葩规定有很多,如"证明我妈是我妈"、提供无违法犯罪记录证明。某地甚至还规定,老人提取银行存款要提供健在的证明,就是要提供活在世上的证明。这些规定都有一个共性,就是这些程序对真相的发现没有作用,或者虽有作用但却严重缺乏效率。对于这样的程序,老百姓经常抱怨,折磨人而又没有作用,这其实就是对其工具性的否定。

当然,说程序不具有工具意义,是将这些程序相对于程序所宣称的目的来说的。但是,如果将这些程序相对于办事部门而言,其工具性就不能说是没有,并且这还恰恰就是其最好的工具。因为,要求公民提供这些证明,对于办事部门确认事实状态的确是很有帮助,它成功地将责任推卸给了当事人或提供证明的单位。比如某大学研究生录取通知书要求考生在报到时要提供单位或居委会证明,证明其未参加什么反动组织。可是,居委会又怎么能知道该生有没有参加反动组织呢?对于这一点,大学录取部门又何尝不明白,但是,只要考生提交了这个证明,大学招生就没有责任了。因此,我们在分析程序的工具性时,要将程序的工具性与程序所宣称的目的联系起来,而不能将程序的工具性确定为某一主体的工具性,否则,任何程序都可以解释为有工具性。比如,喝酒之前的让座程序,这与喝酒本身没有意义,但对于满足当事人面子的心理需求仍然是有工具性意义的。比如,袁世凯为做皇帝而搞的请愿行动,虽然并不能反映真实的民意,但对袁世凯获得正当性仍然是有工具性意义的。甚至,罗尔斯的纯粹程序正义,如赌博也可以解释为具有程序的工具性意义,因为它对结果获得大家的认可来说就具有工具性。所以,如果可以这样说的话,在现实世界里几乎不存在纯粹不具有工具意义的程序,即使那些纯粹的仪式程序也是如此,否则程序也就无由产生。不过,如果对程序的工具性作如此泛化的理解,那么程序工具性的讨论也就不能展开,也没有讨论的意义。

就诉讼程序而言,程序工具性的目的就是实现实体正义。实体正义是什么?对于刑事诉讼程序来说,就是发现案件真相,避免错误判决,这是刑事诉讼程序追求的目标和制度设计的起点。但是,无论人们怎么努力地避免错误,错误还是难以避免。因此,刑事诉讼程序常常不得不在"错判无罪"和"错判有罪"之间作出选择。一般来说,现代刑事诉讼程序都坚持与其冤枉无辜的人,不如错放有罪的人。因此,现代刑事诉讼程序的目标与其说是避免错判,还不如说是分配错判。[①] 也就是说,诉讼程序追求的正义只是概率上的正义,而不可能是全部的正义。刑法中的无罪推定就可能导致与事实的偏差,因为,推定的无罪并不是真的无罪,法律无罪并不等于事实无罪,它只是在弄不清楚

① 参见〔美〕拉里·劳丹:《错案的哲学——刑事诉讼认识论》,李昌盛译,北京大学出版社2015年版,第2页。

有罪和无罪时所作的选择，将无罪推定的错误成本推给社会，这与将错误成本由当事人一人承担的有罪推定刚好相反。当然，如果一个程序老是导致错误，那么程序的工具意义就值得怀疑。因此，结果正义的实现程度往往是检验诉讼程序工具性的一项重要指标。当然，只要该刑事诉讼程序能够对大多数人提供权利保护，那么，该程序就是值得信赖的。

诉讼程序中还有许多关于时效的规定，如简易程序、审理期限等。这些规定看起来只与诉讼效率有关系，而与实体正义没有关系。但是，时间又是实体正义一项重要的衡量因素，所谓“迟来的正义不是正义”就是这个意思。因此，诉讼程序中这些关于时效的规定，就是诉讼效率的工具，而诉讼效率又是实体正义的工具。这表明，程序的工具性具有相对性，同时也表明，实体正义是程序工具性所追求的终极目的。关于这一点，我们后面讲法律价值时还会讲到，这里就不展开论述。

诉讼程序的工具性也体现在其对法律的安定性和权威性的维护上。良好的、完善的法律程序，可以确保法律的运行不受非程序性力量的干扰。而这正是法治的保证，以及法治与人治区别之所在。当然，这些都可以从终极意义上解释为程序对于实体正义的维护。

三、 法律程序的本体意义

如果说，从程序的工具主义视角看，程序的工具意义是程序相对于实体的外在意义的话，那么，从程序的规范主义视角看，程序的本体意义就是程序的内在意义。

程序的本体意义在罗尔斯的“纯粹的程序正义”中得到了最充分的体现。在“纯粹的程序正义”中，结果正义不是来自实体，而是来自程序。也就是说，程序与实体是分离的关系。人生就是纯粹的程序。因为，人生并不是服务某个实体目的，人生本身就是目的。人生的意义在于人生的过程，而不是人生的结果。甚至有些犯罪行为，犯人也没有什么目的，犯罪本身就是他的目的。诉讼程序也存在这种情形，有时候当事人追求的并不是诉讼的结果，诉讼本身就是其诉讼的目的。当然，从社会学来解释，这样说也不纯粹，诉讼就是诉讼的目的，那只是行为的表现，其心里可能就是为了“出一口气”。

司法程序的本体意义，或者说其内在意义，与程序是否有利于事实真相的发现和是否有利于实体正义的实现并没有关系，而主要体现在当事人对于程序正义的感受上。具体来讲，如果当事人受到了公正的对待，人格尊严受到了尊重，那么我们就可以说，司法程序的本体意义得到了体现。比如，我国古代的亲亲相隐制度，它维护的是人伦价值，并不利于发现案件的真相。再比如，人不得接受两次审判，这也对发现真相、实现个案公正没有意义。当然，司法程序中绝大多数内容既具有工具意义，又具有本体意义。如当事人的辩论权，这既对发现真相有意义，同时又是保护当事人尊严的体现。不同的程序有不同的内在意义。立法程序注重对民意的充分表达和尊重；行政程序则注重限制权力，保障相对方的权利；而司法的对抗性程序则侧重保障当事人平等参与的诉讼的权利。无论何种，都是当事人的人格尊严和参与权利的保障。尽管保护当事人的这些权利不一定会影响结果，但保护这些权利也是其目的之所在。程序法设计这些权利，即使其初衷纯粹是出于对实体正义的追求，但只要这些权利进入到程序中，程序运行就与结果公正保持了一定的距离。也就是说，这些规定无论与结果公正有没有关系，都成为结果是否公正的评价标准。

程序的本体意义之所以重要，其原因主要是心理学意义上的。比如，被骗 100 元和主动给予对方 100 元，虽然经济结果一样，但人的反应却不一样。这种做法与理性人的假设有冲突，但却具有心理学上的根据。而后者正是程序本体意义之所以重要的根据。对此，《人们为什么遵守法律》一书的作者泰勒，他提出的过程控制这一概念就可以用来很好地解释这种心理。他认为，所谓过程控制，就是指在裁决前，当事人因为有机会向有权裁决的第三方陈述自己的意见而实现的控制。① 根据泰勒的发现，人们看重的是自己有没有机会对案件处理发表意见，至于自己的意见能不能最终影响判决，能不能实现司法公正，那并不重要。② 当然，程序的工具性是立法设计时关注的重点，但是程序一旦被设计出来，那么其内容就与实体正义保持了相对的分离。这个时候，人们不再关注程序与实体正义是否具有必然联系，而主要关注程序内容能不能得到严格遵守。在实践中，一旦某个程序条款没有得到遵守，即使实际上并不影响最终判决，但判决的正当性仍然会招致人们的质疑。从心理学理解，控制过程而发生的于己不利的结果，人们是可以接受的，找不到可以怪的对象嘛。而如果是因程序失控而发生的于己不利的结果，人们就很难接受，有了可以怪的对象嘛。所以，主动给人 100 元，自己控制了过程，心悦诚服；被骗了 100 元，自己对过程是失控的，所以会心生怨恨。

在司法程序中，程序正义之所以重于实体正义，是因为，公正尽管有实体法律作为依据，但实体公正的评价并不具有完全的客观性，因此仍不免存在争议。正如泰勒所言，“由于在评价案件的处理结果或者当局的政策是否公正时，人们一时无法找到一个单一的、大家普遍接受的道德价值观念作为标准，因此如何评价案件的处理结果或者当局所制定的政策，对人们来说是一件困难的事情”。③ 但是，程序正义具有形式性、客观性和确定性的特点，因此，以程序终结争议就具有外观的公正性，所谓“看得见的正义”说的就是这个意思。抓阄、神明裁判的产生就是基于这样的理由。也就是说，经过了特定程序，人们对结果是否公正，其评价标准的重心就从实体正义转移到了程序正义上来。只要程序本身是公正的，或者程序本身得到了严格遵守，那么结果就被看作是公正的。注意，我说的是“看作”，不是说“就是”。至于程序正义的具体内容与结果公正的实现有没有关系，就不再考虑了。正如日本学者谷口安平所说的，“我们的世界已经变得

---

① 参见〔美〕汤姆·R. 泰勒：《人们为什么遵守法律》，黄永译，中国法制出版社 2015 年版，第 201 页。
② 同上书，第 203 页。
③ 同上书，第 191—192 页。

越来越错综复杂，价值体系五花八门，常常很难就实体上某一点达成一致……程序是他们唯一能达成一致的地方，而且一旦同意了程序，则无论是何结果，都必须接受所同意的程序带来的结果。正因如此，程序公正必须被视为独立的价值”。[①]

英美法中的正当法律程序就是一个程序正义的概念。英国1215年的《大宪章》第39条规定，国王允诺，“任何人不得被逮捕、监禁、侵占财产、流放或以任何方式杀害，除非他受到贵族法官或国家法律的审判”。这就是程序正义的体现。1791年美国《宪法修正案》第5条也确认了“正当法律程序”原则，规定美国政府，非经正当法律程序，不得剥夺任何人的生命、自由或财产；凡有私有财产，非有适当赔偿，不得收为公用(1867年《宪法修正案》第14条，又将美国政府扩大到州议会和政府)。美国《宪法修正案》从第3条到第7条，都有关于诉讼程序的规定：人民不受无理逮捕、搜查与扣押；非经大陪审官提起公诉，人民不得被判死罪或其他名誉罪；受同一犯罪处分者不得令其遭受两次有关生命或身体上的危险；在任何刑事案件中不得强迫任何人证明自己的犯罪等。正当法律程序强调的是对公民权利的保障，对国家权力的限制。所以，正当法律程序也就是公民的权利，在英国被称为“自然正义”，违反这些程序即为无效。沈家本说“刑律不善不足以害良民，刑事诉讼程序不备，即良民亦罹其害”。可见，人们对程序正义的重视，往往超过对实体正义的重视。

最后，在结束程序意义这节的内容之际，有必要补充以下两点：(1)我们所说的程序意义是指应然意义，现实生活中没有体现工具意义和本体意义的程序不胜枚举。比如，我们前面提到的要老人提供证件遗失证明的程序，从程序的工具意义来看，无益于查明真相，而从程序本体来看，也是折磨当事人，特别要当事人提供什么在世的证明，更是对当事人人格的侮辱，工具意义和本体意义均不满足。(2)工具意义与本体意义有时候也会发生冲突。发现真相与当事人权利的维护就经常会处于紧张关系之中，如亲亲相隐，父亲犯事了，只有儿子知道，又不让子女举报，那就不利于发现真相了。这个时候就涉及何者优先的问题了。现代社会一般都倾向于保护当事人的权利，而将不能发现真相的成本由社会来承担。当然，也有些国家作相反的选择，重视程序的工具性，而轻视程序的本体性。

---

① 〔日〕谷口安平：《程序公正》，董鹤莉译，载宋冰：《程序、正义与现代化》，中国政法大学出版社1998年版，第374页。

第十章　立法

第一节　立法与立法权

一、什么是立法

法律生成有两种方式，一是自觉的，一是自发的。立法就属于前一种，这与自然法、道德规范、习惯规则的生成方式不同，后者是自发的。哈耶克讲过秩序生成有建构式和自生自发式两种方式，就是这个意思。法律根据是否成文，可以分为成文法和非成文法。立法的“法”就是成文法。法律根据是否制定，而可以分为制定法和非制定法，立法的“立”就是制定的意思。法的制定不同于法的起源。法的制定是具体法律法规的产生，而法的起源是指法律作为一种社会现象的产生。如果借用生物学的知识，法的制定可以看作是法律的个体发育过程，而法的起源则可以看作是法律的种群发育过程。立法可以定义为，立法机关创制、修改、废止法律的活动，它是立法机关有目的、有意识地制定或认可法律规范的行为。

立法是立法主体的行为，这就涉及立法权的问题。我们首先要区分立法权的政治意义和法律意义。政治意义上的立法权与主权的归属是一致的，主权归于何者，立法权就属于何者。因此，立法权的主体根据政体的不同而不同，在君主政体中为君主、在贵族政体中为贵族、在民主政体中为人民。法律意义的立法权与主权的归属没有关系，它是基于权力的职能分工而产生的一项权力，与行政权和司法权相对。因此，立法主体是指实际行使立法权的具体机构，或是议会、或是总统、或是人民代表大会。

立法得依法定程序进行。立法程序就是指立法主体行使立法所必须遵守的条件和过程。立法程序在某种意义上是对立法主体行为的限制和规范，防止其对立法权力的滥用。需要指出的是，立法程序限制的是法律意义的立法主体，而不是政治意义的立法主体。因为，政治意义上的立法权是主权者的意志行为，主权者的意志是不可限制的，否则无异于说是自己限制自己。因此，本书所说的立法，如果没有特别指明的话，均是指法律意义的立法，即具体的立法机构依据法定程序制定法律的行为。

二、权力的分立与分工

权力的分立又叫分权，是指国家权力作为一个整体而分解为不同权力，并由不同主体行使。国家权力最早是不分的，后来之所以分化为立法、行政和司法等若干权力，这主要是斗争的结果。当然，随着权力的进化，权力相互制衡也慢慢成为权力需要分化的理由。不过,后者只是理由,前者则是原因。斗争导致了权力的分权,而分权的效果又进一步证明了分权的必要。分权源于人类对于国家政治制度的戒心。国家原本是人类创造的,但它又可能走向反面而出现利维坦倾向。于是,人类就想出了个分权的办法,将国家权力分解到不同主体的手上,以防止权力集中而危害人民。

在一国政治框架内,分权与权力的分工并不是一回事,两者之不同在于:(1) 权力的分工是指权力的内部分工,是在权力内部进行的职能分工;分权则是指权力的外部分解,将整个权力分解为若干个独立的部分。所以,分工可以看作是一个行政管理学的概念,而分权则是一个法学和政治学的概念。(2) 分工目的是提高权力运行的效率,而分权的目的则是为了防范权力犯错和作恶,两者追求的目的不同。(3) 分工的意义在于权力的相互配合,与集权并不矛盾,有时候反倒是便于更好地集权;而分权的意义则在于权力对权力的制衡,它是反集权的。所以,分权当然也是分工,但分工并不就是分权。我们看,古代封建社会也有三公九卿,但是因为权力最终都集中在皇帝手里,天下所有的事,都是皇帝说了算,所以,这种做法是分工,而不是分权。美国总统虽然看起来也是个一把手的角色,但其权力是有限的,国会和最高法院对他构成了很大的制约,这是分权,而不只是分工。

在议会至上的国家,立法权居于行政权和司法权之上,处于最高权力地位,其具体表现为:(1) 立法权一般被看作是国家主权的体现,所以说,政治意义上的立法权与主权的归属是一致的。而行政权和司法权与国家主权的关系,在人们的观念里,其关联性程度就没有那么强。(2) 立法权是一切权力之源,行政权和司法权均来源于此。立法通过创制法律,为行政权和司法权的正当性提供根据,并且也为行政权和司法权的行使提供规范。(3) 立法权虽然是最高的,但这只是相对于其他权力而言,而不是说其权力是无限的。英国是“议会万能”的国家,有人说:“英国议会除了不能把女人变成男人或者把男人变成女人外,在法律上什么都能做。”但即使是这样,其立法权仍然会受到限制。人权对于立法权就构成了很强的制约,即立法者不得制定侵犯人民基本权利的法律。当然,我们说“不得”是从应然意义上说的,在希特勒那里,一切“不得”都是书生意气。

第二节 立法原则

立法原则是指立法者必须遵守的立法精神。立法原则不同于立法方法。立法方法是指立法者在立法过程中所采用的思维、技术和手段。立法原则反映的是社会基本价值,以社会基本价值对立法者应该如何立法和不应该如何立法进行限制。立法方法是一个工具性的概念,它服务于立法,是对立法者如何立法进行方法上的引导。两者的关系也可以看作是价值与事实的关系。

由于立法原则是一个价值性的概念,因此,不同时代和不同国家,其立法原则并不完全相同;并且,不同的认识主体,其归纳的立法原则也不尽相同。我以为,我国当下的立法原则应该有以下几种。

一、立法平等原则

立法平等是指法律对所有的人一视同仁,不因阶级、种族、城乡、性别、地位等而有不同。其基本要求就是反对特权和歧视。一般来说,人们在心理上对歧视容易产生反感,而对特权则往往漠然。其实,特权和歧视是同一问题的两个面相,赋予一部分人特权就是对另一部分人的歧视。因此,无论是歧视还是特权,都是对立法平等原则的违反。

(一)立法平等的意义

为什么要实行立法平等,周永坤老师用了一连串的排比句阐述了立法平等原则的意义:“只有将所有的人同等看待,才产生民主观念;只有将所有的人平等看待,才可能产生抽象的普遍的权利保护规范;只有将每个人看作平等的个体,才产生利益分配时的最大多数利益原则;同时,只有基于对所有人的平等保护,才可能产生一系列立法形式原则。”[①]其具体理由,周永坤老师又列举了以下几点:(1)平等体现了人类的终极关怀,体现了最低的正义要求;(2)平等是市场经济发展的基本条件;(3)平等是基本的人权;(4)平等是人的解放的要求。[②]

周老师说的这些理由当然是正确的。只不过,我以为,立法平等是一个被人们视为理所当然的价值真理,根本就用不着论证。如果一个人对理所当然的价值都不能接受,那只能说明他三观有问题,或者说平时接受反基本价值的东西太多了。他们的说辞就是“存在就是合理”,殊不知,“存在就是合理”的那个“合理”,并不是正当的意思,而是原因和根据的意思。还记得我们前面讲过的价值与事实的区分吧?其推理的错误就在于把事实转换为价值了。不过,话又要说回来,也正是因为有人会反对立法平等,把立法平等作为立法原则才更有必要。

(二)立法平等与阶级立法、司法平等

阶级立法与立法平等冲突。阶级立法是指由部分阶级对另一部分阶级实行专政,这就意味着一部分阶级与另一部分阶级在法律上是不平等的关系,而国家也就成了一部分阶级对另一部分阶级进行专政的工具。从法律上理解,专政阶级就拥有了某种特权,而被专政阶级就成为被歧视的对象。可见,立法平等与阶级专政互不相容。专政一

---

① 周永坤:《法理学》(第二版),法律出版社 2004 年版,第 364 页。
② 同上。

般只发生在特殊历史时期，国家一旦步入正轨，立法平等就逐渐会取代阶级立法。当然，我们这里讲的还是应然。应然只是在法理上成立，而在事实上则往往会遭遇反例。当然，这也就更加说明，坚持法理是多么可贵和多么不容易。

立法平等与司法平等不同。司法平等是指法律适用的平等，而立法平等则是指法律本身的平等，既包括法律的内容，也包括法律的制定。如果法律本身就不平等，或者立法参与就不平等，那么司法平等只能是对立法不平等的落实，而无助于法律平等的实现。因此，相对于司法平等，立法平等更为根本；并且也只有立法平等，才能保证司法平等的实现。

当然，立法平等作为一项原则，是指人与人在基本权利上的法律平等，但它并不能保证每个人在立法中实际上都能得到平等的对待。因为，立法是各方利益冲突与妥协的结果，是各团体、各势力在民主程序中较量的结果。所以，在立法平等原则之外，立法民主的原则十分重要。

二、立法民主原则

（一）理论证成

什么是民主？要理解民主，我们首先可以对民主的“民”进行拆解。“民主”之民既可以具体指称一个人，也可以扩大范围指称一群人。因此，我们可以分别从“个人做主”和“大家自主”两个维度来理解什么是民主。

1. 个人做主

从“民”作为一个人来理解，民主简单来说就是自己的事情自己做主，也可简称为自主，与此相对的就是自己的事情由别人做主，也可简称为他主。自助餐就是自己做主，喜欢吃什么就挑选什么，自己决定，没人管你。吃少了饿肚子、吃多了撑得难受，自己承担后果，也怨不得别人。什么是他主？去过农村做客没有？好客的主人总是不停地为你夹菜和劝你喝酒，特别热情的主人还会亲自用他的筷子给你夹菜，用他的杯子给你灌酒，至于你愿不愿意、卫不卫生、会不会醉，那就不管了。这种吃法就是别人替你做主。吃多吃少，好不好吃，与自己没有一点关系，只与主人有关系。所以，由别人来做主就是由别人来判断什么对你好，什么对你不好。这是不是很荒唐啊？所以，很多道理，其实并不深奥，你只要基于常识去思考就立即懂了。

所以，民主的问题，简单来说，就是自己的事情自己做主的问题，如果表述为法律语言，就是自己决定权。什么是自己决定权？就是与他人无关的事情，自己有决定的权利，仅仅是对自己有害的行为，由自己承担责任；或者也可以说，就一个人的事情，公权力不得干涉，由自己决定。一个智力健全的人是一个理性的人，每一个理性的人都具有独立的人格，对自己的行为和利益具有独立的判断能力和决策能力。因此，自己也就是自己利益最大化的最佳判断者和决策者。好比，对于天气冷暖的变化，自己最能感知，因此，由自己决定穿衣服多还是少，总比由他人来替自己决定要有效率和有保证。

当然,自己作为自身利益最大化的最佳判断者和决策者,这是从概率上而言的,并不能保证自己做主的任何一件行为都能够实现利益最大化。因为,每个人知识不同、能力不同,其自主的结果也就不同。对此,我们可以举贾宝玉恋爱婚姻的例子来说明。贾宝玉心仪的是林黛玉,贾母包办的是薛宝钗。从性格上分析,林敏感多疑、喜吃醋、好猜忌,而薛则温和宽容,人际关系和谐。显然,薛比林更适合婚配。但是,我们总不能因此而就肯定包办婚姻,而否定自由恋爱吧?包办婚姻之所以被认为不正当,就因为它是对当事人自我做主的剥夺,而自由恋爱之所以被认为正当,就因为它是对当事人自我做主的尊重。自主正当性的终极根据在于人性,即人的意志自由性。当然,有些人由于知识或能力的欠缺,其做主的结果的确不可欲。遇到这种情形,当事人完全可以委托专家代为行使决定权。委托专家做主,这不是对自主的否定,而恰恰是自主的反映。因为是否委托专家,其决定权还是掌握在自己手里,自己随时可以收回。

2. 大家做主

前面所说的,是将民主的“民”缩小到一个人来理解,而如果将“民”扩大到一个群体,那么民主就是指大家的事情大家自主,说得政治化一点,就是人民当家做主。大到一个国家,国家公共事务由全体国民做主,小到一个小区,小区公共事务由全体业主做主。以国家为例,只要承认国家主权归于人民,那么其逻辑结果必然是由人民当家做主。这在理论上,几乎是个不证自明的问题。即是说,民主是全人类普遍承认的政治价值之一。

民主作为一项制度,与专制制度相对。在古代专制社会里,官员往往以“父母官”的面目出现,故其专制作风又被称为家长专制。事实上,把权力专制比作家长专制,在理论上是说不通的。家长与家属的关系是生物性关系,因此,家长往往会以家属利益最大化为出发点,这与人性并不矛盾。并且,家属基于生物性的原因,在一定程度上也会宽容家长专制。但是,权力行使者与人民之间的关系只是工具性关系,也可以看作是契约关系,双方的利益并不相同,甚至相反。此外,家长制主义者还有另外一个说辞,认为普通百姓是缺乏理性的,不考虑长远利益,只追求眼下利益,因此,一定意义的专制恰恰是对其理性不足的有益弥补。这种论调其实是颠倒了因果关系。正如,一个小孩,做家长的总以小孩不懂事为理由,该他做主的也不让他做主,那么慢慢他也就丧失了做主的能力。因此,民众理性不足正是他不做主的结果,而不是其不能做主的原因。当然,即使是民众因为自身素质低,而不能自己做主,也不能证明专制就是正当的。因为,民主是人类天性的自然要求,剥夺其做主资格无异于将其贬低为动物。其实,这样说也可能侮辱了动物,因为大多数的动物也是倾向于自己的事情自己做主的。

大家的事情大家做主,反映到一个国家的立法上来,就是立法权应该由一国人民享有,而不应该由某个君主或贵族所独断。因此,在民主国家,人民守法的积极性也相应要高,因为,让人民服从法律的最强的理由,莫过于法律是由人民自己所制定,服从法律就是服从自己。虽然,人民由于人数的众多而不可能事事亲力而为,只能通过间接民主的形式委托代表来进行,但代表有没有代表的资格,仍然是由人民说了算。正是在这一意义上,立法权的主体与立法权的行使主体虽然发生分离,但都不会导致民主的自我否定。所以,由某个立法机构通过票决的方式来决定法律,并不表明,一个人如果没有直接参与立法活动,就可以免于法律的约束。因为,只要你加入到了民主的程序中,那么,大家的事情大家做主的原则就被认为是得到了贯彻,而你作为大家中的一员,也就有义务服从。

大家的事情大家自主,但由于参加立法的人并不能完全取得一致意见,于是,大家的事情只能按照多数人的意见来决定。至于为什么大家的事情要由多数人来决定,有人是这样解释的,由于大多数人可以威胁少数人,如果不听从我们的意见,我们将诉诸武力。这个论断是对多数人决定的起源所作的历史解释。但历史的并不就是正当的,专制的也是历史的,不也是不正当的吗?事实上,这种解释也不符合历史。因为,从制度上看,历史上的暴力恰恰是少数人针对多数人的,而不是相反,这个暂且不论。但是,不管它是如何产生的,以多数人的意见代替多数人的暴力,在方式上毕竟是一种进步,因为文明代替了野蛮,所以具有正当性。关于正当性,也有人是这样来论证的:多数人与少数人并不是固定的,今天你是多数人,明天也可能是少数人,因此,多数人决定的背后是人与人的机会平等。这种解释当然有一定道理,只是有些群体的划分是固定的,并没有转化的可能,比如少数民族,今天是汉族,明天是回族吗?再比如性别,你能今天是男的,明天是女的吗?所以,我们必须明白,大家的事情大家做主采用多数人决定的方式,那也只是权宜之计,因为目前还找不到其他更好的方法。

(二)投票的问题

多数人决定在技术上一般采用的是投票的方式,通过计算票数来判断何种意见为多数人的意见。但是,并不是所有的事务都可以通过投票来决定。我归纳了一下,大概有以下几种事务是不能通过投票来决定的:

1. 私人事务不能票决

人类事务根据公私标准,可以分为公共事务和私人事务。什么是政治?政治就是公共事务的管理,是对大家的事或者叫公共的事进行管理的行为。中国人喜欢讲政治,但什么是政治却说不出一个所以然。其实,非常简单,涉及你、涉及我、涉及他,与每个人的利益息息相关的事,就是政治。国家大事是政治,小区物业管理也是政治。所以,公共事务也可以说成是政治类事务,而私人事务则是非政治类事务,前者可以票决,后者则不可以。

私人事务不可以票决,是因为私人事务与他人无关,自己的事情自己决定。公共事务则与他人有关,当然就应该是大家的事情大家作主。民主投票针对的就是公共事务而不是私人事务,以维持公与私的分离。而对于私人事务,是否可以通过投票来决定则必须十分谨慎。因为,票决的适用一旦超过了其限定的范围,就是有害的了。如果私人生活可由大家投票来决定,那么就相当于是个人私生活被取消了。好比房屋是否拆迁,如果交由小区所有业主来投票决定,那么也就没有所谓的个人财产权了。显然,那种把一切事务都付诸投票表决的做法，其实质就是民粹主义。民粹主义，说的就是这种极端民主的现象，不分公私，什么都由人民来决定。

2. 判断类事务不能票决

人类事务根据是判断还是决策，可以分为判断类和决策类。决策类事务反映的是公民意愿，公民偏好是衡量决策类事务是否正当的唯一标准。对于此类事务，民主票决的目的，就是为了确保公民偏好得到最大化的尊重。法律法规的制定、国家领导人的选举等，诸如此类事务都与公民的意愿息息相关，当然得经公民票选。

与决策类事务相对的是判断类事务。所谓判断类事务，是指其正确与否与公民的意愿无关，而与事实有关。科学就是典型的判断类事务，其正确与否以科学标准为依据，而不能由公民投票来决定。比如，水利工程能不能上马，这个就不能交给公民投票，而是由科学家说了算，但要不要上马，则由公民投票决定。同理，司法判决也可归属于判断类事务，因为其正当与否，有法律作为其衡量标准，不能经由全体公民投票表决来决定。好比，一个班级失窃了，我们不能交给全班同学来投票决定谁是小偷。当然，司法不得票决是指司法不得交由公民来票决，并不是说法官有不同意见时不能通过表决。事实上，法官内部如有不同意见时，就是按照多数人决定来处理的，这与这里要讨论的公民投票不是一回事。

3. 制度运作不能票决

政治制度从程序上可以分为制度设计和制度运作两个环节，民主投票只适用于制度设计，而不适用于制度运作。立法就是设计制度，而司法就是运作制度。制度运作之所以不可以通过投票来决定，其中一项最重要的理由就是，制度设计针对的是未来的、不确定的、抽象性的事项；而制度运作针对的则是过去的、确定的、具体的事项。如果在制度运行再来投票，那么，民主设计的制度就会被摧毁。好比，一个人的行为是否构成犯罪，先前规定的刑法已经作了具体的规定，如果此时再来投票，那么，“这个人是不是构成犯罪”的法律问题，就转变成了“大家要不要把他作为犯罪来处理”的意愿问题了。

当然，我们还可以较真一下，如果制度设计本来就不是民主票决的产物，那么在司法中进行民主投票，是不是可以弥补立法民主的不足呢？这种追问或许可以引发政治正当性的思考，但在法律上仍然必须防范。理由是，就算是秦始皇制定的刑法典，有利于他而不利于民。但如果能严格按照刑法典的话，秦始皇也多少受到了约束，至少他不能法外用刑了。假设，在刑法典的实施过程中，秦始皇决定再来一次投票，那一定是他想借投票来改变对他的不利。你想想，立法时尚且不可以民主，缘何在司法时就可以了呢？因此，司法民主这个提法很有问题。

三、少数人权利保护原则

民主的核心是“多数决”，因此，民主在排斥了少数人专制的同时，又可能产生多数人暴政的问题。特别是，当民主讨论的内容关乎少数人权益时，多数人因为自身利益最大化的追求，就尤其容易成为暴民，而少数人也就更容易屈从于暴民的压迫。历史经验告诉我们，在早期自由主义时期，人们就发现，只要有机会，贫穷的多数人就会想方设法剥夺富裕的少数人的财富，直到富裕人的财富被平等地分配完毕。[①] 这就好比，某个有钱人是不是该死，由大家来投票决定。操纵大家同意他死其实是很容易的，比如有人提议，把那些有几套房子的人判处死刑，把他们的房子平分给大家，那么，投票会是什么结果就可想而知了。当然，如果提议的人不是一般人，而是掌权人，那么，看起来是大家投票的结果，而其实是掌权者的决定，只不过是借助了民意而已。所以，民粹主义的凡事都由人民做主，其实是假象，民粹主义最可怕的地方也就在这里。勒庞的《乌合之众》讲的就是这个道理。

多数人的暴政比少数人的暴政更可怕。因为，少数人暴政下的多数人，其人数众多，因而痛苦也就趋于分散；但在多数人暴政下的少数人，由于其感受很多人无法体验，因而也就更加孤独和无助，并由于作为多数人的对立面而陷于极端恐惧中。比如，古代专制是皇帝一人对全体国民实行的专制，但由于国民人数众多，国民的痛苦指数也就被稀释掉了，人们从相互安慰中获得了心理平衡。古代专制之所以能够延续很长时间，其中一个原因就是，大多数人都是这样想的。相反，假设全班同学对某一个同学进行隔离和斗争，那么，这个同学就非常孤立了。并且，由于人数众多，这些多数人施暴的胆量和冲动也就更加无所顾忌了。痛苦与人数的函数关系似乎是，痛苦指数随着同类人数的增加而减少，随着同类人数的减少而增加。也许有人会认为，你前面不是说过，多数人与少数人的划分具有暂时性，彼此可以相互转化的吗？现在是少数人，明天也可能成为多数人，因此，多数人的暴政在理论上似乎不可能。对于这个问题的回应，我们前面已经讲到了，有些群体的划分并没有转化的可能。这里再补充一点，就算是有转化的可能，也由于人们的短视，因为眼前利益的诱惑也不会顾及未来。正如，历史上那些整人的人，在整人时怎么不会去思考，自己将来有一天或许也会以这样的方式被人整呢？如果会这样想，恐怕世界上就没有整人的人了。

因此，多数人决定的适用并不是可以无限的，否则多数人就会侵犯少数人的权利。对此，《民主新论》一书的作者萨托利作了精彩的论述：第一，人民只有在为了作出决策时才分为多数和少数，人民是由多数和少数一起组成的，如果多数人决定成为绝对的多数统治，那么也就意味着人民的一部分变成了非人民。[②] 在萨托利看来，民主只能理解为受少数人权利限制的多数统治，不然的话，一部分非人民就被排除在外了。[③] 第二，如果少数人的权利得不到保护，即使那些暂时还待在多数人阵营中的人，他们的权利也得不到保护。理由是，多数人一旦改变了看法，就会立即进入少数人阵营中。因此，多数人基于此担心就永远不敢改变其看法。[④] 萨托利由此得出结论："除非少数派的自由

---

① 转引自参见〔美〕布雷恩·Z. 塔玛纳哈：《论法治》，李桂林译，武汉大学出版社 2010 年版，第 134 页。
② 参见〔美〕乔万尼·萨托利：《民主新论》，冯克利、阎克文译，上海人民出版社 2013 年版，第 44 页。
③ 同上。
④ 同上书，第 45 页。

受到尊重,不然第一次选举不但会一劳永逸地决定谁自由谁不自由,而且投票支持多数者的自由也会毁于一旦。因为实际上已不再允许他们改变看法。于是只有第一次选举才是真正的选举,这无异于说,这样的民主一诞生便会死亡”。[①] 因此,多数人决定必须以少数人权利不受侵犯为限制,否则就不是民主而是暴政了。民主的正当性,从其目的来看,必须是有助于个人权利时,才是正当的。也就是说,当个人权利与民主发生冲突时,个人权利优先于民主[②];而不是相反,民主可以压倒权利。正如阿克顿勋爵所指出的,“我们判断某个国家是个真正的自由国家,最可靠的办法就是检验一下少数派享有安全的程度”。[③] 少数派的不安全,最终都会导致人人不安全。从这一点来说,保护少数人其实就是保护所有人。因此,少数人权利保护原则,其实就可以直接被表述为人权保护原则。

人权保护反映到立法上来,就是要求,凡是涉及公民基本权利的东西,即使是立法也不可以通过多数人的决定来改变。也就是说,立法意志要受到人权保护的限制,即立法不得制定剥夺公民基本权利的法律。美国联邦宪法通过时,反联邦党人就非常担心强大的联邦政府对人民构成威胁,因此,他们强烈要求对宪法作出修改。正是在他们的努力下,著名的《权利法案》才得以面世。《权利法案》的出台,意味着为《权利法案》所明示和默示的人权,不仅约束政府权力,也约束立法权力,从而未来立法也很难以多数人决定来否定《权利法案》的内容。《权利法案》为每一个美国公民提供了强大的法律保障,从而,任何一个基于各种情势而沦为少数派的公民,都可借《权利法案》而免于恐惧和不安。可见,多数人决定与少数人权利不受侵犯,两者有机结合才是民主的完整内容。

四、 立法公开原则

立法公开包含两个方面的公开要求,一是程序公开,二是内容公开。

程序公开指立法的程序对公众保持透明的状态。与程序公开相反的就是秘密立法。秘密立法与前面所说的秘密法律不同,秘密立法针对的是立法过程,而秘密法律针对的是法律内容本身。秘密立法其实就是偷偷摸摸地立法,见不得光,像做贼一样。这种情形只能说明,法律可能违反民意,或者有人想借立法而渔利。程序公开的意义,在于保障公众参与立法的讨论,有机会提出意见,并且,公众意见有途径进入到立法中,以防范权力的恣意妄为。这也再一次表明,有利于权利的做法往往就不利于权力,而保护公众的权益就一定要限制权力。杜绝秘密立法的办法就是要将立法的程序公开。立法程序公开要求法律的起草、审议和表决必须严格根据法律规定的程序来进行,法律通过后,还必须给予公众以知晓期,以使公众有适应和调整自己行为的时间。

---

① 参见〔美〕乔万尼·萨托利:《民主新论》,冯克利、阎克文译,上海人民出版社 2013 年版,第 44 页。
② 参见〔美〕布雷恩·Z.塔玛纳哈:《论法治》,李桂林译,武汉大学出版社 2010 年版,第 134、135 页。
③ 转引自〔美〕乔万尼·萨托利:《民主新论》,冯克利、阎克文译,上海人民出版社 2013 年版,第 44 页。

内容公开是指其制定的法律条文,必须向社会公开,其反对的是法律不对外公开。如果法律不对外公开,人们就不知道自己的行为是否触犯了法律、触犯了什么法律,以及当局会以什么样的法律来收拾你。如此一来,当局威不可测,而民众则时时处于胆战心惊的状态中。因此,秘密的法律与无法律其实并没有什么不同。与法律的秘而不宣相对的,就是将法律的内容公之于众。法律公之于众的意义,具体有以下两点:(1)它排斥了那些非法律形式的内部文件、内部会议记录,以及那些不公开的政策和文件等进入司法,这在一定程度上约束了权力的恣意。(2)内容公开也为公民提供了确定性的保护。虽然法律公之于众并不表明法律的内容就一定是好的,但明知的“不好”也比未知的“好不好”要强得多。因为,法律公之于众至少可以为公民带来预期和确定,并可以约束政府。20世纪90年代,国家制定了一系列减轻农民负担的法律、法规和政策,并要求发放给农民。有些地方政府的农业主管部门就将这些编辑成册的法规扣在办公室,拒不下发。其想法就是,担心农民了解了这些政策法律,自己的工作就难开展了。可见,法律公之于众的意义就是有利于公民,而约束了政府。这一点,我们前面在讲法律作用以及权利与权力的关系时,就已经讲过。

辩论是立法公开的应有要求。民主是建立在说理和辩论的基础上,而不仅仅是建立在单纯投票的基础上。[①] 辩论可以用来揭示那些隐藏的、含混不清的信息,以帮助公众在投票前获得充分的信息。信息越辩越清,道理越辩越明。在充分辩论下,那种阴暗的心理、不可告人的目的就容易被暴露;而那些夹带私货的条款在辩论中也容易露出原形。你说要不要建个水利工程什么的,老百姓又不懂地质水文,行不行大家辩论一下,支持的和反对的都说个痛快,投票的人心里就有数了。可见,只有在辩论的基础上,民主投票才能反映民众的真实意愿。说清楚了这个道理,我们就会明白,议会制度其实就是一个合法“吵架”的制度,看起来不是那么和谐,却杜绝了暗中打架的可能。毕竟,摆到台面上讲,总比暗中使绊要文明得多。

五、 无知之幕原则

无知之幕作为立法原则,法学界没有提出过,但在我看来却非常重要。

立法过程是人们讨论、制定法律的过程。在这个过程中,看起来,参与讨论和投票的人都是平等的,但是,由于人与人在现实生活中实际地位的不平等,法律最后还是有可能是强者说了算。好比,在房地产市场热时,消费者与开发商一起商量制定买卖规则,看起来是大家平等协商,但消费者是弱者,你不可能不买房吧?结果,制定出来的规则一定是偏向开发商。造成这种生物学力量取代法律平等原则的根本原因就在于,在讨论规则的过程中,消费者和开发商的身份都是确定好了的。不同身份的人都会争取自己利益最大化,这是人性,无可厚非。倘若大家对自己的身份并不清楚,也许是消费

---

① 参见〔美〕凯斯·R.孙斯坦:《设计民主:论宪法的作用》,金朝武等译,法律出版社2006年版,第6页。

者,也许是开发商,那么大家制定的规则就不会偏向任何一方。这个“不清楚的状态”,就是美国自由主义学者罗尔斯提出来的“无知之幕”。

从理论上来理解,在“无知之幕”状态下,人们由于不知道某些特殊事实,如自己的社会地位、自己的经济状况等,但知道有关人类社会的一般事实。在这种状态下,一种对某一正义观的全体一致的同意就成为可能。[①] 从这一角度理解,“无知之幕”就有利于对少数人和弱势群体的保护。因为,立法者并不能确保自己就一定属于多数派,或者说就一定不会成为弱势群体。只要立法者有足够的理性,那么,立法者出于自保也会考虑要对少数人权利和弱势群体的保护,以免自己刚好就不幸属于这一类群体。正如美国制宪会议期间梅森先生的发言:“不论他们(指社会的上层阶级)现在多么富,地位升腾得多么显耀,这种处境总不过是过眼云烟。富不过三代,他们的子孙后代,不仅可能、而且必然会散落到社会的较低层次中去。因此,出于自私的动机也好,出于家庭纽带的考虑也好,都要求建立一套体制:对下层人民权利和幸福的关心,不得少于对社会最上层的关心。”[②]事实也确实是这样,从长远来看,人生就是“无知之幕”,你今天是强者,明天也可能是弱者,你相对我是强者,相对另一个强者又是弱者。

当然,“无知之幕” 只是理念而不是现实,但这不影响它可以作为立法的原则。“无知之幕”作为立法原则,就是要求切断立法与立法者私利的关系,防止既得利益者通过立法来损害其他人利益,从而保证立法公平。正如打扑克,公平的做法是抓牌前说好规则,在抓牌前大家就处于“无知之幕”状态中。相反,如果是抓完牌后再来说规则,那么“无知之幕“就被戳破了。好比,你和你公司老板打牌,如果抓牌后再来说规则,老板说了你不敢说不吧?那老板说的规则一定是就有利于他自己,公平玩牌就不可能了。立法也是这样,如果银行法由银行制定,保险法由保险公司制定,那么,制定出来的银行法一定有利银行而不是储户,保险法一定有利保险公司而不是投保人。我们今天一直诟病的部门立法、立法谋私,其实就是因为“无知之幕”的原则没有得到贯彻。

“无知之幕”的理论提醒制度立法者,在设计制度时,你只有将自己设想为最不利者,那么你制定的规则才有可能是公平的。而“无知之幕”的理论意义也就在于此。当然,如果你老是觉得自己是强者,这只能说明不存在“无知之幕”,或者说你实际是个赌徒。说赌徒,你们还真不要笑。我曾经上课讲到这个问题的时候,就有一个学生站起来说:“我愿意赌一把,或许我不会成为弱者呢?”我回答他说:“如果你带着赌徒的心理来设计规则,那我今天讲的就算白讲了。”“无知之幕”是建立在人是理性人的基础之上,而赌徒则恰恰是缺乏理性的,换一句话说,罗尔斯的“无知之幕”根本就没有为赌徒留下容身之地。大家想一想,如果没有“无知之幕”,那么,强者就可以利用法律而谋取私利,其制定出来的法律与强者通吃的丛林法则又有什么不同?现实生活中这样的例子有很多,许多公司的人事制度改革,都是有权的改无权的,强者越改越好,弱者越改越差。所

① 参见〔美〕约翰・罗尔斯:《正义论》,何怀宏等译,中国社会科学出版社 1988 年版,第 136—139 页。
② 参见〔美〕麦迪逊:《美国制宪会议记录辩论》,尹宣译,辽宁教育出版社 2003 年版,第 27—28 页。

以，我有时候想啊，“无知之幕”不只是一个立法原则，在某种意义上也是一个道德原则。

“无知之幕”作为立法原则，虽然不能直接转化为具体的操作指南，但它至少为我们认识、发现和批评立法不公，提供了一个非常独到而实用的视角。“无知之幕”作为一项立法原则，至少要求参与立法的人员，其身份来源要有多元性和开放性。具体而言：(1) 立法要向弱势群体开放，不能由既得利益者所垄断，弱者也有参与立法的机会；(2) 立法应该广泛讨论，在讨论中，一味偏向强者的条款就容易被发现，从而可能被遏止。(3) 立法应该吸收中立的研究人员参与。中立人员的立场、观点及其研究成果，也会对强者意志的恣意构成约束。总之，无知之幕作为立法原则，其目的就是为了避免立法谋私、制度腐败的现象发生。我们要知道，制度腐败比个体腐败对社会的危害要严重得多。

第十一章　守法

第一节　守法的义务

一、什么是守法

守法就是指法律主体的行为符合法律规定,符合就谓之守法,不符合就谓之不守法或说违法。在现代法治国家,人人得守法,并且人人得平等地守法。守法的意义,一是,从法律工具的角度理解,是对法律目标的实现,否则法律目标就落空了;二是,从法律规范本身来看,是法律规范从应然走向实然,是静态的法律成为活的法律,否则法律就是言而无信,自己打自己的脸。总之,如果没有守法,法律徒有虚名。

对守法的评价,必须注意以下几点:(1) 评价的对象是行为。评价社会主体是否守法,评价的对象只能是其行为,即评价其行为是否合乎法律规范,而不是评价其思想、其观念、其出身、其立场等。后者或者是道德评价的对象,或者是政治评价的内容。(2) 不同于道德评价。一个道德模范与一个守法模范并不是一回事。所以道德责难不能代替法律评价,什么恬不知耻啊、什么死不要脸啊、什么两面三刀啊、什么小人啊、什么狼心狗肺啊,诸如此类的道德评价用语,虽然可以解恨,但都不具有法律意义。(3) 不同于政治评价。政治评价也不能代替法律评价。政治评价侧重的是评价政治立场、政治态度,什么奸贼啊、什么资产阶级走狗啊、什么反动派啊、什么腐化变质啊,诸如此类的政治评价用语也不具有法律意义。(4) 评价所依据的法律,因实在法与自然法的不同而不同。一个行为在实在法看来是守法,而在自然法看来可能是违法,如我们前面反复提到的纳粹时期告密者的行为;同理,在实在法看来是违法,而在自然法看来可能是守法,如我们后面将要提到的安提戈涅的行为。

二、守法的义务

公元前399年,苏格拉底被人诬告渎神、腐化和误导青年而被判死刑。临刑前,他的朋友想帮助他越狱,说不公正的法律是不应当遵守的。但苏格拉底拒绝了。他说:第一,如果人人都以判决不公为由而拒绝服从判决,那么这个国家就没有了规矩。法律的公正固然重要,但维护社会秩序同样重要。第二,如果一个人自愿生活在一个国家,并且享受这个国家的法律给予的权利,这不等于说是与国家之间有了一个契约吗?这种情形,不服从法律就是毁约,是十分不道德的。

古希腊悲剧作家索福克勒斯笔下的《安提戈涅》,讲述了安提戈涅的悲剧。色班人安提戈涅的兄弟波利尼克斯,在一场背叛祖国的战争中战死。于是统治者克瑞翁代表国家宣布,谁也不得哀悼波利尼克斯,不得埋葬他的尸体,任凭乌鸦和野兽啄食他的身躯。但是,按照安提戈涅的宗教信仰,神的法令要求她不能让自己的兄弟暴尸野外,她有责任以一定的仪式安葬自己的兄弟。所以,安提戈涅认为,国王克瑞翁的法令违背了更高一级的法令,即神的法令,自己应该为维护神的法令而抗拒国王的法令。最后,安提戈涅毅然违反了克瑞翁的命令,按照当时的仪式安葬了她的兄弟。

一个人为什么遵守法律,这是一个伦理学问题。从规范的角度来理解,一个人为什么遵守法律,其实就是守法义务的问题。而关于守法义务的正当性的证成,大致而言,历史上有这样几种说法。

(一) 神意说

神意说认为,法律是上帝为子民制定的规则,因此,遵守法律就是服从上帝。这种观念在法庭的布置以及法官服饰上就留有清晰的痕迹。法庭与教堂就有很大的相似性,神圣与肃穆。因此,在神意说的支持下,司法通过上帝的神圣性而被赋予了权威性。

神意说这个论证,以及论证的效力,在有宗教信仰的社会里很有说服力。在这样的国家里,法律与宗教的关系非常紧密,许多法律条文的表述甚至与经文的表述是一样的。人们普遍认为法律是神的启示,因此,其对神的信仰也就会引申出对法律的信仰。所以,在这些国家里,国民对法律也会持宗教般的虔诚态度。正如在古希腊时期斯巴达的“吕库古改革”。吕库古为斯巴达人制定了法律,并晓谕人们说,他制定的法律并不是他一个凡人臆想出来的,而是他根据神谕制定出来的。为此,他虚构了一个故事。他说,他一次次去一个叫德尔斐的地方,不停地向神祈求,神就给了他启示。希腊人笃信神谕,斯巴达人尤其为最。结果,吕库古制定的法律就成了斯巴达人的宗教,以至于在吕库古离开斯巴达后,人们也恪守不变。

神意的说法,对于宗教信仰的社会似乎是不言而喻的,但对于无宗教信仰的人来说,简直是莫名其妙和不可理喻。因此,神意说作为公民守法义务的正当性论证,只在宗教信仰的社会里才有效,而对于宗教文化不发达的社会来说,其作为正当性的论证显然不足。

(二) 同意说

同意说认为,如果法律是你自己同意的,那么,遵守法律就是服从你自己的意志。的确,服从法律就是服从自己的意志,这在道德上再也没有比这更好的理由了。好比合同作为当事人的法律,既然你签字同意了,那么就表明你愿意接受合同的约束,还有比遵守诺言更好的理由来说服一个人遵守合同吗?服从自己也罢,遵守诺言也罢,同意说为公民服从法律提供了最有说服力的道德理由。

同意说其实就是社会契约论的观点,所以,同意说也可以表述为契约说。在社会契约理论里,政府和法律都可以看作是人们协议的产物。根据社会契约论的观点,如果政府在公民共同赋予的权限内活动，那么，公民就有服从政府及其制定的法律的义务；否则，公民就有权拒绝服从。因此，社会契约论就同时还隐含了公民守法的限度，即公民只有义务遵守自己授权范围内的法律；超过这个范围，公民就有权拒绝。社会契约论是现代民主国家所坚持的理论。

当然，契约理论作为公民守法的道德理由，也有受质疑的地方，主要有以下三点：

首先，社会契约无法避免强者说了算。在缺乏"无知之幕"的条件下，由于各方契约能力的不同，达成的契约内容仍然有可能是现实力量的反映，即强者说了算。难道仅仅因为借助了契约的形式，生物性的力量就具有了正当性？这在道德上是没有说服力的。

其次，社会契约不能超越历史。社会契约是虚构的。人类社会初期是否发生过社会契约，没有任何经验可资证明，那只不过是后人想出来的一种理论而已。就算是历史上发生过，那也无法解释社会契约效力就可以永久啊。如果契约是一个人基于一时的偶然，就要求这一人必须付出一生的命运，这种要求是不是很不道德？祖宗一时兴起的契约，后代就必须无条件地一代代地遵从，更是不道德。

最后，社会契约不能证成非缔约人的守法义务。前面已经讲过，古人订立的社会契约，在道德上不能要求后人遵守。就是在现实生活中，也有许多人没有投票，或者虽然参与了投票但却表示了不同意。你拿这个社会契约来说服他服从法律，告诉他，你服从法律就是服从你自己，这不是强词夺理吗？

对于上述质疑，社会契约论者提出了"默认"的说法来自圆其说。其论证逻辑是，当你选择在某种社会状态下生活，你就默认了这个社会的法律制度。或者，只要你加入政治制度设计的程序中，那么，就说明你同意了这个程序所导出的法律。这种默认其实也可以说是一种隐性的契约。你居住也好、旅游也好、通行也好，只要你身处某国，就表明你同意接受该国法律的约束。苏格拉底赴死的理由之一就可以看作是默认说。"默认"的解释对同意的形式作了扩张解释，即同意不只是明示的，也包括默示的。你虽然没有说出同意两个字，但你的行动表明了你的同意。经过这番论证，默认说似乎在逻辑上自足了。

不过，我认为，它在以下三个方面仍然经不起质疑：

第一，如果"默认"能够反映同意的话，其前提就要满足一个条件，那就是公民有充分的迁徙自由。比如，春秋战国时期，人们可以在各国之间来回穿梭和迁徙，默认说就有一定的道理。孔子就充分享受这种迁徙自由，今天在这里，明天到那里，周游列国，好不惬意。你看不上我，我走还不行吗？所谓惹不起，躲得起。所以，春秋列国为了吸引人才，增加人口，许多诸侯极尽仁政之能事。但是，如果公民根本就没有迁徙自由，那么默认说就不能成立。所以，一个人如果因为没有迁徙自由，就必须服从自己并不同意的法律，这显然是不道德的。注意，这里的迁徙自由还不能只限于一国之内，而必须超越于国家，否则就没有意义。

第二，即使可以自由迁徙，那还得有物质条件吧？你想想看，搬家要不要钱啊？又要买房了不是？中国人有一句俗语，"搬三次家等于失一次火"。因此，没有财产保障，迁徙自由那只是说说的，对穷人而言没有实际意义。所以，一个人如果因为没有钱，就必须服从自己并不同意的法律，这显然也是不道德的。

第三，即使我有自由，也有钱，但我就是不愿意离开呢？“要么离开，要么就不要抱怨”的言论，听起来蛮有道理。可是，这是我祖祖辈辈生活的地方，我与这个地方已经产生了不可分离的情感，凭什么我就一定要背井离乡呢？这从道德上来说，是不是也没有说服力呀？所以，一个人如果因为不愿意离开，就必须服从自己并不同意的法律，这在道德上显然也是缺乏说服力的。

同意说在理论上，尽管遇到了这样和那样的质疑，但是，它的意义仍不可低估。如果法律的的确确就是公民自己同意的，那么公民的守法义务，就在道德上不证自成了。人们质疑的不是同意，而是同意的条件。正如，人们不会反对以当事人同意作为结婚的前提，只会惋惜在同意的时候没有考虑清楚。同意说的意义在于对法律提出了一个要求，即要求法律必须充分地反映民意。一般来说，立法的民主化程度越高，同意说的道德说服力也就越强。

（三）公平说

公平说认为，社会是一张合作关系的网络，任何一个人作为社会成员中的一分子，都有合作的义务，而守法就是社会合作义务的自然要求。既然你已经从他人的守法中获得了利益，作为公平，你当然也必须遵守法律，以让他人从你的守法中获得回报。哈特就持这样的观点，他说：“如果一些人按照规则从事如何联合的事业，并因此限制了自己的自由，那么这些在被要求时对有关限制作出服从的人，有权利从那些因他们的服从而获益的人那里得到同样的服从。”[①]罗尔斯也发展了这种观点，他说：“一个接受了该事业（合作事业）的好处的人就受到公平游戏责任的约束去尽他自己的一份力，而且他不能不合作却分享免费的利益。”[②]所以，不言而喻，“当我们发现自己受制于一种既存的、满足了法律体系之定义的规则体系时，我们就有服从其法律的义务。”[③]

但是，公平说也有几个问题值得讨论：

第一，从程序来看，只要有人不守法，那么作为公平，我是不是就没有了守法的义务呢？“凭什么罚我，不罚他呢？”这是人们经常拿来为自己违法进行辩护的理由。如果存在他人没有受处罚的情形，那我是不是就有了在道德上免于守法的义务？如果是这样，那么公平说所赋予的守法义务就非常脆弱了，人人都有机会拒绝守法。因为，要保证法律绝对普遍并公平地得到适用，的确是很难做到的。

第二，从实体来看，公平说之公平当然不限于程序的公平，也包括实体的公平。如果，实体法律本身就不公平，比如，将人分为三六九等的法律，那个最不利的倒霉蛋，他

---

① 转引自理查德·阿尼森：《公平原则与搭便车问题》，毛兴贵译，载毛兴贵编：《政治义务：证成与反驳》，江苏人民出版社2007年版，第66页。

② 同上。

③ 约翰·罗尔斯：《法律义务与公平游戏责任》，毛兴贵译，载毛兴贵编：《政治义务：证成与反驳》，江苏人民出版社2007年版，第56页。

还有没有守法的义务呢？而如果这样，任何一个法律不利者都可以拿这个作为理由来拒绝守法。由于法律是否公平没有统一的标准，所以，各言其是的逻辑结果就是不利者均可在道德上免于守法。

第三，我们还可以继续较真下去，如果别人给我带来的好处，并不是我想要的，那么，以公平说来要求我守法，这还公平吗？比如，开发商要拆迁我的房子，虽然根据某个拆迁的规则给我的拆迁费是公平的，甚至给我的还多出了我应该得的；但是，我的的确确因为对于祖宅的依恋，就是不愿意搬家。那么，按照公平说的说法，我是不是就只能服从？也就是说，公平的衡量是不是只能根据利益？

第四，从同意说的角度来看，如果一个规则在实体上的确是公平的，但在制定的时候没有经过大家的同意，那么，这个规则还算不算是公平的规则？如果不算，那么公平说不就又等于同意说了吗？

最后，总结一下。关于守法的道德义务的说法，并不限于以上几种。其实，只要一种观点能够起到说服大家自愿服从法律的效果，那么就不失为守法义务的道德论证。此外，以上各种各样的说法，彼此也不是互相排斥的。只要是对守法义务的论证有帮助，诸种说法完全可以结合起来使用。至于，具体采用何种证成说法，不同国家、不同时代因社会价值、道德意识，以及意识形态的不同而有不同。

三、 守法义务的相对性

强调守法的义务当然具有很重要的意义：一是，有助于强化人们的守法意识和守法行为；二是，有助于形成社会的稳定机制。但是，守法的义务是否具有绝对性？当然不是。一般来说，对法律一般性的恶，公民有容忍和承受的义务，否则每一个人都可以以法律是恶的，而拒绝守法，那么法律也就无法存在下去了，社会也就没有办法存续下去了。但是，如果法律的恶已经严重到无可忍受，或者已经严重地侵犯人权，那么，在道德上，公民就具有反抗的权利。或者说，公民就不再负有信守法律的义务。当然，我们也可以借用自然法的概念来说明，这其实也可以看作是对自然法的服从。因为，当实在法违反自然法，公民为遵守自然法就有不服从实在法的义务。只不过，这个时候遵守的是实质意义的法而已。前面讲的那个安提戈涅的逻辑就是这样的。

对待恶法，人们的应对方式无非是要么忍耐，要么反抗。反抗的方式又可以分为两种，一是，消极反抗，即采取不作为的方式违反法律。印度甘地的非暴力抵抗就是典型的消极反抗。现实生活中这样的例子也比比皆是。比如，对于开枪杀害平民的命令，军人拒绝执行或者将枪抬高一厘米；又如，对于举报老师上课言论的要求，学生汇报说我没有听见；甚至于，如果纳税人认为那个税本身就不正当，所以就拒绝缴税。二是，积极违法，即采取作为的方式违反法律。积极违法又可以分为两种：(1) 非暴力违法。1978年12月的一天，凤阳县小岗村十几个农民，秘密签订了一份“文书”，把生产队的地给分了。这在当时是严重违法的行为，因为当时实行的是人民公社制度，分田到户被看作是走资本主义道路。小岗村村民的这种行为就是非暴力违法,学术界也有称之为良性违法的。(2) 暴力反抗。比如某人对政府强制拆迁不满,采取泼汽油等极端的方式来对抗。革命是暴力反抗的极端形式,其正当性就在于认为整个法律体系都是恶的,以至于公民没有任何遵守的义务,唯有彻底推翻旧的法律秩序才有出路。革命对法律秩序和法律权威构成了最严重的挑战。

公民基于良心而拒绝守法,在西方也被称为“公民不服从”。一般认为,“公民不服从”强调的是良心和非暴力。良心赋予公民不服从法律的正当性,而非暴力反抗则强调其违法的形式,这就与单纯的违法行为区别开来。采用暴力的方式甚至革命的方式,尽管从字面上理解,可以看作是“公民不服从”的一种方式;但从法学上来理解,革命并不为公民不服从的概念所容纳。当然,革命本来就是一个政治概念,它并不指望法律对于它的认同。

公民不服从,这是公民的权利,还是公民的义务?从法律规范意义理解,公民不服从构成了对法律的违反,是违法行为,当然也就既不是法律权利,也不是法律义务。这也就决定了,公民不服从显然不能从实在法律规范上去理解。公民不服从虽然在实在法上没有根据,但在道德上却具有正当性,因而也就可以看作是公民的一项道德权利。德沃金就将公民不服从看作是公民的一项权利。他认为,当公民基于自己的信仰和良知认为法律是非正义或不道德时,根据不同的情形,公民就可以享有不服从这些法律的权利。正是在这一意义上,德沃金将公民不服从称为善良违法,“善良”一词显然就强调了公民不服从的正当性。但是,如果我们注意到,公民不服从对推动法律的进步具有促进的意义,是社会进步最重要的推动力量,那么,将公民不服从看作是一项公民的社会义务,也未尝不可。所以,耶林所说的“为权利而斗争”[①]也可以从这一意义上来理解。如是观之,公民不服从,既可以看作是公民的一项权利,也可以看作是公民的一项义务。

当然,公民不服从的代价也是巨大的。由于公民不服从,其权利义务的正当性并不来自实在法,因而也就注定了反抗者要面临不利的司法处境。公民不服从,其所应得的价值肯定,主要来自社会大众的支持,或来自未来历史的书写,永远活在人们心里。

第二节 守法的原因

一、守法原因与守法义务的区别

如果说,守法的义务是回答一个人为什么“要”守法的问题的话,那么,守法的原因

① 参见〔德〕鲁道夫·冯·耶林:《为权利而斗争》,胡宝海译,中国法制出版社 2004 年版,第 50 页。

则是回答一个人为什么“会”守法的问题。两者的具体区别是:(1) 前者是分析守法的义务,即道德上的根据;后者是分析守法的动机,即内心驱动力。前者是一个伦理学的问题,后者是一个心理学的问题。(2) 前者是分析规范本身,后者是考察守法主体。相对于守法主体而言,前者是外在的和客观的,后者则是内在的和主观的。(3) 前者是关于守法的理由,后者是关于守法的原因。原因与理由的具体区别,我们之前已经讲过。这里的原因是对守法动机的事实描述,是对守法前后因素所作的因果关系的陈述,它是一个社会学的概念;这里的理由是关于守法的正当性根据,这个根据是对守法行为进行正当评价的依据,它是一个规范性的概念。(4) 前者是被动的,后者是主动的。前者是施加于行为人的一种道德压力,后者是行为人主动选择的因素。

二、 守法的具体原因

一般来说,公民为什么会守法,大致原因主要有以下几种:

(一) 习惯

人是习惯性动物,一个人因行为的反复性,就会形成自然而然的行为习惯,所谓习惯成自然就是这个意思。事实就是这样,一个人不可能在每一次采取行动前,都会瞻前顾后地去思考和权衡,大多数都是基于习惯的自动反应。社会化的过程就是培养一个人符合社会规范的行为习惯。当社会规范已经内化为一个人的习惯后,人们遵守法律,不如说是遵守自己的习惯。从发生学来看,法律原本就起源于习惯。当某种行为为大多数人的习惯时,习惯就可以通过立法的形式转化为法律。比如我们前面举过的例子,如果大多数人都有靠右行驶的习惯,那么,靠右行驶就可以写入交通法规中。现实生活中,杀人放火等违法犯罪行为之所以是少数,其中一个原因就是,大多数人没有养成那种杀人放火的习惯。而倒过来理解,如果人类普遍存在人吃人的习惯,那么,禁止人吃人也就不太可能成为法律。

习惯与法律的关系原理提醒我们,当法律符合人的习惯时,法律也就能得到很好的遵守。反之,法律就很容易被违反。20 世纪 50 年代开始实行婚姻登记制度时,由于登记制度与大多数人以婚礼作为婚姻成立的标志这一习惯做法发生了偏离,以至于当时很多人仍然选择婚礼而不是去登记。由于不登记的违法现象非常普遍,所以,当时的《婚姻法》不得不以“事实婚姻”的概念来填补。但是,到了今天,当登记已经成为习惯,事实婚姻的法律概念也就没有了。同样道理,当法律塑造了人们的新习惯后,如果又要反过来也会有麻烦。比如,如果现在的交通法规又要反过来,强行规定靠左行驶,那么就会人为地酿成许多交通事故。“文革“时期,有些红卫兵认为,红色代表革命,绿色代表反动。于是,红卫兵硬要倒过来,将交通规则改为红灯走、绿灯停,结果可想而知。

人是习惯性的动物,其实所有的动物都是习惯性的。所以,只要法律与人的习惯保持一致,那么,人们就感受不到法律的存在。而一旦法律不符合他的习惯,其习惯性的反应就会导致其行为对于法律的违反。明白这个道理,我们就知道,制定的法律尽量不要违背人的习惯;同时,培养公民遵纪守法的好习惯也是非常重要的。

（二）恐惧

恐惧也是人们遵守法律的一个重要原因。人们日常生活中所说的“坐班房”,就是法律传达的惩罚信息。法律在很大意义上,就是通过惩罚来迫使公民服从法律。前面讲过的,法律责任的惩罚功能和威慑功能,就是建立在人们恐惧的基础之上。奥斯丁的“法律命令说”,就特别强调法律的惩罚性。法律作为一个命令,威胁公民,如果你不遵守法律,法律就给你施加惩罚,这就给人们制造出恐惧了。严刑峻法的目的就是为了制造恐惧,古代杀人刑场刻意营造恐惧气氛,就是想以此来吓退其他人潜在的犯罪念头。可见,恐惧是与惩罚联系在一起的,惩罚是制造恐惧的手段。如果没有恐惧,惩罚就没有意义。但是,如果国民守法完全是基于恐惧的心理,那么,这个国家就非常恐怖了。幸好,制造恐惧来迫使人们守法,那也不可能是无限的。

恐惧以及制造恐惧是有限度的,表现在:(1) 个体的恐惧是有限度的。人的最大恐惧莫过于死亡。如果到了“民不畏死,奈何以死惧之”的地步,那么,人们对于法律的恐惧也就没有了。所以,绝对依赖暴力维持的政权,它就不可能长久。秦国灭亡就是因为“天下苦秦久矣”,人们的恐惧已经到了极限。(2) 群体的恐惧也是有限度的。恐惧与人数的多少有很大的关系。如果违法人数众多,恐惧感就趋于减少。农民起义也好,游行示威也好,人们之所以无惧,就是因为人数众多,恐惧被极大地稀释掉了。并且,周围人的勇敢举动也会起着示范和传递的效应。(3) 有信仰的人往往没有恐惧。如果一个人有某种信仰,政治的或宗教的,那么法律制造出来的恐惧就对他不起任何作用,即使是面临死亡,他也会看作这是他的使命。(4) 运用恐惧的资源也是有限度的。法律惩罚也是有成本的,当违法的人数达到一定规模,那么,法不责众的现象就会出现,法律惩罚也就形同虚设了。所以,恐惧之所以可以迫使人们守法,其隐含的条件就是,违法犯罪的人总是占少数。(5) 运用恐惧受到了现代文明的约束。完全靠恐惧来迫使人们守法,那么,使人恐惧的手段就只能无限地追加下去,比如什么刑不可测、什么刑讯逼供,然而这些手段都受到了现代文明观念的限制。当今,一个国家如果一直持续地追加恐惧的话,在国际社会就很难立足。

（三）利益权衡

趋利避害是人的天性,每个人都有利益最大化的动机。当守法所得大于违法所失时,在功利心的驱使下,人们就会选择守法;反之,就可能选择违法。这里,法律俨然成为引导人们是否守法的杠杆。从逻辑上来讲,出于恐惧而守法也可以看作是利益权衡的某个方面,因为避免恐惧也是一种避害。只不过,由于利益权衡的守法心理与人的理性紧密联系在一起,而恐惧则更多的是与人的本能联系在一起,所以我在这里还是将两者分开来讲。

利益权衡的守法心理在经济领域较为常见。在市场经济中,商人是最工于计算的人,也就是经济学所说的经济人或理性人。利益是商人行为的主要驱动力。比如,是否遵守合同,一些人往往会将履约成本与违约成本进行比较,如果违约划算,那么就选择违约。当然,成本的衡量并不只是指直接的经济利益的衡量,违法犯罪被发现和被处罚的概率,其实也是衡量违法成本高与不高的一个重要因素。如果警察老是破不了案,那么也会促使人们违法。

出于利益权衡的守法心理,其实也是机会主义和实用主义的态度,有利于己的时候就守法,不利于己的时候就不守法,从而导致法律不被普遍遵守。公民的机会主义和实用主义的守法态度虽然主要是因为利益,但这与当局的机会主义和实用主义的执法态度也有很大关系。如果执法者采用的也是这种态度,有利于己的时候用法律,不利于己的时候不用法律;心血来潮的时候集中整治,平时又听之任之,那么,执法者与当事人就会形成猫和老鼠的关系。

利用人们利益权衡的守法心理,法律可以,并且也应当通过改变社会资源的分配方式,来影响人们的行为。奖励引导人们守法,惩罚抑制人们违法。具体做法是:(1) 增加违法成本或提高守法利润。比如假一罚十,加大处罚力度,就是为了增加违法犯罪成本;又如,给主动申报缴税的当事人减免一定的纳税数额,就是提高守法利润。(2) 提高查处率。比如,强化监管和侦查,提高查处率和追究率,其目的就是为了消除人们的侥幸心理,以使其利益权衡发挥积极意义。(3) 普遍性和平等性地执法和司法。不得选择性执法和选择性司法,以保证法律得到普遍性和平等性的遵守,也可以使利益权衡发挥积极意义。

当然,出于利益权衡而守法的心理,前面说过,是建立在理性人假设的基础上,因此,对于理性能力不足或丧失理性的人来说,这套规范机制就不灵了。比如基于一时气愤的行为、醉酒后的行为、赌博的行为、嫖娼的行为,诸如此类的行为,其行为动机显然主要不是基于利益衡量的结果。注意,这里我加了"主要"两个字,意思是说,不是完全排除有利益衡量的因素,而是说,即使有,也被排到次要的地位了。因此,利益衡量也如其他守法心理一样,只能解释部分守法的心理,而不是全部守法的心理。

(四) 社会压力

自己的行为是否适当,每个人都会根据不同的标准来作出判断,其中自己所属社会关系网络发出的信息是判断的重要依据。一个人如果做了一件违法的事情,同事的评价、亲友的看法、邻居的议论,甚至仅仅是一个看不起的眼神,都会给他带来巨大的社会压力。因此,一个人守不守法,与周围人的反应有很大的关系。

社会心理学常识告诉我们,大家都是这样做,那么自己这样做就没有什么压力。"中国式过马路"就是这种心理的反映,大家都在闯红灯,那么自己跟着走也就不在乎是不是违法了。如果你走到马路中间,发现大家都在原地不动,并且眼光都在盯着你,你的步伐就不自在了。为什么不自在? 就是因为你感受到了社会压力。

社会压力与社会环境有关系。一般来说,在熟人环境,个人感受到的社会压力就大，而在陌生社会，个人感受到的社会压力就小。2011 年 10 月 13 日，年仅两岁的女童小悦悦走在巷子里，被一辆面包车碾压，几分钟后又被一小型货柜车碾过。在这短短的 7 分钟之内，在女童身边有十几个路人经过，他们都是不闻不问。最后，还是一位拾荒的阿姨将小悦悦抱到了路边，并叫来了小悦悦的妈妈。小悦悦虽经医院抢救，但最终医治无效死亡。[①] 这个事件我们不从道德上来判断，而从社会心理来分析。社会学有一个概念，叫"旁观者效应"[②]。意思是说，在陌生人社会里，人的社会责任具有分散性。个人应承担的责任，随着人数的增加而递减。因此，当人数越多时，勇于承担责任的人反而越少。造成旁观者效应的原因，其实就是观众所承担的社会压力较小。而如果置于一个熟人社会，比如是在一个小山村，那就不太可能发生小悦悦的悲剧。原因很简单，路过的村民如果看到了，见死不救，那他在村里还待得下去吗？邻居不骂死他才怪呢。

明白社会压力这个道理，我们就可以解释，为什么大庭广众之下违法犯罪要少，其原因就是容易被发现，尤其当事人要面对熟人的眼光，所以他承受的社会压力更大。很多人之所以怕媒体曝光，也是因为怕有社会压力。交警经常在闹市区抓拍行人闯红灯，并播放视频，也是想给当事人制造压力。

当然，不同的人对于社会压力的承受并不相同，这与当事人的道德情感有很大的关系。一般来说，同一件事情，把面子和尊严看得越重的人，社会压力也就越大，反之则越小。好比，同样是嫖娼，一个教授和一个普通人，前者承受的社会压力就远远要大于后者，以前网上就热炒过教授嫖娼的事，结果那个教授承受不了压力辞职了。知识分子要面子啊。当然，不是每个人都看重面子。有些人就根本不会在意周围人有什么看法啊，那他就几乎感受不到有什么社会压力。对于这种人，他对于法律的遵守与否，其原因就不能从社会压力来解释。

（五）价值认同

在特定情况下，人们并不非常在意个人的利益得失，而是先对照一下某行为是否符合自己的价值观，如果符合就为之，如果不符合就拒绝。[③] 这种守法的心理，我们可以称之为出于道德价值的守法心理。价值观对人们守法的影响，与利益权衡对人们守法的影响完全不同，前者是内在的义务，后者是外在的引导。前者，明知不利于己也可能会为；后者，只追求利己的利益。

价值认同对于人的影响，历史上有很多这样的例子。春秋时期，宋国与楚国在泓水交战。当楚军渡河时，有人向宋襄公建议，趁对方渡河到中间时出击，宋襄公却认为这是不仁义的行为。结果，楚军准备好后向宋军杀过来，宋军因势单力孤而大败。宋襄公

---

① 参见《两车先后碾过两岁女童，十多冷血路人见死不救》，载《羊城晚报》2011 年 10 月 16 日，第 A01 版。

② 参见〔美〕R. A. 巴伦、D. 伯恩：《社会心理学》（下册），黄敏尔等译，华东师范大学出版社 2004 年版，第 501 页。

③ 参见〔美〕汤姆·R. 泰勒：《人们为什么遵守法律》，黄永译，中国法制出版社 2015 年版，第 42 页。

的行为虽然被后人讥笑为迂腐，但在宋襄公本人看来，乘人不备的攻击行为就与其价值观相冲突。现实生活中这样的例子也不少。学生拒绝举报老师的课堂言论，也可能在他看来，这种做法与其价值观相背离。我本人也有过一次寄快递的经历。在某快递公司业务员的引导下，我选择了加急送。可是，快递并没有如期送达，耽误了我的计划。我与快递公司交涉，公司答应退回我全部资费。但是，我拒绝了，我只要求退回多收我的那部分。我当时的想法就是，快递虽然没有如期送到，但总是送到了，对方提供了服务还是应当获得报酬的，只是多收的部分构成了不当得利。我的这种做法显然是不利于己的行为，这恐怕就只能归于我尊重他人劳动的价值心理。

既然价值认同有助提升人们的守法行为，那么，法律越是符合人们的价值取向，人们守法的主动性和自愿性也就越强。相反，法律越是与人们的价值观相抵触，人们守法的主动性和自愿性也就越弱。并且，那些以价值认同作为自己守法原因的人，其主动守法的行为，反过来又会进一步提升其社会形象和人格自尊。

价值认同与法律的正当性息息相关。一项法律如果是正当的，那么人们在心理上就容易产生价值认同，从而服从法律的态度也就很积极。至于什么法律才是正当的，前面在讲守法的道德根据时所列举的神意说、同意说、公平说，等等，只要其中哪一种说法在其所在的社会里具有正当性，而法律的内容又恰好符合该说法，那么该法律就具有正当性。这就好比打牌，如果大家认同同意说，那么，牌友同意的规则就容易为牌友所遵守；如果大家认同公平说，那么，对每一个牌友都公平的规则就容易得到牌友的坚持。反之，强加的规则，或者不公平的规则就容易遭到牌友的抵制。所以，针对这种守法心理，法律所要做的就是要坚持法律的正当性，在立法中和司法中要尽量确保法律正当性得到最大的实现，从而赢得人们的价值认同。

前面我们在讲公民守法义务时已经讲过，法律的正当性是公民为什么要守法的道德根据，与公民为什么会守法的事实原因，是两个截然不同的问题。正如我们前面所揭示的，一个是讲规范，一个是讲事实。但是，这绝对不意味着两者是隔膜的、相互不可推导的。经验表明，一项法律越是被认为是正当的，那么人们就越会自觉遵守，从而法律的正当性既可以是公民守法的义务根据，也可以成为公民守法的事实原因。而作为公民守法的义务之所以可以成为公民守法的原因，其原因就在于公民在价值上认同法律。

（六）程序正当

法律程序有没有正当性也容易影响人们的守法态度。我们再以打牌为例，如果因打牌而发生争吵，一般都是关于规则是否正当，以及规则是否得到遵守的争吵。如果有牌友不遵守规则，那么其他牌友就可能会选择退出。打牌是这样，权力也是这样。交警给违章当事人的处罚如果符合法定程序，那么当事人认罚的态度就会积极；反之，就会遭到当事人的质疑甚至不服从。司法程序在很大程度上具有说理的作用，只要该程序是正当的，被告心服口服的可能性就会增加；相反，任意违反法定程序的做法，即使司法判决本身没有问题，也会引起当事人的不满，并可能引发无休无止的申诉。关于程序正当作为促成人们守法的原因,我们后面在讲司法程序时再作深入阐述。

最后,总结一下。在上述几个不同的守法心理中,从义务的角度来理解,出于恐惧的守法,以及出于社会压力的守法,反映了守法主体的外生性义务,即守法主体有被迫守法的心理感受。而出于价值认同的守法,以及出于程序正当的守法,则反映了守法主体的内生性义务,即守法主体有主动守法的态度。政治犯或革命家,其之所以反抗法律,就是认为法律与其价值观不符合,或认为法律不正当。出于利益权衡的守法,则既反映了守法主体的内生性义务,又反映了其外生性义务。而出于习惯的守法,个人几乎感受不到义务的存在,它就是一种本能。当然,以上心理并不是相互排斥的。不同的人有不同的守法心理,同一个人在不同时候有不同的守法心理;一个人同时具有多个不同的守法心理,并且,多个不同的心理,其程度也会有所不同。

第十二章　执法

第一节 执法的性质

一、执法的概念

执法就是执行法律的简称。执法是法律实现的重要途径,所谓徒法不可以自行,主要指的就是执法。广义上说,执法是指国家机关将法律付诸实施的活动,既包括行政机关的执法,也包括司法机关的司法。狭义上仅指行政机关的执法,简称行政执法。这里也是从狭义角度来界定执法的。多数教材在界定行政执法的定义时,强调:(1) 行政机关及其公职人员;(2) 法定职权;(3) 法定程序。例如,周永坤老师在《法理学》一书中的定义是:"狭义的执法仅指国家行政机关及其公职人员依照法定职权和程序贯彻执行法律的活动,或称行政执法。"[①]张文显教授主编的《法理学》对执法下的定义,差不多也是这个意思。[②]

我认为,这三个强调并不妥当。理由是:(1) 公职人员的执法活动是以行政机关的名义进行的,而不以其个人名义。因此,公职人员并不是执法主体,他只是具体执行的自然人而已。所以,点出公职人员并没有什么意义,反倒不利于突出行政机关的主体性。现实生活中,非行政主体执法的现象还比较普遍,因此突出行政机关的主体性也就具有现实意义,有利于将非行政机关的活动排除在执法概念外,以确保执法的行政性。(2) 行政机关的活动是不是执法活动,这首先是个事实。至于其是否具有法定职权,那只是行政执法合法的条件之一。我们总不能说,行政机关的活动因为其没有法定职权就不是执法吧?不是执法又是什么呢?除非我们另外再创造一个概念,来指称那些没有法定职权的行政执法行为。而如果是这样,行政诉讼的概念也就不能成立了。很多行政诉讼案件不就是因为行政机关无权而行使了权力吗?如果一定要强调法定职权,那么,那些没有法定职权的行政执法活动,岂不是就不能被提起行政诉讼了?(3) 同理,对"法定程序"的强调也存在这样一个逻辑问题。行政机关在执法时没有依据法定程序,这种情形如果不是执法,又是什么呢?如果因为没有法定程序就不作为执法,那么遭受侵权的公民还能提起行政诉讼吗?它都不是行政执法了,你提起的诉讼还可以叫作行政诉讼吗?并且,不就是因为行政机关事实上没有按照法定程序,公民才有

---

① 周永坤:《法理学》(第二版),法律出版社 2004 年版,第 384 页。

② 参见张文显主编:《法理学》(第三版),高等教育出版社、北京大学出版社 2007 年版,第 246 页。

了提起诉讼的理由吗？因此，基于以上三点理由，我以为，执法就是指行政机关执行法律的活动，至于其具体行使权力的是哪一个公职人员，都不影响行政执法的成立。至于执法是不是具有法定职权、是不是依据法定程序，那只是评价执法是不是合法的依据，也不影响其执法活动的事实。在这个问题上，我们倒是可以借用一下实证主义法学的一个比喻，难道破桌子就不是桌子吗？

当然，周永坤老师等老一辈法学家之所以特别强调"法定职权"和"法定程序"，也是有他们的道理的。在历史和现实中，行政执法在官本位观念的支配下经常擅自作为，至于有没有法定职权、依不依法定程序，行政机关根本就没有那个意识。因此，通过"法定职权"和"法定程序"的强调，我们可以充分感受到，法律人尝试将行政权力纳入法律轨道的努力，其拳拳之心溢于言表。

二、执法的特征

要认识执法的特有属性，必须将执法与立法和司法进行比较才能获得。从与国家意志的关系看，立法、司法和执法都可以看作是维护国家意志的一种工具性权力。立法是通过制定法律来表达国家意志，司法是通过适用法律来维护国家意志，而行政则是通过具体执法来实现国家意志。三权之间的关系，按照郭道晖老先生的说法，"立法权规限于前，司法权审查于后，行政权两头受制于中，表明对行政权的扩张或滥用的严格防范"。[①] 郭老先生的话相当于是说，立法为行政编织了一个笼子，行政只能在笼子里活动，而司法则检查行政是不是钻出了笼子。可见，在这三种权力的相互关系中，立法和司法都是为了约束行政的。这实际上也说明，行政是不那么容易受约束的，否则也不至于两头都要盯着它。而行政之所以不容易受约束，就在于行政执法具有不同于立法、司法的特征。这些特征具体是：

（一）行动性

执法活动，其行为表现为执行法律的行动，与此相对，立法则表现为开会的形式，商议法律的内容，而司法则表现为评价，评价人的行为是否合法。概而言之，立法商议好了法律，行政负责执行，而司法则承担评价执法是否合乎法律的任务。如果说立法的主要工作是开会讨论，司法的主要工作是评判是非，那么行政的主要工作就是执行，冲到事件的最前面。或者再说简洁一点，立法是"议"，司法是"评"，执法是"行"。行政不能"议"且"行"，否则，行政就是既制定法律，又执行法律了；行政也不能"行"且"评"，否则，行政就是既执行法律，又自我评价、自我监督了。显然，将议、行、评分开设置，其目的就是为了相互制衡，防止一权独大。

由于执法具有行动性，因而也就具有相当的灵活性、自由性和扩张性。限制多了，行政很难作为，限制少了，行政就容易乱作为；说得形象一点，就是一抓就死，一放就乱。

① 郭道晖：《法理学精义》，湖南人民出版社2005年版，第307页。

理解这一点，我们就会明白，为什么权力配置的重点，就是紧紧盯住行政执法活动不放松。

（二）主动性

执法既然是一项行动，那么与司法相比，它就必须具有主动性。行政事务特别庞杂，比如哪个地方在打架，或者哪个地方交通堵塞了，或者哪个地方儿童走失了，或者哪个地方发生疫情了。面对诸种事务，行政得随时行动。甚至，行政还得将工作做到前面，将隐患消灭在萌芽状态中。所以，行政执法既要扑火，也要预防。由此可知，行政执法的事务，几乎是事无巨细，方方面面，很难类型化。

执法的主动性与司法的被动性是相对而言的。执法不能像司法一样，只有等人家上门来告状，你法院才能启动审判程序，执法必须主动出击。比如，某个地方发生案件，公安机关一旦知道了，无论有没有人报案，都得及时出警。法院可以不告不理，但如果行政执法也持等米下锅的态度，那世界就乱套了。因此，被动对于司法来说是其应有属性，而对于执法来说，则是大忌。行政执法不积极、不主动，那就是行政不作为，或者说就是懒政、怠政了。懒政、怠政也是一种腐败行为，拿了纳税人的钱不干活，那要你干什么？因此，主动性既是执法的应有属性，也是法律对于执法的要求。

（三）角色的双重性

在行政执法活动中，行政主体与行政对象构成行政法律关系。在行政法律关系中，行政主体的角色具有双重性，它既是一方当事人，又是执法者。行政主体作为执法者，其与行政相对人是不平等的法律关系，其中，行政主体居于主导性地位，对行政相对人具有支配性的权力；而行政相对人则处于从属性地位，对行政主体有服从的义务。按照张文显教授主编的《法理学》的说法，行政机关在执法中可以直接作出决定，并不需要征得行政相对人的意思表示。[①] 正是基于此理解，该《法理学》将单方性概括为执法的特征之一。[②]

不过，在我看来，单方性作为执法的特点，其语义并不是很清楚。特别是，当它与立法、司法作比较时，更是语焉不详。你总不能说，立法机构对参会人员不具有单方性权力吧？你也不能说，法官对打官司的当事人不具有单方性权力吧？在这一问题上，行政与立法和司法的真正区别，是行政主体的角色具有双重性，而立法和司法则不具有这一特征。因为，在立法中，参与立法讨论的人员，彼此之间是平等的法律关系。而在司法中，处于平等地位的是原告与被告，法官则处于超然的法律地位。所以，从与立法、司法的比较中，将执法的特征表述为角色的双重性，这比单方性应该更为恰当。

（四）优先性

所谓优先性，是指行政执法主体具有优先行使的权力。其具体表现为：(1) 行政意

---

① 参见张文显主编：《法理学》(第三版)，高等教育出版社、北京大学出版社 2007 年版，第 247 页。
② 同上。

志优先于行政相对人的意志。行政相对人即使对执法决定有异议，也必须首先服从行政执法的决定，这是维护社会秩序与行政权威之必须。正如，交警对违反交通法规的公民处以行政处罚，该公民即使不服，也首先得先服从，然后再寻求救济。(2) 行政利益优先于行政相对人的利益。行政相对人的合法利益即使受损，也必须首先服从行政利益，因为行政利益在很多场合就是国家利益，这也是应对紧急形势之必需。如，紧急状态时，行政机关对公民合法财产的征用，公民首先要服从，事后再寻求补偿。(3) 行政证明优先于行政相对人的证明。行政机关提供的证据具有优先性，如公安机关提供的公民无违法犯罪记录证明，派出所提供的户籍身份证明等，其证明效力优先于公民个人提供的证明。对于行政证明，即使当事人有异议，但在异议成立前得推定有效。当然，执法的优先性，似乎并不是执法与立法、司法直接比较出来的特征。但由于行政执法的优先性，与行政执法的支配性有关系，而后者又为其角色的双重性所决定，因此，执法的优先性特征完全可以被角色双重性特征所推导，并可被涵盖其中。这里主要考虑到篇幅的原因，单列之。

最后，还需要再补充一下。所谓性质，就是指事物与其邻近事物相比，区别于邻近事物的特有属性。其实，前面在讲特征与特点不同时，也提到过。显然，“公职人员”“法定职权”和“法定程序”，即使可以看作执法的属性，那也是执法与立法和司法的共同属性，而不是执法的特有属性。这就再一次证明，将“公职人员”“法定职权”和“法定程序”作为执法概念的内涵，与形式逻辑对于定义的要求不符。

第二节　执法的原则

前面在讲执法的概念时，我们说到了“法定职权”和“法定程序”不是执法概念的要素。不过，认真想一下，这两个“法定”虽然不是执法概念的必要属性，但却可以成为执法的规范属性，即法律对于执法的合法性要求。执法原则就是反映法律对于执法合法性要求的基本准则。执法与执法原则的关系是事实与规范的关系，其中执法是事实，而执法原则则是对执法的规范和评价，规范其行为和评价其是否合法。搞清楚了两者的关系，我们就进一步理解了，周永坤老师定义的执法其实是一个规范性概念，而不是一个事实性概念。不过，既然在执法概念之外，还有一个执法原则，那么，对两者作出区别还是有必要的。否则，我们下面要讲的执法原则，与前面讲的执法概念的逻辑关系就不好处理了。

执法原则既然反映了法律对于执法的合法性要求，那么，凡是将执法纳入法律轨道的基本要求都可以作为执法的原则。这些原则主要有以下几种。

一、 职权法定原则

所谓职权法定原则，就是说，执法的主体必须具有法律资格，也即，执法主体的权力要有法律授权或法律根据，简单说就是要有执法权。没有执法权，其执法行为就不合法。意思就是说，权力必须由法律直接作出规定，否则就没有权力。这也可以说成是“法无规定即无权”，也可以说成是“法无授权即无权”，也可以说成是“无法律即无行政”。职权法定犹如给行政主体列了一张权力清单，什么可以做，一目了然。而清单之外，则为法律所严格禁止，什么都不可以做。权力与权利不同，权利可以推定，权力则只能法定。至于为什么权利可以推定，权力只能法定，其理由我们在前面讲权力与权利关系时已经讲过，这里就不重复了。

职权法定的具体要求，主要有以下几点：

（一）行政机关不得自赋权力

行政机关不得自赋权力，是指行政机关不能为自己或为自己的下级机关创设法律之外的权力。行政机关自赋权力与职权法定原则严重相悖，但这种现象在现实生活中却很普遍。我就有这么一个经历。出版社将我的书托运至火车站，接到提货通知，我冒着高温跑到提货处。工作人员说，你要先去出版署开证明，证明书籍没有政治问题，也不是淫秽书刊。我找到出版署，把提货单交给出版署工作人员。他直接就在上面加盖了公章完事。我心想，你怎么知道就不是淫秽书刊呢？曾经有这么一个故事，某地市场上馒头卖得火热，县政府在规范市场秩序的名义下，成立了一个“馒头办”，规定凡是要卖馒头的都要到“馒头办”申请登记。无独有偶，某地方政府也打着规范市场秩序的名义，成立了一家“酒管办”，规定凡是出售酒水都要经“酒管办”审查，只有贴了“酒管办”标记的酒才可以出售，每张标记 0.5 元。由于贴标业务量太大，“酒管办”干脆就将标记直接卖给商家自行张贴，“酒管办”只负责到市场上去检查有没有标记。从这几个例子中，我们不难明白，行政机关自我赋权，其导致的结果就是折腾人和寻租，无益地增加行政成本和社会成本。我们经常看到的许多稀奇古怪名称的办公室，其设立是否都有法律依据，大可质疑。

（二）行政机关不得减免自己的义务或责任

减免义务或责任，是指行政机关应当执法而不执法或减少执法，或者应当承担责任而不承担责任或减少承担责任的行为。这与自赋权力的方向相反，自赋权力是积极扩张权力的行为，减免义务或责任则是，将原本属于自己职权范围的义务或责任给推卸掉了。这主要表现为以下几种做法：

1. 假以行政合同

行政合同又叫行政契约，是指行政主体为实现其所期待的行政目的，而与行政相对人以协议的形式来代替单方命令的活动。其好处是，将当事人的意愿引入到行政行为中，这样一来，当事人的义务感就得到了强化。并且，合同规定的权利义务非常清晰，便于当事人执行。但是，借助行政合同，行政主体就很容易将原本是自己的义务转嫁给行政相对人。当事人如果有异议，那行政机关就拿白纸黑字的合同来找你，不是你自愿的吗？问题是，在签订合同时，当事人真的就是自愿的吗？他敢不签吗？就算当事人真的是出于自愿的，那也会有人签，有人不签，那是不是又制造了新的不公平？

2. 假以行政指导

行政指导是指行政主体在职权范围内，为实现其所期待的行政目的，而以建议、劝告等非强制性的措施要求当事人作为或不作为的活动。由于行政指导取得了当事人的同意，因此行政主体也就不需要承担相应责任了。但在现实生活中，由于行政主体处于支配地位，当事人同意的背后往往隐藏着行政主体的强制性。诸如约谈、暗示等，都会给当事人施加不应有的压力。软一点，你总要给领导一个面子吧，领导建议你，你怎么敬酒不吃吃罚酒呢？硬一点，你还要不要在这里待下去？你还想不想做生意？可这样一来，谁来承担责任呢？你有什么凭据说是政府要求的呢？我给你发文件了吗？我给你裁决书了吗？

3. 相互推诿

部门与部门之间相互踢皮球，从而导致无人负责。这种现象往往与法律规定不明有关系。一个来自城管系统的考生，在面试时给我们说了这样一个故事。流浪艺人街头卖艺，相关部门的领导开联席会议讨论。有领导说，这是困难群体需要救济，应由民政部门负责；有领导说，这是文化艺术表演，应由文化管理部门负责；有领导说，这是市容问题，应由城管部门负责。该生说，由于他们城管的领导是个弱势领导，所以他们单位只好把管理责任接了下来。我很好奇，那你们城管怎么管理呢？他说，我们就每一场演出收几百元管理费。流浪艺人街头卖艺，究竟由谁负责，由于法律规定不清，结果就导致了几个部门相互推诿。当然，严格说来，这个故事也可以从自我赋权的角度来理解。既然，法律没有规定政府有管理流浪艺人街头卖艺的权力，那么你就没有权力，更不要说收管理费了。而从卖艺人权利的角度理解，既然法律没有禁止我街头演出，也没有规定我要掏管理费，那么我就有演出的自由，也没有支付管理费用的义务。

（三）行政机关不得减免他人义务和责任

依照法律规定，公民或其他组织有某种义务或某种责任，而行政机关予以减免，这同样是对职权法定原则的违反。比如，城管在禁止摆摊的地方允许某人摆摊。在禁止燃放烟花的地方允许某人燃放。比如，交警对违章驾驶司机，该罚多少款却不罚或少罚。诸如此类行为就属于此一类。行政机关不得减免他人义务和责任，就是要求行政主体在执法时要一碗水端平，不能厚此薄彼。行政主体减免了他人的义务或责任，就相当于是赋予了他人以特权，两者是一体两面的关系。

（四）行政机关不得克减他人的权利

如果说，行政机关减免他人义务或责任的行为，是增加他人的利益，那么，行政机关克减他人权利的行为,就是损害他人的利益。行政主体在执法行为中,故意或过失地导致公民合法利益受损,均可归于此类。

最后,总结一下这四点之间的逻辑关系。第二点减免自己的义务或责任、第三点减免他人特权,以及第四点克减他人权利,其实在理论上都可以看作是自我赋权。你没有权力减免自己的义务或责任却减免了、你没有权力减免他人义务或责任却减免了、你没有权力克减他人的权利却克减了,这都相当于是自我赋予了某种权力。因此,第二点、第三点以及第四点所说的,其实都可以被第一点所涵盖。但是,这样一来,违反职权法定原则的表现就不能很好地说清楚了。为此,这里对第一点所说的"自我赋权"作了限定,仅指行政主体赋予自己一种"新"的权力类型。而在第二、三、四点里,行政主体主要是对其原有权力的滥用而已。当然,那个对卖艺的管理,如果要较真的话,说成是行政机关创设的新权力,恐怕也说得通。

二、 执法合理原则

一般来说,法律规定得越精细,执行起来就越清楚,就越不会产生争议。问题是,行政事务非常庞杂,就工商行政的市场管理来说,有颁发营业证照的、有监督商品质量的、有管理计量衡器的、有调解买卖纠纷的,不一而足。对于这些琐碎的行政事务,法律法规不可能规定得非常精细,精细就有可能遗漏,所以只能规定基本原则和一般性的规则,至于具体如何操作则由执法人员自由裁量。行政执法的自由裁量权当然是有必要的,但这样一来,执法的随意性和伸缩性也就太大了。因此,给行政执法的自由裁量权戴上一个紧箍圈,就非常有必要。所以,在职权法定原则之外,执法合理性原则也就紧随其后而成为必需。

所谓执法的合理性,就是指行政主体的执法行为要符合理性,理性就是对恣意的约束。至于如何判断执法是不是理性的,一般可从以下几个方面来判断:(1)目的是否正当。比如,交警对违章司机的罚款,不是为了制止违法行为,而是为了小金库或私分,其执法就不正当了。当然目的隐藏在行为中,有时也不容易下定论。(2)比例是否得当。比如,为了种一棵树就把他人的整栋房子拆除了,这就得不偿失。"大跃进"时期为了炼钢铁,将居民的铁制农具收缴,就是得不偿失的典型例子。(3)是否相关。比如,为了绿化,而将裸露的山坡涂上绿漆。比如,为了治霾,而将雾霾指数予以调整。(4)是否合乎情理。有一个公安局局长从岗位上退下来。拆迁办的人说,因修路要把他家房子拆掉一个角。局长说,房子拆掉了一个角就不成其为房屋了,要拆就全拆了吧。拆迁办的人说,我们只要你一个角,不要你整个房屋。这就不合情理了。再如为了植被而掘棺挖墓,更是既违人情,也违伦理。(5)是否合乎常识。如宣传活雷锋,说他工作废寝忘食,一天工作30个小时,这就是高级黑了。再比如,"大跃进"时期要求各生产队上报亩产粮食过万斤,这有可能吗?(6)是否公平。选择性执法就有违公平。所谓选择性执法,比如,赌博的人有一桌人,但警察只处罚其中一个人,这就是选择性执法。(7)是否连续稳定。执法不能心血来潮,必须保持连续性和稳定性。运动式的执法方式,就因没有连续性和稳定性而导致当事人无所适从。比如,某地灯红酒绿一条街,好多年来,警察从来不过问。突然要开什么会了,警察突然袭击,来个一锅端。(8)是否效率。执法效率要求执法及时。虽然是在法律规定的时间内,但由于执法迟延,将使公民权益受损。比如,警察出警不及时,消防出工不出力等,都属于此类。(9)是否侵犯人权。如规定失信人员的子女不得报考公务员。又如,为了完成拆迁任务,对住户停水、停电。再如,规定不同意拆迁的,其公务员亲属不得上班。再如,为保持大城市的"高大上",将某些群体驱除出去。你们还别笑,这些"比如"的现象,在生活中也不完全就是"比如"。由此可见,执法合理性原则是多么重要。

三、程序法定原则

程序法定原则是指行政执法必须遵循法律法规的程序。按照行政法学者的观点,具体来说,是指行政程序法律关系主体在作出有关行政行为或参与有关行政行为时应遵循的步骤、方式、方法、顺序、时效等程序规则,必须明文加以规定;并且必须得到严格遵守。①

行政程序的功能在于控制行政权力,减少其主观性和任意性。行政程序不能看作是行政主体办事的方法程序,而应当看作是行政权被约束的法律程序。因为,如果看作是办事程序,那么,行政主体就可以从方便自己的角度,来选择某种办事流程。这是方便自己的程序,而不是自己被约束的程序。打一个比方,办事的程序是将程序看作一条路,你可以走这条路,也可以不走这条路,走不走,你看着方便就行。约束的程序则是将程序看作一条火车轨道,火车只能在轨道上行走,不这样走不行,否则就会翻车。这里的轨道就是对火车的约束,而不是你想不想走的问题。从宪法与行政法的关系看,如果说整个宪法制度的功能在于厘定公民权利与国家权力的分野,那么,整个行政法就是国家行政权力行使的具体边界的勘定书,而其中的行政程序法就是为了防止行政权力逾越边界,而设计出来的行政权力具体操作的流程。想一想,英国的正当程序是怎么产生的?就是英国贵族与国王达成的协议,目的是限制国王的权力。再想一想,社会契约论是讲什么?也是讲这个的,既然我把权力转让给了你,并且把如何行使的程序也给了你,那么你就得按照这个程序来行使权力。

控制行政权力不是程序法定的根本目的,根本目的是保护公民的权利。权力与权利是一对博弈的关系,有利于权利就不利于权力,反之,有利于权力就不利于权利。公权力扩张,公民权利就会受损,反之,要保护公民权利,就要对公权力进行限制,其中程序就是约束公权力的重要制度。由于程序的公开、公示性强,具有很强的外观识别功能,比起执法决定是不是合法,大众更容易判断。因此,通过程序对公权力的控制,就有利于行政相对人以及社会大众对公权力进行监督,并有利于行政相对人的权利救济。

---

① 参见杨海坤、黄学贤:《中国行政程序法典化——从比较法角度研究》,法律出版社 1999 年版,第 117 页。

程序法定原则要求，法律法规必须为各类型的执法活动，明确规定各自相应的程序。并且，如果执法程序不当，那么程序所导致的执法活动，就可能会被认定为没有效力。一项执法活动，即使在实体上没有什么问题，但只要其程序存在瑕疵，那么，其行政决定就不具有正当性。比如，以刑讯逼供获得的口供，即使口供是真实的，也没有法律效力。又如，钓鱼执法，让一个女警设置圈套，冒充妓女引诱某个男人，那个男人果然上当了。这种情形，即使他的确有嫖娼企图，也不能作为嫖娼来处理。再如，以欺骗恐吓的手段迫使房主拆迁，房主虽然签字了，那份拆迁协议也不具有法律效力。公务员考试，假如法律规定面试必须由 5 名考官参加，但面试时少了一个，那么该面试的法律效力也就大可质疑。

四、 权责对应原则

权是指权力，责是指责任，权责对应就是指权力与责任是一一对应的关系。我们前面在讲权力与义务的关系时已经说过，权力本身就具有义务性，有权力就意味着有义务，权力必须作为就是其义务的表现，而不作为就是其对于义务的违反。同时，又因权力的义务而派生出了权力的责任。行政主体没有行使权力，或不当行使权力，那么就必须承担相应的法律责任。由此，权力通过内含的义务性而与责任发生对应性的关系，即行政机关的权力是其承担法律责任的根据；行政机关法律责任的产生，就是因为其权力没有得到很好的行使。说得更直白一点，就是，有权力就有责任，有多大权力就有多大责任。也正是在这一意义上，职权也被说成是职责，以强调权力的责任性。

权责对应性原则要求，行政机关及其公职人员必须忠实执行法律，不得滥用权力，也不得放弃权力。滥用权力是乱作为，放弃权力是不作为，两者都要承担法律责任。现在的问题是，法律法规规定行政权力的条款一般都比较具体，而规定的责任条款则比较笼统，责任与权力的对应关系在法律法规中没有得到很好的体现。由于具体权力所对应的具体责任不清，所以，现实生活中，行政乱作为和行政不作为的现象相当普遍。你去机关办事，工作人员不信任你，对你提交的材料百般挑剔。这种行为，说得好听点，是认真细致；说得不好听点，就是故意找碴儿。你说他要承担什么责任，有时候还真的说不清楚。当然，也正是因为说不清楚，所以就很普遍，互为因果嘛！可见，要用笼子限制住权力，就必须对权力乱作为和不作为科以相应的责任。没有对应的责任，权力就会冲破笼子，笼子就成了摆设。

讲到这里，同学们可能会想，把行政执法限得死死的，那它还怎么服务于人民，服务于社会呢？是的，行政权力被限制了，它做好事的能力的确是被削弱了，但同时它做坏事的能力也被削弱了。如果希望它不受法律约束而赋予它超强的做好事能力，那么，你就要承担它超强的做坏事能力所带来的后果。如果权力不被约束，那么，权力做坏事的动力远远会超过做好事的动力。所以，将权力关进笼子，还是将权力放出笼子，两害相权取其轻，当然就应该选择前者。事实上，法律的功能就是防恶，而不是崇善！

第十三章　司法

第一节 司法的性质及程序的功能

司法是与立法、行政并列而又不同于立法和行政的一种权力。司法具有广义和狭义之分。从工作性质来理解,狭义上是指法院的审判工作,广义上还包括公安机关和检察院的诉讼职能。从机构来理解,狭义上是指人民法院和人民检察院,广义上还包括公安机关和司法行政机关。从职能和工作性质来看,公安机关只有在履行刑事案件的侦查职能时才被看作是司法机关,而其承担的大部分职能与刑事诉讼无关。同理,司法行政机关行使的大部分职能与刑事诉讼几乎没有关系,仅犯人在监狱机关的服刑可以看作是判决的执行。当然,即使是人民法院,其工作也不完全是司法,也必须承担一些其他的行政职能、党务职能以及后勤保障职能等。不过,这些事务都是辅助性的事务,都是为审判工作服务的。好比,大学的职能主要是教学,教务、图书管理等都是围绕教学来安排的。为了更好地讲清楚司法的性质和功能,我们这里结合工作性质以及机构职能,将司法限定为人民法院的审判工作。因为,很多概念只有扣紧其核心内涵,我们才能理解。

一、 司法的特征

司法与立法、行政相比,具有如下特征:

(一) 判断性

司法是判断性的工作,所谓判断就是根据某个标准而作的评判。司法工作就是法官根据法律标准,对当事人的行为作出是否合法的评判。法官就好比被两个有争议的人请去评理、主持公道。司法的起源很可能与民间评判是非、调停纠纷的做法有联系。为确保司法的判断性,司法就必须满足中立性和被动性两个条件,前者是司法区别于立法的特征,后者是司法区别于行政的特征。

1. 中立性

既然司法是评判是非,那么,法官就必须保持中立,不偏不倚。只有中立,作出的判断才会让人信服。当然,中立不中立,作为一种态度,是没有办法识别的。但是,你总不能是其中一方当事人吧?也就是说法官不能自断其案。或者你虽然不是当事人,但你也总不能是其中一方的亲戚或朋友吧?只有你与任何一方都不存在特殊关系,你才会做到坦荡,你才没有偏私的嫌疑,你作出的判断才会有公信力。

有人可能会问，如果法官是包公呢？铁面无私不就可以了吗？比如说，如果法官能够大义灭亲，那总可以吧？也不行。首先，到哪里去找包公？那只是影视作品塑造出来的形象。其次，就算是有包公，你相信你的法官就是包公吗？你相信他是包公，对方也相信吗？最后，就算是法官大义灭亲了，那法官就是无私吗？如果一个法官为了表现他的不偏私，而故意作出不利于自己亲戚的判决呢？这对他的亲戚是不是也不公平？

当然，不是说法官审判与自己有关系的案件就一定会不公正，说不公正，那只是大概率，总有正直的法官嘛。但是，制度设计是不能冒这样的风险的，如果把制度寄托于侥幸，这与抓阄又有什么不同？更重要的是，有了这些因素，就算法官是公正的，法官也会受到不公正的怀疑啊。怀疑之下，司法的公信力就没有了。只有消除了这些影响中立的因素，当事人才会放下心来把案件交给法官。回避制度的意义就在于此。其实，不仅是回避，就是法庭的结构，法官与双方当事人构成的等腰三角布局，也可以看作是为了树立法官的中立形象而作的设计。

当然，中立离不开独立，没有独立的中立，那只是形式的中立。这一点，我们后面在讲审判独立时再着重阐述。

2. 被动性

既然司法是居间评判，那么，法官就不能主动去评判当事人的是非。民间断公道的做法可以分为两种，一种是主动调停，不管当事人是否愿意，调停人主动介入到调停中去；另一种是被动调停，调停人是应当事人的请求而介入调停中去的。主动调停与被动调停的效果是不一样的。主动调停容易给人拉偏架的嫌疑。你凭什么这么热心啊，你是不是和对方有什么关系啊？也就是说，主动调停可能会招致人们对调停人中立的质疑。被动调停则不会有这个嫌疑，不就是因为你们信任我才请我的吗？你们不请我，我都不知道你们的事。如果我有利益，你不请我，我都会到场，是吧？当然，被动调停又可以分为两种，一是应双方邀请而调停，一是应一方邀请，另一方接受，或者明确表示同意或者默认而调停。一方邀请，如果另一方不同意，那就应该归为主动调停。

只要将主动调停与被动调停的效果作一番比较，我们就会明白，司法要有公信力，就要被动接受诉请。如果一个法官主动去外面找案件，到处散发名片，说你来我法院打官司啊，你打官司来找我啊，就像是做生意一样。你说人家卖你一个面子把案件交给你，你怎么办？如果你判他输，人家就会有上当受骗的感觉；如果你判他胜，人家也会觉得他该胜，因为是他帮你落实了一个生意。另外一方的感受就不一样了，原来你们是说好了的呀，串通起来坑我呀。有一次，一位教授在讲座中说到，法官不能太勤快，放到这里来看，他这句话是有一定道理的。

当然，问题也就出来了。既然是判断，就不可避免地带有判断者的主观性。不同的人基于不同的知识背景和情感立场，其结论往往具有很大的差异。以是否适用死刑为例，一个法官，因为接触了更多的关于侵害人家庭的悲惨报道，或者看了很多主张废除死刑的论文，或者受到了世界废除死刑趋势的影响，那么他就可能作出不判处死刑的判决。而相反，另一个法官，因为接触了更多的关于被害人家庭的悲惨报道，或者有较强的杀人偿命的正义心理，或者崇尚严刑峻法的功利考量，那么，他就可能作出判处死刑的判决。因此，同一个行为不同人的判断，是不一定有共识的。还记得苏格拉底的故事吧，认为苏格拉底该死和不该死的人数就大致相当。因此，要减少判断的对立性，那么就要给法官一个判断的依据，这个依据就是法律。这就是我们下面要讲到的司法第二个特征，那就是规范性。

（二）规范性

司法判断要有标准，这个标准就是法律。司法思维的过程，一般来说，就是从案件事实出发，寻找规范根据的过程。司法的规范性特征，就体现在这里。司法思维的主要逻辑形式是三段论，法律规范是大前提，案件事实是小前提，判决就是大小前提相结合而推导出来的结论。这种推理形式在法典化国家具有代表性，我国也深受这一思维形式的影响。

由于司法思维是规范性的思维，所以，司法就有很大的保守性。因为，法官在处理当下案子时，依据的标准是昨天制定的规则。说司法具有保守性，这并不是一个贬义的说法。事实上，司法的保守性非常重要。因为，司法的保守性可以使今天的裁判与昨天的裁判保证大体一致，从而确保公众的日常生活具有连续性、确定性以及可以预测性，为公众营造一个理性的生活环境。如果司法判决昨天一个样子，今天又是一个样子，那么公众就生活在不安中了，因为你无法判断明天又是一个什么样子。因此，要使法官判决具有连续性，就要给法官一个连续性的判断标准，这个标准就是规范。好比我们的课表，如果没有课表，法理学这门课上个星期在那个教室上课，这个星期又在这个教室上课，而且每次上课的时间还不一致，那大家就无所适从了。要让学生有所适从，以课表来约束老师，大家就心里有数了。司法思维的规范性造就了法官职业的保守性，所以，法官职业对年龄有要求。年龄大的追求稳定，年轻的人喜欢求变。美国司法界流行这样一句话，律师是少的俏，法官是老的好。一个年轻的法官和一个年老的法官，在处理离婚案件时，其心态可能就不同。老的法官会努力着维持当事人的婚姻，不容易啊，要珍惜啊，还是原配的好啊，一日夫妻百日恩啊。穷尽了所有劝和的理由后才会判离。年轻的法官就不一样了，不合则离，他判离婚的倾向性可能就大了。可见，法官有没有保守的心理，对于判决结果是有很大影响的。

由于司法是一种规范性思维，所以，司法就具有阻隔性。什么叫阻隔性？阻隔性是与开放性相对的。科学思维就具有开放性，只要有助于探索事实真相的一切材料，都可以纳入科学研究当中来。但是，司法思维就不同。你既然是规范思维，那么就要将规范性的材料与非规范性的因素隔离开来。就是说，法官在判案时，要尽量与社会保持一定的距离，以免受到人情世俗、公众舆论的影响。所以密切联系人民群众对于政治家来说是良好品质，但对于法官来说，却是最大的忌讳。如果一个法官经常与人一起打麻将、跳舞、喝酒，那这个法官是不是与我们期待的法官形象很不一样啊。同样，在案件审理中,法官也不宜接受媒体采访,不宜轻易发表对案件的看法,更不宜提供法律意见,这也是司法的阻隔性对于法官的要求。

司法的规范性,特别体现在司法的程序性上。所谓程序性,具体来说就是,凡是未经程序过滤的材料都不能进入司法,凡是未亲历审判的人员对案件都不具有决定的权力。因此,什么舆论啊、什么民意啊、什么媒体报道啊、什么专家意见啊,因为没有经过司法程序的筛选,对法官都没有约束力。同理,什么委员会的决定啊、什么上级法官的看法啊、什么人大代表的意见啊,统统都不能约束司法。程序犹如城墙,严格的程序机制就是试图将这一切阻隔在外。当然,我们说的这些,那只是应然之法理,而不是实然之现实。你不能因为现实生活中存在这些现象,就说司法的规范性不存在,这只能说司法的规范性没有得到很好的坚持。注意,因果关系不能倒置!在讨论问题时,我们很多人容易犯这种倒果为因的逻辑错误。

(三)权威性

权威表现为人们的自觉遵从,甚至是盲从。人类都有一种崇拜权威的心理,如儿子对父亲权威的崇拜,恋父情结说的就是这种心理。对知识权威的崇拜也是这种心理。权威对于消除人们内心不安起着重要的镇定作用,这反映了人类在变化莫测的现实世界中,对于心理安全感的渴求。权威具有重要的社会功能,它可以节省讨论,搁置质疑。你总不能无限期地探索下去吧?毕竟人生有限,而知识无限。并且,世界总是充满了不确定性,而人恰恰又需要确定性。于是,权威出来了。权威通过为人们提供共识性的答案,以满足人类对于确定性的需求。

权威是确定性的来源,并且是确定性的重要来源,特别是在无法取得科学、数据等标准的支持时,权威就是终结不确定性的唯一根据。权威判断的可接受性,不在于判断者的判断就一定是正确的,而在于判断者的身份是权威的。这个我们前面在讲权力与权威的关系时就已经讲过。事实也的确是这样,现实生活中许多不确定性的问题,由于无法取得共识,只好求诸权威人士。一个小学生为什么更愿意相信老师说的,而不相信父母说的,就是因为在他眼里,老师比父母更有权威。不仅是小学生,就是学者们的学术争论,也莫不过如此,最后都是取决于权威。即使是很大的科学争论,最后还不是由某个最有权威的科学家来终结争论。他给出的结论无论是否真实,是否正确,但由于是来自权威,人们基于对权威者身份的认同就容易接受了。然后,大家又把权威专家的结论当作了定论。定论因为终结了争议,从而就成为社会秩序的有效保证。因此,一个判断是否正确,有时并不重要,由谁来作才是最重要的。

判断者的这种权威,或者源于人们对判断者专业知识的信赖,如科学权威;或者基于制度设计的安排,如司法权威。司法权威之所以必需,是因为人与人的冲突与矛盾同样会导致人际关系的不确定性,并引发不安全感。你说两人都在争这个房屋,那房屋所有权到底归谁啊?所有权一天不明确,争议就一天不停止。当纠纷发生后,如果当事人引入第三方来判断谁是谁非,那么,只有当第三方具有足够的权威身份时,双方纠纷才能够彻底终结。法官就是这样一种角色，是司法制度安排专职于判断谁是谁非的第三方。就是这个原因，所以，法官具有权威，或者说司法具有权威。

不过，司法权威并不是自动产生的，而是制度有意识设计出来的。其中，司法最终解决原则，就是保障司法权威最有力的制度。所谓司法最终解决原则，也可以表述成司法的终局性，就是指司法是解决纠纷的最后手段，经过司法后，不能再通过其他手段来改变裁决了，即使法官的判决有可质疑和可讨论的地方，也不影响其裁决的效力。说得清楚一点，法官的工作有点像体育裁判。裁判的判罚一旦作出就具有一定的确定性，尽管其判罚也可能存在失误，但并不影响其效力。如果在体育比赛中，对裁判的判罚，大家可以讨论来、质疑去，那裁判就没有权威了，比赛就进行不下去了。同理，司法裁决作出了，但如果它的效力总是待定的，那司法的终局性也就不存在了，司法当然也就没有权威。某个领导打个招呼，司法裁决就作废了；或者，司法裁决已经生效了，当事人还是可以通过上访而迫使程序再走一遍。果真是这样，那么，司法还有什么权威可言？因此，要保障司法的权威，就必须赋予司法一定程度的不可置疑性。

司法权威的生命力和最终源泉在于司法公正。人们选择司法解决纠纷，是因为司法能够提供公正性的司法供给。如果司法不公正，那么，即使司法具有终局性，人们对司法也没有什么信心，司法也就谈不上有什么权威了。因此，司法制度中的许多内容，都是为了追求司法公正而设计的。例如，所谓司法中立性与被动性、所谓当事人的对等与平等、所谓当事人主义、所谓审执分离、所谓立审分离等。这些规定，当然是为了司法公正。但是，由于司法公正始终是抽象的，所以，它就必须求助于实体可感的内容。于是，司法权威的重要性就凸显出来了。毕竟，司法权威相对于司法公正来说，更具有可识别性。

在司法制度中，司法公正与司法权威的关系体现在：(1) 有些做法与公正没有关系，但对于司法权威很重要。比如，法庭布置得庄严与肃静，法槌和法袍的道具、法官说话得用法言法语等。这些做法，你千万不要理解为是形式主义，而是为了树立法官权威的必要仪式。你想想看，如果法官坐在法官席上，着便衣，撸袖子，说着群众喜闻乐见的语言，与群众嘻嘻哈哈打成一片，那法官还有什么权威可言？权威是建立在仪式和距离的基础之上。当年刘邦做皇帝之初，大家在朝廷没大没小，都是自家兄弟，还客气什么？后来，刘邦觉得不对劲，就请人建立起了繁琐的朝廷礼仪，皇帝就有权威多了。(2) 有些规定虽然看起来是维护司法公正，但其实是对司法权威的维护。比如，前面所说的那些，所谓的司法中立性与被动性、所谓的当事人的对等与平等、所谓的当事人主义、所谓的审执分离、所谓的立审分离等规定，看起来是维护司法公正，但其实也是对于司法权威的维护，或者说是司法权威的体现。你想想看，如果法官主动去找人来打官司，看到一方不会说话就主动替他辩护，或者又是立案、又是审判、又是执行，忙得不亦乐乎，那这样的法官还有权威吗？(3) 有些规定与公正的实现相抵触，但对于司法权威却很重要。比如，司法制度中的审理期限、两审终审等，这些规定非但不利于公正的实现，反而对公正的实现构成了妨碍。这些规定之所以是必需的，就是基于人类对确定性的心理需求而产生的对于司法权威的要求。

司法权威与司法公正的关系原理告诉我们，司法制度对于司法公正的设计，必须以维护司法权威为前提。当下如火如荼的司法改革，有些做法就值得商榷，比如，从司法外不断引入监督法官的力量，检察院的监督、人大代表的监督，甚至政协委员的监督。老是被监督，尊严都没有了，还有什么权威？再比如，要求法官做到零上诉、零上访，要求法官裁决要满足社会效果、要求法官维护社会稳定、要求法官招商引资，等等。如此折腾，法官的权威当然也就没有了。

上述司法的判断性、规范性和权威性，又可以表述为司法的中立性、被动性、保守性和终局性。而事实上，本书关于司法的三个特征，其具体内容也是从后面这几个特征来阐述的。从中不难看出，所谓司法的特征，其实从不同角度而可以有不同的表述，只要其包含的“理”是相通的，或者可以相互解释就可以。

二、 司法程序的功能

程序对于司法来讲，其重要性远超过其他权力。司法程序的功能大致可以从以下几个方面来认识：

（一）控权的功能

法律规范即使是公平的，也是不能自我实现的。人们有理由担心，由于规范实现的过程必须借助具体的人来实施，那么，人为性的结果就可能会背离规范所预先确定的目标。所以，控制人为性就变得非常重要了。又由于人为性的影响主要是来自有权，所以，控制权力对于司法的影响就成了重中之重。司法程序就担当了控制权力的职能，因为司法程序可以将权力最大限度地阻隔在外，以保证司法判断唯一出自法官的内心。

司法程序要控制的权力主要有两类，一是法官之外的权力，既包括来自法院之外的权力，比如政府的权力；也包括来自法院之内的权力，比如法院院长的权力。二是法官本人的权力。人们在理解司法程序的控权职能时，主要针对的是前者，而对后者的控权则容易忽视。事实上，约束后者的意义远大于前者。因为前者的干扰是通过后者来实现的。一个官员如果要徇私的话，最后还是要通过法官来操作。毕竟，具体主导司法程序的是法官。因此。有了司法程序，法官本人的任意性也就受到了约束，而法官之外的权力也就很难进入到司法中来了。

由于权力与权利在法律上是对立的关系，法律便于权力，则不利于权利；反之，于权利有利，则于权力就不便利。双方双赢的局面，从长远利益角度来理解，在理论上可以成立，但在具体关系中，则总是呈现此消彼长的博弈关系。因此，司法程序对于公权力的控制，也就是对于公民权利的维护。所以，司法程序的控权功能也就是维权功能。在这一意义上来理解，刑事诉讼制度实际上就是为公民免于被国家公权力无端追诉所提供的保护。注意，这种理解与把刑事诉讼制度看作是国家打击犯罪的理解有所不同。

(二) 公正客观化的功能

司法的产生与人类对于公正的探索过程有关系。毋庸置疑,公正是人类孜孜以求的理想。但是,公正又是极其抽象的和富有争议的,因此,初民往往就将公正寄托于某种代表公正的实体事物上,比如图腾、祖宗、鬼神等。说法律起源于禁忌,其实就是说法律与图腾崇拜、祖宗崇拜或鬼神崇拜有关系。这个不能动,那个不能摸,否则就会惹得偶像不高兴,这就是禁忌。如果禁忌具有了执行的效力,你把它看作法律也是可以的。这样一来,追求公正,不如以禁忌为依据,而当禁忌成为法律后,追求公正就转化为以法律为依据了。这是公正实体化的第一个阶段,即由抽象性的公正转化为法律的公正。所以,也可以说,法律公正就是抽象公正实体化的结果。自此,人类开始将公正寄托于法律之中。追求公正,不如追求法律。

法律公正的确是比图腾禁忌等要具体得多,但抽象性公正的问题并没有随着法律公正的产生而得到彻底的解决,原因是,法律所代表的公正,仍然有可质疑的空间。于是,人类对于公正的探索,就进入了第二个实体化的阶段。在这个阶段中,程序从法律中脱颖而出。法律公正由程序来导出,公正的客观性就进一步增强了。所以,程序公正也就可以看作是法律公正实体化的结果。自此,人类开始将法律公正寄托在司法程序上。追求法律公正,不如追求程序公正。英美法系里的正当程序概念,大概也与公正的不断实体化这一过程有关系。

的确,程序法与实体法相比,后者的公正并不可以直接获得,且仍然具有一定的抽象性;而前者则可以彰显一种看得见的公正,其具体性和客观性相比于后者就要强多了。并且,法律程序有仪式性和象征性,法庭的布置、法官的袍服等,都加强了司法裁决的合法性和公正性。此外,一旦人们加入程序中,公正就以不可抗拒的方式导出判决,这也给程序与公正之间的关系披上了神秘的面纱。特别是古代初民,他们没有相应的科学知识去解释,为什么鳄鱼吃你而不吃他呢?那只能说明你就是盗贼。程序与公正的关联,古代初民或许会看作是神意的体现,而在今天则当然是基于理性的设计。

因为有了司法程序,法律公正的客观性就得到强化。一般来说,成熟的法治国家往往特别注重程序公正,程序公正是法律公正的重要内容;相反,则注重结果的公正,将司法程序看作是实现实体公正的工具。前者,司法权威很受尊重。在这样的国家里,法律的正当程序被拔得很高,甚至到了顶礼膜拜的神圣地步。后者,司法则容易被舆论所裹挟。在这样的国家里,民意只关心实质公正实现了没有,即“坏人”是不是得到了惩罚。至于程序是否公正,“坏人”的权利有没有受到保护,人们是不太关心的。

(三) 确定的功能

司法权威的确定性是通过具体程序来获得的。程序可以终结纠纷,避免法律确定性的丧失。虽然,实践经常被说成是检验真理的唯一标准,但是,关于纠纷的最终解决,其唯一的办法只能是靠程序。因为，把真理交给实践来检验，其在时间上具有无限性，从而真理很难获得确定性。你总不能为了那个谁也说不清楚的真理，一代、两代，甚至几代地实践下去吧？因此，由于人的生命是有限的，待决问题又对时间有要求，所以，程序也就成为消除争议的最后办法，也是最好的办法。正如，两个人发生争议，哪一方不都是宣称自己掌握了真理？你说真理在哪里？争议能够无限地实践下去吗？因此，一个没有争议的结论只能通过程序来获得，至于这个结论是不是真理就不重要了。

的确，人类对于确定性的需求有时候更甚于对于公正的需求，正如德国学者魏德士所言，"在人类的共同生活中，人们宁可容忍有问题的、不符合目的或者根本就是'不公正'的法律规则的存在，也不愿看到完全失去法律控制（没有法律判断）的状态……混乱有时比有组织的暴政更不人道，更难以容忍"。[①] 因为，不确定性会极大地干扰人们的日常生活，并使人们面对未来的生活时，处于不确定性的恐惧状态中。历史上，惩罚由同态复仇转化为财产赔偿，虽然可以有许多的解释，但其中一个重要原因，就是因为复仇具有极大的不确定性。

可能正是基于人类对确定性需求的心理，在原初社会，解决纠纷的程序并不是为了追求公正，至少主要不是为了追求公正，而是追求一种确定性的状态。甲乙两个男子都爱上某个女子，而女子的态度又十分暧昧。你说那个女子嫁给哪个男子才公平，那肯定是没有定论的。这个时候，双方遂决定以决斗的方式，来终结该女子意愿不明的状态。显然，在这里，决斗就是一个获得确定性的程序，至于这样做是不是最公平，就次要了。当然，或许当时的人们认为，最强的男人就应该配最美的女人，这个时候，确定性就与公正合二为一了。不仅决斗是这样，神明裁判也是这样。把两个盗窃犯罪嫌疑人扔进鳄鱼池，谁被吃掉，谁就是小偷。这种做法能否发现真相、是否合理，暂且不论，但确定性在当时被视为更大价值。毕竟，悬而未决的案件总算可以了结了。其实，现实生活中的抓阄，又何尝不具有此功能呢？既然找不到大家都同意的公平，那么抓阄就成为不二的选择。毕竟确定性有时候比公正更重要，或者更急需。

（四）吸纳不满的功能

什么是"吸纳"？知道海绵吧？海绵具有吸水的功能。说司法程序具有吸纳不满的功能就是借用海绵来比喻的，形象、生动。现实生活中，有许多制度都附带地具有吸纳不满的功能。比如，《宪法》规定的游行示威，它就好比是一个减压阀的装置，虽然其表达的意愿和诉求未必如愿，但游行示威本身还是能起着疏导心理压力的作用。群体性事件、极端仇视社会的恐怖事件，往往就是因为当事人的焦虑情绪长期得不到排遣而酿成的悲剧。可见，公民心理健康指数与制度有着很大的关系。

程序之所以具有吸纳不满的功能，是因为程序与裁决之间有一定距离。看起来，人为性因素被程序阻却了，裁决似乎是程序自动导出的结果。程序与裁决的分离制造了

---

① 〔德〕伯恩·魏德士：《法理学》，丁小春、吴越译，法律出版社 2003 年版，第 42 页。

程序的距离美，从而程序为裁决赋予了某种神圣性。而人们的质疑和不满，也随着程序的展开而慢慢地消解。以保研为例，如果没有一个保研的程序，学校只是直接宣布保研名单，那么不在名单中的同学就会感到严重的不公平，乃至滋长怨恨和对立的情绪。在名单公布前，如果经过了一个看起来还比较公正的程序，效果就不一样。大家的不公平感虽然不可能完全没有，但至少会少多了。

司法程序比一般程序更具有吸纳不满的功能。因为走到诉讼的当事人双方，原本就是非常对立的，每一方都认为自己占理，对方理亏。尤其是，中国人不轻易打官司，到了打官司的阶段，那说明双方关系已经到了水火不容的地步。这个时候，任何一个不恰当的举动都有可能激发冲突的升级。因此，一个有公信力的程序就非常重要。正如两个拳击手打嘴仗，彼此都不服输，那么最好的办法就是打一场比赛。比赛就是决定胜负的程序，并且也是消弭双方斗嘴的程序。一场公正的比赛，双方心服口服，冲突就彻底解决了。司法程序就是这样，婆说婆有理，公说公正确，那就打一场官司，看看谁胜谁负。只要司法程序是公正的，那么，当事人不服、不满、不平的情绪就在很大程度上被司法程序给吸纳了。

（五）保护法官的功能

吸纳了当事人的不满，也就保护了法官的安全。法官职业的确有点特殊，容易招人恨。双方将争议诉到法院，法官的判决就与双方的利益紧密联系在一起。双方关系本来就矛盾尖锐，并且都自以为自己是正确的，只要法官断定一方胜一方败，那败诉的就很容易将法官当作泄愤的对象。如何说服当事人接受法官的判断，不能靠权力。权力只能压服，不能说服，而起说服作用最好的就是程序。不服，你看看程序好了。你提供不了证据是吧？你在法庭上承认了这个是吧？你没有在诉讼时效内提出主张是吧？法律就是这样规定的是吧？公正、公开、透明的程序，就是说服当事人服判的重要依据。

因此，如果裁决是由司法程序所导致的结果，那么，负责审判的无论是不是这个法官，结果都一样。只要当事人意识到这一点，他就有了服判的心理准备。特别是，当事人也参与到了程序中来，见证了司法的全过程。当事人参与程序的过程，也是逐渐接受裁决的过程。当他发现法官的意志受到了司法程序的严格限定后，他还有什么理由去怨恨法官呢？因此说，严格的司法程序也是对法官的一种保护。而法官能够免于当事人乃至公众的批评和攻击，程序也是法官自证清白的最佳担保。

当然，我们说，司法程序保护了法官的安全，并不就是说，只要法官严格按照司法程序判决，他的人身安全就可以高枕无忧了。现实生活中，总有一些偏执的人、极端的人、固执的人、被害幻想型的人，他就认人不认程序。无论法官如何严格地按程序操作，当事人都有可能将其不满发泄到法官身上。但是，无论如何，司法程序还是为法官提供了一定程度的安全保证。

第二节 法官自由裁量权

法官必须按照法律裁决。但是，由于法律并不完全是客观的，而法官也不是机器人，他总有自己的意志，对于法律总有自己的理解，对于世界总有自己的价值观。因此，法官自由裁量权就不可避免。

一、什么是法官自由裁量权

什么是自由裁量权？英国《牛津法律大词典》是这样定义的："自由裁量权，指酌情作出决定的权利，并且这种决定在当时情况下应是公正、正确、公平和合理的。法律常常授予法官以权利或责任，使其在某种情况下可以行使自由裁量权。有时是根据情势所需，有时则仅仅在规定的限度内行使这种权利。"[①]而哈特则是这样理解的："自由裁量权意味着在两个或两个以上行动方案中进行选择的权力，而这些行动方案中的每一个都被认为是得到了许可。"[②]关于法官自由裁量权这个概念的学术定义，实在是太多了，不胜列举，但意思都大差不差，只是表述有所侧重而已。这里，在对法官自由裁量权这个概念下定义之前，我们还是先将其特征揭示出来。我以为，法官自由裁量权具有以下特征。

（一）判断性

美国法哲学教授迈克尔·D.贝勒斯在其《程序正义——向个人的分配》一书中说道："如果一个人在作出决定的过程中必须作出判断，那么该人就有自由裁量权。比如，如果一个人被告知从树上摘取三个最熟的苹果，要确定哪些是最熟的，就需要作出判断。"[③]意思是说，自由裁量与判断有关，只要涉及判断，就会有自由裁量的问题。那么，什么情况下，我们不需要判断呢？他说；"如果决定仅是根据某个数学公式计算出来的负担或利益的数量，比如，某笔资金所欠的税款数量，那么判断就是不需要的。但是，一个人是否欠税以及欠税的数量，通常都需要判断。"[④]按照他的理解，那么，自由裁量权就处处存在，不可消除。比如，被告知去取一杯水，那你就需要判断什么是水。换言之，

---

① 〔英〕戴维·M.沃克：《牛津法律大辞典》，北京社会与科技发展研究所编译，光明日报出版社1988年版，第261页。

② 转引自〔以色列〕巴伦·巴拉克：《司法自由裁量权》，林长远译，信春鹰校，载信春鹰编：《公法》第三卷，法律出版社2001年版，第454页。

③ 〔美〕迈克尔·D.贝勒斯：《程序正义——向个人的分配》，邓海平译，高等教育出版社2005年版，第77页。

④ 同上。

一个人,或者说准确一点,一个有自由意志的人,不管他做什么事,都离不开判断,这都是自由裁量。

但是,如果说,只要有判断就有自由裁量,那么,以这样的意思来界定法官自由裁量权,这就过于泛化了。而一个概念如果过于泛化,那么它也就没有单独存在的意义。所以,我们探寻一个概念的内涵,必须将它置于最邻近的属概念里才有意义。法官自由裁量的属概念就是自由裁量。法官的自由裁量与一般自由裁量,尽管都与判断有关系,但两种判断一定有所不同。只有找到了这个不同,法官自由裁量权这个概念才能够界定。对此,《程序正义——向个人的分配》一书是这样理解的,判断有涉及利益分配的判断,也有不涉及利益分配的判断。法律意义上的自由裁量就是有关利益分配的判断,而凡是不涉及利益分配的判断,就不可以看作是法律意义上的自由裁量。由此,我们就得到法官自由裁量权的第一个特征,即它一定是与利益分配有关的判断。

(二) 选择性

选择性是指法官可以从备选答案中进行选择。法官的可选答案必须在 2 个或 2 个以上,只有一个答案时,法官就不存在选择的问题。比如,假设法律规定,一人犯数罪的应当数罪并罚,那么"数罪并罚"就是唯一答案,法官就没有自由裁量的空间。是否有自由裁量空间必须根据法律规定。从法官自由裁量权的角度看,法律规定法官自由选择的空间,主要有以下几种类型。

(1) 选项型,即法律给定了几个选项供法官选择其一。这又可以分为两种情形:一是在选项之前用"可以"来表示。比如,假设法律规定,自首的可以从轻处罚,那么法官就可以在"从轻"与"不从轻"之间选择其一。二是在选项之间用"或者"来联结。比如,假设法律规定,对未成年人犯罪,应当从轻或者减轻处罚,那么,法官就在"从轻"和"减轻"之间选择其一,而其他选择就超过了自由裁量的范围,是非法裁判。

(2) 区间型,即法律框定了一个封闭区间,法官只能在区间内选择。区间型一般以"从多少到多少"来表示,常见于刑罚的有期徒刑的规定中。比如,假设法律规定,某种犯罪量刑的幅度是 3 年以上 7 年以下,那么,从 3 年到 7 年就是法官自由裁量的区间。不满 3 年和超过 7 年,就是区间之外了。法官如果在区间外选择,那就不是自由裁量,而是非法裁判。

(3) 开放型,即法律给法官一个相当宽泛的原则,法官根据自己对于原则的理解来选择答案。比如,假设法律规定,法律行为必须遵守公序良俗的原则,那么,如何确定公序良俗,法官可以根据自己的理解来判断。开放型由于答案具有高度的不确定性,因此,法官的自由裁量的空间也就相当的大。

(4) 空缺型,即法律根本就没有给定备选答案,法官只能抛开法律规定,根据他自己的想法和理念来"造法"。这种"法官造法"的活动,也可以说是最强烈意义的自由裁量。强烈意义上的自由裁量,当然并不是说,法官的选择可以不受任何约束。毕竟,法官也是生活在特定社会中的人,社会中的合理、公平、正当等正义观念也都会约束着他的选择。

由上可知,从选项型、区间型、开放型到空缺型,法官自由裁量的空间范围依次增大,其备选答案的明确性则依次降低。其中,选项型、区间型和开放型,这三种都是法律内的选择,而空缺型则是法律外的选择。所以,如果将法官自由裁量权理解为,法官是在法律范围内所作出的自由裁量,这是不够准确的,它没有将空缺型这种最强烈意义的自由裁量包含在内。不过,虽然空缺型不受法律的限制,但这只是将法律限定在实在法意义上来说的。如果从法律精神的角度来理解,它也可以看作是在法律范围内,自然法嘛! 此外,法律出现歧义和相互矛盾的情形时,法官的判断也可以看作是自由裁量。

需要指出的是,前述法官选择范围,都是关于法律的选择,而不是关于案件事实的认定。这就有了一个问题,即法官对于案件事实的认定,有没有自由裁量的问题? 证据法有一个自由心证的概念,是说在证据并不十分清晰的前提下,法官可以根据经验和良心来作出判断。显然,自由心证就是自由裁量。所以,我以为,法官的自由裁量也应该包括对于案件事实的自由判断,裁量这个词不就是裁断、衡量的意思吗? 难道事实就不可以被裁断与衡量?

(三) 免责性

既然是法官自由裁量权,那么也就意味着法官在允许的范围内所作出的选择得到了法律的授权,所以他也就不必为此承担法律责任。如果法官因此而被追责,那么也就否定了他有自由裁量权。打一个比方,学校规定,教师可以自由选择授课方式,既可以用 PPT,也可以不用。那么,老师就有选择的权利。如果学校后来又以没有用 PPT 来处罚教师,那么实际上就相当于是对教学规定的否定,这就叫打脸,是吧? 法律说法官既可以这样判,也可以那样判,后来发现社会效果不好了,比如说当事人自杀了,或者导致群体性事件了,这个时候又反过来要追究法官的责任,说法官原本不该这样那样的,你说法官冤不冤啊? 如果是这样,法官岂不是一个非常危险的职业? 那谁还敢当法官? 当然,法官自由裁量权的确会存在恰当与不恰当的问题。恰当与不恰当我们可以进行评价,我们甚至可以质疑法官的水平。但无论如何,都不能因此而追究法官的责任,只要法官的裁量是在允许的范围内。

当然,虽然法官的自由裁量可以免予追究法律责任,但是,法官在选项型、区间型、开放型和空缺型四种情形中的自由裁量,其裁判所面临的法律后果还是有点不同。一般来说,前面三种自由裁量相对于空缺型的自由裁量,其判断要安全得多。因此,从法官自身安全来看,空缺型相对于前面几种,法官要冒的风险就大多了。特别是在没有明确规定法官有权造法的国家里,法官这样做,就不是自由裁量的问题,而是非法裁量的了。

最后,将前面三点总结一下,法官自由裁量权可以定义为:在法律允许的范围内,法官有权作出自己的判断和决定。这里注意几点:(1) 判断的主体是法官,这就与一般判断区别开来。(2) 在法律允许的范围内,就是说,不管是在法律范围内,还是在法律范围外，只要为法律所允许就可以。这样说也是为了避免实在法与自然法之争，同时也可以将法官对于案件事实的认定包括进去。(3) 法官有权，就是说法官不必承担责任，要承担责任就不是有权了。这样下定义，一是简洁明了，二是好懂、好记，三是便于考试。下定义的方法就是将其全部特征揭示出来，不能多，也不能少，两边外延要相等，漏掉了一点就是定义过宽，多出了一点就是定义过窄。这个我们前面已经讲过很多次了。

二、 法官为什么要有自由裁量权

法官为什么要有自由裁量权，这与法律是否具有确定性的问题有很大关系。如果法律具有绝对的确定性，像数学一样，那么司法判决就只有一个答案，而法官的工作无非就是寻找这个答案而已，这就当然谈不上自由裁量权的问题。

法律具有绝对的确定性，是以立法者具有完全理性为前提。只要立法者全知全能，既通晓人类的过去，也能够预知人类的未来，那么，立法者制定出来的法律就是详尽的和完备的，可以满足人类的所有需求。大家都有考试的经验，知道试题有客观题和主观题两种吧？对于客观题，出题老师早就为考生准备好了标准答案，考生没有发挥的余地，所要做的就是找到标准答案而已。同理，如果法律答案也像考试中的客观题一样，答案是确定的，那么，法官的工作就如同程序操作员的工作，只要把案件事实输进法律程序中，判决结果就自动生成了。果真是这样的话，法官当然也就不需要什么自由裁量权了。

法律完全是确定性的吗？当然不是，法律的确定性具有相对性：(1) 从外部看，法律相对于其他规范具有确定性。与道德规范和政治规范相比，法律的确定性当然强多了。比如一个官员收钱办事，我们说这个官员是个坏人，这是道德评价，至于他如何坏你就只能靠想象了，这就是不确定性。同理，政治评价说，这个人是个堕落变质分子，至于什么是堕落变质，你同样不能确定，还是只能靠想象。但是，法律对此的评价则是，这个人的行为是受贿，是为他人谋取利益而收受他人钱财的行为，这就确定多了。(2) 从内部看，法律备选答案只有一个的，相对于有几个的就具有确定性。而备选答案有几个的，从选项型、区间型、到开放型，再到空缺型，前面的相对后面的就具有确定性。也就是说，正如试卷既有客观题也有主观题一样，法律回应现实的答案也有确定的，也有不确定的。或者说，法律的确定性只是相对的。

造成法律确定性是相对的，其原因就在于，人类的理性并非完全的和无限的。面对人类生活的精彩、复杂和多变，立法者不可能制定出一部包罗万象的、完美无缺的、能够调整人类所有行为的法典。正如，美国现实主义法学学者弗兰克所说的，法律确定性就是一个神话。他说，这种神话与人类普遍存在的恋父情结有很大关系。而事实上，法律在很大程度上过去、现在和将来都是含混的和有变化的。[1]因此，对应于法律确定性的

---

① 参考沈宗灵：《现代西方法理学》，北京大学出版社1992年版，第294页。

相对性，法官也就必须要有自由裁量权才可以。其具体原因，我们又可以分解为以下几点：

（一）立法滞后

法律对于稳定性的要求与社会变化的现实，始终存在冲突。一方面，社会现实总是处于不断发展和不断变化之中，另一方面，法律又要求稳定，不能朝令夕改。因此，法律的安定性与时代的正义性之间就存在一定的紧张性。如果要维护法律的安定性，那么就有可能牺牲时代的正义性，既然法律不能为社会供给正义，那么法律还有什么存在的价值？反之，如果要坚持与时俱进的正义性，那么法律就必须步步紧跟时代的变化，随时制定，随时修改。但是，这样一来，法律还是法律吗？

解决立法与社会脱节的矛盾，最好的办法就是赋予法官自由裁量权，通过法官的自由裁量来弥合两者的裂痕。因此，法官自由裁量权就相当于是，法律稳定与时代正义之间的调整器。法官在不危及法律稳定的前提下，可以选择最符合时代正义的判决。如果法官自由裁量的那个“度”掌握得好，那么也就，既维护了法律的稳定，又满足了现实的需求。

（二）立法抽象

法律因其普适性的要求，而当然具有抽象性。法律不可能对每一个具体的行为，都能够分别地作出具体、详细的规定。原因我们讲法律概念时已经讲过了，这里就不重复。与立法不同，司法的任务就是将普适性的法律规范，适用于具体的个案。比如，区间型的法律规定，法律只是规定了一个幅度，那么，具体到个案，法官就要在区间内进行选择，而选择就要由法官作出判断。所以，法官的工作就可以理解为，是对抽象的立法作具体化的处理。

由于立法比较抽象，因此在具体个案适用中，难免会导致法律适用与个案正义发生冲突。也就是说，法律适用可能导致个案的不公正。这个时候，就更需要法官运用自由裁量权，来填平两者的沟壑。比如，我们前面提到的许霆案，以法律明文规定的盗窃罪来处罚他，这是法律规定的。从法律适用的角度来看，似乎也没有什么不对。但是，从被告的角度来看，就显失公平了。这个时候，法官的自由裁量权就非常重要了。

（三）立法模糊

不同于自然语言，法律语言具有规定性。自然语言完全取决于人们的约定俗成，其情境性特别强。比如，我们前面提到过的，哈特说过的那个“秃子”的概念。你说什么是秃子、什么不是秃子，在具体的对话中一般不太会有争议，但一旦离开具体的语境，什么是秃子、什么不是秃子，就容易产生争议了。法律要起到规范的作用，就要对自然语言的意义进行规定，以避免不必要的争议。比如，什么是国家公务人员，什么是未成年人，法律为了格式化的要求，就强行对其自然语义进行规定。这个，我们前面也讲过。

但是，尽管如此，法律还是没有办法完全消除语言的歧义现象。比如哈特举过的关于“车辆”的例子。公园门口树一个牌子，上面写着“禁止车辆通行”，但至于什么是“车辆”，那就不是很明确了。卡车当然在禁止之列，大客车当然也在禁止之列。但是，消防车、救护车呢？自行车、残疾人车、儿童玩具车呢？显然，仅仅依据“禁止车辆通行”的规范本身，是没有办法消除这些争议的。法律总不能对其每一个用语都事先作好格式化的定义吧？法律做不到的原因在于：(1) 如果法律要做到精确化，那么，法律规范将非常累赘，定义套定义，从而陷法律定义于无限循环的怪圈中。(2) 现实世界非常复杂，而语言是有局限性的，立法定义依赖的还是语言，所以也做不到。(3) 即使立法时做到了精确，也会因语言的变迁而产生新的歧义。也就是说，法律语言无论如何努力，都不可能完全摆脱自然语言的影响。这就决定了法律规范的模糊性永远不能避免，只是程度不同而已。所以，立法不能胜任的任务，就只能由司法来完成了，这就要靠法官自由裁量权了。

（四）立法矛盾

由于立法的局限性，法律适用难免产生矛盾。当同一事实为不同法律所涵盖时，就有可能产生法规相互冲突的现象。这种矛盾显现在法律适用中，但却是从立法的娘胎里带出来的。法律不同、立法者不同、立法时间不同等，是造成法规相互冲突的原因。面对这种冲突现象，法官只能运用自由裁量权来解决。

法官解决立法矛盾的方法就是，在相互矛盾的两种规范中选择适用其中之一。如第六章第三节说过的四川泸州的张学英继承案，张学英的诉讼依据是《继承法》关于遗赠的法律规定，而蒋的原配则辩称，黄与张的关系是非法同居关系，双方行为违反了《民法通则》的公序良俗的法律原则。从法律适用来看，法官就要在这两个看起来有冲突的规范中作出选择。当然，也可以换一个角度来看，这里的法官自由裁量权，也可以看作是对公序良俗这一开放性原则的自由裁量。补充后面这一句，是为了对应于前面所说的开放型法律。

（五）立法空缺

立法者恨不得法律调整的范围能够包罗万象，但实际情形却是，有很多案件都无法在法律规范中找到答案。这种情形就是立法空缺。造成立法空缺的原因就是，立法者不是全知全能的，他不可能预测社会生活的全部内容，更不能预测社会生活的一切未来。这一点，我们前面讲过。如果说，法官的职责是为诉争双方解决争议，那么法官就没有理由拒绝审判，哪怕没有法律规定。这就是罗马法规定的，法官不得以法律没有规定而拒绝审判。这个时候，法官能做的就是运用自由裁量的权力，来填补这个空缺。如第六章第三节提到的帕尔默的案件，受遗赠人故意杀害被继承人，其继承权是否得剥夺，当时法律并没有相应规定。在厄尔法官看来，这就是立法空缺。他说，在任何地方，法律都尊重“任何人都不得从自己过错的行为中获利”的道德原则。据此，法官作出判决，剥夺了帕尔默的继承权。当然，我们前面引用这个案件时，是用来说明法律原则的适用,道理是一样的,只是角度不同而已。

当然,我们经常看到这样的现实,法院以没有法律依据为由驳回原告的诉讼请求。显然,这种现象得到了法律的默认。这说明,在我国,法官并没有填补法律空缺的权力。但是这样一来,法官的做法就与司法最终解决原则产生了冲突。司法最终解决原则必然要求,所有的纠纷都应当且可以通过司法获得最终解决。如果说,法官可以因无法律依据而拒绝审理,那么,司法最终解决原则就是虚假的。如果说,当事人因告状无门,只好不停地上访,那是不是意味着上访才是纠纷的最后解决手段呢?而如果司法不是最后的解决方式,上访也不是,那么,是不是意味着,总有一些纠纷是永远得不到解决呢?可见,如果法官没有填补法律空缺的自由裁量权,这在逻辑上是说不通的。并因此,社会不满也会日积月累,这对于当事人、对于社会也是极其有害的。

三、法官自由裁量权滥用的防范

孟德斯鸠说过这样一句名言:"一切有权力的人都容易滥用权力,这是万古不变的一条经验。有权力的人们使用权力一直到遇到有界限的地方才休止。"[①]法官也是人,当然也会滥用手中的权力。并且司法权力的滥用,其后果还比其他权力更严重。正如英国哲学家培根所说的,"一次不公正的司法判决比多次不公正的其他举动为祸尤烈,因为这些不公正的举动只是弄脏了水流,而不公正的司法判决则把水源败坏。"[②]培根的说法虽然是将司法判决与其他举动作比较,但如果将"司法判决"置换为"立法",是不是也有道理?因为司法与立法相比,显然把后者比作是水源更恰当。所以,对于名人说的话我们也要过一下脑子,不能想当然地认为名人名言在逻辑上就是无懈可击的。不过,这个我们先不管,但培根的这句话至少提醒了我们,法官自由裁量权必须限制,否则法官就可能滥用这个权力,以致司法不公,污染水源。

如何防范法官自由裁量权的滥用呢?除了程序控制和审判独立等这些大道理外,操作性强、针对性强的具体应对措施,我以为大致有以下三种。

(一)限制标准

自由裁量权的大小涉及裁量标准的宽窄,如果标准过宽,则自由裁量的空间就大,相反,则自由裁量的空间就小。因此,如果要限制法官的自由裁量,那么法律就可以通过缩小自由裁量的空间来实现。贝勒斯在其《程序正义——向个人的分配》一书中,对这个问题讲得非常清楚。[③] 为了在说明问题时更有针对性,我对他所说的作了一些加工。他说,如果命令一个人去拿一个大一点的橘子来,那么只要他拿来的是一个差不多大的橘子,就没有什么理由指责他犯了错误。他选择这个而不是那个,并不需要特别的理由,这是他自由裁量的范围。但是,如果他看都不看,非常随意地拿来一个橘子。比

① 〔法〕孟德斯鸠:《论法的精神》(上册),张雁深译,商务印书馆 1961 年版,第 154 页。
② 〔英〕培根:《培根论说文集》,水天同译,商务印书馆出版社 1983 年版,第 193 页。
③ 〔美〕迈克尔·D. 贝勒斯:《程序正义——向个人的分配》,邓海平译,高等教育出版社 2005 年版,第 81 页。

如说,他拿了一个虽然是大的,但却是烂的橘子来,那么他就滥用自由裁量权了。尽管烂的并不为标准所明确禁止,但毕竟是不合理的。但是,如果他拿的不是大一点的橘子,而是一个类似胡桃大小的橘子,这就不是自由裁量权的滥用,而是他根本就没有这样的权力,放到法律上来说,就是无权选择,是非法选择。而自由裁量权的滥用是有权选择,是合法选择,只是他这个选择不合理而已。

因此,如果要防范他拿一个尽管是大的,但却是烂的橘子来,那么,我们就要对标准进行限制,具体办法就是增加限制因素。即在"大一点"这个因素的基础上再增加"不要坏的"这个要求。这个时候,他的自由裁量权就相应地被限制了一些。增加的因素越多,其选择的范围就越小。因为每个因素都要满足,每个因素都要发挥作用。比如,假设命令他去拿一个大的、熟的、多汁的橘子,那么,他在选择的时候就要将这些因素全部考虑进去。全部满足这些因素的橘子,其数量肯定要少,其滥用的可能也就大大地受限了。当然,如果权衡因素增加到其指向的答案只有一个时,比如说满足条件的橘子只有一个时,那么他实际上也就没得选了。这种情形对法官来说,就是没有自由裁量权。

(二) 说明理由

法官可以在法律允许范围内自由裁量,但并不是说,法官就可以通过抛硬币的方式来选择方案。法官必须将他选择这个,而不是选择那个的理由说出来,并清楚地载明在判决书中。说明理由对于法官自由裁量权来说,是一项非常强的约束机制。其具体作用主要有以下几点:

(1) 有助于防止司法专断。贝勒斯说:"要说明理由,就必须存在理由。如果理由确实存在,决定就不可能是专断的。一项理由必须是给一种而非另一种决定提供了某种支持。"①如果法官仅仅"想这样做",这不能成为理由,而必须是"为什么想这样做"才能成为理由。"为什么想"与"这样做"之间构成了因果逻辑关系,前者对后者的任意性构成了约束。好比学生给老师的教学打分,如果只是打个总分,那么学生的打分就可能是任意的。而如果还要提供理由,那么他的任意性就受到了一定的约束。

(2) 有助于纠正司法错误。说理的过程也是发现错误的过程,正如贝勒斯所说:"在说明(通常是写明)理由的时候,人们更可能发现逻辑上的漏洞并进而纠正之,或许还会导致作出一个不同的(且正确的)决定。"②一个人头脑中有想法是一回事,而要把想法阐明出来又是一回事。许多想法往往都是在要作出说明时,才发现原来并非如此。法官都有这样的经验,在遇到某个案子时,大脑会立即给出一个初步的判断。而当他必须为这个判断找到理由时,可能反过来又会发现当初的那个判断并不能成立。也就是说,说明理由可以为法官修正错误提供机会。这就好比,老师在评审论文时,先给一个初始分数,在给理由时,又可能回过去修改分数。

---

① 〔美〕迈克尔·D.贝勒斯:《程序正义——向个人的分配》,邓海平译,高等教育出版社2005年版,第93页。
② 同上书,第93—94页。

(3) 有助于促使同案同判。同一个法官面对同一类案件，在说理逻辑的支配下，就容易作出相同的判决，这就实现了同一法官的同案同判。同一个法官审理同类的案件，总不能今天是这样说理，明天又是那样说理吧？自己否定自己，总是不好吧？并且，如果某个法官的说理获得了其他法官的认可，那么，其他法官面对同类案件时，其判决也就容易与这个法官的判决保持一致，这就实现了不同法官之间的同案同判。因此，理由越是有说服力，就越是容易为同行所接受，从而同案同判就越有可能实现。正如贝勒斯所说的："同一个决定人将更可能在其他案件中遵循同样的推理线路。它还可以致使行政机关中的多个决定人作出的决定更具统一性，如果他们相互知悉各自的推理并接受此种推理的话。"①

(4) 有助于增加判决的可接受性。对于司法判决，当事人服不服，这与法官提供的理由具有非常紧密的关系。判决书的理由写得越充分，那么判决就越有可能被当事人所接受。正如贝勒斯所说的："当被提供了理由时，一个人更可能接受相关的决定，即使其并不同意这些理由。他至少可能认为，其请求没有被专断地驳回，而是得到了考虑。即使被决定人并不接受该决定，说明理由可能增加其他人对程序的信心，并进而防止道德败坏。"②说理的过程也是说服当事人接受判决的过程。即使当事人不认同法官的说理，当事人也可以从中发现问题而选择继续上诉，以增强当事人对于司法的信心。相反，如果司法判决不说明理由，那当事人就会瞎猜，是不是自己没有送礼啊？是不是对方找了什么关系啊？总之，不重视说理，你要让当事人心服口服，这怎么可能？好比，高考录取时，省招生办直接公布名单，不公布分数，把你录取到南京大学，而不是北京大学，而你认为你是可以进北京大学的，你服不服？

(5) 有助于法官抵御干预。权力干预司法往往就是通过法官的自由裁量权来运作的，那些法官没有自由裁量空间的案子，权力干预的空间也几乎没有。明白确定的法律规定，法官是做不了人情的。因此，要防范权力对于司法的干预，就要通过防范法官自由裁量权来落实。但是，如果法官可以自由裁量，而又没有理由，那法官也就无能为力了。领导你说的，我可以照办，可是我找不到理由啊！因此，当领导指示法官如何如何判决，而法官又找不到理由来满足时，法官也就找到了拒绝服从领导意志的理由。所以说，判决要说明理由，这不仅可以约束司法权力，也可以约束司法外的权力。

既然说明理由有这么多的好处，那么判决书充分说理就很重要。你看英美法系国家，一份判决书差不多就是一篇学术论文，许多法理就是从判决书中产生的。1979 年以前，我国还没有《刑法》和《刑事诉讼法》，判决书中说理的部分经常只有两句话"证据确凿"和"依法判决"。至于证据如何确凿，依的是什么法，哪一条法，这些统统都省略掉了。不过，经过几十年的努力，这一现象已有很大改观。但还是做得不够，特别是对于律师的意见，法官在判决书中回应得就不是很积极，你辩你的，我判我的。所以，要促使

---

① 〔美〕迈克尔·D. 贝勒斯：《程序正义——向个人的分配》，邓海平译，高等教育出版社 2005 年版，第 94 页。
② 同上书，第 94 页。

法官积极说明理由，将法官撰写的判决书向社会公开，这对于法官来说就是一个行之有效的激励。

（三）公开判决书

与此相关，公开判决书也是说明理由的一项重要的延伸制度。法官说明的理由记载在司法判决书中，这当然也是公开的。不过，这种公开的范围非常有限。能够看到判决书的只有当事人、律师，以及与案件有利害关系的少数几个人。由于人数极其有限，因此，判决书说理给法官的压力也就很有限。我们说，阳光是最好的防腐剂。将判决书公开，司法不公或司法任性的暗箱操作就容易大白于天下。你说你的判决没有问题是吗？敢不敢在太阳下走两步？这就极大地抑制了司法腐败的发生。

如果判决书不公开，说理差也就可以藏着掖着了。现在好了，要公开了，写得丑就要见光了。虽然有人死猪不怕开水烫，但脸皮厚的人总是占少数。如果判决书不要求公开，那么说理强的法官就会有失落。就像一名学者，论文写得再好，如果没有人欣赏，也是白搭，慢慢地也就没有写的欲望了。每一个人都在乎别人的看法，特别是来自同行的看法。所以，公开判决书对于法官来说是一种激励。好比，一个人写论文，如果论文不要求公开，那么写得好不好也就不那么重要了。而一旦要公开，好与不好就全部呈现在公众视野当中，这对于作者来说无形中就形成了很大的压力。以前，许多法官因为工作忙而放松了学习，以为熟悉几条法规就可以办案了。须知，说理仅背诵几条法规是远不够的，法规为什么要这样规定，你为什么援引这条而不是那条，这是需要法理支撑的。因此，在公开判决书的要求下，想混就不那么容易了。所以公开判决书可以迫使法官重视说理，而重视说理又可以迫使法官重视法理。

公开判决书也为同案同判提供了信息媒介。我们前面说过，说明理由可以实现一定程度的同案同判。可是，同案同判是需要信息条件的。如果判决书不公开，你让法官怎么知道别人是怎么判的？这个理由，或者是客观原因，或者是法官给自己找的借口。但在判决书公开之后，法官就没有借口了。判决书的公开，为法官共享审判资源提供了信息平台。法官借此可以迅速地检索全国各地法院的同类案例的判决，从而，同案同判的范围也就从本院扩大到了全国。同案同判的范围越大，司法公正的实现范围也就越大，法律面前人人平等也就越能实现。

当然，论文写得好不好，只有懂的人，其评论才有权威。同理，判决书放到网络上去任由当事人瞎说一通，这种做法也是有待商榷的：(1) 可能引发舆论而有害于司法权威。毕竟网络评论缺乏专业性，猎奇心和情绪性强。网上说什么的都有，其极尽随意的和刺激性的语言，既有损司法权威，也容易引发网络舆论事件。(2) 可能侵犯当事人隐私，打官司虽然没有什么不光彩，但任人指指点点并人肉搜索，总是不好吧？人身攻击的语言也容易伤害当事人。(3) 对法官不利。法官是否有水平，是否有能力，判决是否公允，最有发言权的是同行，包括法学界的学者。网民不懂法律，侮辱、谩骂，容易伤害到法官的尊严，并不利于对法官人身权利的保护。因此，公开判决书应该是向专业人士公开，而不是向社会一般大众公开。我在台湾地区交流的时候得知，台湾法院的判决，在制作后都要送给几大法学院的图书馆，供教学研究用。我想，借鉴台湾地区这种做法，并结合祖国大陆实际，判决书应该在法院系统网站公开，该网同时向律师同行、法律院系的师生开放。但放到公共网络上去，还是要慎之又慎。

第三节　审判独立

审判独立是司法制度中的一项重要内容，可以毫不夸张地说，司法制度中的任何一项具体制度都与它有因果逻辑关系。否认它或者无视它，司法制度中的任何一项具体制度都在逻辑上讲不通，司法就不成其为司法了。所以，我们这里要花不少笔墨来讲审判独立。记住一点，我们在讲审判独立时，是从司法的狭义来讲的。

一、什么是审判独立

什么是审判独立，简单来讲就是，法官独立审理案件，不受任何力量干预。这应当从三个方面来理解：(1) 法官独立审理，不接受任何人或组织的指令；(2) 任何人或组织不得干预法官审理，干预即违法，就要承担法律责任；(3)法律必须为法官独立审理案件提供保护。对于审判独立，人们往往只是以司法为叙述主体，忽略了第 2、3 点，这显然是不完整的。

(一) 审判独立的三层含义

通说认为，从审判主体来分析，审判独立可以划分为以下三个层次。

(1) 审判独立的第一层含义就是指审判权的独立。孟德斯鸠说："如果司法权不同立法权和行政权分立，自由也就不存在了。如果司法权同立法权合而为一，则将对公民的生命和自由施行专断的权力，因为法官就是立法者。如果司法权与行政权合而为一，法官便将具有压迫者的力量。"[①]孟德斯鸠这段名言经常被人引用，用来说明审判独立的第一层含义。

(2) 审判独立的第二层含义是指法院的独立。在现实制度安排中，司法权的独立体现为司法机关的独立，具体来说就是指法院的独立。法院的独立又包括两个方面：第一，法院独立于立法机关、行政机关以及政党、团体和个人，法院可以依此对抗来自法院之外的干预。第二，法院之间相互独立，法院可以依此来对抗来自上诉审法院的干预。

① 〔法〕孟德斯鸠：《论法的精神》（上册），张雁深译，商务印书馆 1961 年版，第 156 页。

我这里没有说“上级法院”而是说“上诉审法院”，意思就是说，法院与法院之间并不是上下级关系，只是审级关系，这个我们后面还会讲到。所以，这里所说的法院独立的“法院”既可以指整个法院系统，也可以指单个的具体法院。前者是指法院独立于其他权力，后者是指法院与法院之间的相互独立。

（3）审判独立的第三层含义是指法官的独立。司法的特征决定了它是法官个性化的活动，司法只能依赖于法官个人的独立判断。所以，审判独立最终都要落实到法官独立上来，离开了这个，前面讲到的两层含义都没有意义。正因此，人们对于审判独立的理解，往往都是围绕法官独立来展开逻辑的。所以，我们经常会说法官独立办案，但不太会说法院独立办案。

（二）为什么只有审判独立的说法

一个国家的权力结构是由若干不同的权力组合而成的，审判权只是权力体系之一种。在整个权力体系中，每一种权力都是彼此分离且相互独立的。因此，不仅审判权是独立的，其他权力也应该是独立的。可为什么只有“审判独立”的说法，而没有“立法独立”和“行政独立”的说法呢？我认为这有两点原因：

（1）从审判独立的第一层含义上看，在国家权力体系中，虽然任何权力都有独立性，但独立性的程度是不同的。审判权不受其他权力干涉，但其他权力都要接受司法的评判。可见，审判权的独立性要高于其他权力。

（2）从审判独立的第二、三层含义上看，审判独立具有这两层含义，但立法权和行政权就没有这两层含义。以行政权为例，机关与机关之间、官与官之间等级分明，上下级之间是服从与被服从、命令与被命令的关系。行政机关的上下级明显，立法机关的上下级关系也是存在的。从法律位阶要求来看，下级立法机关制定的法律法规，就不得违反上级立法机关制定的法律法规。

基于以上两点的原因，所以在权力关系的比较中，审判独立就显得格外突出，而其他权力的独立性就不值一提了。当然，以上讲的这两点，讲的都是表象。至于为什么要格外强调审判独立，还要看下面的理由。

二、审判独立的理由

在权力架构中之所以要特别强调审判独立，那一定是有它特别的理由。这些理由可以从以下几个方面来分析：

（一）从司法判断性来看

前面已经说过，司法是判断性的工作。而既然是判断，那么，法官就必须是在不受干扰的前提下，根据自己对于法律的理解来作出自以为对的判断。也就是说，必须是法官自己独立判断，而不是法官之外的人来判断；必须是法官认为是对的判断，而不是别人认为是对的判断。

我们知道，法官也是一个社会中的人，尤其是司法工作涉及利益的分配，因此，权力干扰法官判断的因素也就特别多。这些因素主要有权力、人情、舆论、知识等。因此，既然是由法官来作出判断，那么就必须将影响法官判断的这些因素统统排除出去。否则就不是法官在作判断，而是这些力量通过法官来作判断，法官就成了他们的牵线木偶了。所以，审判独立就是为法官营造一个不受外部影响的司法空间，使司法与这些外在力量隔离开来。只有这样，法官才可能做到独立判断，而不是对这些力量言听计从。

法官的判断要公正，就要求法官中立。要法官中立，就要求审判独立。中立与独立是不同的。打个比方，两个人产生纠纷，请一个中间人来评判谁是谁非。中间人之所以是中间人就是因为他与双方都没有特殊关系，这就是中立。但是，如果中间人并不能自己作主，而是要听他大哥的。这个时候，中间人虽然看起来是中立的，但却不是独立的。如果要保证中间人的评判是公正的，那么就还要他哥哥也是中立的才行。而如果他哥哥也不是独立的，而是要听他大嫂的，那么就还要他大嫂也是中立才行。这种逻辑链条可以无穷无尽。你总不能将影响中间人的所有关系都捋得清清楚楚，并确保这些关系都是中立的吧？所以，很简单，要保证中间人的评判是公正的，那么就不仅要求他是中立的，而且还必须要求他是独立的。没有独立，就不可能会有真正的中立。所以，独立是中立的保证。

因此，司法公正、司法中立和审判独立，三者的逻辑关系是，要司法公正，就必须要有司法中立；要有司法中立，就必须要有审判独立。司法中立是司法公正的必要条件，而审判独立又是司法中立的必要条件。据此又可以推出，审判独立也就是司法公正的必要条件。可见，审判独立本身并不是目的，不是为了独立而独立，而是为了保证中立而独立，是为了保证公正而独立。正如有学者所说的："独立乃公平解决纠纷之必须。在法官不独立而受制于他人或受到不当影响的情况下，纠纷很难依法公正地得到解决，而往往会按照那些控制法院或给法院不当影响的人的意志了事。"[①]所以，如果一个法官，虽然与双方当事人都没有特殊关系，是中立的；但是，他是听院长的、听单位的、听上级的，那么这个法官就不是独立的。而如果他不是独立的，那么他的中立就不是真正的中立。只有将评判者独立出来，他才能做到真正的中立，才真正是自己在作判断，其判断才可能是公正的。所以，独立的目的就在这里。

（二）从权力与权利关系来看

在制度架构中，审判独立的关键，就是法官要独立于权力并且能够对抗权力。因为，在影响法官裁判的因素中，权力是最大的压迫力量。所以，司法最要防范的就是权力，而这也是审判独立最强有力的理由。在权力关系的架构中，司法被赋予了评判权力的职能。一个审判不独立的司法体制，必然会对于权力侵犯权利的行为熟视无睹。而

---

① 〔美〕葛维宝：《法院的独立及问责制》，葛明珍译、梅江中译审，载信春鹰编：《公法》第三卷，法律出版社2001年版，第25页。

一个敢于制约权力而保护权利的司法体制，一定是与国家其他权力保持分离的独立体制。特别是，当政府作为法律诉讼一方，如房屋拆迁、土地征用、计划生育等案件，法院要对权力的非法行为敢于说不。但是，要做到这一点，法官就要有敢于得罪权力的大无畏的勇气。法官也是人，对权力也有天然的恐惧。而如果他没有恐惧，那一定有不恐惧的原因。这个不恐惧的原因就在于法官是独立的。如果法官不独立于地方政府，那么，法官对地方政府的不合法行为就不敢说不。所以说，如果要法官具有对抗权力的勇气，那么就要赋予法官独立于权力的地位，并对法官独立地位进行有效的保障。因此，司法限制国家权力之职能，决定了审判独立之必需。

权利与权力在很多场合都具有博弈的关系，要保护权利就要限制权力，限制权力就是为了保护权利。所以，保护权利和限制权力往往是司法作用的一体两面。我们经常说，司法是维护公民权利的最后一道防线，防什么？就是防范权利被权力侵犯。政府权力与公民权利，前者强后者弱。欺软怕硬，在人性中比较常见。而反过来就不容易了，除了影视剧的英雄好汉外，一般人都不敢这样做。一般人不敢做的，也就不能勉为其难，毕竟谁都抗不过人性的弱点。但是，司法恰恰要求法官必须这样做。法官是人，又不是神，凭什么一般人不敢做的法官就敢做？原因简单，审判独立赋予了法官抗衡权力的地位，尚方宝剑在手，法官的勇气也就倍增了。其实，在没有风险和成本的前提下，大多数的人还是愿意做一个好人的。而在没有风险的前提下，大多数法官也还是愿意做一个公正的法官的。因此，司法维护公民权利之职能，也决定了审判独立之必须。

司法保护的特定对象具有特殊性，或者是少数人，或者是道德有过错的人。因为法官要保护这些少数人，所以就容易招致集体力量的反对。网民就经常构成一股强大的多数人的力量。法官是屈从集体的力量，还是死命地去保护那个可怜的人呢？因为法官要保护道德有过错的人，所以就很容易受到“正义”声音的声讨：“你怎么维护那个强奸犯啊？”“你为什么不狠狠地惩罚那些贪官啊？”“你为什么就没有一点同情心啊？”在这种情势下，法官是迎合朴素的正义，还是坚决维护那个“坏人”的权利？在强大的群体性压迫面前，法官要敢于维护少数人或道德缺损人的权利，就要仰赖于审判独立的制度保护。

（三）从司法责任来看

谁办案谁负责，案件办好办坏责任都应该由办案人承担。一个人承担责任的前提是其在道德上具有可归咎的过错原因。因此，如果要法官独立承担责任，其前提就是法官是独立审判的。如果说，法官后面有大哥，是大哥说了算，那么，应该追究的就是那个大哥的责任，而不是法官的责任。正如，一个临时工所做的事，原本是单位领导吩咐的，出了事领导就要承担责任，而不能把责任推给临时工。又好比，在牵线木偶的游戏中，出了事，我们会责怪那个控制木偶的人，而不会去埋怨那个木偶。因此，要落实司法责任，也必然要求审判独立。

审判独立与司法责任，两者之间是充分且必要条件的因果关系。如果法官是独立审判,那么,法官就要承担责任。你判的你不承担责任,难道你还可以赖给别人不成?如果法官不是独立审判,那么,法官就不能承担责任,至少不能独立承担责任。那个"大哥"总不能跑掉吧?反过来,如果要法官独立承担责任,那么,就必须让法官独立审判。法官总不能只做冤大头吧?如果法官不承担责任,那么法官就不能独立审判。法官不承担责任,却又独立审判,那法官不就可以乱判一通了吗?

法官责任可以分为两种,一是法律责任,一是道德责任。前者是指法官在审理案件中,因有违反法律的行为而必须承担的不利后果;后者是指法官虽然没有可归咎于自己的违法行为,但因其业务能力不足而必须承担的道德谴责。既然法官是独立审判,那么,案子办得好与不好,都直接代表了法官的法律水平和道德良心。就算是没有法律责任,法官也得承受来自当事人和同行的不利评价。因此,为了避免法律责任,抑或只是为了获得良好评价,法官努力办好案子的概率也会提高。正如,一篇文章由作者独立署名,那么文章写得好不好都反映了作者的水平。读者的评价对于署名作者来说,就具有激励和鞭策的作用。但是,如果法官审判不是自己说了算,而是大哥说了算,那么案子办好办坏,法官就无所谓了。而如果法官抱着无所谓的态度,那么案子也就不可能办得好。所以,法官独立办案,既是法官承担责任的必要前提,也是法官承担责任的必然结果。

法官独立评判,法官独立承担责任,这对组织的形象和领导的形象也起到了很好的维护作用。因为,在审判不独立的体制下,法官很容易拿组织、拿领导来作挡箭牌。在这种情形下,法官倒是摆脱了干系,组织或领导的形象却受到了不好的影响。所以,在审判不独立的体制下,法官可能代组织受过了,但也有可能组织代法官受过了。而在审判独立体制下,法官既不会代人受过,也不能找人来代己受过。是你自己的事,与别人没有关系。

三、审判独立的内容

审判独立包括法院的独立和法官的独立。与法院独立相比,法官独立更为重要。因为,法官独立虽然以法院独立为前提,但法官独立却是法院独立的目的。理由有两点:(1) 只有法官才是案件的亲历者,因此,决定何种判决是适合的,负责的是法官,而不是法院。法院只是法官审理案件的场所而已。这就好比去医院看病,看病的是医生,而不是医院,医院只是医生看病的场所。(2) 如果只强调法院独立而不强调法官独立,那么就可能导致无人负责的结果。在审委会制度下,由于实行的是少数服从多数的规则,最终判决以多数人意见来决定。如果对了,则皆大欢喜;如果错了,就由多数人负责。在这种规则之下,最没有风险的人就是少数人。于是,投机的法官就会始终选择少数人的意见,而无论其内心是否同意。所以,只说审判独立是远远不够的,法官独立才是根本。如果法官独立了,审判独立也就彻底落实了。因此,我们可以从法官独立的角度去理解审判独立。

法官独立要求法官在审判案件时,必须独立于任何力量。因此,凡是有影响法官独立的因素都必须排除在审判之外,这才能保证法官独立。具体来说,法官独立必须满足以下要求:

(一)审判独立于立法权

在权力架构中,立法负责制定法律,司法则负责适用法律。法律一经制定,立法的任务就宣告完成,法律进入司法领域后就是司法的任务了。此时,立法与司法处于彼此独立的状态。也就是说,审判独立于立法权。但由于审判所适用的法律是由立法机构制定的,因此,立法机构也就当然负有监督司法的责任。立法机关的监督只是一般性的监督,而不是具体的个案监督。所谓一般性监督,也就是在立法会议上,人大代表可以就司法事务进行质询和建议,这种监督是抽象性的和立法性的。至于某个具体的个案,法官是如何审判的,立法机构是绝对不可以进行所谓的个案监督的。

立法机构之所以不能进行个案监督,理由是:(1)立法监督是司法外监督,不具有司法的专业性。(2)立法监督是非亲历的监督,对案情容易偏听偏信。(3)立法监督是非程序性监督,其获得的材料并没有经过程序筛选。(4)立法监督是非司法的监督,它的个案监督相当于在审级制度上叠加了一道监督程序,对司法最终解决原则构成威胁。

有人认为,人民代表参与具体审判活动,是主权在民的体现,如果否定立法的个案监督无异于是对主权在民原则的否定。这个观点错在哪里呢?要说清楚这个问题,我们可以将国家与公司作一类比。公司财产属于股东,这与国家主权属于人民是一样的道理。股东大会负责制定公司章程,但并不直接参与公司的具体经营,而是将具体经营委托给业务专家去打理。同理,人民或人民代表负责制定宪法和法律,但也不直接行使具体的国家权力,而是将具体的国家权力委托给专业部门,审判权就委托给了法院。因此,我们说,人民代表不能直接参与到具体审判,这非但不是对主权在民原则的否定,而恰恰是主权在民原则的体现。

(二)审判独立于行政权

行政权是一项非常具体的权力。如果我们说立法权负责制定方案,那么行政权就是具体干活的。而具体干活的如果缺乏控制的话,那么他的权力就会不断地扩张,直接受损的就是公民的利益。所以,这个时候就需要司法来对行政权进行约束了。你能够约束它,那当然就不能隶属于它。如果法院从属于地方政府,那法院还会、还敢判地方政府败诉吗?这种去法院告地方政府的情形,不就相当于向儿子告老子吗?还指望找回公道?

司法不同于行政,因此,行政的口号不能移植到司法领域中来。口号可以作为对政府的要求,但却不能作为对司法的要求。司法就是坐堂问案的,不能去招商引资,不能去指挥交通维持秩序,不能去搞计划生育,不能去搞拆迁征地。如果法官带着这些任务去办案,假设这些任务又涉及当事人,或者当事人可以帮助他完成这些任务,那么,他的屁股就会不知不觉地坐歪了。这个时候你还指望他公正判决,怎么可能?

当然,现实生活中,由于法院的人、财、物经常受制于地方政府,因此,法院要顶住地方政府的干扰也确实是需要勇气的。法官是人不是神,他不可能凭空就有这样的勇气,这个勇气就需要审判独立来提供制度保障。这个我们还会讲到。

(三) 审判独立于其他社会力量

除了正式的权力外,其他非正式的力量,也会通过这样或那样的途径干预审判,而如果没有制度来保障法官审判,法官也很难抵抗得了。因此,审判独立要求法官审理案件时,独立于其他各种社会力量的干预。社会力量的形式有很多,但主要有民意、媒体、以及来自法学家的意见等。因此,审判独立于其他社会力量,具体要求是:

1. 独立于民意

法律要反映的意志,是指立法对于民意的反映,而不是指司法对于民意的反映。司法是不能、也不应该反映所谓的司法民意的。理由是:(1) 在立法过程中,无知之幕有一定程度的保障;而在司法过程中,当事人的身份已经确定了,无知之幕已经彻底被撩开。因此,这个时候的民意就不可避免地有倾向性。(2) 当司法民意与立法民意发生冲突时,如果允许民意进入司法,那么也就相当于司法民意可以推翻立法民意,从而导致法律的安定性丧失。法律的安定性就是指法律的安全和稳定。制定后的法律如果可以被随意改变,那就不是法律了。其实,说得更极端一点,这种现象相当于是司法取消了立法。(3) 立法民意经过了民主程序的筛选,因此,法律就是民意规范化的产物。而司法民意则不具有确定性和规范性,随意性和偶然性非常强。如何判断民意,司法是做不到科学合理的筛选的。在法律没有修改前,民意与司法应当保持适度的距离。

2. 独立于媒体

在谈到司法与媒体的关系时,人们通常认为,新闻对司法具有监督的职能,并以此作为媒体介入司法的理由。这其实是有很大的误解的。媒体是为了满足人们对于新闻的需求而产生的媒介。在没有媒体前,人们对于新闻资讯的获取是通过口耳相传的方式,文字出现以后,媒介发生了变化而有了专门传播资讯的媒体。可见,媒体的首要功能就是满足人们资讯的需求。至于新闻监督,那并不是媒体本身的功能,而是新闻传播过程中所产生的效应。因此,新闻介入司法的目的是获取资讯,而不是为了监督,尽管会产生监督的效果。是获取资讯,而不是为了监督,这就决定了媒体不能干预司法。

审判独立当然包括独立于新闻媒体,那是因为媒体思维具有非常鲜明的个性化特征,极容易对审判构成干扰。媒体以读者为上帝,发行量和阅读量是媒体的生命。因此,读者关心什么,媒体就会想办法满足什么。一般来说,公众具有猎奇的心理,故事越是离奇的、曲折的、幕后的,就越容易被媒体所关注。当今社会是一个自媒体的时代,舆论的非理性尤其明显。在这种情形下,媒体的报道就会对法官产生压力,从而对案子的审理形成不恰当的引导。可见,审判独立于媒体是多么重要。

关于审判如何独立于媒体,美国司法提供了一些经验。美国陪审团是负责事实审的，为防范陪审团受舆论的影响，陪审团成员不得阅读有关媒体消息或收看有关电视节目。在案件审理期间，陪审团成员只能居住在指定旅店，不能回家。[①] 20 世纪 70 年代，美国法院甚至可以签发司法的限制性命令，以禁止新闻媒体对相关信息的报道，将舆论对于司法的影响降到最小限度。不过，美国这些做法并不一定适合我国。

3. 独立于法学家

法学家的意见也是一种社会力量，也容易干扰司法审判。法学家作为知识权威的主体，其意见对法官也会形成压迫的情势。一个法官要扛得住知识权威的压迫，往往需要很大的自信。法学家出具的专家意见虽然有助于法官厘清案件，但在现实生活中，所谓的专家意见往往是应一方当事人请托而作出的，因此，利益和立场的因素很难避免。由此可知审判独立于法学家意见的重要性。

如果说，法官对于法学家的意见是否采信有自由裁量的权力，其所造成的压力毕竟有限的话，那么，法学家在电视节目里对未决案件的评头论足，其造成的影响就非常大了。审判独立也应该包括这方面的独立，对于未决案件，法学家不得在媒体发表倾向性的意见，以避免法官产生偏见，同时也避免公众以其意见来压法官。

（四）审判独立于法院内部的力量

审判独立不仅要求排除来自法院之外的力量，而且也要求排除来自法院之内的力量。具体要求是指：

（1）独立于上诉法院。我国法院虽然分为四级，但这只是法院之间的审级分工关系，而不是上下隶属关系。因此，一审法院的审判独立于二审法院以及其他各级法院。一审法院不能就具体案件的审理向上级法院请示和汇报，上级法院也不能指示和命令下级法院如何审判。因为，如果上下级法院存在指示与汇报的关系，那么，也就意味着二审变成了一审，当事人的上诉权利就被剥夺了。不过，现实生活中，上级法院经常会给下级法院发指示、发会议精神、发文件，给下级法院进行考核和排名，甚至于直接对下级法院法官进行问责[②]。这些做法就是将法院之间的审级关系，转变成了领导与被领导的关系，与审判独立的原理严重背离。

（2）独立于所属法院。法院是法官办案的场所，用一句通俗的话来讲，法院里法官最大。用德沃金的话来说就是，“法院是法律帝国的首都，法官是帝国的王侯”[③]，除了

---

① 参见〔美〕唐·R. 彭伯：《大众传媒法》（第十三版），张金玺、赵刚译，中国人民大学出版社 2005 年版，第 398 页。

② 2008 年，河南禹州农民时建锋经营运输沙石业务。为了逃避过路费，时建锋凭借两套假军车牌照通行，于 2008 年 5 月 4 日至 2009 年 1 月 1 日免费通行高速路 2361 次，一审法院认定其偷逃过路费达 368 万余元，判处其无期徒刑。案件曝光后引发舆论关注，网民将该案称为“天价过路费案”。时隔 4 日，河南省高级人民法院就宣布对时建锋案 4 名相关责任人进行问责。其中，主审法官被免职，主管副院长被停职检查。其理由是平顶山中级人民法院认定时建锋犯罪的事实不清，证据不足。参见《“高建路费案”主席法官被免职》，《河南日报》2011 年 1 月 17 日第 4 版。关于上级法院问责下级法院法官的做法，有关评论，请参见周安平：《涉诉舆论的面相与本相——基于十大经典案例的分析》，载《中国法学》2013 年第 1 期。

③ 〔美〕德沃金：《法律的帝国》，李常青译，中国大百科全书出版社 1996 年版，第 361—362 页。

法律以外法官不服从任何别的权威。因此,法官审理案件时必须独立判断,法院领导不能指示法官如何判决。因为,法院领导毕竟没有参与司法审判程序,不是案件的亲历者。如果法院领导的意见可以改变法官的判断,那么也就成了审者不判、判者不审了。

(3) 独立于其他法官。既然法官之上只有法律,那么也就意味着法官之上没有官,法官之间没有等级。虽然法官有职称之分,但彼此之间是独立的,独立判断、独立判决,彼此之间并不存在上下级的关系。法官与公务员不同,后者与行政级别一一对应,等级分明,下级必须服从上级。法官有点像大学老师,大学老师虽然也有职称之分,但彼此之间也是独立的,独立科研、独立教学,彼此之间并不存在上下级的关系。既然法官是独立的,那么也就意味着,法官在审理时,并不一定要接受其他法官的意见,包括上级法官的意见。法官独立判案并独立承担责任,与其他法官没有关系。

四、 审判独立的保障

没有制度来保障法官,那么审判独立就是一句空话。有了审判独立制度,法官就一定能做到审判独立吗?法官也是人,如果没有独立的保障,他也不敢独立。事实上,审判独立的制度功能,就在于让法官在独立审判时没有后顾之忧。可见,没有相应的配套制度,审判独立就不完整,也无意义。要保障审判独立,下面几个制度就是必需的。

(一) 法官的法律保障

法官的工作是为争议的当事人评判是非,主张公道。法官的判断如果是独立作出的,当然也就要独立承担责任。这种责任或是因为其行为违法而承担法律上的不利,或者是因为其判断失误而承担职业评价上的不利。前者是指其行为是违法的,后者是指其判断是错误的。法官行为如果不存在违法情形,仅是判断失误,那么他至多只能承担评价上的不利,不能追求其法律责任。也就是说,法官不能因为其判决被二审或再审改判了,就要被追究法律责任。

我们前面说过,司法是判断性的工作,是法官根据自己的良心和对法律的理解,而作出的自以为对的判决。既然是自己的良心、自己的理解、自以为对,那么也就注定了司法判决具有一定的主观性。而既然是主观的,那么在不同的法官之间就可能会有分歧。既然法律没有提供绝对的标准,来断定这个法官是对的、那个法官是错的,那么,我们也就不能以二审判决或再审判决,来作为一审判决是否为错案的评判依据,更不能以此作为追究法官错案责任的理由。

什么是错案?错案可以从两种意义上来理解,一是程序上的,二是实体上的。程序上的错案好理解。如果说法官在审理案件时不遵守程序,比如剥夺了被告的辩护权,或者剥夺了被告上诉权,那么,这就是错案,无论实体是不是正确,法官都必须承担相应责任,因为法官存在明显违反法律的行为。实体上的错案又可以分为两种情形,一是法官在自由裁量范围外的判断。比如,刑法明明规定某罪的有期徒刑是 3 年以上 10 年以下,法官却判处超过 10 年的徒刑。这种情形,法官具有违法情形,当然得为此错误买单。二是法官在自由裁量范围内的判断。在法官自由裁量范围内，无论其判决是否恰当，法官都不承担责任。理由是，自由裁量的案件因为缺乏客观的评价标准，其判决也就没有正确与错误之分，只有恰当与不恰当而已。

当然，我们必须承认，二审法官的业务能力一般而言总体上要强于一审法官，并且由于二审远离案发中心，其受到的人情因素的影响也会少于一审。因此，二审法官判决的合理性总体上要高于一审，这是事实。但是，并不能说，二审判决都是正确的，更不能说它是一审是否错案的依据。以二审判决来评判一审是否正确，这就相当于说，二审法官是一审法官的法官，这就将名义上的审级关系变成实际上的上下级关系。并且，既然二审法官掌握了评判一审法官的权力，那么，作为一审法官来说，与其上诉被二审法官改判，还不如事先请示二审法官，以求得一审判决与二审的一致。这样一来，当事人的上诉不上诉还有什么意义呢？因为一审的判决就是二审的意见。

错案的认定既不能以上诉审的裁判为依据，同样也不能以最终发现的事实真相为依据。这就要说一下人们深恶痛绝的冤假错案了。冤假错案，从法官的角度来看，有些是法官造成的，法官当然脱离不了干系；有些则与法官没有关系，而是当时的法律法规造成的。比如，对于侦查人员以刑讯逼供而获得的口供证据，由于当时并无非法证据排除规定，法官的采信就不能认定为有过错，虽然这对于当事人来说是一个不折不扣的冤假错案。当然，侦查人员要承担责任，这是另外一个问题。因此，认定司法错案的标准只能看法官的行为是不是违法了，而不能看实体上它是不是一个错案。

除了法官对其非法行为之外的错案不能承担责任外，判决的结果产生了不良的社会影响，法官也不能承担责任。如果判决的社会效果不好就追究法官的责任，那法官还有什么职业荣誉感？谁还敢去做法官？好比医生一样，只要医生不存在非法行为，即使病人没有救活过来，也不能要他承担责任。如果治疗效果不好就要追究医生责任，那医生还有什么职业荣誉感？谁还敢去做医生？

（二）法官的职业保障

法官是独立的，只服从法律，不服从任何人，但如果这个要求仅仅是针对审理过程，那么对于审判独立来说是远远不够的，理由有两点：(1) 法官职业与一般职业不同，法官面对的是矛盾纠纷，并且其判决总是有利于一方，而不利于另一方，所以，法官很容易成为一方当事人怨恨的对象。法官在职时，当事人忌惮于法律尚能克制其行为，但法官一旦离职，罩在其身上的司法权威也就随之褪去。离开了位置，你什么都不是了。这个时候，法官就可能面临人身危险。试想，如果你今天是法官，明天就什么也不是了，那么，法官在审理案件时还有勇气独立而公正地审判吗？(2) 法官在审理案件时，虽然没有外部力量的干预，但是，如果他的职业不稳定，当不当法官由不得自己做主，那么，法官基于职业的担心，其审判也就容易倾向于取悦主宰其职业生涯的人。如此一来，审判独立仍然会被架空。因此，要让法官有勇气地独立自主地作出审判，那么他在职业上就必须没有后顾之忧。为法官提供职业保障，就是解除法官后顾之忧的办法。

一般来说,权力的来源决定了权力负责的对象,人民选举总统就决定了总统要向人民负责,上级任命下属就决定了下属要对上级忠诚。这种忠诚并不只是来自制度的要求,还有来自伦理的要求。如果你的职业是自己考试考出来的,那么你就容易独立了。因此,通过考试的方式取得法官职业,这也是维护法官独立的一项制度。既然我通过考试当上了法官,那么,除非我犯法了或者我自己不想干了,没有谁可以对我停职、调职、撤职。只有这样,法官才有勇气去对抗外部的干预,才会认真、独立地做好审判工作。

正是基于上述理由,各国对法官职业都会作出特殊的保护。以美国为例,美国宪法有两项制度:一是法官弹劾制度。只有根据弹劾程序,并经参众两院通过,才能撤销一个联邦法官的职务。二是法官终身任职制度。联邦最高法院与其他法院的法官只要忠于职守,就可以终身任职。你想想,在如此严密而周到的保障下,法官怎么不敢独立审判?

(三)法官的生活保障

职业一般与吃饭联系在一起,所以,我们经常将职业说成饭碗,没有了职业,就没有了饭碗。所以,担心职业其实就是担心饭碗。但是,如果仅有饭碗,但饭碗是空的,里面没有米饭,那还是要饿死人的。因此,薪水就很重要了。职业与事业不同,前者是为了有饭吃,后者是为了追求理想。所以,如果你要让法官将其职业变成事业,那就要先让他有饭吃,并且衣食无忧,那样他才有追求司法理想的信心和勇气。

当然,我从来不相信什么高薪养廉的说法,所以,给法官高薪,说是为了帮助法官抵抗受贿,那并不正确。如果要受贿,那再多的钱也是填不满的,欲壑难填这个成语说的就是这个意思。

高薪未必能够养廉,但低薪一定容易促贪。高薪虽然不能养廉,但高薪却能养尊。高薪是一个人具有独立人格的条件。因此,给法官发高薪,虽然不可以杜绝贪污,但至少可以让法官保持独立的人格。当然,我们仍然可以质疑,哪一种职业不需要高薪啊?又有哪一个人不需要独立人格啊?这样的质疑,当然是对的。只是,人格的独立与不独立也是比较而言的,而独立人格对于审判独立尤其重要。法官没有尊严,就算法官无所谓,你也不会尊重他啊?你还愿意将几千万的案件交给他审理吗?

至于法官薪水要加到多少才可以啊,这不是我们法理学能给出答案的。法理讲的是逻辑之理,在这里,这个逻辑就是,要让法官独立审判,就要让法官有独立人格,而要让他有独立人格,就要让他衣食无忧。

(四)法律责任的保障

除前面几点外,法官独立最终都必须落实到法律责任上才有意义。法律责任体现在两个方面,一是干预者的责任,即干预法官独立审判所要承担的法律责任;二是法官本人的责任,即法官应该独立而不独立所要承担的法律责任。下面分而述之:

(1)干预者的责任。前面讲的那些保护法官的措施,那只是制度意义上的,那些非制度意义的干扰仍然可以迫使法官放弃独立审判。比如领导非正式的关心、招呼、暗示等,一个电话、一个短信、一个条子,这个时候,又有多少个法官可以做到清高呢?如果说,法官非有违法行为而不得追究其错案责任,只是对审判独立进行消极保护的话,那么对干扰审判的权力者科以责任,才是审判独立的积极保护。并且显然,积极保护的重要性要远远大于消极保护。因为,只有将那些干预的力量关进笼子里,审判独立才可能真正进入法官的内心。也就是说,权力者如果干预了司法,那他就要承担法律责任。可惜,对权力干预审判独立科以责任,很少有人讨论。大家都把注意力集中在法官身上,却放过了干预者的责任。这的确是一个不应该有的遗漏。

(2) 法官的责任。既然法官是独立判断的,那么,他当然就要承担判断错误的责任。相反,法官可以独立却不独立,那么,法官也必须承担责任。一个法官,如果法律保护他审判独立,能够独立而他偏不独立,偏要动不动地就请示领导,要领导拿主意,或者揣测领导意图来作出判决,那么这个法官,是不是也应该承担责任呢?尽管他这样做是有原因的,但这并不能将其责任推卸得干干净净。法律保障的目的是要赋予法官以独立审判的勇气,但我们也不得不承认,现实生活中的确有一些法官,他们这样做并不是因为担心会受到法律追究,而就是想巴结讨好权力。因此,我们在分析审判何以不独立时,如果只说被动不独立,而不说主动不独立,这显然有失严谨。

总结一下,前面三点,以及第四点中的第1点,都是法官独立的必要条件,而不是充分条件;而只有当这些条件再加上第四点的第2点后,它们综合在一起才构成法官独立的充分条件。必要条件是让法官敢于独立审判,而在充分条件下,法官就不仅是敢于独立审判,而且还必须做到独立审判。学术界对此的讨论,大多集中在必要条件上,而遗漏了其充分条件,这是不足的。

第十四章　法律方法

法律方法不同于法学方法。法律方法是法律适用的办法，法学方法是法学研究的方法。前者是法律实践，注重操作性；后者是理论研究，注重学术性。前者是关于法律本体论的知识，后者则不限于法律本体，法律之外的因素都可以纳入其中，只要有助于研究就行。前者是具体的，后者是抽象的。两者的联系是，前者可以成为后者研究的对象。

法律方法不能表述为法律技术，理由是：(1) 技术是方法的一种，但不是方法的全部。(2) 技术强调熟能生巧，而法律方法虽然与熟练有关，但法律思维的价值定位、法律的道德考量等，均与熟练没有关系。(3) 技术具有中立性、客观性，而法律方法则显然不具有这样的特征，法律方法的运用与主体的价值观须臾不可分离，有很大的个性特征。

法律方法更不能表述为法律技艺。理由是，技艺是技术与艺术的结合，既强调技术的熟练性，又强调艺术的审美效果，技术是手段，艺术是目的，艺术的目的就是为了给观众以美的享受。但是，法律方法则不然，它与艺术毫无关系。法律方法的运用目的是说服他人，亦即，采用法律允许的一切方法，以求得法律判断的正当性。为此，法律方法要运用理性的解释方法和严谨的逻辑论证，这些方法的运用不仅不会给人以美的享受，甚至还会给人以近乎枯燥乏味的印象。而即便法律方法真的给人带来了美的享受，那也不是法律方法所追求的目的，那只是它附带产生的效果。

关于法律方法的内容，周永坤老师的《法理学》分为法律解释和法律推理两个方面[①]，而张文显教授主编的《法理学》则分为法律推理、法律发现、法律解释和法律论证四个方面。[②] 我认为，法律推理作为一种思维工具，它必须服务于法律论证，法律论证是法律推理运用的过程，两者是手段与目的的关系。因此，法律论证的内容可以将法律推理纳入其中。故本书将法律方法的内容分为法律解释和法律论证两个方面，而法律推理的内容则放在法律论证中讲清楚。

第一节 法律解释

理论上，法律解释有广义和狭义之分。广义上，法律解释包括对法律规定的解释，

---

① 周永坤：《法理学》(第二版)，法律出版社 2004 年版，第 395 页。

② 参见张文显主编：《法理学》(第三版)，高等教育出版社、北京大学出版社 2007 年版，第 273—274 页。

也包括对法律事实的解释;而狭义上则仅指对法律规定所作的解释。法理学教材大都采用的是狭义意义。为讲解的需要,本书亦是。至于法律解释之所以是必要的,其原因大致有以下四点:(1) 法律语言无法完全避免模糊、多义和歧义的现象,非经解释不能确定其真实意思;(2) 法律条文具有概括性和抽象性的特点,非经解释无法具体适用;(3) 法律规范之间难免有抵触、矛盾的地方,非经解释不能选择规范;(4) 法律具有稳定性,非经解释不能跟上时代的步伐。

一、法律解释主体

法律解释首先是关于谁的解释,这就是法律解释的主体问题。法律解释可以根据解释主体的不同而分为法定解释和非法定解释。法定解释是指法律规定的有权解释主体,在程序规制下所作出的具有法律约束力的解释。其特点是:(1) 解释主体法定。在我国,全国人大常委会对法律有权解释,最高人民法院和最高人民检察院对法律的具体运用有权解释;国务院及其主管部门对其制定的行政法规和规章有权解释。(2) 解释文本正式。上述解释主体所作的解释必须形成文字,这是其正式性特点的体现。(3) 解释内容具有法律约束力。一般来说,其解释与所解释的法律具有同等法律效力。与法定解释相对,非法定解释,一般是指非法定解释主体基于自己的理解而对法律所作的解释。所以,非法定解释又称为任意解释、非正式解释。非法定解释也是没有约束力的解释。学者所作的解释就属于这一类。由于学者的解释是根据法理所作的解释,故又被称为学理解释。

根据 1981 年全国人大常委会《关于加强法律解释工作的决议》、2018 年修正的《宪法》以及 2015 年修正的《立法法》,我国法律规定的法定解释有立法解释、行政解释和司法解释三种。立法解释是指由立法机关对法律所进行的解释,在我国是指有权制定法律、法规的国家机关或其授权机关,对其制定的法律、法规所进行的解释。基本上是谁制定,谁就有权解释。行政解释是指国家行政机关在依法行使职权时,对有关法律、法规如何具体运用所作的解释,一般以《实施细则》的名称出现。司法解释主要是指最高人民检察院和最高人民法院,对司法中如何运用法律所作的解释。从我国规定的法定解释可知,立法解释、行政解释和司法解释,并不是法律的个别化解释,其解释内容具有普遍性的规范效力,并且是事前解释。因此,与其说是法律解释,不如说是制定法律。所以,从学理上讲,这些解释并不能说是法律解释。

法律解释与立法不同的地方是,在法律适用中,前者不创新规则,其解释的有效性可以质疑,可以根据法律的解释方法和解释原则进行评价,以判断其是否合理。而后者是创新规则,创新出来的规则,其有效性一般不可质疑。在我国,如果立法有问题,那么,要么是下次再通过立法程序来纠正,要么是立法机关作出解释,这两种解释方法都相当于新法代替旧法。前面讲到的三种法定解释,因为都是以规范性文件的形式出现,因而在适用上也基本上是免于质疑的,有问题也要等到下次的规范性文件来纠正。而既然是立法,它遵循的就是立法方法和立法原则,与法律解释方法和解释原则基本上没有什么关系。所以,我们说,以上三种法定解释都不能算作是法律解释。

真正的法律解释只能是事后解释和个案解释,其有效性仅针对个案,对其他案件并无约束力。法官在审判过程中对所援引的法律法规所作的解释,就是最典型的法律解释。但是,由于我国解释体制中并没有将法官作为法律解释主体,致使法官的解释地位有点尴尬。一方面,法官在司法过程中必然要对其援用的法律进行解释,这个是事实,即使法律不规定也不能否定。所以,法官解释在事实上讲就是有权解释;而另一方面,法律解释体制又没有规定法官有权解释,因此,当法官依据法律判断某个法规与上位法不符而无适用效力时,又恐面临制定机关的强大压力。还记得前面我们讲过的“种子案”吧?

事实上,法理学在讲法律解释方法和解释原则时,并不是根据前面三种解释主体来讲的,而是从个体解释的角度来讨论的。这给我们写法理学教材制造了一个逻辑问题,即前面讲的有权解释与后面讲的解释方法和解释原则脱节了。逻辑只讲逻辑,又不讲政治,也不会绕弯,也不会曲意。你要么回避它,那就留下了逻辑不足的硬伤;你要么端出来,老老实实地承认有问题。把存在的逻辑问题说出来,逻辑也就严谨了。所以,再明确一下,下面要讲的解释方法和解释原则,都是以个体作为解释主体来讲的。由于这些解释方法和原则与是否有权解释没有关系,当然也就与法律约束力没有关系,所以,也就不仅可以适用于法官解释,也可以适用于其他个体,包括律师、法学学者,甚至我们法学院学生的解释。这些法律解释方法和解释原则,是判断和评价一项解释是否合理、是否正当的主要依据。

二、法律解释方法

法律解释的诸种方法采用的是列举的方式。注意,列举不是划分,划分强调划分的标准、划分子项必须穷尽,以及子项与子项之间不得相容。但是列举没有这些限制,它不存在列举标准,其具体列举的类型只要能突出其某个特点就可以。因此,法律方法的具体种类也就可以无限地列举下去,只要有的话。当然,由于前面的原因,也不要求各种具体方法之间必须是相互排斥的关系。划分与列举的区别,我们在讲法律概念的确定方法时就讲过,大家可以结合前面的内容来巩固理解。不过,法学界列举的林林总总的解释方法,在我看来,其实可以归纳为两大类,一是文理解释,一是目的解释。其他解释或者可归入其中,或者是解释原则。另外,要补充一点的是,对法律的解释也适用于对合同的解释,因为合同就是当事人之间的法律。所以,下面要讲的解释方法也好,解释原则也好,都可以适用于合同解释。

(一)文理解释

文理解释是指根据语义、语法和逻辑的解释,包括语义解释、语法解释和逻辑解释三种。也有许多法理学教材将逻辑解释单独作为一种[1],我以为,逻辑解释其实就是文理解释,和其他两种解释属于同一性质,运用时也经常纠缠在一起。并且,这三种解释方法,也都可归于内容。所以,本书将他们合并为一类,以“文理解释”概括。

1. 语义解释

语义解释文本一般要符合汉语言词典之通用意义,不得生造生编。有人喜欢生造词汇,或曲解词义,这是一种极不严肃的行为。有人可能会说,汉语言词典不也是那些语言学专家编写的吗?是的,但是,词典反映的是人们约定俗成的意思,只不过,专家进行了整理而已。任何强行对词典的偏离,都有可能是对约定俗成意义的偏离。当然,词典一旦编成,也可能会逐渐与时代脱节,所以,词典只是依据之一,我们也不能画地为牢。总而言之,我们在解释语义时,必须根据约定俗成的意义,必须尊重语言的通用意义。否则,你就是自说自话,达不到说服别人的目的。

语义解释也要符合法律规定的意义。如果法律就某个概念的意义作了规定,尽管这个规定不符合约定俗成的自然意义,那也必须承认其效力。比如我国《刑法》第99条中规定的“本法所称以上、以下、以内,包括本数”,就改变了自然意义,但我们只能按照法律规定的意义来理解,而不能按照自然意义来理解。也就是说,有规定依规定,无规定依约定。

2. 语法解释

语法解释一般要以汉语语法为解释依据。我刚刚踏入学术领域时,看那些经典著作的译著,看不懂啊,很受打击的。偶然有一次,我静下来对书上的句子划成分,划主谓宾。不划不知道,一划吓一跳。原来语法都不通啊。就是从这个时候开始,我就有了学术的信心。所以,无论什么人做法律解释,都必须符合语法。尽管,语法不是法律,但却可以对法律的解释进行约束。语法有问题,你就没有办法去说服别人,没有办法让别人相信你对法律解释是正确的。人家都不知道你说的是啥意思,怎么能被你说服呢?

3. 逻辑解释

逻辑解释是以人类普遍存在的思维规律为依据。我们在讨论解释方法时,是以汉语为背景,所以,我们这里讲的语义解释和语法解释都是对汉语而言的。但是,逻辑是思维的工具,它不是某个特定民族思维所特有的工具,而是人类思维所共有的工具。不同语言之间需要翻译,是因为语言具有民族性;而语言之间之所以能够翻译,就是因为逻辑超越于各民族而为人类所共享。所以,解释法律时,概念的确定方法啊、命题类型的意义啊、推理论证的有效性啊,都必须遵守。没有遵守逻辑规则,就会留下逻辑矛盾

---

[1] 参见周永坤:《法理学》(第二版),法律出版社2004年版,第411页;张文显主编:《法理学》(第三版),高等教育出版社、北京大学出版社2007年版,第286页;孙国华主编:《法理学》,法律出版社1995年版,第366页;沈宗灵主编:《法学基础理论》,北京大学出版社1994年第2版,第398页;卢云主编:《法学基础理论》,中国政法大学出版社1994年版,第389页;李龙主编:《法理学》,武汉大学出版社1996年版,第366页;张文显主编:《法理学》,法律出版社1997年版,第87页;葛洪义主编:《法理学》,中国政法大学出版社1999年版,第396页;郭道晖:《法理学精义》,湖南人民出版社2005年版,第268页。

或不协调的感觉,其所作的任何解释都没有说服力。逻辑学的内容非常丰富,大家一定要花点精力学好逻辑学。

（二）目的解释

所谓目的解释,就是寻求法律的立法目的和法律本身的目的的解释方法,它分为法律目的解释和立法目的解释。

1. 法律目的解释

任何法律都有其目的,这个目的或者明确规定在法律文本中,或者隐含在法律内容中。前者是明示的方法,后者是默示的方法。设有一部名为《市场平等竞争法》的法律,如果法律条文中直接出现这样的文字,“为了规范市场行为,保护平等竞争,特制定本法”。这些文字所表达的意思,就是这部法律明确规定的目的。假设这部《市场平等竞争法》并没有明确规定其法律目的,但字里行间隐含了“保护平等竞争”的意思,这就可以看作是其隐含的法律目的。隐含的法律目的,可能是事后挖掘出来的,甚至可能是事后被赋予的,但是,只要取得大家的同意,那都可以作为法律的目的。

法律目的解释本身不是目的,而是为其他解释提供根据。当解释出现两种意思时,与法律目的一致的解释可以成立;而与法律目的相冲突的解释就不能成立。比如双方就《市场竞争法》中的主体利益发生了争论,有人认为要对特定企业进行特别保护,有人认为所有主体一律平等。显然,前者与立法目的不符,后者与立法目的一致,所以后者成立,前者不成立。当然,有时与法律目的相符的也有两种或两种以上的意思。那么,这个时候,与法律目的不符的首先要排除;而与法律目的相符的诸种解释,由于不止一种,这个时候,就还要结合立法目的来确认。

2. 立法目的解释

所谓立法目的,是指法律制定的目的是什么,具体是指通过制定该法律要实现什么目的。立法目的与法律目的不同。立法目的是立法的目的,法律目的就是法律的目的。前者是法律之所以制定的目的,后者是制定出来的那部法律本身是什么的目的。前面讲了,法律目的是在法律内容中,或直接规定,或隐含其中。但是,立法目的则不存在于法律中,而存在于法律之外。比如,当时国家领导人就出台某个法律所作的立法说明,说“为什么要制定这个法律呢,因为当前出现了这样或那样的社会问题,我们通过这部法律来解决这些问题”,这就是立法目的。所以,对于立法目的的探寻,要从法律之外去寻找。

由于立法时间已经过去,对于历史久远的立法,立法目的往往要借助于历史资料,诸如,立法的历史背景、立法说明、历史档案等才能确定。这种借助历史材料来确定立法目的的办法,学界称之为历史解释。其实,历史解释与目的解释是手段与目的的关系,历史解释服务于目的解释,也从属于目的解释。因此,历史解释要讲解的内容,可以在立法目的解释中讲解。是故,本书不将它作为单独的解释方法。当然,这并不妨碍我们把它叫作历史解释方法。

文理解释是最客观的解释方法，与人的意志和利益没有关系。而目的解释则有一定的主观性。文理解释是首要的解释方法。当文理解释方法穷尽而不得法律真意时，或者文理解释有两种或两种以上的释义时，目的解释就有意义了。其意义就在于，为选择最符合法律真意的释义提供判断依据。总之，无论是文理解释，还是目的解释，其目的都是为了确定法律文本的真实意义。

（三）关于当然解释

当然解释的"当然"就是理所当然的意思，这是形象的说法，意思就是说，这样的解释，正常人一看便知。这种"一看便知"的解释，大致有这样几种情形：(1) 举轻以明重。比如禁止喧哗，当然也就禁止打架斗殴。(2) 举重以明轻。比如广场不禁止跳舞，当然也就允许散步。(3) 反对解释法。比如，"有下列情形之一的，可以先行拘留。"当然也就是，"没有下列情形之一的，不得先行拘留。"对当然解释，一般人都不太有所疑义。倘若还有，那就不"当然"了。

其实，上面举的三个例子都是逻辑解释方法。第一个例子，从"禁止喧哗"到"禁止打架斗殴"，省略了一个大前提，"斗殴比喧哗要重"。第二个例子，从"广场不禁止跳舞"到"允许散步"，省略了一个大前提，"散步比跳舞要轻"。这两个推理都是三段论，是由性质命题和规范命题结合而成的三段论。第三个例子，"下列情形之一"，是"可以先行拘留"的充分且必要条件，前件不具备，后件就不成立。所以，"没有下列情形之一"，当然也就"不可以先行拘留"。这个推理是充要条件的假言推理。之所以把这几个逻辑推理都说成是当然推理，无非就是说，其推导的结论一看便知，根本就不必要细究推理的过程。

讲到这里，我们已经明白，所谓的"当然解释"，并不是一种解释方法，而是对解释效果的评价。只要解释一看便知，我们就会说这是当然解释。比如，合同约定"届时未还钱，就要支付利息"。将"届时"的语义解释成"到时"，这个解释不也是理所当然的吗？实际上，只要释义是合理的、必然的，我们就可以说这个解释是当然的。因此，当然解释其实就是对解释是否有效的评价，在评价者看来，一个有效的解释，那就是当然的解释。解释是这样，推理也是这样，论证也是这样，因为它们都会遇到有效与否的评价。所以，如果把有效解释也当作一种解释方法，那么与"当然解释"同理，当然也就有"当然推理""当然论证"的说法。请问，"当然推理"是一种推理方法吗？"当然论证"是一种论证方法吗？这只是个评价嘛。

既然当然解释是评价，那么，是不是"当然"也就具有主观性。对于语言能力、语法能力、逻辑能力强的人，是当然；而对于这方面能力不强的人，未必就是当然。有一个法官，司法解释明明规定，"为他人向社会公众非法吸收资金提供帮助，从中收取代理费、好处费、返点费、佣金、提成等费用，构成非法集资共同犯罪的，应当依法追究刑事责任"。从逻辑上讲，"收取代理费……费用"是"应当追究刑事责任"的必要条件，无前件，就无后件。所以，如果"没有收取代理费……费用"，那么也就当然"不应当追究刑事责任”。可是,这个法官偏偏看不出这个“当然”。这个例子也再一次证明,当然解释不是解释方法,而是对解释的评价,是不是“当然”因人而异。所以,本节标题在“当然解释”前面加上了“关于”二字,就是要对它是不是解释方法作一番讨论。

（四）关于扩张解释和限缩解释

讲到这里,我们发现,法律解释方法有一个共同特点,就是立法意义已经确定,解释无非是对其意义的发现,而这也是法律解释与立法不同的地方。据此,我认为,法学界所说的限缩解释和扩张解释,并不是解释方法,而是立法。所以,我对这个小标题也加上了“关于”两个字。

所谓限缩解释,是指对法律条文的原意作缩小范围的限定。其前提是,法律条文的文义失之过宽,非经限缩则与法律目的不合。比如,我国《刑法》第 357 条规定的:“本法所称的毒品,是指鸦片、海洛因、甲基苯丙胺(冰毒)、吗啡、大麻、可卡因以及国家规定管制的其他能够使人形成瘾癖的麻醉药品和精神药品。”这个规定就是对毒品范围的限缩。所谓扩张解释,是指对法律条文的原意作扩大范围的理解。其前提是,法律条文的文义失之过窄,非经扩大而与法律目的不合。例如,《刑法》第 246 条规定的:“前款罪,告诉的才处理,但是严重危害社会秩序和国家利益的除外。”这里的但书条款就是对“告诉才处理”的扩张。

扩张解释和限缩解释,由于是对立法原意的改变,因此,一般都发生在立法或带有立法性质的解释中,我们前面举的例子都是法条,是法条对法条的扩张或限缩,所以它是立法性的。而我们所说的法律解释,都是在立法制定后而对于法条真意的探求,所以,它主要发生在司法中。法官在司法中对法律既不能扩充解释,也不能限缩解释,否则就违反了法律的原意。因此,将扩张解释和限缩解释归入到法律解释方法中,其错误非常明显。其实,把它们冠以“解释”之名,就已经是不恰当的了。

三、 法律解释原则

法律解释原则不同于法律方法。法律解释原则是对法律解释方法的指导和约束,以保证法律解释方法具有合法性和合理性。通过法律解释方法所获得的解释,必须不与解释原则发生冲突时,才有效力。这当然是理论上讲的,那么实践中要将法律方法与法律原则完全区分开来,并不容易。正如前面所讲的文理解释方法、目的解释,相互之间也有制约的关系一样。所以,学界对解释方法和解释原则的列举就很不一致。在你这里是方法,在他那里又成了原则;在你这里是原则,在他那里又成了方法。

我认为,法律解释方法是对法律真意的探求,而法律解释原则是对符合法律真意的若干释义进行选择的指导和约束,两者不处于同一位阶。实践程序是,第一步,通过法律解释方法找到若干符合法律真意的释义。第二步,通过法律原则的指导,对相互竞争的释义进行选择。也就是说,法律解释原则只有在出现了释义竞争现象时,才走到前台。正如法律原则，是在法律规则适用而不能解决问题时，才出来打替补一样。法律解释方法就是关于解释的规则，而法律解释原则就是关于解释规则的原则，两者就是法律规则与法律原则的关系。所以，根据以上认识，我认为，法律解释原则主要有以下几种。

（一）合乎法律体系原则

所谓合乎法律体系的解释原则，是指在解释时，必须将主权国家制定的所有法律看作是一个整体，并以其他法律的有效性作为解释的前提。还记得我们前面讲过的法律体系的概念吧？合乎法律体系解释原则的具体要求就是，对法律首先得推定其合宪，即如果法律可以作两种或两种以上的释义时，必须选择合乎宪法的释义。同理，对于下位阶法律的若干释义，也应当选择合乎上位法的释义。如果释义与宪法冲突，或与上位法冲突，那么，这种解释就是无效解释。合乎法律体系的解释原则，目的在于维护法律体系的完整和有效，否则有机的法律体系就会被法律解释所肢解。

可能有人会想，目的解释与合乎法律体系的解释，性质不是一样吗？前者是合乎立法目的或法律目的，后者是合乎法律体系，广义都可合并说成是合法解释。可为什么目的解释是方法，而合乎法律体系是原则呢？其实，两者的性质是不同的，目的解释出来的意思是法律本身的意思，即真意。而合乎法律体系的解释，则要求合乎整个法律体系。由于法律体系的范围与内容经常处于变化中，新法的出现，旧法的消亡，都有可能导致法律体系发生变化，从而，一个原本符合法律真意的释义，因为法律体系的变化而不符合法律体系的要求。简单来讲，目的解释是解释法律本身，合乎法律体系的解释是对符合法律本身的释义进行选择，所以，后者是对前者的再选择。

（二）合乎情理原则

所谓合乎情理，就是我们经常挂在嘴上的“合情合理”。合乎情理的解释原则就是要求法律解释不得违反情理，否则释义就难以让人心服口服，就不具有正当性。比如，关于合同履行，合同约定，“9 月 1 日交付，逾期不交付，得承担违约责任”。这里的“逾期”从字面上来理解，就是“超过期限”，“逾期不交付”就是“超过 9 月 1 日”且“不交付”。问题来了，超过多少期限不交付算是违约啊，是超过 1 日，还是超过 10 年，这就很不确定了。由于未来时间是无限的，因此，也就永远不存在违约的问题。这个语义解释就不符合情理，因此是无效的。在这里，“逾期”作“届期”讲，才符合情理。

情理具体包括常识、常理、常情。

（1）所谓常识，是指一个正常人都能明白的事物之理。还记得我们前面讲过的“商品房门案”吧，房子一定要有门，这就是常识。法律解释，当然包括合同的解释，必须符合常识。与常识不符的叫例外。对常识不需要提供理由，但对于例外则要提供理由。一般来说，常识具有很强的客观性。

（2）所谓常理，可以从以下三个方面来理解：第一，天道之理，这是指自然和社会普遍存在的原理，或民众普遍认为是天经地义的道理，所谓“天理难容”就是在这个意义上讲的，与道德之理接近。第二，人性之理，这是指人性普遍存在的本性，如人都有自利的本能、都有趋利避害的本能、都有追求幸福的本能等。当然，人性也有作恶的倾向、自私的倾向。所以，并不是所有的人性都可以成为人性之理，只有为道德所宽容的人性才可以成为人性之理。第三，自然之理，与事物发展规律的意思接近。常理的也就是被视作是正常的现象，因此，不符合常理的也就是指那些被看作是不正常的现象。

(3) 所谓常情，就是我们常说的“人之常情”，如亲朋好友之间的自然情感，人对于故土的依恋情感，人对于过去岁月的怀旧情感。不过，也如常理一样，并不是人的所有感情都可以被作为“人之常情”。能够作为“人之常情”的感情一定是普遍存在，并为人们所理解和接受的情感。

常识、常情、常理并不是固定的，对某个阶层，这样的举动是常识、常理、常情，而对于另一个阶层来说，就可能被认为不正常。好比，林黛玉多愁善感会去葬花，如果葬花的是焦大，那焦大就会被人看作是神经病。并且，当社会习俗和社会价值发生变化后，常识、常情、常理的内容也会发生变化。正如，种族歧视以前是人之常情，而今天则在所不容。正因为它们的内容是不固定的，所以其对于法律解释只起指导作用。也因此，它本身不是方法，而是原则。

(三) 有利于弱者原则

法律必须平等对待法律主体，但由于法律主体经常因现实力量的不平等而处于实际不平等的状态。此时，法律适用得作有利于弱者的解释，以衡平双方不平等的态势。法律主体的强弱关系在现实生活中有以下几种情形：

(1) 政治强弱势。在权力关系中，权力者是强者，公民是弱者。因此，在权力与权利的关系中，对权利应作有利于公民的解释，而对权力则作严格的限定。这样的解释与权利可以推定、权力只能法定的原理，以及刑事诉讼中的无罪推定等，在逻辑上是一致的。

(2) 诉讼强弱势。在诉讼关系中，原告与被告的强弱因不同的诉讼而有不同。在刑事诉讼中，检察机关作为公诉人是强者，而被告则是弱者，强弱态势十分突出，因此得作有利于被告的解释。而在“民告官”的行政诉讼中，被告是强者，原告为弱者。此时，得作有利于原告的解释。在民事诉讼中，由于原告是诉讼的发动者，被告是诉讼的被动接受者，原告相对于被告拥有诉讼的主动性，所以，法律在诉讼管辖、举证责任的分配等方面对原告作出一些不利的限制，以保护被告人免于无端卷入诉讼。当然，刑事诉讼和行政诉讼的强弱势也可以看作是政治强弱势的具体体现。

(3) 行为空间强弱势。所谓行为空间强弱势，是指行为人选择空间的大小态势，可选空间大的一方为强者，相对方则为弱者。当一方违法侵权，另一方守法维权时，双方就是这样一种态势。因为，守法者的选择空间只在法律约束的范围内，而违法者的选择空间则很大，不以法律空间为限。此时，得作有利于守法者的解释，以平衡双方空间不对等的态势。2018 年 8 月 27 日晚在苏州昆山发生了一起“宝马男”砍杀“骑车男”反被杀死的案件。骑车男于某被“宝马男”刘某拳打脚踢后，又被其用长刀追砍。于某情急之中趁对方长刀意外脱手之际拾刀反击，致刘某死亡。此案曝光后，于某的行为是否构成正当防卫引发网友激辩。[①] 在我看来，这个案件就是一起典型的行为强弱势，可按有利于弱者原则来解释。

(4) 经济强弱势。在市场经济中，商家是强者，消费者是弱者，因此，市场交易的法律得作有利于消费者的解释。如消费者权益保护法的“假一赔十”条款，对于消费者的“知假买假”行为，就应当作有利于消费者的解释。明朝海瑞的办案心得，“与其屈贫民，宁屈其富民”[②]，其实也差不多是这个意思。

(5) 合同强弱势。合同文本的起草者和提供者，在合同意思的表达上是强者，而相对方则是弱者，特别是格式合同关系。因此，对于合同的解释，应当作有利于相对方的解释，以限制合同起草方或提供方滥用其优势。说到这里，顺带说一句，刑法、刑事诉讼法以及其他涉及国家与公民关系的法律，法律解释之所以要作有利于当事人的理解，其中一个原因也是因为法律是国家制定的，具体公民在文本意思的表达上是弱者。

(6) 信息强弱势。在人际关系中，由于各种因素的影响，信息分布并不对称，信息强势者利用信息优势容易致信息弱势者于不利。如商品交易中，商家和厂家就是信息优势者，顾客就是信息弱势者。此时，得作不利于信息优势者的解释，以衡平双方强弱关系的态势。事实上，所谓“谁主张谁举证”，以及过错责任倒置等法律规定，也可以看作是基于信息强弱的态势而作出的衡平。

(四) 有利于社会效果原则

社会效果作为解释原则，是设想释义会产生什么样的社会效果，从而反过来帮助选择释义。所以，社会效果解释原则，其实是对释义所作的社会风险评估，并根据风险而选择有利于社会效果的释义。比如，明朝海瑞总结的判案心得，“凡讼之可疑者，与其屈兄，宁屈其弟；与其屈叔伯，宁屈其侄；与其屈贫民，宁屈其富民；与其屈愚，宁屈其刁顽。事在争产上，与其屈小民，宁屈乡宦，以救弊也。事在争言貌，与其屈乡宦，宁屈小民，以存体也。”[③]显然，海瑞说的也可以从社会效果来理解，在事实存疑时，释义的选择要有利于社会效果。

社会效果与法律效果不是同一位阶。社会效果作为法律解释的评价依据，是在符合法律真意的前提下，而以社会效果作为选择释义的标准，来对备选释义作评估。也就是说，在法律解释过程中，法律效果是第一位的，即首先要保证释义符合法律真意；其次，当符合真意的释义有若干时，就引入社会效果来指导释义的选择。所以，那种社会效果与法律效果相统一的说法，至少不适合法律解释。

---

① 参见王阳：《正当防卫法律知识成群众热议话题》，载《法制日报》2018 年 9 月 3 日第 005 版。
② 〔美〕黄仁宇：《万历十五年》，生活·读书·新知三联书店 2019 年版，第 15 页。
③ 同上。

第二节　法律论证

论证是根据真实命题或正当性命题，或双方默认为真实或正当性的命题，推导未知命题真假与否，或正当与否的思维过程。从语言形式上，论证往往借助“因为……所以”的句式。“因为”与“所以”之所以能够成立，是因为其中包含了推理关系。因此，要讲清楚法律论证，首先得讲清楚法律推理。

一、法律推理

什么是推理？推理就是命题真假关系的过渡，是由已知命题推导出未知命题的思维过程。已知命题是前提，未知命题是结论，所以，推理也就是，根据已知命题证明未知命题的过程。根据休谟的说法，事实与价值是两分的，不能由事实推导出价值，也不能由价值推导出事实。因此，推理可以分为价值推理和事实推理。法律推理中的规范推理就是价值推理，而关于案件事实的推理则是事实推理。

（一）推理的三种类型

根据推理的思维方向不同，推理可以分为演绎推理、归纳推理和类比推理三种。

所谓演绎推理就是，从某类事物的一般性知识出发，推出该类事物中的特定事物的推理。其推理特点是：(1) 思维方向是从类事物到特定事物，属一般到特殊；(2) 由于特殊事物被前提的类事物所包含，因而其结论具有必然性。三段论就是典型的演绎推理。如：“所有的人都会得病，张三是人，所以张三会得病。”

所谓归纳推理就是，以一系列个别性知识为前提，推出该类事物的一般性知识的推理。其推理特点是：(1) 思维方向是从个别性到一般性，属特殊到一般，与演绎推理相反；(2) 由于结论的范围可能超越于前提断定的范围，因此其结论具有或然性，即不能保证结论是正确的。如：“天下乌鸦一般黑”就是通过不完全归纳法归纳出来的结论。

所谓类比推理，我们前面在讲英美法系的判例法时，其实已经讲过，就是指根据两个或者两类事物的某些属性相同，进而推出它们另一些属性也相同的推理。其推理的特点是：(1) 思维方向既不同于演绎推理，也不同于归纳推理，而是从特殊到特殊；(2) 思维结论也具有或然性，且其或然性程度远高于归纳推理。如：彭某太太根据国庆节期间，她先生的同事张三从单位领了 1 万元节日费，李四也领了，王二麻子也领了，所以,她就认定她先生存了 1 万元的私房钱。这个结论就不可靠。

（二）法律推理的合法性

法律推理作为一般推理的特殊运用,当然也是前面三种推理类型的具体运用。但是,法律推理有合法性的要求,否则其推导不具有法律效力。关于法律推理的合法性要求,法理学教材几乎没有关注过,我以为这是不应该疏忽的。英美法系奉行的是判例法,法官必须将当下案件与先前判例做类比,以利于将最相似的先例判决适用于当下案件,其运用的推理形式就是类比推理。也就是说,类比推理是英美法系的合法推理。大陆法系是制定法国家,其推理的过程是以法律规定为大前提,案件事实为小前提,大小前提的结合推导出具体的判决,其运用的推理就是演绎推理。也就是说,演绎推理是大陆法系的合法推理。我国深受大陆法系影响,演绎推理也是合法推理,而归纳推理和类比推理则被限定在案件侦查中,其作用仅在于为侦破案件提供线索或分析案情。而一旦上升到审判,归纳推理和类比推理的运用就会削弱司法判决的可接受性。这是因为,归纳推理和类比推理的结论都不具有必然性,稍有不慎,可能导致错判。因此,审判中,尤其是刑事审判对于推理的运用极其严格,主要采用三段论形式,而归纳推理和类比推理的运用则被排斥。在民事诉讼中,由于证据的盖然性以及司法推定的大量运用,归纳推理尚有一定的运用空间,但这仍然容易引发争议。

2006 年南京发生的"彭宇案"[①]就是因为一审法官的经验推理而激起了舆论声讨。2006 年 11 月 20 日,64 岁的退休职工徐寿兰与 26 岁的彭宇在公交站旁发生纠纷。彭宇将倒在地上的徐寿兰扶起,与随后赶到的徐寿兰家人一起送她到医院,并代付了 200 元医药费。后双方就赔偿问题诉至法院。在诉讼中,原被告就双方是否发生碰撞各执一词。彭宇坚称自己并没有与徐寿兰相撞,自己是做好事反被诬。一审判决书认为,"从常理分析,其与原告相撞的可能性较大。如果被告是见义勇为做好事,更符合实际的做法应是抓住撞倒原告的人,而不仅仅是好心相扶;如果被告是做好事,根据社会情理,在原告的家人到达后,其完全可以言明事实经过并让原告的家人将原告送往医院,然后自行离开,但被告未作此等选择,其行为显然与情理相悖。"而对于被告代付医药费究竟是被告先行垫付的赔偿费还是借款,双方也各执一词。一审判决书认为,"根据日常生活经验,原、被告素不认识,一般不会贸然借款,即便如被告所称为借款,在有承担事故责任之虞时,也应请公交站台上无利害关系的其他人证明,或者向原告亲属说明情况后索取借条(或说明)。"正是这两段"日常生活经验的推理"引起了一场旷日持久的舆论风波。判决书所说的经验推理其实就是归纳推理,其结论具有一定的概率,不能保证结论的必然性,这就给媒体提供了争议的空间。

当然,我们说,司法判决以演绎推理为合法推理,这并不是说,法官思维完全容不下

---

① 相关报道参见李梓:《彭宇案发出道德杀伤力》,载《新世纪周刊》2007 年第 24 期。彭宇事后承认一事,说法不一,这里不做评论。

归纳和类比。事实上,法官在分析案件时,判决意见的初步形成,往往就是运用归纳推理和类比推理的结果。只是由于这两种推理的合法性程度较低,特别是在刑事诉讼中几乎没有合法性,所以,法官最后在撰写判决书时,文字表达出来的只能是演绎推理,而将其归纳和类比的思维秘而不宣。所以,我们看那些涉及舆论的案件,明明是受到了舆论的影响,但判决并不会公开承认。而是以舆论意见作为结论,然后倒过来用演绎推理来表述推导的过程,给人的印象好像结论是来自演绎推理,而不是来自舆论。法官这样做的原因,就是因为演绎推理有合法性,通过演绎推理可以增强司法判决的正当性和可接受性。

演绎推理是以制定法为前提,如果将法律推理的合法性只寄托在演绎推理上,那么,酌定法律渊源,就根本没有生存的空间,从而导致法律推理过于机械、僵硬,以至于无法适应司法的实际。因此,我国法律渊源主要是制定法,其他法律渊源不发达,恐怕就与此有一定的关系。当然,还要补充一点的是,我们说法律推理具有合法性,并不是因为法律对法律推理的形式作了规定,而是根据法律对不同推理形式的态度来说的。

二、 法律论证方法

论证就是运用推理以证明某个结论正确或应当的逻辑方法。论证包括论题、论据和论证方式三个要素。论题是有待证明的观点,论据是证成论题的依据,而论证方式则是将论据与论题联结的具体推理方式。论证方式其实就是综合运用推理的思维过程,是扩大版的推理形式,也可以说是推理的有机构成。因此,法律推理的合法性要求在论证中也必须得到贯彻。

(一) 法律论证的合法性

正如法律推理有合法性要求一样,法律论证也有合法性的要求。法律论证合法性要求体现在三个方面:(1) 论证主体。论证主体一般是法官,是法官在制作法律效力文书时必须采用的论证方式。检察官在制作法律效力文书时,也受合法性要求的限制。其他主体如律师、法学学者,由于其并不具有制作法律效力文书的权力,不受此限。当然,其论证的有效性还是会受到影响。(2) 论证对象。论证对象是法律效力文书,非法律效力的文书则不受此限。在法庭辩论过程中,非法律论证方式不受限制,但会影响其可接受性。(3) 法律后果。法律效力文书的论证过程未满足其合法性要求的,将导致文书的效力受到质疑。非法律效力文书的学术研究,或法庭发言,如果采用的论证方式是其他形式,当然也会影响到说服力,但与法律效力没有关系。不过,法律论证的合法性要求,也如前面讲到的法律推理的合法性一样,并不是因为法律对法律论证的方式作了规定,而是因为如果不采用有效的论证方式,就会导致其结论的法律效力受到质疑。因此,法律论证的合法性与论证的有效性具有内在关系。

（二）法律论证的类型

论证依其联系方式的不同，可以分为直接论证和间接论证。直接论证包括演绎直接论证、归纳直接论证和类比直接论证。演绎直接论证就是根据一般性的规则或原理出发直接论证的证明方式，从推理形式上看就是演绎推理。因此，基于演绎推理的合法性，演绎直接论证也就是合法的论证；而归纳直接论证和类比直接论证，尽管实际上存在，但因其合法性程度低，在司法判决中较少运用。归纳直接论证可见于民事诉讼中对于案件事实的查明，而类比直接论证则仅存于法官大脑中，最后表现在判决书上还是要转化为演绎直接论证，以满足合法性的要求。当然，我这里主要是针对我国司法来说，并不是普遍意义而言，英美法系就不是这样，类比直接论证是其合法性的论证。

间接论证可以分为反证法、排除法、归谬法。（1）反证法，是通过证明与原论题相矛盾的论题不成立，从而证明原论题成立的一种方法。反证法的基本形式是，A 与非 A 是矛盾的，但非 A 不成立，所以 A 成立。（2）排除法，是通过证明与论题并列的所有选项不成立，从而证明原论题成立的一种方法。排除法的形式是，要么 A，要么 B，要么 C，只有这三种情况，但 B 和 C 都不成立，所以 A 成立。（3）归谬法，是以假定成立的论题为前提，推导出荒谬的结论，从而反过来证明原论题不成立的一种方法。归谬法主要用于反驳，其形式是，假设 A 成立，但是如果 A 成立，那么 B 成立，而 B 是荒谬的，所以 A 不成立。间接论证法也是必然性的论证方式，因此，在司法审判中并不受到限制。但是，一般来说，间接论证主要运用于对案件事实的查明，而对于司法判决最后结论的推理，还是要依据直接演绎论证。当然，我说的还是我国。

（三）法律论证的常见错误

法律论证的合法性受到论证的有效性影响，论证如果犯有逻辑错误，就会导致法律论证结论的合法性受到质疑。论证中常见的逻辑错误有：（1）由于没有遵守同一律而犯了转移论题的错误。如要求证明一个人无罪，却证明这是一个好人。比如，被告律师大谈被告是一个活雷锋，是个做好人好事的好青年、好邻居等，虽然这可能会影响法官的判断，但从逻辑上来讲，就不是一个有效的论证。（2）由于没有遵守矛盾律而犯了自相矛盾的错误。如认定的案件事实与所引用的法条之间存在矛盾或不一致。自相矛盾是很打脸的，特别要避免。（3）由于没有遵守排中律而犯了模棱两可的错误。如对某人是否构成犯罪的论证，说构成了犯罪也否定，说不构成犯罪也否定，这就模棱两可了。（4）由于没有遵守充足理由律而犯了论据虚假、预期理由、循环论证和推不出的错误。前两种，论据是假的或者未经证实的；后两种是论据与论题之间的逻辑关系有问题，或者是循环，或者是无关，或者是理由不充分。

违反充足理由律反映到法律论证中，其错误又常见于以下几种情形：（1）曲解法律。曲解的法律就是虚假的论据。曲解法律，主要是在解释法律时，没有根据法律解释方法，或没有遵守法律原则。这个，我们在讲法律解释时已经讲过了。（2）诉诸情感。

诉诸情感是指利用听众的同情或仇恨来论证论题。这种论证方法其实是无关论证，主要发生在法庭辩论过程中，论证本身不可能被证成，但听众立场可能会受到不当影响。(3) 诉诸道德。在论证中诉诸道德，往往可以取得舌战优势，而陷对方于道德困境。这种论证也是一种无关论证，没有效力但却能起到哗众取宠的效果。(4) 诉诸人身。以对方人品为依据而代替对论题的论证，这既是转移论题，也是一种无关论证。以上逻辑错误当然不能证成结论，但可以影响读者或听众对于结论的接受。因此，学一点逻辑学知识，对于法科生非常重要。有兴趣的同学，建议找一本逻辑学书好好看看。

第十五章　法治

从今天开始,我们的课就进入形而上的内容。与前面的内容相比,相对比较抽象一点,有一定的思辨性。本学期抽象性内容有两章,一是法治,一是法律价值,后者比前者更抽象。我们先讲法治。

第一节　关于法治的认识

一、法治的基本含义

法治是与人治相对的一个概念。因此,什么是法治,就可以从人治相反的意义上来理解。虽然人治的历史远早于法治,但人治这个概念一定晚于法治概念的产生。因为,从逻辑上来说,在法治概念产生前,是不太可能有人治这个说法的。如果突然有一天想到要用一个什么概念来表达某个状态,那一定是因为有了另一个相对的状态,需要对两者加以区分。因此,人治这个概念从逻辑上来理解,很可能是在法治概念出现之后。就好比,父母生了两个儿子,大的一开始不叫老一,把大的叫老一,是因为有了小的。小的出生后被叫作"老二",然后为了区别"老二",又回过来把大的那个叫作"老一"了。即出生上"老一"先于"老二",名字上"老二"先于"老一"。这样一比方,我们大概就可以明白法治与人治两个概念出现的先后关系了。不过,这里要交代一下,我们这里所说的法治与春秋时期法家所说的法治并不是一回事。法家所说的法治不是与人治相对,而是与德治相对。这个问题我们后面会讲清楚,这里暂且搁置不表。

法治的概念产生后,为了说明什么是法治,就发明了人治这个概念,用来表达与法治概念相反的消极意义,以衬托法治的积极意义。哪些是人治的消极意义呢?什么专制啊、什么独裁啊、什么暴力啊,凡是那些不好的,都与人治联系在一起,而与这些不好的相对的就是法治的含义了。当然,将人治理解为专制、独裁和暴力也未必完全正确。专断、独裁和暴力是人治可能的结果,而不是必然的结果。当君主取悦民众、宽厚宅心、讲仁义道德时,这些结果往往就不会发生。你看中国古代,虽然都可归于专制,但皇帝不一样,对待人民的态度还是有很大差别的。只不过,基于人性的弱点,专制、独裁和暴力是人治的大概率结果,而开明专制、仁政之治在人治史上则是少之又少的现象,差异的只是程度不同而已。

既然人治与法治相对,那么,要理解法治就要从人治相反的意义来思考。这里,我们先讲一个故事。这个故事发生在18世纪,距今已经几百年了。当时普鲁士的腓特列大帝(1740—1786 年在位),他有一个行宫,离他行宫不远的地方有一座磨坊。大帝认为磨坊妨碍了行宫的视野,于是想把磨坊买下来拆除。注意,是买下来拆除,而不是直接拆除或强制拆迁哦。但是,磨坊主脾气有点倔,就是不卖。替大帝办事的大臣不好交差,一怒之下,就命令士兵强拆了磨坊。磨坊主于是将皇帝告上了法院。注意,不是上访,而是起诉,不过上访也没有地方可上,已经通天了,是不是?当时,磨坊主的朋友都认为告皇帝不可能会胜诉,劝他算了。但磨坊主相信普鲁士的法律大于皇帝,执意坚持。法官还真的受理了他的诉讼,还真的进行了审理,而且还真的判决了大帝败诉,而且还真的判决了皇帝必须恢复磨坊的原样。判决皇帝败诉已经让我们够吃惊了,皇帝居然还真的乖乖地执行了判决,修好了磨坊。据说,后来磨坊主因为经济上的原因又想出售,托人找到大帝。但是,大帝没有购买,而是给了他一笔钱,以纪念法律的重要性。至今,磨坊仍然在波茨坦耸立,以纪念这位遵守法律的皇帝。这个故事就叫磨坊案。[①]

当然,网上也有一种说法,说磨坊案这个故事是虚构的。这个不重要,重要的是这个故事告诉了我们什么是法治。从这个故事中,我们不难发现,法治就是规则之治,法律规则大于权力,所有的人都在法律之下,包括皇帝。当年那个磨坊主就是这样理解法治的,法官也是这样坚守法治的。这个故事同样也告诉了我们什么是人治。从这故事中,我们不难发现,人治就是权力之治,权力者超越于法律。虽然不一定是所有的人都在法律之上,但一定是有人在法律之上,比如说皇帝。当年那个磨坊主的朋友就是这样理解的。因此,磨坊案的故事虽然是关于法治的故事,但却把法治和人治的基本区别说了个大概,这为我们下面讲清楚两者的具体区别奠定了很好的基础。

二、法治与人治的区别

以磨坊案的故事为思考素材,可知,法治与人治的区别,主要体现在以下几个方面。

(一) 在法律与权力的关系上

法治是指规则之治,人治则是权力之治。法治与人治的对立,实质上就是在法律与权力的关系上是法律大于权力,还是权力大于法律。具体来说:(1) 法治是法律高于任何权力,一切权力都来源于法律,没有法律根据的权力是无效的权力。人治则相反,权力高于法律,权力在真正意义上不是来自法律,而是来自更高的权力。比如,君主专制皇帝说的就是法律,法律就是皇帝的命令。(2) 法治是法律高于任何个人,任何有权的人,包括国王,都不能超越于法律之上,都没有法律特权。比如,前面说的那个皇帝,虽然万人之上,但却在法律之下。人治则相反,在法律之上总有一个高高在上的人,比如专制君主,他就拥有法律特权,法律对他没有约束力。(3) 法治是法律高于其他任何规范。其他规范,如道德规范、纪律规范、国家政策等,都不得代替法律规范。人治则不同,其他规范经常代替法律起作用,法律可有可无,比如皇帝的命令、圣旨等,都可以当

---

① 参见林天明:《一座德国磨坊的故事》,载《人民法院报》2005 年 9 月 12 日。

作法律来用。

亚里士多德对法治有一个经典的定义，他说，法治的含义就是："已成立的法律获得普遍的服从，而大家所服从的法律又应该本身是制订得良好的法律"[①]。这句话的前半句说的意思就是，人人都得遵守法律，权力者也没有例外。所以，我们判断一个国家是法治国家，还是人治国家，在制度上就看权力是不是严格地受到法律的规范。简单来说，人治国家，国王就是法律；法治国家，法律就是国王。

（二）在人与人的关系上

在法治里，没有人在法律之上，包括皇帝；所有人都在法律之下，也包括皇帝。人既不是只作为法律治理的主体，也不是只当作法律治理的对象。因此，法治社会必然要求法律面前人人平等，在法律上既不存在超越于法律的特权阶级，也不存在不受法律保护的无权群体。人与人的关系，是平等的相互治理的关系。前面提到的亚里士多德所说的"已成立的法律获得普遍的服从"这句话，其实也包含了这样的意思，即法律面前人人平等，没有人有不守法的特权，也没有人处于不受法律保护的地位。

在人治中，人分为两种，一是权力者，一是无权者。法律就是权力者治理无权者的工具，有权者是法律治理的主体，而无权者则是法律治理的对象。有权者与无权者在法律中的地位是不一样的，两者具有上下等级性，权力者在法律之上，而无权者在法律之下，权力者享有特权，而无权者的权利则不完整。当然，权力者与无权者的划分具有相对性。因为，只要人与人的关系具有等级性，就意味着，在权力者的内部或无权者的内部也都有上下之分。在等级体系中，权力者相对于无权者是治理主体，而最高权力者相对于其他权力者则又是治理主体。只有最高权力者比如皇帝可以居于任何法律之上，其享有的特权利益也是最多的；而其他权力者的法律地位及特权利益都与其权力大小挂钩。总之，人治就是上下之治，是上对下的统治。

（三）在法律意志上

人治社会，法律是权力的工具，因此，最高统治者可以根据是否有利于其统治的需要，而单方面地制定法律；也可以根据形势变化的需要，而任意地修改和废除法律。总之，法律的制定与废除均取决于统治者的意愿，与人民的意志没有关系。当然，统治阶级内部也会因为权力的不同，体现的意志也不同。比如秦国商鞅变法时，秦孝公和商鞅的权力最大，那么，法律体现秦孝公和商鞅的意志就明显；而其他贵族虽然同为统治阶级，但其利益就受到了剥夺。但无论如何，被治理者的意志是不可能进入法律的，即使其利益获得了一定程度的保护，那也是权力者出于维护其自身利益的需要，而作出的缓和矛盾之举。对此，马克思主义关于法律是统治阶级意志的体现，这个定义对揭露统治阶级法律这一本质就起到了功不可没的作用。

---

① 〔古希腊〕亚里士多德：《政治学》，吴寿彭译，商务印书馆 1965 年版，第 202 页。

相反，在法治社会里，一般来说，法律是由人民经民主程序创立的，它更多地体现了人民的意志，人民当家做主说的就是这个意思。因此，民主与法治的联系十分紧密。借助罗尔斯“无知之幕”[①]的理论来理解，在“无知之幕”的状态下，人们选择的法律一定有利于人民，而不是有利于权力。因为，每一个人都会基于自己是普通人的担心而作出理性选择。因此，在法治社会里，法律就不可能是权力统治的工具，而是人民对权力约束的工具。换言之，在法治国家里，法律很难是权力者单一意志的体现，而是全体人民复合意志的体现。当然，其前提是，有民主程序作为法律存废的制度保证。不过，这一点也需要说明一下。现实生活中的确也存在一些例外，比如一些殖民地国家或地区，虽然没有民主，但在西方列强的控制下也强行建立起了法治。在这种有法治而无民主的社会里，法律体现的又是什么人的意志呢？显然，在法治强行建立之时，法律体现的当然是西方列强的意志。列强撤走后，法律被留下来继续发挥作用。因此，基于法治的惯性，权力受到法律约束的观念已经很难改变了。当然，这种法治，与有民主保障的法治相比，由于它容易受到权力意志的影响，还是有一定的脆弱性。

（四）在法律与道德的关系上

法治与人治的区别在它们与道德的关系上也有所不同，这可以从以下几点来认识：(1) 在人治里，法律是工具，是作为权力者的治理工具而存在的，工具的评价是有用还是无用，与道德没有任何关系。相反，在法治里，法律不是权力者的治理工具，而是人们所追求的理想生活，而理想生活就与道德有着紧密的联系。(2) 在人治里，等级既是人治的前提，也是人治的结果，从而导致社会的对立，这就大大地消解了法律的道德性。相反，在法治里，法律面前人人平等，公平的人际关系就是理想的人际关系，而公平就是道德的内容。(3) 在人治里，法律作为权力者意志的体现。对于无权者而言，由于法律并非出于己愿，纯属是外力所加，因此，无权者对于法律的遵守并没有道德上的义务，其服从的原因仅仅是因为被迫或因为恐惧。相反，在法治里，由于法律主要是人民意志的产物，因此，服从法律就是服从自己，遵守法律从而成为人民的一项自然而然的道德义务。

法律之于人治与法治的角色不同。人治中的法律不会太在乎法律是不是有道德，所谓“恶法亦法也”。相反，法治中的法律就很在意法律的道德性，所谓“恶法非法也”。前面提到的亚里士多德所说的，法治的含义就是，“已成立的法律获得普遍的服从，而大家所服从的法律又应该本身是制订得良好的法律”[②]，这句话的后半句说的就是这个意思。不过，由于对“良好的法律”的理解，人们并不完全一致；并且，“良好”本身就是一个程度性的形容词，因此，法治的“良好的法律”也就具有相对性。也就是说，世界上并没有绝对意义的法治，有的只是比较意义的法治。

以上关于法治与人治的四点区别，第一、二点是本质区别，具有绝对性，法治与人治

---

① 参见〔美〕罗尔斯：《正义论》，何怀宏、何包钢、廖申白译，中国社会科学出版社 1988 年版，第 136—139 页。

② 〔古希腊〕亚里士多德：《政治学》，吴寿彭译，商务印书馆 1965 年版，第 202 页。

的关系是非此即彼的关系，不是法治就是人治。第三、四点是程度区别，具有相对性，即法治体现的是人民意志，以及法律所具有的道德性都是相对的。因此，世界上没有完美的法治，只有相对好与相对不好的法治。但是，法治与人治是不相容的概念，至少在理论上两者是不相容的。因此，评价一个国家是不是法治国家，前两点是关键因素，后两点是衡量因素。

三、法治的理由

为什么要搞法治，根据亚里士多德关于法治的认识，法治优于人治的理由有以下五点，即(1) 法治符合正义，人治不正义；(2) 法治集众人之智慧；(3) 法律没有感情，容易达到公正；(4) 法律具有稳定性和明确性；(5) 个人精力有限。[①] 其实，关于法治的理由，与前面所说的法治与人治的不同有很大的雷同。不就是说人治是不好的，而法治可以克服人治的不好，所以才要实行法治嘛？所以，我们在学习时可以将两者结合来理解。以下几点理由，就是我根据亚里士多德这一观点所作的发挥。

（一）法治是文明的体现

亚里士多德说，法治是众人之治，是互治，大家相互为治理主体与治理对象，所以人与人是平等的关系。但是，人治则是把人分等级，是上对下的治，与动物界的丛林法则一样，这就不正义了。动物界普遍存在分等级的现象，弱肉强食，暴力强的居于头领的地位，可以支配其他同类，并可以享受特权。人类经常自以为是地认为其不同于其他动物，认为人类是文明的、高级的动物，而其他动物则是野蛮的、低等的动物。所谓文明无非就是对野蛮的远离，从等级走向平等就是文明进化的过程。因此，法治的众人之治，其平等性就与文明联系在一起；而人治是一人之治，其等级性与野蛮、暴力等联系在一起。所以，文明也就成了实行法治的理由之一。

当然，我们老是拿动物来说事，其实也可能是对动物的误解。只不过，人类垄断了话语权，将动物说成是野蛮，把自己说成了文明。但不管人们怎样评价动物，至少，法治与人治相比，哪个是文明，哪个是野蛮，还是非常明显的。

（二）法治可以集众人之智

在人治社会里，法律只是权力者的工具，有用则用，无用则废。即使是君主选择了法律，其法律体现的也只是君主的意志。即使具体制定法律的人并非君主，他也会通过揣测君主的意志来制定。商鞅变法前，不就向秦孝公提出了，“你是要王道，还是要霸道”，从而为君主量身定做法律。因此，在人治社会里，选择什么样的法律，作出什么样的决定，法律要不要执行，以及执行到什么程度，都与君主的意志紧密联系在一起。只要君主一个人有思想就可以了，其他人根本就不需要再有思想了，也就是商鞅说的“壹

---

① 参见〔古希腊〕亚里士多德：《政治学》，吴寿彭译，商务印书馆 1965 年版，第 165—177 页。

民”。一个社会好不好，只看皇帝是聪明还是愚蠢，遇到明君或许是个盛世，遇到昏君就倒霉了。

法治则不然，法治是众人之治，是规则之治，由众人制定的规则当然也就体现了众人的智慧。众人的智慧总比一个人的智慧要强吧？众人可以取长补短，三个臭皮匠胜过一个诸葛亮，这个总听说过吧？现实生活中，总没有一个人绝对聪明到超过所有的人吧？孔子是圣人吧？他也说，“三人行，必有我师焉”。

（三）法治可以克服人的感情

在人治的社会里，决策的制定与实行均以权力者的意志为转移。在权力互动关系中，人情面子因素起着很大的作用。而一旦感情因素加入到了人际关系中，对人不对事，人与人之间平等的关系就被破坏掉了。毕竟，人是感情动物，不可能没有私心杂念，也不可能没有亲戚朋友。所以，如果没有法律的约束，权力的运作就会因感情而偏心，谈何公正？

法治就不一样，法治是法律之治，而法律一旦制定出来后，就与人的感情保持了适度的距离，对事不对人，这就容易实现公正。正如亚里士多德所指出的，由法律来统治，就像是由神和理智来统治一样；而如果是由一个人来统治，这就在政治中混入了兽性的因素。因为常人是不能消除兽欲的，即使是最好的贤良也不能幸免。唯有法律才可以免除一切情欲的影响。①

（四）法治可以保证预期

法律是写成文字的东西，不容易变化，具有稳定性和明确性，人们可以根据法律预测自己的行为后果，并根据预测来预先调整自己的行为，以符合法律。人们依赖法律生活，感到安全，反正法律规定好了，看规则上的文字就是了。但是，人治就不是这样。在人治状态下，由于君主的想法一会儿这样，一会儿那样，并且经常前后产生矛盾，这样一来人民就无所适从了。为迎合权力者的心意，其他人就只有靠揣摩过日子了，整个神经都紧绷着，生怕跟不上君主的步伐。所谓伴君如伴虎，说的就是这种生活。

（五）法治可以克服个人精力的有限

人治社会依赖于君主的智慧和精力，就算是君主聪明至极，君主的精力也是有限的。如果一开始法律就把一切都规定好，那么遇到事时，只要照章办就好了，君主没有必要事必躬亲。而人治就是因为没有章法，一遇到事就不知所措，也不敢作为，只好事事请示，时时报告；而君主也就得事事批示、事事指示。朱元璋就日理万机，每天要亲自批许许多多的奏章报告。结果自己不堪重负，劳苦一生，国家还是治理得不好。所以，人治，老百姓苦，统治者也累。但是，权力这个东西，就像鸦片一样会使人上瘾。

当然，还要补充一点的是，亚里士多德的上述几点法治理由并不符合君主的意愿，

---

① 参见〔古希腊〕亚里士多德：《政治学》，吴寿彭译，商务印书馆 1965 年版，第 172 页。

甚至可以这样说,这些理由恰恰是君主想搞人治而不想搞法治的理由。理解了这一点,你就会明白,一个国家要实现法治是多么不容易。

第二节　法治与依法治国的关系

依法治国与法治是两个性质不同的概念。但是,在理论上和实践中,人们却容易混淆,或者将法治作依法治国理解,或者将依法治国作法治理解。因此,这里有必要讲清楚这两个概念之间的关系。我们可以从以下几个方面来分析。

一、从概念的性质来看

依法治国,从语义上理解,是指运用法律的手段来治理国家。如果我们对该词组进行拆解和分析,就可以发现,"治国"是目的,"依法"是手段,因此,"依法治国"是一个工具性意义的概念。工具性意义就在于有用,有用就用,无用则废,这是工具主义的基本态度。依法治国作为治国之策略,治理者的态度非常重要。因此,依法治国并不排斥其他也可以用来治国的有效手段,如以礼教治国、以道德治国等,只要治理者认为有用,都可以拿来当治国的工具。

法治这个概念则不然。在法治的概念中,它表征的既有形式意义也有价值意义。从形式意义上讲,它强调的是法律的至上性,即亚里士多德所说的"法律的普遍遵守";从价值意义上,它强调的是法律的道德性,即亚里士多德所说的"良法"。从形式意义上理解,法治强调的是规则之治,"不依靠他人的控制,而依靠一般性和刚性的法律和公正准则来自我维持"[①],"所有的权威机构、立法、行政、司法及其他机构都要服从于某些原则"[②]。从价值意义上理解,法治一般被看作是表达了法律的某些特性:"如正义的基本原则、道德原则、公平和合理诉讼程序的概念,它含有对个人的至高无上的价值观念和尊严的尊重。"[③]法治的形式意义与价值意义相比:前者是法治的本质要求,后者是法治的理想状态。前者不因时代、不因社会性质而有不同,法治缺少了形式意义就不是法治;后者是关于法治的良好程度的认识,不同的人有不同理解,具有与时俱进的特点。从价值意义上来理解,现代法治则具有为当今人们所普遍承认的人类价值。张文显教

---

① 参见〔英〕弗雷德里希·奥古斯特·哈耶克:《自由宪章》,杨玉生等译,中国社会科学出版社 1999 年版,第 260 页。

② 转引自王人博、程燎原:《法治论》,山东人民出版社 1989 年版,第 97 页。

③ 同上。

授的早期著作《二十世纪西方法哲学思潮研究》一书，在综合古今西方学者关于法治的各种观点和理论的基础上认为，在现代社会，法治价值至少应当包括：(1) 法律必须体现人民主权原则；(2) 法律必须承认、尊重和保护公民权利和自由；(3) 法律面前人人平等；(4) 法律承认利益的多元化，对一切正当利益施以无歧视性差别的保护。①总之，现代法治塞进了很多进步的、文明的和人道的内容。

从上可知，从词性上看，依法治国与法治相比，前者纯粹是个工具性的概念，而后者则既有形式意义也有价值意义。依法治国既然是个工具，那么它也就既可以为资本主义国家所用，也可以为社会主义国家所用，因此，也就有社会主义的依法治国与资本主义的依法治国的不同②，也有中国特色的依法治国和西方的依法治国的说法。但是，法治则不然。从形式意义上来理解，法治这个概念反映的是人类关于法治基本规律和基本条件的认识。正是在这一意义上，孙莉教授说，法治“可能带有某些类似底线性的普适元素”③，而周永坤老师更是直呼，法治也是社会主义的底线④。可见，法治表达的规则之治的形式意义，与国家的制度性质没有多少关系。

依法治国与法治上述不同，当然不表明两者就没有交集。如果我们将国家分为两种，法治国家和人治国家，那么，依法治国既然是工具，那就当然也就可以作为法治国家的工具，也可以作为人治国家的工具。从逻辑上来讲就是，只要是法治国家，当然就要依法治国，且只能依法治国，而不能依其他治国，这是法治的形式意义所要求的。但是，依法治国的国家未必就是法治国家，这是法治在价值意义上区别于依法治国之所在。两者的逻辑关系是：法治是依法治国的充分条件，而依法治国则是法治的必要条件。

二、从治与被治的关系来看

虽然，依法治国和法治都含有治理的意思，但两者的治理主体和治理客体并不相同。在依法治国的概念中，谁依法治国并不明确。理论上讲，依法治国的主体既可以是人民，也可以是执政者。(1) 当隐含的主体是执政者时，与此相对应，其治理的客体就是国民。这时，治理的主体和治理的客体是分离的，即治理主体只能是执政者而不是国民，而治理客体则只能是国民而不是执政者，而且，治理主体和治理客体具有等级性，治理主体在上，治理客体在下。(2) 当隐含的主体是人民时，与此相对应，其治理的客体也是人民。这个时候，治理的主体和治理的客体是相互的，即治理主体与治理客体是同一的关系和平等的关系。联系前面的内容可知，前者对应的是人治社会，后者对应的是法治社会。

法治则不然，它强调的是法律之治，法律具有至高无上性，既不存在超越于法律之

① 参见张文显：《二十世纪西方法哲学思潮研究》，法律出版社2006年版，第531—532页。
② 参见孙国华、黄文艺：《论社会主义的依法治国》，载《中国法学》1998年第6期。
③ 孙莉：《德治及其传统之于中国法治进境》，载《中国法学》2009年第1期。
④ 参见周永坤：《法治是社会主义的底线》，载《上海政法学院学报》2006年第5期。

上的权力者，也不存在单方面被治理的人民。因此，在法治状态下，人民是相互治理的关系，既是治理主体又是治理客体，主客体是同一的关系和平等的关系。法治与民主联系紧密，在民主社会里，法治实际上是公民基于其同意的法律，而对自己实行的法律治理。可见，在主客体关系上，法治与依法治国的第二种情形一致，而与其第一种情形对立。并且，在与权力的关系上，法治更侧重于对于权力的制约，此与依法治国第一种情形的主客体关系也恰好是倒置的关系。李曙光教授说过，在法治之下，法律优先并能制约权力的滥用；而在依法治国下，法律可能就纯粹是政府以法制主义方式管制民众的工具。[①]李教授所说的区别，准确来讲，是法治与依法治国第一种情形的区别。

依法治国第一种情形与法治，两者在主客体关系上的对立，是有其理念上的原因的。前者，被治的人往往被判断为人性之恶，商鞅就是持这一观点。所以在商鞅那里，严刑峻法也好，刑讯逼供也罢，只要能够对付老百姓都可以拿来使用。而在法治的概念里，被治的权力往往被假定为“恶”，洛克就持这一观点。根据洛克的观点，法治的重心已经不再是人，而是国家或政府及其权力。[②] 洛克的这一观点一直被视为近现代法治的理论基础。

三、 从法治与人治的关系来看

前面我们已经讲过，法治与人治是对立的，是非此即彼的不相容关系。但是，依法治国作为工具，则既可以为法治所用，也可以为人治所用。因此，依法治国与人治，在逻辑上也就不是排斥的关系，而是相容的关系。

人治主张君主的权威高于法律，法律只是君主的治国工具。法律之上始终存在一个不能被规制的人格化权力。这种权力既可以制定法律，也可以废除法律。在这种权力之下，法律虽然能够存在，但却始终缺乏自我保护的机制。[③] 依法治国的第一种情形与人治的这些特征是一致的。但是，法治则不然。法治主张法律的权威高于权力，法律的主要功能是约束权力。因此，在这一点上，人治与法治是水火不容的。

依法治国作为一种工具，它并不排斥其他也可以作为人治的工具。在人治的概念里，法律只是君主治国的工具，或工具之一，即君主可以选择依法治国，当然也可以选择不依法治国，比如选择以道德治国、以礼仪治国、以宗教治国，只要君主觉得有用就行。并且，在人治里，以上方式既可以单一使用，也可以同时使用，互相并不排斥，只要君主觉得用起来方便就可以，一切随君主的意思而定。因此，从逻辑上理解，依法治国与人治的其他手段也是相容的关系。但是，法治则不然。只要是法治，就一定是依法治国，依法治国是法治的唯一工具，因此，法治国家容不下其他形式的治国手段。

---

① 参见〔美〕布雷恩·Z.塔玛纳哈：《论法治——历史、政治和理论》，李桂林译，武汉大学出版社 2010 年版，第 4 页。

② 参见汪太贤：《西方法治主义的源和流》，法律出版社 2001 年版，第 337 页。

③ 参见王人博、程燎原：《法治论》，山东人民出版社 1989 年版，第 134 页。

法治强调公民的自由和人权等价值，人治则强调君权至上，强调秩序与稳定，强调人民对于君主的服从，两个概念在这方面也是对立的。依法治国作为一种工具，它虽然与价值和目标无涉，但它却可以服务于法治的追求，当然也可以服务于人治的目标。当依法治国的主体为公民时，依法治国属于法治的范畴；而当依法治国的主体为君主时，依法治国则属于人治的范畴。

综上，无论是在哪个方面，法治与依法治国，这两个概念分别之于人治的关系，前者是对立的，后者是相容的。如果我们用 A 表示“法治”、B 表示“人治”、C 表示“依法治国”，那么三者的逻辑关系就可以用图表示如下：

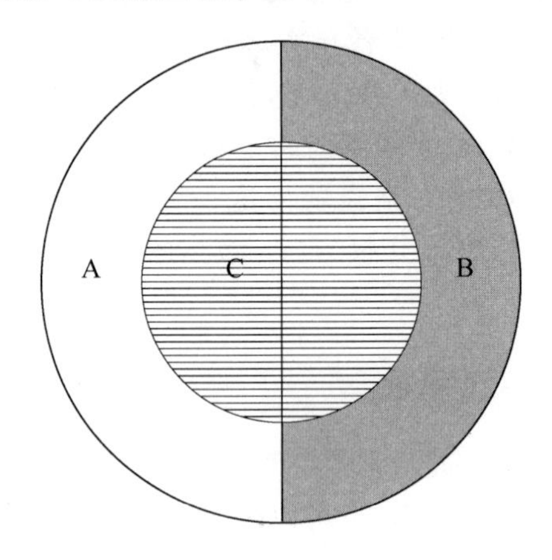

四、 从来源上来看

依法治国思想的产生在我国可以追溯到战国时期，而为当时的法家所极力倡导，尤以商鞅和韩非子为代表。商鞅提出了“垂法而治”①的概念，强调“大君任法而弗躬，则事断于法”②，要求权力者根据法律来治理国家。韩非子则提出了“以法为本”③的思想，将法律作为治国之本。当然，法家这些主张也被说成是“法治”，以与儒家的“德治”相对。但实际上，法家所说的“法治”与我们今天所说的“法治”并不是同一意义，法家的“法治”其实就是依法治国的意思。因为法家所说的法治，其治理的主体并不是人民，而是君主，人民只是被治理的客体。在法家的“法治”里，“法”只是君主治理的一种工具，一种手段、一种南面之术；并且，法家所主张的法从属于权势，在其上面有一个更大的“法”，这个“法”就是“权力”，即专制君主之权。④

虽然，依法治国的思想产生于战国，但其实践的历史更为久远。可以这样说，法律自产生以来，就一直作为治国策略而为治国者所使用。这个判断，我想并不需要提供事

---

① 商鞅：《商君书·壹言》。
② 慎子：《慎子·君人》。
③ 韩非：《韩非子·饰邪》。
④ 参见王人博、程燎原：《法治论》，山东人民出版社 1989 年版，第 129 页。

实也在逻辑上可以说得通。无论如何认识，法律总是可以作为治人工具吧？还会有哪一个君主弃而不用呢？何况君主还可以任意地发布符合自己意思的法律呢。就算是那些读书人，主张怀柔，也不会劝君主放弃法律。历史上的儒法之争，所争的其实也只是依德治国与依法治国的比重，并不是说，儒家就完全排斥依法治国。纵观中国历史，法律作为治国之策就从来没有缺席过。只是在不同时期，依法治国与依其他方法治国会有不同侧重而已。比如说，这个朝代会强调礼德，另一个朝代则会强化法律。

法治则不然，它完全是一个外来词汇，它是由英语"rule of law"翻译而来。"rule of law"来源于意大利语的"Isonomia"。"Isonomia"的意思是，"法律对各种各样的人的平等性，对于民众，无论高贵者还是卑贱者都一视同仁"。这个词于18世纪末被引入英国，后来，又被"法律面前人人平等""法治国家"(government of Law)和"法治"(rule of law)等术语所取代。[①] 从法治概念的历史演进来看，我们可以发现，法治与依法治国也的确是有着截然不同的意思，即法治具有强烈的价值取向，如平等、正义，而这显然不是依法治国这个概念所具有的。

法治思想最早见于亚里士多德，他关于法治的认识，我们已经很熟悉了，"已成立的法律获得普遍的服从，而大家所服从的法律又应该本身是制订得良好的法律"[②]。前半句强调法治的普遍性，目的是反对特权凌驾于法律之上；后半句强调法治的道德性，目的是对抗暴政和非人道。法治概念演进到今天，亚里士多德观点的基本含义依然延续，但强调的重点则有了一些变化，主要强调法律对于政府的控制，法律既是国家权力的基础，又是对国家权力的限制。[③] 显然，在现代法治概念里，法治是将权力关进笼子里最好的制度。

从依法治国和法治的语词来源，我们不难发现，依法治国与法治发生混淆的原因，与战国时期法家对"法治"一词的使用不无关系。在法家那里，"法治"是指以法为准则统治公民，处理国事的思想，其与依法治国的意义大体相同。但是，当西方的"rule of law"引入中国时，由于汉语没有一个词可以与"rule of law"对应，于是，很可能在首次翻译时，被译者望文生义地译成了法家的"法治"。这样一来，两个大不相同的概念都写成了"法治"。不过，随着"rule of law"的思想逐渐被国人所接受，中文中的"法治"只与rule of law对译，这样一来"法治"也就逐渐与法家所主张的依法治国的含义切割了，后者被译成"rule by law"。

---

① 参见〔英〕弗雷德里希·奥古斯特·哈耶克：《自由宪章》，杨玉生等译，中国社会科学出版社2012年版，第239页。

② 〔古希腊〕亚里士多德：《政治学》，吴寿彭译，商务印书馆1965年版，第202页。

③ 参见〔瑞士〕丽狄娅·R.巴斯坦·弗莱纳、托马斯·弗莱纳：《法治》，石玉英等译，中国方正出版社2009年版，第20页。

第十六章　法律价值

第一节　什么是法律价值

什么是法律价值，什么可以成为法律价值，学术界一直没有共识。我认为，人们在讨论什么作为法律价值之前，并没有搞清楚法律价值这个概念本身的意义，更没有搞清楚作为法律价值要满足什么条件。因此，在说清楚法律的价值是什么和不是什么之前，我们首先要搞清楚法律价值这个概念的含义，以及其所要求的构成要件。

一、法律价值的含义

价值一词，在中文意义上有两种解释。一是实指，是指某个东西的有用性。如果某个东西是有用的，我们就说这个东西有价值。比如说，这把锄头可以锄草，我们就会说这把锄头是有价值的。这个时候，价值与有用同义。二是虚指，是指人们心中关于美好的和正确事物的观念，以及人们"应该"做什么和"想要"做什么的观念。价值的虚指意义反映的是人们对于理想状态的向往与追求，如幸福、安全、正义等。

休谟认为，事实与价值是两分的，事实是指"是什么"，价值是指"应该是什么"，前者为实然，后者为应然。事实是外在的客观概念，是对自然规律的描述，科学就是这样。价值则是内在的主观概念，提出的是有关道德的、伦理的、美学的或个人喜好的观念。按照休谟事实与价值的划分方法，我们前面所说的价值实指，其所指的就是休谟所说的事实，有用就是有用，没有用就是没有用，客观性强；我们前面所说的价值虚指，其所指的就是休谟所说的是价值。可见，休谟的价值概念是将中文语义中的价值实指排除在外，仅将中文语义中的价值虚指作为价值概念的内涵。我国学术界尽管没有明说法律价值是实指还是虚指，但从学者所列举的法律价值的具体种类来看，其内容都可以被看作是法律的目标而不是法律的工具。正如有学者所言，"价值判断就其性质而言是主观的、相对的和有条件的，是建立在人们的思想、感觉和希望的情绪上面的，既不能用事实来证明，也不能用逻辑来证明"[①]。就此而言，我国学术界所说的法律价值这个概念，也如休谟所言，是在虚指意义上来说的。为了好记，我们要抓住的核心点就是，法律价值这个概念是说虚的，而不是说实的。

法律价值反映了人们对于法律的看法，即认为理想的法律应该是什么。它又可以

---

① 吕世伦、文正邦主编：《法哲学论》，中国人民大学出版社 1999 年版，第 421 页。

分解成两层意义:(1) 目的价值,指法律追求的理想和目标。目的价值既然是理想,那么也就与现实存在差距,这个差距就决定了法律价值只能接近,而永远不可能完全实现,完全实现了就不是理想,而是现实,那就不是价值了。(2) 评价价值,是指对现实的法律状况进行评价和批判的准则。评价价值与目的价值其实不好区分。评价的标准就是理想的标准,是用理想的标准来与现实进行观照,并进而对现实进行批判。评价的标准我们就称为目的价值。也有学者主张,法律除了目的价值、评价价值之外,还有工具价值。所谓工具价值,就是指法律所具有的满足人们某种需要的有用性。其实,工具价值就是前面提到的中文的实指意义,属于事实层面,与我们要讨论的法律价值并没有关系。所以,我们这里将工具价值排除在外。

法律价值涉及人与法律的关系,是作为主体的人与作为客体的法律之间的关系,是主体的人对于客体的法律的看法和态度,主体与客体是评价与被评价的关系,是要求与被要求的关系。因此,作为客体的法律,它本身"是什么"并不重要,这不是法律价值的内容,重要的是法律在人们的观念中"应当是什么",这才是法律价值之所在。

二、 法律价值与法律原则

法律价值与法律原则不同。学术界对两者的区别没有作过专门的讨论,当然或许是我没有看到。法律价值是有关法律是否正义的评价问题,具有抽象性和道德性,这一点与法律原则相同。但是,两者仍然具有很大差异。我以为,两者在以下几个方面是不同的。

(一) 与法律的关系

从形式上理解,法律原则是法律规范的构成部分之一,与法律概念和法律规则一起共同组成法律的形式要素。从内容上理解,法律原则是法律规范的内容之一,对人的行为模式起着指示和规范的作用。因此,法律原则无论是在形式上,还是在内容上都属于法律,是法律本体之内容。但是,法律价值作为法律的评价,其依据来自法律之外,即使是自然法学所提倡的自然法,也是来自实在法之外。因此,法律价值不是法律的本体,而是法律之外的他体,主要是道德。一个是法律问题,一个不是法律问题。正因此,法律实证主义的学者,极力将自然法排斥出法律的范围,认为那只是伦理学的东西。

(二) 存在方式

法律原则作为法律本体的内容,或者明确规定于法律之中,如刑法的无罪推定原则、罪刑法定原则,就是在刑法总则中加以明确规定的,此为明示方式;或者法律条款中隐含了其所应遵循的原则,比如"法律得平等对待当事人"的原则,法律中并没有明确规定,但却显而易见地被公认为法律原则,此为默示方式。因此,法律原则无论采用什么方式,其内容都是不言而喻的,具有客观性。但是,法律价值由于来自法律之外,不同学派、不同学者因各人立场和认识的不同而有不同,具有极强的主观性。以自然法这个概念来讲,或者说是神性、或者说是理性、或者说是人性、或者说是自然性、或者说是道德,不一而足。法律实证主义说自然法是虚无缥缈的,说的就是这个意思。所以,我们法理学教材对哪些可以称作法律原则没有争议,但对哪些可以称作法律价值则很难有共识。

(三) 法律效力

法律原则既然作为法律本体的规范,对法律的影响发挥着积极的作用。在法律制定中,法律原则承担着指导规则的编排,以及体系整合的功能;在法律适用上,法律原则也具有司法效力,可以被法官在判决中引用。但是,法律价值对于法律的影响就不是那么积极的和显现的,它不能作为法律规范被司法所引用。虽然,法官对于规范的选择以及判决会受到其价值观的影响,但这种影响是心理上的,而不是实实在在的。也就是说,法律价值并不具有直接的法律效力,不能堂而皇之地进入司法。法律价值在司法中的无形和不可见,与法律原则公开自居的法律身份完全不同。

当然,也有学者将法律价值作为法律原则之一,我国台湾学者黄茂荣就持这一观点。他认为,根据法律原则与实证法的关系,法律原则可以分为三种存在样态:一是存于法律明文,即直接存于宪法和制定法中;二是存于法律基础,即虽未存于法律明文,但却可从中归纳出来,体现出一定的立法意旨;三是存于法律之上,即虽未存于法律明文且也不能从中归纳得出,但却作为实证法的规范基础,而居于法律之上,其效力基础来自正义或与"正义"相关的基本价值,常被以正义或法理念称之。[①] 显然,黄先生所说的第三种样态,其实就是法律价值。黄先生的分类虽然未必恰当,但至少提醒我们,法律原则与法律价值的区别其实是相对的。

三、 法律价值的构成条件

(一) 学术界的说法

什么可以作为法律价值?不同的人有不同的看法。霍布斯认为生命安全最高,洛克重视个人自由,卢梭看重平等,罗尔斯认为正义优先,法经济分析学派则认为效益是法律的最基本价值。我国法学界至今没有统一的看法。就我国法理学教材来看,有把秩序作为法律价值的[②];有把安全作为法律价值的[③];有把效率(亦说效益)作为法律价

---

① 参见林来梵、张卓明:《论法律原则的司法适用——从规范性法学方法论角度的一个分析》,载《中国法学》2006年第2期。

② 参见卢云主编:《法理学》,四川人民出版社1993年版,第169页;陈金钊主编:《法理学——本体与方法》,法律出版社1996年版,第294页;卓泽渊:《法的价值论》,法律出版社1999年版,第185页;周永坤:《法理学》(第二版),法律出版社2004年版,第224页;张文显:《法理学》(第三版),高等教育出版社、北京大学出版社2007年版,第305页。

③ 参见卢云主编:《法学基础理论》,中国政法大学出版社1993年版,第218页。

值的[①];有把自由作为法律价值的[②];有把公平作为法律价值的[③];有把平等作为法律价值的[④];有把正义作为法律价值的[⑤];有把人权作为法律价值的[⑥]。这些眼花缭乱的价值种类,给读者的印象就是,凡是好的,凡是值得追求的,似乎都可以作为法律的价值。并且,学者在列举这些价值时,或者选择一二,或者选择所有,其选择具有相当大的任意性。

造成法律价值的说法多种多样的原因,有这么几点:(1) 价值与人们的需求有关系,由于不同主体对法律的需求不同,因而对于法律的看法也就不同。[⑦] (2)目标与目标之间总是会存在一定的冲突[⑧],满足了这个目标,那个目标就不能满足。法律不可能同时实现多种目标,只能实现最重要的目标。(3) 不同的目标在成本、收益等方面也有不同,因而实现的难易程度也就不同,所以也就有了价值排序的问题。不过,这些原因还不是根本的。根本的原因还在于人们没有明确法律价值的构成要件,以为法律价值就是人们主观偏好的表达,以至于法律价值的内容众说不一。

(二) 具体条件

在讨论哪些内容可作为法律价值之前,我们必须首先确定法律价值的构成条件,只有满足了构成要件,它才能作为法律价值。否则纵使其有意义,也不是法律价值,或不能作为法律价值。我以为,作为法律价值,必须同时满足以下条件:

(1) 价值必须是理想的。前面说过,价值表达的是理想,而既然是理想就一定与现实有距离,亦即不可能是现实。也就是说,凡是可以成为现实的,那它就不可能作为价值。因此,安全、秩序、效率,尽管在特定时期是稀缺的,但总在某个时间段可以实现。

---

① 参见卢云主编:《法学基础理论》,中国政法大学出版社 1993 年版,第 218 页;陈金钊主编:《法理学——本体与方法》,法律出版社 1996 年版,第 294 页;卓泽渊:《法的价值论》,法律出版社 1999 年版,第 206 页;张文显主编:《法理学》,法律出版社 1997 年版,第 316 页;吕世伦、文正邦主编:《法哲学论》,中国人民大学出版社 1999 年版,第 586 页;张文显:《法理学》(第三版),高等教育出版社、北京大学出版社 2007 年版,第 325 页。

② 参见卢云主编:《法理学》,四川人民出版社 1993 年版,第 173 页;卢云主编:《法学基础理论》,中国政法大学出版社 1993 年版,第 201 页;陈金钊主编:《法理学——本体与方法》,法律出版社 1996 年版,第 274 页;卓泽渊:《法的价值论》,法律出版社 1999 年版,第 416 页;张文显主编:《法理学》,法律出版社 1997 年版,第 307 页;吕世伦、文正邦主编:《法哲学论》,中国人民大学出版社 1999 年版,第 537 页;张文显:《法理学》(第三版),高等教育出版社、北京大学出版社 2007 年版,第 314 页。

③ 参见徐显明、胡秋红主编:《法理学教程》,中国政法大学出版社 1994 年版,第 342 页;吕世伦、文正邦主编:《法哲学论》,中国人民大学出版社 1999 年版,第 506 页。

④ 参见卢云主编:《法理学》,四川人民出版社 1993 年版,第 177—179 页;卢云主编:《法学基础理论》,中国政法大学出版社 1993 年版,第 205 页;陈金钊主编:《法理学——本体与方法》,法律出版社 1996 年版,第 279—280 页;卓泽渊:《法的价值论》,法律出版社 1999 年版,第 440。

⑤ 参见卢云主编:《法学基础理论》,中国政法大学出版社 1993 年版,第 218 页;陈金钊主编:《法理学——本体与方法》,法律出版社 1996 年版,第 288 页;周永坤:《法理学》(第二版),法律出版社 2004 年版,第 224 页;张文显:《法理学》(第三版),高等教育出版社、北京大学出版社 2007 年版,第 333 页。

⑥ 参见卢云主编:《法理学》,四川人民出版社 1993 年版,第 183 页;陈金钊主编:《法理学——本体与方法》,法律出版社 1996 年版,第 279—280 页;卓泽渊:《法的价值论》,法律出版社 1999 年版,第 478;张文显:《法理学》(第三版),高等教育出版社、北京大学出版社 2007 年版,第 343 页。

⑦ 参见李炳烁:《法律价值体系之内的自由与和谐》,载《法制与社会发展》2006 年第 4 期。

⑧ 参见秦策:《法律价值目标的冲突与选择》,载《法律科学》1998 年第 3 期。

所以，将它们表述为价值，与价值的理想性并不贴切。说一个笑话，我认识一个男生，他找对象，据说他将择偶的理想制作了一个函数公式，只有套上公式才去见面。这就是他的择偶理想，在现实生活中很难能找到。当然，与他函数公式接近的人肯定是有的，理想的意义也就在于此：接近而不能达到。

（2）价值必须是抽象的。价值作为理想之所以很难实现，除了与现实有一定距离外，还因为价值本身是抽象的，缺乏具体的量化指标。具体的目标，安全也好、秩序也好、效率也好、公平也好、平等也好、人权也好，这些总是有或者可以有具体评价的客观指标，所以，我也认为不宜作为价值。价值的抽象性，反映的是价值的形而上特征，而一些具体的理想目标，与价值的形而上相比就是形而下了。形而下的东西，是不宜被看作法律价值的。

（3）法律价值必须是"法律的"价值。法律价值必须体现出法律的特有性质。法律是调整人与人之间关系的规则，因此，作为法律价值，其必须能够反映人与人之间的关系。也就是说，如果不能反映人际关系，或者不只是反映人际关系，那就不能作为法律价值。效率，它反映的是人与财富的关系，而不是人与人的关系。安全，它不只是指社会安全，也包括自然安全和生物安全，自然安全和生物安全就不反映人际关系。秩序，既可反映社会秩序，也可以指自然秩序，自然秩序就与人际关系无关。自由，既可指人不受他人约束的状态，也可以指人不受自然约束的状态，后者也与人际关系无关。幸福，虽然理想的人与人关系可以带来幸福，但纯粹的生理满足也可以带来幸福，而这与人际关系也没有直接的关系。因此，这些表达美好理想的词汇，或许可以作为某一领域的价值，但却不能作为法律的价值。

（4）法律价值必须是可以共识的。法律价值除了必须能够体现法律关系的人际性特征外，还必须能够成为共识。作为人际关系的理想状态是什么，不同的人当然有不同的看法，因此也就有不同的价值表达，专制统治阶级恨不得将独裁作为其法律价值，而被统治阶级则恨不能将均贫富作为其法律价值。法律价值必须是人类共享的法律价值，而非具体人的法律价值。法律价值既然是人类共有的，那么当然也就能够形成共识。根据康德的"要只按照你同时认为也能成为普遍规律的准则去行动"[①]的绝对命令，一个价值可作为法律价值，当且仅当它能够通过普遍化的测试。独裁也好，均贫富也罢，之所以不能成为法律价值，就是因为它不能通过这个测试。你想独裁别人，那你也应该同意别人对你独裁；你没有财产时想均贫富，那么当你是富人时也得同意别人对你均贫富。这个测试按孔子的说法，也可以说成是"己所不欲，勿施于人"。此外，除了康德的绝对命令外，罗尔斯的"无知之幕"[②]也是很有用的检验工具。如果在无知之幕下，人们的选择是一致的，那么这个共识的选项也就可以作为法律价值。

---

① 〔德〕康德：《道德形而上学原理》，苗力田译，上海人民出版社 1986 年版，第 72 页。

② "无知之幕"是美国自由主义学者罗尔斯提出来的理论。在"无知之幕"状态下，由于人们不知道某些特殊事实，如自己的社会地位、善的观念以及社会的经济或政治状况等，因而，一种对某一正义观的全体一致的选择就成为可能。参见〔美〕约翰·罗尔斯：《正义论》，何怀宏等译，中国社会科学出版社 1988 年版，第 136—139 页。

(5) 法律价值必须是不具有规范功能的。法律价值表达的是人类的法律理想，尽管这个理想可以用来评价现实的法律，但却不可以直接作为规范而被引用。法律规范是法律自带的内容，是法律本体论知识。但法律价值则不然，它不是来自法律之中，而是来自法律之外，是非本体论知识。强调这一点，是要将法律价值与法律原则区别开来。这一点前面已经讲得很清楚了，这里再从规范的角度补充一点。法律规范有规则和原则之分，后者具有一定的抽象性和理想性，且也容易通过康德的普遍化测试和罗尔斯无知之幕的试验，与法律价值有许多共性。但两者的区别就在于，法律原则是法律规范，而法律价值则不是。前面在讲两者的法律效力时，也已经讲过，此不重复。

以上五个条件，其中第一、二个条件是作为价值的共有条件，而后面三个条件则是法律价值独有条件。作为人类价值只要满足前两个条件就可以，而作为法律价值，则要在满足前两个条件的基础上，再满足后两个条件。

第二节　法律价值是正义

确定好了法律价值的条件，再来讨论法律价值是什么，那么，法律价值是正义的观点就几乎是呼之欲出了。要说明的是，“法律价值是正义”与“正义是法律价值”是不一样的，前者表达的是法律价值除了正义以外，其他选项都不可以作为法律价值，即正义是法律的唯一价值；后者则表达了，正义是法律价值，但它并不排斥法律价值的其他选项，如效率等。而本书所要表达的是前者，而不是后者。

一、法律价值是正义的理论证成

什么是正义？在中文语义里，正义有公平、公道、公正的意思在里面；在西语里，正义一词源于拉丁语的Jus，有公平、公道、法、权利等多种含义。可见，正义在词源学里，中西语义大致相当，并且，都只是用来评价人际关系。公道、公平、公正，都是对人际关系状态的要求。你没有见过，用公道、公平、公正来评价人与自然的关系吧？你也不会用这些词汇来要求某个与你发生冲突的动物吧？可见，正义这个概念反映的就是人与人之间关系的状态，而这就与作为人际关系安排制度的法律发生了交集。于是，正义作为人际关系的理想，也就成为法律的理想，并经常成为批评现行法律的依据。

为什么人际关系的理想目标是正义，而不是其他？要直接回答这个问题其实并不容易，正如，将“正义”换成别的什么，同样也没有办法回答一样。为此，我们可以转换一下思路，将“人际关系的理想目标是什么”这个问题转化为“人际关系的理想目标可以是什么”。现实中的人与人关系常常是不平等的，因此，什么样的人际关系才是理想的，不同的人有不同的要求。但问题是，自我要求的理想是没有办法同时让别人接受的。举个例子，当一个人处于强势阶层时，其理想的人际关系制度就可能是世袭，但当处于不利阶层时就很难接受世袭了。但正义则不然，它可以通过康德所说的普遍化测试。因为任何一个人，无论其居于何阶层都能接受正义，至少在道德上不好拒绝正义。如果这还不足以证成的话，罗尔斯的“无知之幕”理论则可以提供更完美的论证。在无知之幕下，人是不知道自己是处于强势阶层还是强势群体的。因此，为免于自己处于不利，任何一个人都会同意将正义作为人际关系的理想安排，而不是其他，如世袭。

正义作为人际关系的理想目标，也说明，法律与正义之间始终存在一定的距离，正义只能在前面引导法律而成为法律高不可攀的目标。存在于现实生活中的不是正义，而是不正义。并且，正是因为现实生活中存在不正义，正义才很有意义。任何法律，在正义的照耀下总是存在这样或那样的不足，在正义的批评下总是存在这样或那样的缺陷。在法学研究中，自然法学派特别重视正义价值。正义作为自然法学派的批判武器，在破解传统法律理念，剖析现实法律弊端，推动法律进步的过程中，发挥了重要的作用。

不过，正义虽然是强大的批判武器，但它又很容易沦为空洞的说教。其原因就在于正义具有高度的抽象性。正义究竟指什么，虽然在词源上能够探寻其大致语义，但在现实生活中则很难确定。博登海默有一句经常被人引用的话：“正义有着一张普洛透斯似的脸(a Protean face)，变化无常、随时可呈不同形状并具有极不相同的面貌。”[①]什么意思呢？就是说，正义是不定形的、随时变化的，因而其内涵也就无法确定。当然，也正因为它的高度抽象性，人们才可以给正义塞进各种人际关系的理想含义。

正义与公正、公平不同。正义尽管含有公正、公平的意思，但正义与公正、公平的意义仍然有细微差异，这个差异就是三者的抽象性程度不同。公平关涉的是具体的人际关系，而正义关涉的是抽象的人际关系，公正则介于两者之间。比如，我们会说原告与被告之间是否公平，但不太会说原告和被告之间是否公正，更不会说原告和被告是否正义；我们会说司法正义、司法公正，但很少说司法公平。我们会说“正义的事业”，但不太会说“公正的事业”。由此可见，正义的抽象性高于公正，而公正的抽象性又高于公平。正义可以看作是公平、公正的抽象概括；而公正、公平则可以看作是正义的具体体现。既然公正、公平是正义的体现，那它们是否也可以作为法律价值呢？我以为，这不是很合适的。理由是，当我们将三者分别评价司法时，说它不公平或不公正，这是一个法律评价；而说它不正义时，这就是一个纯粹的道德评价了。这说明，公正、公平更合适作为法律原则，而正义则只能作为法律价值。这就是正义与公正和公平本质区别之所在，也是法律价值与法律原则本质区别的体现。所以，如果公正、公平既可以表达法律原则，又可以充当法律价值，那么，法律原则与法律价值就混为一谈了。这恐怕也是当下法律价值与法律原则不容易区分的原因之一。当然，我们说，公正、公平不适合充当法律价

① 〔美〕E. 博登海默：《法理学：法律哲学与法律方法》，邓正来译，中国政法大学出版社 1999 年版，第 252 页。

值,这并不是说两者就没有关系。由于,不公平、不公正比正义要具体和直观,所以,公正、公平可以作为检验是否正义的参考因素。如果我们判断某事是不公平的、不公正的,那么我们就可以判断它一定是不正义的。从逻辑上来理解,公平、公正是正义的必要条件,而不公平、不公正则是不正义的充分条件。由此可知,不公平、不公正为不正义提供了可靠的判断依据。

二、正义作为法律价值的意义

正义作为法律价值,旨在追求理想人际关系的制度安排,其具体的意义,我们可以从以下几个方面来分析:

(一)从守法的道德理由来看

法律正义是人们守法的道德理由之一。经验表明,一项正义性越强的法律,就越容易获得民众的道德认同,并因而也就越容易转化为人们的自觉守法的行为。你看,现实生活中有多少人会做那种可称之为反道德的犯罪行为。即使没有法律,杀人放火、强奸抢劫的行为也不会普遍,其原因就是人们认为,这种行为与人们普遍具有的道德观念严重不符。反之,当法律的内容与正义相悖时,就容易引起法律的道德危机,严重的还可能导致社会动乱。每一次社会动荡,人们都会拿法律不正义说事。法国大革命也好,美国独立战争也好,都是这样。暴政虽然能逞一时之威,却不能持久,就是因为人们对法律抱有基本的正义期待。

(二)从法律正当性的评价来看

法律合法与正当的评价标准,既可以来自法律之内,那是规范评价,也可以来自法律之外,那主要是道德评价(注意"主要"两个字)。规范评价就是评价有无法律效力,而道德评价则是评价法律是否正义。正义作为法律的"应然",构成了对法律"实然"的检验与批判的重要武器。自然法学派所说的"恶法,非法也",这个"恶法"指的就是不正义的法。对法律进行善恶评价可以为法律改革提供方向和动力,可以推动法律的不断进步。历史就是这样,每一次的法律改革都是打着正义的旗号进行的。英国的光荣革命,后来之所以演绎出英国宪政,并不是因为英国贵族的正义情怀,而是因为贵族如果要赢得人民的支持,其提出的法律议案就必须迎合人民的正义需要,结果无心插柳柳成荫,私欲的冲动结成了善果。

(三)从对权力的约束来看

正义是一个能够摆得上台面的东西,因此,无论权力者的权势多么不可一世,其私欲也只能包装成正义的面目。完全迷恋暴力,一点都不做表面文章的,这种独裁者在历史上几乎没有。但是,一旦其正义的表面理由说了出来,反过来也对权力者自己构成了一定的约束。自己打自己的脸总不好吧?秦始皇焚书坑儒的理由是,那些术士招摇撞骗,所以要打压。这个理由当然正义,但这样一来,你秦始皇就不应该对其他读书人大开杀戒了吧？嘉庆皇帝杀和珅，说出来的理由是反腐，这个理由当然也很正义。但既然是反腐，那么你嘉庆皇帝也就只能拿腐败说事，那些未贪腐的人你就不应该恐吓人家吧？在正义的名义下，随着强权者权力的限制，人民的权利也就得到了相应的伸张。英国的国会制度、美国的司法审查制度，以及普遍存在于各国的民告官的行政诉讼制度，无不是正义所催生的结果。历史上，誓把暴政进行到底的封建专制君主，虽然也有，但毕竟还是要有一块遮羞布的。正义在为他提供遮羞布的同时，也反过来对他构成了一定的约束。

三、 警惕正义主观性的滥用

（一）正义的主观性

正义具有极强的主观性，这是因为：(1) 正义观与文化教育有关系。受教育程度不同的人，以及受不同教育的人，其正义观往往会呈现出很大的差异。受过法学教育的人大多倾向于废除死刑，而普通民众则总是期待血债血还。(2) 正义观与民族因素有关系。不同民族的想法并不一样，正如，在对待子女的态度上，中国的父母和美国的父母就有很大差异。他们想不通我们为什么是这样，我们也想不通他们为什么是那样。(3) 正义观与时代观念有关系。不同历史时期，人们的正义观也会打上时代的烙印。古代社会以孝为基本正义，而在今天则重视个人权利。(4) 正义观与评价主体的利益有关系。不同的利益主体，其正义观也会存在很大的差异甚至对立。正如鲁迅所说的，焦大是不会爱上林妹妹的，为什么不会？需求不同。中国古代的皇帝就与百姓的想法不一样。前者想的是如何用权力控制老百姓，以保证自己的子子孙孙做皇帝；后者期待的是皇帝轮流做，明年到我家。

由于上述原因，人们对于正义的理解也就莫衷一是。柏拉图认为，正义就是各司其职①；穆勒则说，正义就在于最大多数人能够获得最大幸福②；斯宾塞则将正义说成是，每个人都可以自由地干他所想干的事③。正义犹如天空之流云，绮丽却缥缈。所以，正义能够描绘理想图景，但却无法构筑通往理想的路径。在法学研究上，自然法学派的价值分析法，就是因为主张法律的正义性，但又缺乏实证依据，而被实证主义法学攻击为毫无意义。这里需要补充一点的是，正义与正义作为法律价值，这两者要区别开来，前者具有主观性并不影响后者的客观性。正义的主观性是指正义的具体内容是不确定的；正义作为法律价值的客观性是指正义作为法律价值这一点是可以形成共识的，因而是确定的。这在前面已经讲过。

在现实生活中，正义犹如一个道德箩筐，什么好听的、动人的词汇都可以往里面塞，所以，正义说起来总是那么的理直气壮，那么的鼓舞人和打动人。在日常辩论中，如果

---

① 参见〔古希腊〕柏拉图：《理想国》，郭斌和、张竹明译，商务印书馆 2002 年版，第 169 页。

② 参见〔英〕穆勒：《功利主义》，徐大建译，上海人民出版社 2008 年版，第 63 页。

③ 参见〔美〕斯宾塞：《社会静力学》，张雄武译，商务印书馆 1986 年版，第 37 页。

以正义之名就容易占据道德制高点，有舌战优势。也正因此，用正义来掩盖利益，成为人们惯用的手法。正如北欧现实主义者所认为的，诉求正义就好像砰砰敲桌一样，无非是将个人的要求转变为一种绝对假定的情感的表达。[1] 这是什么意思呢？就是说，正义的具体内容纯粹就是个人的要求，只不过借助了正义这么一个好听的词汇而已。而色拉叙马霍斯说得更干脆，所谓正义无非就是强者的利益。[2] 正义原本可以用来约束暴政与独裁，却因其过于主观反倒成了暴政的帮凶。而事实也是这样，历史上，那些坏事干绝、好话说尽的封建专制君主，又有几个不是假借了正义的名义？真真是——正义，有多少罪恶假汝之名。因此，我们在承认正义作为法律价值积极意义的同时，也必须警惕正义在作为法律价值时被滥用。

（二）正义的客观性

防范正义作为法律价值的滥用，最有效的办法就是要借助正义的客观性。正义是否具有客观性？如果有，那么，正义的主观性就不是绝对的，从而，正义的主观性也就不能为所欲为地为强权者的利益张目。正义的客观主义，我们可以从两个方面来证成，一是人性，一是认识正义的方法。

我们必须明白，人类尽管因为阶级、文化、国家、教育、历史等而呈现出千差万别的个性，但是，既然是人，就一定有普遍存在的共同属性，这个共同属性就是人性。因此，只要承认人性，那么，人类社会尽管存在阶级对立、意识形态对立等事实，但同时人类也存在为各阶层、各国家、各民族所普遍认可的正义观念。这就是正义的客观主义，也可说成是正义的普遍主义。正义的普遍主义是对正义主观主义的限定，即只要我们承认有普遍正义观，那么，正义就不可能是完全随意的自我利益的表达。今天所说的人类命运共同体其实都是普遍正义观的体现。如果每一个人在正义框架下自说自话，都将自己的利益说成是正义，那么，强盗的命令也就可以说成是正义。果真如此，那么，正义也就被正义主观性给彻底消解了，也就没有正义这一个说法了。可见，对正义主观性的理解，如果持绝对化的态度，在本质上讲，其实就是典型的狭隘的部落思维。什么是部落思维？就是原始人的思维，就是“非我族类，其心必异”的思维，这种思维对法律全球化是极大的障碍。

的确，对正义的客观性，我们不能通过自然科学的方法来获得，但是，正义总是与自由、平等、公正和人权等内容联系在一起。人类经验告诉我们，对于抽象性很强的概念，从反面来理解要比正面下定义要直观得多。我们虽然很难定义什么是正义，但却容易判断什么是不正义。[3] 比如，当我们遭遇歧视、遭遇不公平、遭遇特权、遭遇权利被剥夺时，我们直观上就会想到这是不正义。因此，能够从正义的否定面来理解什么是正义，

① 参见张文显：《二十世纪西方法哲学思潮研究》，法律出版社 2006 年版，第 119 页。

② 参见〔古希腊〕柏拉图：《理想国》，郭斌和、张竹明译，商务印书馆 2002 年版，第 19 页。

③ 参见周永坤：《法理学》（第二版），法律出版社 2004 年版，第 228 页；张文显主编：《法理学》（第三版），高等教育出版社、北京大学出版社 2007 年版，第 333 页。

这也是正义客观性的体现。

当然，由于人与人所处的社会地位和拥有的社会资源不同，并不是每一个人都会遭遇到不正义。正如，高高在上的专制君主是很难体会到人治的不正义一样，而如果有一天他体会到了，那个时候他也就是弱势群体了。比如路易十六，在他走上刑场的时候，他一定是肠子悔青了。许多历史人物的悲剧就在这里，有能力去改变不正义的制度时，体会不到不正义；而当其体会到了不正义时，又失去了改变的能力。我们必须明白，法治不只是保护百姓，也是对权力者的保护。且对权力者的保护，其意义远远大于普通百姓，因为他成本高啊。无知之幕理论的意义就在这里，它不断地提醒当权者，由于每个人沦为弱势群体的概率大致相当，因此，你只有从弱势群体的角度去设计社会制度，才可以避免制度对于自身的非正义，从而，为自己也为大众赢得普遍正义。

第三节　效率不是法律价值

当我们证明了法律价值是正义，其实也就证明了其他目标都不是法律的价值，包括效率。既然如此，那为什么还要就效率是不是法律价值作一专门的讨论呢？这是因为，效率作为法律价值的观点，自我国改革开放重视经济建设以来，越来越成为强势的观点。在与自由、安全、秩序等的比较中，效率作为法律价值的观点俨然不可动摇。因此，将效率单独拿出来讲，除了在理论上进一步证成正义是法律的唯一价值外，还更具有极强的现实意义。此外，就本书逻辑论证来讲，这也关系到前面所说的作为法律价值的条件能否成立，而且还关系到后面要讲的经济决定论的分析能否成立。因此，本章对于效率是否能作为法律价值作一专门讨论，将本章内容联结前后，以保证逻辑上的一致性。

一、效率作为法律价值的理论证伪

效率能不能作为法律价值，可以从以下几个方面来看：

（一）从效率的评价对象看

效率，在汉语里主要有两种含义，一是，指有用功与所有功的比率，这是一个物理学概念；二是，单位时间内所完成的工作量，这主要是一个经济学概念。效率能否作为法律价值就是在后一种意义上来理解的。在后一意义上，效率与效益有所不同，效益涉及投入与产出两个变量，评价的是结果，而效率则涉及时间、投入和产出三个变量，评价的是过程。三个变量的具体关系是：(1) 当时间和投入不变时，产出多则为有效率，反之则无效率；(2) 当时间和产出不变时，投入少则有效率，反之则无效率；(3) 当投入与产出不变时,时间少则有效率,反之则无效率。从效率的变量关系中,我们发现,效率与人没有必然关系,效率既可以评价机器人的行为,也可以评价动物的行为,人的行为只是其评价的对象之一。当效率评价人的行为时,它评价的是人的自身行为与其行为结果之间的关系,即其行为是否有效率。由此可见,效率并不直接涉及人与人的关系。

人与人的关系是法律调整的对象,而由于效率与人的关系没有直接关系,因此,效率也就与法律不发生直接的关系。因此,当且仅当,效率与人际关系有关时,效率才进入法律,即这个人的效率与那个人的效率进行比较时,涉及人与人的关系,效率才成为法律所规制的内容。打一个很好理解的比方,踢足球。足球有两个球队,双方都力争在短时间内进最多的球,也就是说,双方都追求效率。裁判规则就相当于是比赛的法律,而裁判员则相当于法官。裁判规则和法官不关心什么效率不效率的问题,只关心比赛公平不公平的问题。所以,裁判规则追求的价值只是公平,而不是效率。如果说,裁判规则也关心效率的话,那也是甲队追求效率的行为与乙队追求效率的行为,两者相比是否公平的问题。角色不同,任务就不同,队员追求效率,裁判追求公平。如果裁判追求效率,那就是他既当裁判员又当运动员了,比赛就全乱套了。

(二)从效率的主体利益看

效率一定是某个主体的效率,或者是这个人的效率,或者是那个人的效率。某个行为是否有效率,不同主体由于不同利益而有不同评价。可见,效率评价与评价主体的利益就有很大的关系。好比,强制拆迁对于开发商来说是很有效率的,但对于被拆迁人来说就没有效率。国家利益与个人利益之间也会存在这样的冲突。在经济建设中,个人必须服从集体,集体必须服从国家,其结果当然对国家经济建设来说有效率,但这是以牺牲个人利益为代价的,对于那个被牺牲人来说就没有效率。因为,在利益冲突的情况下,正义是双方的正义,而效率只能是一方的效率。因此,如果法律追求的价值为效率,那么,在利益冲突的情形下,法律是关心开发商的效率呢,还是关心被拆迁人的效率呢?是关心国家经济建设的效率,还是关心公民创造财富的效率呢?无论关心谁,都会导致不公平。

我们再以足球比赛为例,甲队和乙队都要追求效率,但甲乙两队的效率建立在两队比较的基础上。两队的利益是相反的,如果甲队的效率高,那么就意味着乙队的效率低。如果以效率作为裁判规则的价值追求,那么,裁判追求的是甲队的效率呢,还是乙队的效率?抑或是他自己的效率?无论是追求谁的效率,都将导致比赛的公平性丧失,比赛也就没有意义了。裁判"吹黑哨"的行为,其实就是他追求一方球队效率的行为。当然,他这样做,也是追求他自己财产的效率行为,如果他收了一方球队贿赂的话。

由上可知,效率非但不是法律追求的价值,反倒是法律规制的对象,即当不同主体的效率追求产生冲突时,法律就必须用公平的规则进行衡平。从应然意义上讲,法律既不允许开发商以牺牲被拆迁人的利益为代价,也不允许被拆迁人以牺牲开发商的利益为代价,公平是其唯一的选择。这里,公平从抽象的高度来理解就是正义。效率必须接受正义的约束，就如，裁判不得偏袒甲队的效率，也不得偏袒乙队的效率，而必须公平地维护双方的效率一样。同理，这里，公平从抽象的高度来理解就是正义。

（三）从效率与正义的关系看

效率与正义在总体上并不冲突，正义的制度是最有效率的制度，因为它能够调动人的积极性；相反，不正义的制度是最没有效率的制度，因为它抑制了人的积极性。这个道理很简单，现实生活中的例子也最多。高考总体来说是公平的，所以，人们投入高考复习的热情也就很高。如果考是考，但最后选拔不是根据成绩，而是根据政治表现，那么人们与其认真读书，还不如琢磨如何获得政治高分。

效率与正义的冲突常常发生在具体场景中，当不同主体的效率追求发生冲突时，如果坚持一方的效率，就对另一方不公平，这个时候，效率与正义就相互抵触了。正如有学者指出的，"在利益冲突的人类社会中，每个人都处在一种险境中，因为每一条法律的通过，都有可能让少数人的利益甚至是基本的生存利益被多数人的表决牺牲掉，而造成少数人陷于走投无路的绝境中"。[①] 好比，裁判想要满足甲队的效率追求，就要牺牲公平，而如果要追求公平，那么就不能满足甲队的效率追求。但是，作为裁判，其应当顾及的只能是公平，而不是一方的效率。

正义是社会总的伦理目标，效率则主要是社会的经济目标。经济生活只是人类生活的一部分，而不是人类生活的全部。因此，后者必须服从前者。并且，也只有符合前者，社会的经济运行才最有效率。[②] 犹如，只有裁判规则是公平的，并且裁判执法是公平的，甲乙两队训练和比赛的积极性才能提高。也就是说，正义是效率的前提，这既是人际关系公平的体现，也是社会整体效率的保证。

当然，法律规范有许多关于时效的规定，如诉讼程序中的简易程序、行政行为中的紧急程序等。许多持效率是法律价值的观点的人，一般都会举这些规定来佐证。[③] 但是，这些规定并不表明，效率是法律的价值追求，而是因为效率是正义评价的一项指标，所谓"迟来的正义不是正义"说的就是这个意思。怎么理解呢？就是说，正义也是有时间要求的，时间对于正义也是有意义的。其背后的逻辑是，时间对于法律价值没有独立意义，当且仅当时间作为正义的条件时，时间与正义才发生关系。这也就充分表明，法律追求的只是正义，而非效率，效率只有在作为正义的条件时才为法律所重视。或者我们也可以这样来说，效率对于法律而言，仅是法律追求正义的工具，而非法律追求的目的本身。

二、效率作为法律价值的实践逻辑

效率作为法律价值不仅在理论上不能证成，而且在实践中也会产生弊端。对此，我

---

① 林立：《波斯纳与法律经济分析》，上海三联书店 2005 年版，第 199 页。

② 参见周永坤：《法理学》（第二版），法律出版社 2004 年版，第 241 页。

③ 参见汪建成：《以效率为价值导向的刑事速裁程序论纲》，载《政法论坛》2016 年第 1 期；王铁玲、陆而启：《论审判独立的公正与效率价值》，载《新疆大学学报（哲学社会科学版）》2001 年第 4 期。

们可以作一番逻辑推演。

（一）法律会沦为强者的工具

前面讲过，效率评价与主体利益紧密相关，对这个人有效率就可能对另一个人没有效率，因此，一件事情是不是有效率，大家就不可能有一致的判断，都是各说各的，最后取决于判断者是谁。如果我们承认一个社会既有强势群体，又有弱势群体，那么，是不是有效率，那一定是强者说了算，其逻辑结果就是强势者的效率成为压倒性的需求。

2015年，网上流传一个“如何证明我妈是我妈”[①]的故事。故事听起来很荒诞，但背后的逻辑并不荒诞。理由是，这个要求只是对于证明方来说，是低效率的；但是对于要求方来说，则是非常有效率的。只要你能够提交证明材料来，那我的手续就没有问题了，这不是很有效率吗？同理，现在有许多单位动不动就要求公民出具无违法犯罪记录证明。要求公民证明自己没有违法犯罪是不是违宪，我们先姑且不论。单从效率来分析，显然对于公民来说，由于增加了证明的负担，当然是没有效率的。但是，这对于提出要求的单位来说，就不一样了。你只要提交了这个证明，我就轻松多了，这不就很有效率吗？所以，只要你能够主导规则，那么规则当然也就可能成为你追求利益的工具。谁能主导规则呢？当然是强者。

（二）会强化重实体而轻程序的观念

中国传统文化向来重实体、轻程序。中国人看电影看到最后，就是希望正义战胜邪恶，至于如何战胜邪恶，那就不管了。至于什么审判程序，那只是形式，一点都不重要。这种重结果、轻过程的思维与效率思维，本质上是一致的。你想想看，既然法律追求的是效率，那么，法律程序也就可以看作是实现效率的手段。因此，检验程序是不是好的，其标准就是效率。凡是有碍效率实现的程序，就是不好的程序；而凡是有利于实现效率的程序，就是好的程序。于是，当事人辩护权、刑讯逼供，只要没有妨碍对坏人的惩处，都可以不管了。这种思维的极端，甚至于，当事人的人权保障制度，因为对惩处坏人而言反倒是个障碍，也可以废除。

将效率作为法律价值，是重实体轻程序观念的反映，而它反过来又会进一步强化这种观念。效率只有置于正义之下，才能发挥它的应有意义。

（三）会催生司法不公

效率是经济建设的价值追求，政府对GDP的重视就是效率价值的体现，这当然与司法没有关系。但是，在审判还不能取得完全独立地位的情况下，司法迫于政府压力，就有可能作出迎合的姿态。社会效果的司法标准，就为法律标准的改变提供了言之凿凿的理由。什么是社会效果？有什么标准？一个创造GDP的企业因为败诉而倒闭，这

① 这是发生在2015年的故事。一个公民要出国旅游，需要填写“紧急联系人”，他写了他母亲的名字，结果有关部门要求他提供材料，证明“你妈是你妈”。

是不是社会效果不好呢？社会效果好不好，不同的人有不同的看法。在法律人看来，如果它实现了法律正义，社会效果就是好的。而在地方政府看来就未必了，税收减少了，员工失业了，这些都会给地方政府带来很大的压力。你法院开支不是政府给的啊？你法院要不要为政府分忧啊？而如果法院为政府分忧，那司法还公正吗？

既然程序正义并不重要，重实体轻程序嘛，那么，程序也就为司法人员提供了伸缩的空间。你想想，在程序正义下，刑讯逼供就没有空间。但是，如果司法办案追求的是效率，那么刑讯逼供就容易受到默许甚至鼓励。由此可见，绝大多数的司法腐败，与效率作为法律价值的定位，在逻辑上是可以找到内在关联的。

最后，在结束本节内容时要补充一下。将效率作为法律价值，实质上是经济建设的生产力标准扩张的结果。其实，不仅是法律，现在什么领域都受到了效率追求的影响。拿学术为例，什么级别的论文多少篇啊？什么级别的课题多少个啊？什么级别的学术奖励多少项啊？数字几乎成为学术水平唯一的评价标准。至于论文写的是什么，写得好不好，统统不看了。效率作为法律价值，实际上是没有搞清楚，经济与规制经济的法律的关系。经济与规制经济的法律，两者的关系是，法律是经济行为运行的轨道和界限。经济行为本身是否合理以效率评价为标准，而经济行为是否公平、是否正当则为法律所规制。一句话，把效率还给经济，把正义还给法律。

下　篇

法社会论

第十七章　法律与人性

人性与法律相比，人性是不可改变的，而法律则是人为设计的。因此，我们不能通过制度来改造人性，而只能建立制度来适应人性和引导人性。人性是法律规范设计的逻辑起点，一切法律都必须尊重人性，而凡是有违人性的制度都是不人道的，最终也是失败的。我们这一章就从基本人性的角度出发，来谈谈法律与人性的关系。由于经济学就是在人性基础上构建起来的，因此，本章借助了大量的经济学知识来解释人性与法律的关系。

第一节　利己与利他

一、人是利己的还是利他的

亚里士多德说，人在本性上是社会性的[①]。什么是社会？“社”，在古代是指祭祀土地神的地方，社火就是指民间在节日扮演的各种杂戏。“会”的基本意思是聚会、合拢、合在一起。因此，社会最早的意义，应该是指人们基于祭祀土地神的需要而聚集在一起。从社会这一原初意义可推论，社会既可以指人与人的交往，又可以指人与人交往的一种状态。说人是一种社会性动物，这是在前一种意义上所讲的。我们说，世俗社会、宗教社会，或者与“自然”相对的社会，就是在后一种意义上所讲的。总之，人是群居性的动物，人只能在社会中生活。鲁滨孙的故事，大家都听过吧？在那个孤岛，不愁吃不愁穿，没有压迫、没有剥削，但唯一缺乏的是人，没有人交流。于是，鲁滨孙弄了一个帽子，挂在树枝上，天天与那个假装是人的帽子说话。鲁滨孙的故事就告诉我们，人是群居性动物，只要是人，他就有与人交往的需求，离群索居是有违人性的。迄今为止，我们还没有发现，人可以在一个完全与世隔绝的状态下生活下去。

人是不是唯一的群居性动物？当然不是，蚂蚁、蜜蜂等都是群居性动物，有许多动物我们看起来是独居的，但或许是我们并不知道它们的联系方式。当然，这个不重要。重要的是，人不仅是群居性动物，而且还是可以与陌生人合作的动物。据说，人是唯一能够与陌生人合作的动物。在同样的蓝天下，猿人曾极力躲避陌生人，而如今数百万的人却在一起共同居住、共同生活和共同工作。据说，人还是唯一能够在同一物种中不相关的成员之间进行任务分配的动物。还据说，自然界中没有任何一个物种能够像人类

① 参见〔古希腊〕亚里士多德：《尼各马可伦理学》，廖申白译，商务印书馆2003年版，第18—19页。

一样，在同物种没有血缘关系的成员之间实现如此复杂和需要高度信任的合作。[①] 不好意思，说了这么多的“据说”。毕竟，我不是人类学专业的，没有能力去考证，冠以“据说”以示严谨。

人性善，还是人性恶？这是一个争论不休的问题。事实上，人是性善的，还是性恶的，都有一定道理，都能够找到一些可资证明的人性因素。但是，假设什么，或者以什么作为思考的起点，那就有不同意义了。前者立足于道德，后者着力于法治。

我们必须承认，人有追求自身利益最大化的本性，经济学就有一个“经济人”的说法。所谓“经济人”，就是说人的思考和行为都是有目标理性的，是追求自身利益最大化的，所以又称为“理性人”。“经济人”的假设最早是由英国经济学家亚当·斯密（Adam Smith）提出来的。亚当·斯密认为，人的行为动机根源于经济诱因，人都想争取最大的经济利益，工作就是为了取得经济报酬。亚当·斯密有一句经常被人引用的名言：“我们每天所需的食物和饮料，不是出自屠户、酿酒师或面包师的恩惠，而是出于他们自利的打算。我们不说唤起他们利他心的话，而说唤起他们利己心的话。我们不说自己有需要，而说对他们有利。”[②]承认一个人是经济人，其实就是承认一个人具有自利的本性。市场经济就是建立在这一假设的基础上而展开的。否定人的自利性，比如太平天国以及其他乌托邦理想社会，最后都以失败而告终。

人有利己性，并不意味着人就没有利他性。我们先来看动物世界。我们在电视上可以看到集体迁徙途中河马对小河马的保护，我们也可以发现燕子为其他病弱的同类寻觅食物，而像蚂蚁这样的社会性昆虫更是宁愿牺牲自己来保护种群。[③] 这些例子充分表明，同一物种的内部关系并非只是纯粹的利己关系，利他性关系似乎也普遍存在。动物世界尚且如此，以“高级”“文明”自诩的人类社会当然就更加普遍。逻辑上也只有承认人具有利他性，道德上才能够讲得通。我们前面已经讲过，人是社会性动物。人的社会性要求必然要容忍他人给自己带来的不便与不利，要对自己的自利性进行一定程度的抑制，以维持人类社会的延续。倘若人是纯粹的自利性动物，那么，社会也将无以为继，或者干脆说，就不可能有社会了。

因此，人有自利的一面，也有利他的一面，从而在行为上，人有性善的一面，但也有性恶的一面。而一切社会规则的所作所为，就是在承认人性的基础上，去刺激人的善，而抑制人的恶。法律所能做的就是将人的利己性控制在社会所能承受的范围内，人的利己本性，只有在不破坏社会关系的前提下才可以被接受。法律就是抑制人的利己性过分膨胀，以维持社会存续的一种手段。法律不关心自私，自私只是道德评价的范畴，法律关心的是不得以损人作为利己的手段。损人结果如果经常发生，社会就会瓦解，而

---

① 参见〔英〕保罗·西布莱特：《陌生人群——一部经济生活的自然史》，梁娜译，东方出版社 2007 年版，第 6—7 页。

② 〔英〕亚当·斯密：《国民财富的性质和原因的研究》（上卷），郭大力、王亚南译，商务印书馆 2004 年版，第 14 页。

③ 参见〔美〕伊安·巴伯：《当科学遇到宗教》，苏贤贵译，生活·读书·新知三联书店 2004 年版，第 135 页。

沦为丛林世界。因此,法律也可以看作是社会性与利己性冲突的调整器,在社会性与利己性的冲突中寻找一个合理的平衡点。

二、 行为的外部化问题

人的行为从社会关系的角度分析,可以分为涉己行为和涉他行为。涉己行为是指一种与他人没有关系的行为,对他人不产生影响的行为;涉他行为是指一种与他人有关系的行为,对他人产生影响的行为。涉己行为与涉他行为的划分具有相对性。家庭行为相对于家庭之外的公共领域,就是一个私人行为,免于国家权力的干预,这也就是人们常说的“风可进,雨可进,国王不可进”。但是,家务事超越一定范围或程度,就可能成为公共事件,而被视为是涉他行为。比如,严重侵犯家庭成员的身体健康或生命安全的行为,就会招致法律干预。因为家暴不再被视为是家庭事务,或者说它已经被视为一个涉他行为。当然,这个时候的“他”在公共空间被当作一个独立的个体,他不只是某一家庭的成员了。此时,国家权力就可以进到家庭中来,对这种涉他行为进行干预。同理,在一个国家内部,某一行政行为涉及一国公民时,这在国内法看来就是一个涉他行为,由法律所调整。但在国际领域,它又经常被看作是涉己行为,而与国际社会无关,这就是国家主权原则。但是,当国家大肆侵犯公民人权时,它就可能招致国际社会的干预。因为侵犯人权的行为并不被看作是国家主权的内容。这个时候的“他”在国际社会被视为人类社会的一个“人”,而不只是某一国家的“人”。这个时候,国际力量就可能介入国家中来,对这种涉他行为进行干预。由此可见,法律关心的是涉他行为,并不关心涉己行为。

涉他行为在经济学里又称为行为的外部性。外部性有正外部性和负外部性之分。所谓正外部性,是指某个个体的活动使他人或社会受益,而受益者无须花费代价。唱歌甜美,让人悦耳动听,打扮漂亮,让人赏心悦目,这些就是正外部性。所谓负外部性,是指某个个体的活动使他人或社会受损,而行为人却没有为此承担成本。唱歌很难听,不要钱而要命的那种,在小区跳广场舞,使邻居不能休息,这些就是负外部性。显然,法律不关心正外部性,关心的只是负外部性。

法律之所以要关心负外部性的问题,是因为行为人将自己的成本转移给别人承担了,所以负外部性也叫做成本外部化。成本外部化,有违成本收支的原则。谁行为,谁收益;谁行为,谁承担成本,这是经济学原则。违反成本收支原则的,那就不是经济,而是暴力了。商业的意思就是有事好商量的事业,因此,商业活动首先就意味着它是以协商为主的和平活动,与暴力相排斥。而排斥暴力从经济的角度来看,就是排斥成本的外部化。与经济相对,暴力就是将成本外化给他人的活动,而这正是法律所要禁止的。

三、 行为外部化的法律态度

成本外部化其实也就是损人利己的行为,当然也包括损人不利己的行为。现实中有许多行为容易外部化。男女同居而怀孕，往往就是女方一个人承担了后果，这就是男方将其行为的成本外部化给女方了。而要消除行为成本的外部化，就是将成本内部化，即由行为人自己来承担成本。婚姻制度就是为了避免男方将其可能成本外部化的行为给抑制住了，从而约束男方不负责任的行为。因此，从经济学的角度看，婚姻就是由当事人双方共同承担生活成本的形式，以防止一方成本外部化。由于婚姻外的男女同居，男方行为容易外部化，因此，婚姻对于女性而言，在这一点上意义更为重要。

法律的功能，从经济学的角度看是抑制成本的外部化，而从法律来讲就表现为法律义务。在外部性的结果已经出现后，法律的功能就是化外部性为内部性，这在法律上就表现为法律责任。而对于他人外部性成本承担的拒绝，这在法律上就表现为法律权利。因此，法律权利、法律义务和法律责任，都是可以从经济学的角度来获得解释的。法律致力于抑制成本的外部化，防止由无辜的人来承担行为成本。当然，法律也同意人们通过合同约定来分担成本，但人们如何约定，谁行为谁负责的根本原则并没有改变。

当然，法律具有抑制成本外部化的功能，自然也就有人可以通过法律将自己的成本外部化。在丛林世界中，暴力就是获得生存资源的重要依据，成本外部化既是暴力的体现，也是暴力的结果。人类进入社会以来，暴力被法律所代替，成本外部化不是暴力的体现，但借由法律来实现仍然有可能。在古代专制社会里，统治阶级之所以能享有特权，就是因为其成本外部化给了其他人。也就是，法律虽然具有防止成本外部化的功能，但能不能起到这样的作用，还取决于法律是如何产生的，法律是代表人民的意愿，还是代表封建君主的意愿。如果是后者，法律拟制成本外部化的功能就很难落实。

以成本内部化来解释法律的功能，的确较为生活化，容易为人们所理解。但是，这种经济学解释方法也具有一定的局限性。比如，它就不能解释有关社会风尚的法律规定，如禁止赌博、禁止嫖娼。因为，这些行为并不存在成本外部化的问题，如果只立足于成本分析，那么，法律的禁止就有问题了。而如果法律一定要禁止，那么其原因就不能从经济上去找。此外，成本分析也无法解释法律充当监护人角色的问题。如，骑摩托车戴不戴头盔，这主要是个成本内部化的问题。法律充当监护人的理论假设是，一个人在特定时候会不理性，容易作出不利于自己的行为。显然这个理由，就与成本外部化没有关系。

第二节 合作与背叛

人是社会性的动物，而维持社会的基本条件就是人与人的合作；但同时，人又是利己性的，因此，如何克制利己性以维持合作的关系，这也是法律所要承担的任务。

一、搭便车的问题

（一）什么是搭便车

搭便车理论，也是经济学的一个重要理论。搭便车的基本含义就是，不负担成本却坐享他人之利，与人的利己心有很大关系。

搭便车的现象主要发生于公共产品的使用中。公共产品是指那种不论个人是否愿意购买，都能使整个社会每一成员获益的物品。“公共物品”是西方经济学用语，指能为绝大多数人共同消费或享用的产品或服务，如国防、公安、司法，以及义务教育、公共福利事业等。公共产品具有非排他性、非竞争性。所谓非排他性是指，大家共同消费公共产品，与某个人单独消费该公共产品，其效益是相同的。或者说，一些人在利用该产品时，并不能排斥其他人对它的利用。比如，某人在小区门口安装一盏路灯，这是一项能为小区业主都带来好处的服务，要让某些人不能享受照明的好处是做不到的。所谓非竞争性是指，一个消费者在利用某公共产品时，并不会减少对其他消费者的供应。或者说，一些人从该公共产品中获得的好处，不会影响到其他人同时从该公共产品中获得好处。比如，某人在小区门口安装一盏路灯，其支出的费用以及所有小区业主从中获得的好处，不会因为多一个业主或少一个业主而有什么不同。

由于公共产品的非排他性、非竞争性的特点，如果某人生产了某公共产品，那么其他人也可以同时享受这个公共产品所带来的效用，而不必给生产者任何费用，这就是搭便车的行为。搭便车是人的利己性的反映，但问题是，如果允许这个社会所有的人搭便车，那么，其结果就是没有人来为公共产品买单了。久而久之，社会也就趋于瓦解了。因此，为维持社会的存续，就必须制止人们搭便车的行为，将人们纳入一个合作的轨道上来。

（二）搭便车的防范

如何解决公共产品搭便车的问题？要解决这个问题就只能求助于政府，由政府向人们征税，并以税收作为公共产品的成本。因此，税收实质上就是人们接受公共产品的支出。税收就将原本可以外部化的成本分摊到了所有人，即成本内部化，从而也就消除了搭便车的行为。税收的意义不仅有助于解决搭便车的问题，同时有也助于爱国心的塑造和凝聚。因为，在税收体制下，人们自然就会关心公共产品的收支、关心公共生活的质量，这些就是政治生活的内容。当然，税收上述意义的实现，其前提是纳税人必须知道税收的去向。

税收最早起源于保护费，社区居民通过共同支付保护费的方式，来获得某社会组织的保护。当这样的社会组织有若干个时，保护费其实就可以讨价还价。但是，当这种社会组织最终演变为一个政府后，此时，税收就具有国家法律的强制性，公民的讨价还价能力也就没有了。后来，共和出现了，民主出现了，税收又开始可以讨价还价了。还记得英国 1689 年的《权利法案》吧？里面规定，“未经议会同意，国王不能征税”，这就是英国贵族和国王关于税收讨价还价的结果。

税收是理解公民与政府关系的钥匙。政府是提供公共服务的主体，而税收则是公民向政府购买公共服务的对价。以小区作类比，小区属于全体业主所有，物业公司是业主雇来的，物业费就是业主向物业公司购买物业服务的对价。公民与政府的关系就类似于业主与物业公司的关系，而税收的性质也与物业费是一样的。因此，公民与政府可以看作是平等主体之间的契约的关系，政府如果不能提供约定的公共服务，那么，政府就违约了，纳税人就可以拒绝缴纳税金。但是由于政府是唯一的，并不像物业公司一样可以随时找到替代者，因此，公民就处于弱者的地位，讨价还价的能力没有小区业主那么强。怎么解决这个问题呢？这个方法就是用时间换空间，将政府在空间上的不可替代性，转化为时间上的可替代性，亦即人民可定期对政府进行换届选举，这就在一定程度上抑制了政府的违约行为。在这种框架下，公民也就可以就税收进行讨价还价了，至少在换届的时候是如此。所以你看，美国总统竞选时，候选人给选民常见的诱惑就是减税。

二、囚徒困境的问题

囚徒困境也是经济学提出来的一个概念，它最早是通过一个警察与小偷的故事来讲清楚，人在利己心的驱使下与人合作的问题。

（一）什么是囚徒困境

囚徒困境的故事讲的是，两个犯罪嫌疑人作案后被警察抓住，分别关在不同的屋子里接受审讯。警察知道两人有罪，但又缺乏足够的证据。于是，警察想了一个办法。警察告诉他们每个人都有两个选择，或者坦白，或者抵赖。具体的情形是，如果两人都抵赖，各判刑 1 年；如果两人都坦白，各判 5 年；如果一个坦白而另一个抵赖，坦白的立即释放，沉默的判 10 年。每个囚徒都面临两种选择，或坦白或沉默。然而，不管同伙选择什么，每个囚徒的最优选择都是坦白。因为，如果同伙沉默、自己坦白的话，自己就出去了；同伙沉默、自己沉默的话，自己就被判 1 年；而如果同伙坦白、自己也坦白的话，自己判 5 年；同伙坦白、自己沉默的话，就判 10 年。结果，两个囚徒都选择了坦白，各判刑 5 年。

B \ A	不招认	招认
不招认	A:1 年、B:1 年	A:释放、B:10 年
招认	A:10 年、B:释放	A:5 年、B:5 年

显然，如果两个人都能保持沉默，那么各判 1 年，这个结果是最好的，但是，这个方案无法满足个体的理性要求。囚徒困境所反映出的深刻问题是，人类的个体理性有时

候会导致集体的非理性，即聪明的人类会因自己的聪明而作茧自缚，损害集体的利益最终会损害个人利益。

现实生活中，囚徒困境的例子有很多很多。比如，火灾逃生，最有效的办法是排队通过门口，但每个人都想尽早离开，结果导致门口拥堵而致大家都无法逃离危险。再比如，房地产市场，倘若消费者都约定不买，那么商品房价格最终就会下跌。但是，由于每一个人都担心别人会买而使价格上涨，自己会成为受害者。于是乎，大家都拼命跟风，从而导致房价飞涨。再比如，每一个家长都知道牺牲小孩的周末休息时间是不对的，但又担心别人的孩子在补课，自己的孩子会输在起跑线上。于是乎，一到周末，人人补课，苦不堪言。

（二）囚徒困境的破解

如何避免"囚徒困境"，建立信任的合作关系呢？经济学家围绕"囚徒困境"，展开了一系列研究。美国博弈论专家罗伯特·阿克塞尔罗德通过计算机程序，设计了"一报还一报"的策略。"一报还一报"策略的具体做法是，首先以一个合作开始，然后模仿对方上一步的选择，对方不合作，那么立即跟进报复。结果与其他所有程序相比，"一报还一报"策略的平均得分最高。这个实验启示我们，"囚徒困境"之所以发生，是因为双方之间的契约博弈是单次的。假设双方都明白，如果双方存在重复博弈，那么，交易者就不会选择背叛，而是会选择合作。因为，交易双方都是理性人，双方均能明白，背叛仅仅是零和博弈，而合作将使双方的利益都能够获得增量。事实也的确是这样，百货商场就比路边小摊要更讲诚信，就是因为前者是重复博弈，双方均有报复对方失信的机会，而后者则是单次博弈，双方是一锤子买卖。明白这个原理，那么我们也就可以理解，一个人在熟人社会的表现比在陌生人社会要好，就是因为在熟人社会，人们的交往是重复的，而在陌生人社会，彼此往往不再打照面了。

当然，或许有人会质疑，如果博弈的次数是有限的，那么，交易者基于利益最大化的考虑，其在最后一步必定会选择背叛。而如果这个推理能够成立，那么，每一个交易者为避免在最后一步成为对方的猎物，就会在倒数第二步选择背叛。以此类推，那么每一个交易者在第一步开始时就必定不会选择合作，而是会选择背叛。如是，"囚徒困境"依然不能幸免。当然，这种质疑在逻辑上的确能够成立。不过，在重复博弈关系中，或许人们对博弈次数有限性这一事实本身就不知情，此其一；其二，人们都是经验性动物，对于遥远的结局，眼前利益往往会战胜理性。因此，只要将单次博弈关系转化为重复博弈关系，那么，囚徒困境就可以化解。在市场经济中，取缔流动摊贩，设立固定地点经营，这不失为对重复博弈关系的构建。那些历史品牌、老字号等，消费者之所以会青睐有加，也就是因为与它们重复博弈关系的时间可以无限。

此外，囚徒困境之所以出现，双方信息不充分或不对称也是一个重要原因。在信息不充分的情形下，一个理性人在利己心的驱使下，就有可能采取欺骗对方的策略，从而双方很难建立信任关系。如果商家的信用具有可识别性，那么顾客也就可以放心交易。

法律对商标、品牌的强制性保护，其实就是信用保护制度。社会越复杂，信息的搜寻成本就越高，因而也就越需要法律对于信息的公开。因此，法律将信息符号化，比如大学的双一流评级、饭店星级的评定，人们就可以从这些具有法律效力的符号中迅速地判断必要的信息，从而也就可以在一定程度上化解囚徒困境。

三、 公地悲剧的问题

1968 年，英国学者哈丁(Hardin)在《科学》杂志上发表了一篇题为《公共地悲剧》(The Tragedy of the Commons)的文章，从此，公地悲剧的概念就流行开来了[①]。公地作为一项公共资源，每一个人都有使用的权利，但又都没有权利阻止其他人的使用，这也是前面所讲到的公共产品的特点之一，即非排他性。

(一) 什么是公地悲剧

为了说明公地悲剧，我们还是举个例子。假设有一个公共牧场，可以容纳 1000 只羊，这个数量是这个牧场的最佳配置，可以维持牧场的良性发展。这个牧场有 100 户人家，平均每户牧羊 10 只。如果每户都能够自律，控制放羊数量，那么，这个牧场就能够维持这 100 户人家较好的生活水准。但是，有一个户主不这样想，他想多放一只羊。在他看来，我多放 1 只，这对于整个牧场的影响微乎其微，但对于我的收益来说则是显著的。可是，每一个人都是经济人，所以，他这个想法也是大家的想法。于是，每户都不断地增加数量，直至牧场完全沙漠化。这就是公地悲剧。

公地悲剧说明，凡是属于最多数人的公共财产，也常常是最少受人照顾的东西。例如，公海中鱼类就是属公共资源，一个人的滥捕对于公共资源的消耗几乎为零，但自己所获得的利益则很大。但是，由于每一个渔民都是这样想的，于是大家争先恐后地大肆捕捞，结果是海洋生态被彻底破坏，渔民的生计最终也受到影响。这也可以从囚徒困境的角度来分析，每一个人都陷入共同背叛的境地。公地悲剧在现实生活中的例子比比皆是，森林被过度砍伐、草原被过度放牧、污水被过度排放、空气被严重污染，这些都是典型的公地悲剧。

(二) 公地悲剧的避免

如何避免公地悲剧？我们可以设想一些办法。最立竿见影的办法就是找个人来维持秩序。比如，由 100 户牧羊人选出一个执法者，让他监督每家每户的放羊数。这个办法有没有用呢？有权力就有腐败，这就又引起了新问题。如果这个执法者，我们就说成是警察吧，他的权力不受制约，那么，其寻租的行为就是一种必然。今天我给他一包烟，明天你请他吃个饭，后天他干脆给他一只羊。结果，过度放牧的现象还是不能被阻止。或许有人会说，那就再设置另一个检察官来监督这个警察。这个监督的办法行不行呢？

---

① 参见原荣华：《"马尔萨斯"和适度人口的终结》，中国环境科学出版社 2013 年版，第 136 页；潘天群：《博弈生存——社会现象的博弈论解读》，中央编译出版社 2004 年版，第 173 页。

我们前面已经讲过，这种办法永远解决不了“谁来监督监督者”的问题，并且还会导致成本无限上升。其实，这种办法还会引申出另一个问题，等到这些执法者形成利益集团了，你再要动它的奶酪那就难了。他们或游说、或威胁地要增加编制，提高工资、增加税收、建立军队。结果，那100户牧羊人被压迫、被剥削的命运，就可想而知了。

公地悲剧的原因，从经济的角度看，就在于公地既不是你的，也不是我的，但是我利用而产生的收益却是我的。人们为了使自己的利益最大化，在利己心的驱使下，每一个使用人都倾向于过度地使用公地，最终酿成公地悲剧。也就是说，公地悲剧之所以成为悲剧就是因为它是“公地”，为什么就没有“私地悲剧”的说法呢？所以，我们可以转变一下思路，假设这个牧场归某个人所有，我们姑且把这个场主叫老张吧。老张既可以自己放牧，也可以租给牧羊人放牧。不管是什么方式，出于对自己利益的关心，他一定会想方设法将羊的数量控制在1000以内。可能有人想到，如果他也是租给100户牧羊人，这与前面又有什么不同呢？那当然不同。牧场不是警察的，所以警察没有关心牧场的动力，他负不负责就全看有没有约束。当然我们这里就不要说道德了，只讲制度。老张就不一样，这个牧场是他的，他如果发现谁家多放了，他就会依据租赁合同要求对方承担赔偿责任，直至解除合同。贿赂警察有用，贿赂他就没有用，除非你给他的好处能够抵偿他的损失。牧羊人也是经济人，要他支付的数额超过他放羊的收入，他有必要吗？

因此，化解公地悲剧就是将公地转化为私地，也就是建立私有产权制度。当公共资源私有化后，每个人出于对自己利益的关心，为使自己利益长远和最大，就会谨慎地开发和利用资源，从而避免了公地悲剧。正是这个原因，所以，各国法律都致力于保护私有财产，民法也好，刑法也好，无不将私有财产作为其重点保护的对象。而相反，那些类似于太平天国的乌托邦思想，因为其否定私有的做法与人性不符，最后都失败了。太平天国后期大概也意识到了这个问题，颁布了《资政新篇》，主张保护私有财产，可惜一切都晚了。

当然，并非任何公共资源都可以划分为私有，海洋湖泊、江河空气等，因其具有不可分割的特点就无法确定为私有。特别是大气污染，它已经远远地超越了一国领土，其“公有化”程度远甚于一国之内，以私有的办法根本无法应对。对此，法律上一般采取谁污染、谁付费的办法。这种方法在一国之内，尚有一定效果，但在国际层面则无能为力，只能依赖国际公约的形式来解决，比如，按污染排放比例或按工业规模来分摊成本。总之，无论用什么方法，其基本的思路都是，防止成本外部化。

第三节　利益与公平

效益与公平的关系，有时候也表述为效率与公平的关系，这也与人性需求有很大的关系。效益与公平的关系,其实就是两者谁先谁后的问题,是效益优先于公平,还是公平优先于效益?要确定何者优先,我们先来看一个实验。

一、最后通牒实验

人性首先是追求公平,还是首先追求效益?为此,美国一个叫桑塔菲的研究所曾经做过一个实验。

(一)什么是最后通牒实验

实验人员选择两个愿意参与实验的人,由这两个人来对1000元美元进行分配。实验规则是,在两名受试者中,一方有权提出任意的分配方案,另一方则要么同意,要么拒绝。如果同意,他们两个就按该方案分配。如果不同意,那么,两个人都一无所获,这1000美元由实验人员拿走。一方提出的分配方案,谓之“最后通牒”。请大家代入角色中,如果你是提议者,你会提一个什么分配方案?是九一开,还是五五开?而如果你是另一方,多少比例的范围你能接受?超过多少,你就会义无反顾地否决?

这个实验中,当一个法国人向一个印度人提出“三七分”,自己拿七,对方拿三的时候,印度人拒绝了。重新选择实验人员,再反复实验。结果是,有40%的人提出了五五分配方案。印度人似乎很难接受低于40%的分配方案。有一个背景需要交代下,当时,一个普通印度人一年辛辛苦苦劳动的全部收入可能也只有300美元。桑塔菲研究所花了10年时间来做这个实验,结果表明,不同国家和地区,不同文化背景的小型社会,包括原始土著民族、半开化的渔村、城市旁边的乡村,以及那些经济体制转型国家的城市等,低于40%的分配方案都会遭到拒绝。

(二)最后通牒实验的人性启示

最后通牒实验对于人性有什么启示呢?分析可得以下几点:

(1)人们对于公平的追求,远甚于对于利益的追求。一旦利益与公平发生冲突,人们对于公平的向往就会压倒利益的诱惑。而这显然不符合理性,但它却符合人性。人性中有理性的成分,也有不理性的成分。我们前面在讲法律程序时也举过一个例子,被骗了100元钱与遗失了100元钱,从利益损失来看,两者都相同,但人的感受却非常不同,就因为前者不公平,后者只是运气不好而已。

(2)只有与他人合作,才能使自己的利益最大化。那个提方案的人,其追求的利益能不能得到,是以对方会不会同意为前提的,一厢情愿赚钱的想法是不现实的。这里,说得学究气一点,就是合作是逐利的前提。

(3)只有在公平的关系中,合作才有可能。提议者如果离开了公平,却要求对方一味地配合他获利,那最后只能是竹篮打水一场空。因此,要建立合作的关系,就要公平地对待他人,即要想自己好,也要让别人好,自私自利行不通,互利互惠才可以。一句话,公平是合作的前提。

（4）只有公平的合作关系，大家的利益才能最大化。你好我好，大家好。因此，一个理想的社会就应该是一个公平的社会。在公平的社会里，每一个人的利益都能得到最大化。还记得我们前面讲过的法律价值吧？法律的价值是正义，效率则不是。两者的逻辑是一致的。所以，一本书要保持逻辑的严谨性，就要保持说理的一致性。你不能在这里是这个逻辑，在那里又是一个逻辑，那就不讲逻辑了。

（三）实验的理论意义

最后通牒实验的意义当然不只是体现在对人性的启示上，其理论的深刻性还体现在：

（1）最后通牒实验揭示了古典经济学理论的局限性。古典经济学理论以“经济人”的假设为前提，但是，最后通牒实验却告诉我们，“经济人”并不是在任何场合都能成立。这不仅体现在公平与效益的冲突中，而且也反映在非理性违法的行为上。对于理性违法行为，法律只要通过增加违法犯罪的成本，以防止其成本外部化，就可以起到法律的预防作用。但是，对于非理性行为，如激情杀人、自控力差的人的犯罪，以及基于某种信仰的犯罪，通过增加其违法成本并不会有什么效果。

（2）最后通牒实验揭示了市场经济分配公共资源的局限性。资源的有限性催生了资源的分配规则，按什么规则来分配是公平的呢？市场经济最主要的就是根据价格来分配，比如拍卖资产、出售房屋，谁出价最高，我就卖给谁，这是最公平的。但是，公共资源就不能按价高者得来分配。比如公交车上的座位、学校的座位、泰坦尼克号的获救机会。你能说，谁给的钱多就卖给谁吗？对于诸如此类的公共资源，价高者得的规则就被认为不公平。一般来说，对于公共资源的分配，公平的分配规则是平等、照顾弱者、先来后到等，而价高者得则被严格限定。学区房就存在这个问题，表面上看，金钱购买的方式是公平的。但是，由于学区房与儿童教育质量捆绑在一起，因此，它又可能会导致教育的不公平。

二、帕累托最优是否可能

既然人性对于公平的追求优先于对于效益的追求，那么，我们以此为根据，来分析一下帕累托最优，看看这个分配方案是不是一个最优，以及能不能付诸实施。

（一）帕累托方案的公平性问题

帕累托最优，也称为帕累托效率，是由意大利经济学家帕累托提出的一种理想分配方案。在固定人群中分配资源，有很多种分配方案可以选择，究竟哪一个分配方案才是最优的呢？帕累托认为，如果在没有使任何人境况变坏的前提下，至少有一个人变得更好，那么，这个分配方案就是最优的。从逻辑上讲，帕累托方案在使一部分人变得更好的同时，并没有损害到其他人的利益，因此，它是在不影响公平的前提下追求了效率。正因此，帕累托方案被人们认为是理想的分配方案，是公平与效率关系的“理想王国”，所以，就有了“帕累托最优”、“帕累托改进”的美誉。帕累托方案真的就是最优的分配方案吗？它真的就没有损害公平原则吗？我们根据最后通牒实验所获得的启示来分析，就会发现，帕累托分配恐怕并不是最优的分配。

帕累托提出的分配方案，我们可以分解为两种情形：一是，一部分人的境况会变好，另一部分人的境况不会变坏；二是，所有人的境况都变好了。在第一种情形中，对于境况会变好的那一部分人而言，不仅资源的绝对拥有量增加了，而且与另一部分人相比，资源的相对拥有量也增加了。所以，这一部分人的效用水平总体上都得到了提高。而对于境况不会变好的那一部分人而言，虽然其资源的绝对拥有量不会发生变化，但其资源的相对拥有量，与境况变好的人相比就减少了。因此，对于这部分人而言，其效用水平总体上就相对下降了。因此，对于变好的人而言，这当然是一个最优的方案，而对于不会变好的人而言，当然也就不是一个最优的方案。并且，由于其境况不会变好，其生产积极性也就会受到影响，最终也会影响到社会总效用的增加。

我们再来看第二种情形。在第二种情形中，所有人的境况都会变得更好，皆大欢喜，这应该是没有问题了吧？其实也不然。因为，好是一个程度概念。相对于过去，大家都变得好了，但是相对于其他人呢？所有人的好都是同等的好吗？如果是有区别的好，那么就会有一部分人的好是好的，而另一部分的好相对于更好的人而言就是不好的。因此，对于前一部分人而言，这当然是一个最优的方案，而对于后一部分人而言，这当然就不是一个最优的方案。与第一种情形同理，对于后一部分人，其生产积极性也会受到影响，最终也会影响到社会总效用的增加。

帕累托分配方案的问题在于，它忽略了人性中的公平心理，只从资源分配的表象上来看问题，并且也是静态地看问题。什么是幸福？虽然衡量幸福的标准有很多很多，但欲望的满足就是一种幸福。好比，饿极了，饭来了，很幸福；渴极了，水有了，很幸福。但是，人的欲望总是无限的，而用来满足欲望的资源又总是有限的。因此，人的幸福并不在于绝对欲望的满足，而在于相对欲望的满足，即相对于他人的欲望满足。人就是这么一个奇怪的动物，如果自己考了 50 分，原本是一件很不幸福的事；但当其他人都比自己考得还要差时，50 分也就足以让他心满意足了。如果自己考了 90 分，原本是一件很幸福的事；但当其他人都比自己考得还要好时，90 分也就足以让他心灰意冷了。所以，人们在安慰一个人的时候，总是找一个比他更倒霉的例子。那些平时表现低调的人，在人际关系上之所以受欢迎，就是因为他总是让别人享受优越感；而那些平时喜欢显摆的人，在人际关系上之所以不受欢迎，就是因为他总是让别人体会挫折感。看过电视选秀节目吧？候选人一上去，就说自己什么什么都很强很棒，噗噗噗就被灭灯了；而那些说自己如何悲惨、如何可怜的人就不一样了，他让观众感受到了幸福，哦，原来我比他好多了。看起来是在同情嘉宾，其实是在衡量自己。可见，幸福是比较出来的。

因此，所谓“帕累托最优”，从效益角度来看，它或许是一个最优，但从公平角度来看，它就不是一个最优。理由是，未变好的那一部分人，以及虽然变好但变得不够好的那一部分人，和那些比他们好的一比，他们就感到不幸福了。并且，即使是从效益的角度理解，由于他们觉得不公平，生产积极性也就下降了，谈何效益？因此，“帕累托最优”的“最优”只不过是静态的最优、暂时的最优。从长远来看和动态来看，它就不是最优的了。

（二）帕累托方案的程序性问题

就算是“帕累托最优”是一个真的最优，也由于它破坏了公平，而不可能付诸实施。原因是，那部分不利的人不会同意这种分配方案。如果我们将帕累托方案置于最后通牒实验中，那些境况会变好或会变得更好的人，就相当于是那个对分配方案有提议权的人，而那些境况不会变好或不会变得更好的人，就相当于是那个对分配方案有否决权的人。显然，最后通牒实验告诉我们，帕累托的分配方案极有可能被后一部分人所否决。因为，对于他们来说，这个分配方案不公平。当然，或许有人认为，那部分处于不利的人之所以会否决，是因为他们知道了自己处于不利的地位。假设在罗尔斯的无知之幕状态下，那么，会变好的与不会变好的、会变得更好的与不会变得更好的，就不确定了。在无知之幕状态下，任何一个人都有可能成为会变好的那个或不会变好的那个、变得更好的那个或不会变得更好的那个。因此，基于机会的平等，每一个人都会接受这种方案。如此，“帕累托最优”也就可以实现了。这样的理解，其实是对罗尔斯无知之幕理论的曲解。无知之幕理论恰恰是说，在无知之幕下，每个人基于自己沦为最不利者的担心，而会制定照顾不利者的规则。因此，无论是否有无知之幕，只要不利的人对分配方案有同意和否决的权利，那么帕累托方案就不可能通过。

当然，前面这样的分析也有一个问题，那就是分配方案要经过大家的同意。假设，分配方案不需要征得大家同意，只要强制执行就可以呢？那么，“帕累托最优”不就也可以通过了吗？是的，如果权力精英认为方案是最优的，又何必多此一举非要经大家同意呢？这种思路听起来有一定的道理。但是，权力精英也是人，也是方案的当事人，那么，境况变好或变得更好的人就一定是权力精英了。你总不至于期待权力精英是雷锋叔叔吧？所以，由权力精英说了算的“帕累托最优”，最后就一定是权力精英们的最优。这也就再一次证明了，分配方案最优的条件一定是公平优先于效率，而不是相反。这与法律价值中讨论的正义与效率关系的内容，在逻辑上可以相互支持，也与后面要讲的法律与经济的部分内容在逻辑上保持了一致。

第十八章　法律与经济

关于法律与经济的关系，法学界的主流观点是“经济决定法律”，其具体表述是：经济基础决定法律的性质，有什么性质的经济基础，就有什么性质的法律；经济基础的发展变化决定着法律的发展变化，当社会的经济基础发生变化了，法律也将或迟或早地会发生相应地改变。[①] 这个观点，学术界称之为法律的经济决定论。法律经济决定论是经济决定论的组成部分，经济决定论因被归之于马克思主义的观点而一直备受推崇。近些年来，当马克思主义并不是经济决定论者的观点逐渐成为学界共识后[②]，哲学、经济学等开展了对经济决定论的一系列批判[③]。与此同时，法学界也发表了两篇对法律经济决定论批判的文章。[④] 但是，法律经济决定论在学术上的衰微，并不表明人们的思维定势也会随之减弱。这是因为，学术批判大都以马克思主义思想为依据，而不是立足于“决定”的日常语言意义，以致学术观点的改变与人们的日常思维惯性产生了距离。

法律经济决定论能否成立，关键在于对“经济决定法律”中的“决定”意义的破解。根据法律经济决定论的表述，有什么样的经济就有什么样的法律，并且，没有什么样的经济，就没有什么样的法律。显然，这里的“决定”具备了产生、规定的含义，而被“决定”就意味着法律的性质和发展对经济的从属。[⑤] 在经济与法律的关系中，经济对法律就具有主导性和控制性，而法律对经济则具有从属性和依赖性，两者是主从关系。中国人喜欢用生物性关系来打比方，因此，经济与法律关系也可以比喻成母子关系，经济是母，法律是子，法律出自经济，法律随于经济。这种理解从逻辑上来看，经济就是法律的充分且必要条件。由此可知，法律经济决定论是将“A 决定 B”句式作充要意义来理解。

---

① 沈宗灵主编：《法理学》，北京大学出版社 1994 年版，第 130—131 页；章若龙、李积桓主编：《新编法理学》，华中师范大学出版社 1990 年版，第 81—82 页；王勇飞、王启富主编：《中国法理学纵论》，中国政法大学出版社 1996 年版，第 52—53 页。

② 〔英〕特里·伊格尔顿：《马克思为什么是对的》，任文科等译，新星出版社 2011 年版，第 110—130 页；颜峰、胡文根：《马克思主义是经济决定论的吗?》，载《中南大学学报(社会科学版)》2013 年第 6 期；朱士凤：《驳马克思主义是经济决定论》，载《江淮论坛》2014 年第 2 期。孙大飞：《破除对马克思历史观的经济决定论的误读》，载《江汉论坛》2016 年第 10 期；蒋正峰：《历史唯物主义并非“唯经济决定论”》，载《广东社会科学》2019 年第 1 期。

③ 参见安维复：《古典经济学与唯物史观——经济决定论批判之一》，载《齐鲁学刊》2002 年第 1 期；李润沛：《对马克思的辩证历史观进行的解读——对所谓的“经济决定论”的批判》，载《广西民族大学学报(哲学社会科学版)》2008 年 6 月人文社会科学专辑；王晓辉：《对“经济决定论”的制度性批判》，载《经济导刊》2009 年 7—8 合集；许恒兵、盛辉辉：《历史唯物主义阐释中的“经济决定论”批判》，载《探索》2011 年第 6 期。

④ 参见周永坤：《法律经济决定论的评析》，载《法学》1996 年第 2 期；强昌文：《论法律经济决定论范式》，载《学术界》2011 年第 9 期。

⑤ 参见周永坤：《法律经济决定论的评析》，载《法学》1996 年第 2 期。

第一节　充要意义的理论困境

当将法律经济决定论置于法学研究中，其理论冲突就立即显现了出来。这些冲突主要体现在以下几个方面：

一、经济决定论与法律意志

根据法律经济决定论的观点，法律在经济面前几乎没有主动选择的空间，它只能被动地接受经济的主导和控制。在法律经济决定论的语境中，经济是不以人的意志为转移的客观事实，而法律则是经济决定的产物。就此而言，法律就没有什么意志可言了。可是，这样一来，就与法律的意志性发生了冲突。

所谓法律的意志性，就是指，法律主要是制定出来的，所以就必然会直接或间接地打上立法者意志的烙印。这在前面我们讲什么是法律时，就已经讲过。这里，我们借用一下经济决定论的句式，可以将之表述为“法律是由立法者的意志所决定的”。而如果根据法律经济决定论的说法，“决定”是“主导、控制、产生和规定”的意思的话，那么“意志决定法律”就势必要排斥“经济决定法律”，因为，在经济决定论的“决定”意义下，两者不能同时成立。也就是说，如果要我们同意法律经济决定论，那么就要舍去意志决定法律；反之，亦然。

经济决定论排斥法律的意志性，其逻辑结果就是对于立法的否定。因为，法律如果只能被动地被经济所决定，那么，法律也就成了经济的自动反应器，法律有没有作为也就不那么重要了，只要经济有所作为就行了，反正法律会随着经济的发展而变化。既如此，那么，我们今天搞的是市场经济，也自然就有相应的市场经济法律。如此一来，制定和完善与市场经济相适应的法律，也就无从谈起。因为，“制定”和“完善”就是对“决定”的反对，那还有什么立法这一说了？

事实上，经济与法律的关系，按照法律经济决定论的充要意义的理解，即使存在经济决定法律的情形，那也不是普遍的情形，有时候也存在相反的情形。从时间维度分析，如果法律是习惯法，那么无疑是先有经济才有相应的法律，商事法律与商事经济就是这样的，所以，这个时候可以说是经济决定法律。但是，如果法律是制定法，那么，有时候，并不是先有什么样的经济才有什么样的法律，而恰恰是反过来，有什么样的法律才有什么样的经济。法律对于经济活动具有规范的作用，经济活动往往是法律引导和规范的结果。想想看，在制定专利法、商标法之前，有什么专利、商标，以及围绕商标专利的经济活动吗？好比打牌，总是得先确定好打牌的规则，然后才能开始打牌，才会打出什么样的牌局来。踢球也是这样，总是要先说好踢球的规则，然后才能开始比赛，才会赛出输赢来。这个时候，如果按照充要意义的理解，就非但不是经济决定法律，而是法律决定经济了。因此，经济与法律的关系，不能笼统地说谁决定谁，而是要根据具体情势来表述，只有这样才能做到正确。

二、经济决定论与法律责任

自由意志是法律责任的道德根据。一个人之所以要对自己的行为承担责任，其根据就在于人的意志是自由的，你是在自由意志的情况下作出的选择。反过来说，如果你的意志不自由，你的行为不是你自由选择的，那么你就不应该承担责任。比如，完全精神病患者对其行为就不承担法律责任。再比如，虽然你开枪杀人了，但这并不是你选择的行为，而是因为你的手完全被人控制了，这种情形你也不承担责任。也就是说，如果你的意志不自由，而是由某种外部力量所"决定"，那么你就不必为你的行为承担责任。由此可见，一个人的行为既有"自选"的情形，也有"被决定"的情形，前者是责任的根据，而后者则是免责的理由。进而论之，我们可以说，一个人的行为可以是被决定的，但不能说，一个人的行为就是被决定的，后者完全排除了一个人对其行为自选的情形。可见，决定论与法律责任也是不相容的。①

然而，根据经济决定论的观点，在充要意义下，法律是被经济所决定的，这就完全排除了法律"自选"的情形。并且根据其基础理论的观点，不仅是法律，文化、政治、道德，统统都是被经济决定的。据此类推，一个人的行为也是被决定的，至于是不是被经济所决定，这里暂且不论，但至少可以推论，一个人的行为也就不存在自选情形。问题显而易见了。如果要承认法律经济决定论，那么法律责任就不能成立了；反过来，如果要承认法律责任，那么法律经济决定论就讲不通了。作为一个法律人，你不觉得很荒谬吗？没有了法律责任，或者法律责任的根据不成立了，那我们还学习什么法理呀？法律不讲道理，还要什么法理？

决定论为推卸责任提供了很好的理由。我所有的行为都是被决定的，那我还有什么责任啊？有一次我看到一个电视节目，是关于假冒伪劣商品的。做嘉宾的是一位工商局领导。主持人问，为什么我们现在有这么多的假冒伪劣商品？这位领导说，这是社会主义初级阶段决定的。主持人也挺倔，揪住这个问题不放，问他，这个阶段到底有多长啊？他就开始打太极了，说社会主义初级阶段一百年也不算短。你看，这位领导就是用决定论的思维，把地方政府有关部门的责任推卸得干干净净了。主持人也挺逗，问他

① 关于道德责任与决定论是否相容的问题，伦理学和哲学界有许多的讨论，参见姚大志：《我们为什么对自己的行为负有道德责任？——相容论的解释及其问题》，载《江苏社会科学》2016年第6期；姚大志：《道德责任是如何可能的——自由论的解释及其问题》，载《吉林大学社会科学学报》2016年第4期；徐向东：《来源的不相容论与道德责任》，载《世界哲学》2018年第5期；徐向东：《自我决定与道德责任》，载《哲学研究》2010年第6期。

是不是意味着我们要一百多年后才没有假冒伪劣商品啊？所以，你看那些不愿正视自己问题的人，总是爱用决定论。父母责怪小孩读书不用功，小孩就说是父母基因决定的。英雄错误，就说是阶级局限性决定的。政治错误，就说是历史决定的。总之，凡是人应该承担的责任，都可以通过决定论的思维，统统推卸给不以人的意志为转移的某种外部力量。

决定论不仅与法律责任发生冲突，而且与教育也会发生冲突。教育就可以提高人的选择能力，如果一个人的行为都是被决定的，那么，教不教育，结果不都是一样吗？同理，什么劳动教育、什么劳动改造、什么技能培训，凡是提高人的自身修养和技能的一切活动，统统都可以取消了。甚至于，人也不必要有什么作为了，一切都等着那个起决定作用的因素发生变化就可以了。

三、 经济决定论与法律决定论

经济决定论的那个“经济”究竟指什么？是经济状况？还是经济活动？还是经济制度？似乎都可以包括在内。经济状况虽然可以理解为一种不以人的意志为转移的客观事实，但经济活动不是人的经济活动吗？经济制度不是人安排的吗？不是用来规范人的经济活动的吗？经济活动与经济制度都与人的意志有关，并不是什么不以人的意志为转移的客观事实。尤其是经济制度，它与经济法律有很大的重合，经济法律是经济制度的内容，且是其主要内容。因此，当经济指称经济制度时，岂不就是经济制度决定法律吗？而当经济制度缩小到经济法律时，此时，岂不是经济法律决定法律？由于经济法律是法律的子概念，因此，岂不是法律决定法律？如果经济决定法律表述为经济决定论，那么，法律决定法律也就可以表述为法律的法律决定论。

法律自己决定自己，这种说法可不可以成立呢？如果可以成立，那么我们依样画葫芦，文化决定文化、政治决定政治、道德决定道德，甚至经济决定经济等就都可以成立了。原本，法律的经济决定论是为法律寻找一个外在的、不以人的意志为转移的决定性的力量，结果弄了半天，却发现，原来还是自己决定自己。这就不好理解了。可见，如果以经济决定论的充要意义为根据，那么，许多法律理论都将不能成立。

第二节　充要意义的实践效应

经济决定论，如果只是说说也就算了，现在不是很流行这么一句话么，认真你就输了！其实，搞理论研究就是要认真，不认真你就输了。一认真我们就会发现，经济决定论的充要意义，还真的不是说说那么简单，它对实践会产生实实在在的影响。我们可以从以下几个方面来分析一下经济决定论隐含的实践效应。

一、对市场经济秩序的影响

市场经济秩序由法律规则提供和保证，“有什么样的法律，就有什么样的经济”，借用法律经济决定论的思维，也就可以表述为法律决定经济；与经济法律决定论相对应，也就可以称之法律经济决定论。经济法律决定论的观点与法律经济决定论“有什么样的经济，也就有什么样的法律”的观点刚好相反。经济法律决定论主张的是先有法律，然后才会有相应的经济；而在法律经济决定论看来，应该是先有经济，才会有相应的法律。

经济实践在先，法律制定在后，就容易转化为实践中的“先上车，后买票”。什么是“先上车，后买票”呢？就是，一件事做得还是做不得，先做了再说。先做了再来制定规则；或者也可以理解为，一边干，一边摸索规则。这种做法会导致什么问题呢？就好比打牌，是先制定规则呢，还是打了再说。你想想，没有规则，怎么打啊？那一定是大家胡乱出牌，什么规则不规则的，反正没有规则。结果也就可想而知。什么手段都用上了，什么正当不正当的、什么道德不道德的，都不管了。为了赚钱，人们无所不用其极。这个时候，还有什么秩序可言？市场经济秩序不就乱成一团了吗？

没有法律，或者先不制定法律，经济活动中的一些违法乱纪行为就不可避免。而为了对付违法乱纪，政府各部门就只好采取专项治理和综合整治这种运动式的执法手段。专项治理也好，综合整治也好，从某种程度上也是为了弥补法律资源不足而采取的应急之举。这可以收一时之效，但却是治标不治本，且会进一步加剧人们对于法律的不信任甚至轻视法律的心理。而这又反过来会进一步扰乱市场经济秩序。

二、对公正与效率关系的影响

法律经济决定论是一种重结果的理论，引导人们追求经济结果，这样一来，作为获得结果的手段，效率也就得到了高度的重视。至于公正与否，则完全不重要，甚至完全被效率给替代了。

关于公正与效率的问题，有学者主张在两者冲突时的选择，或公正优先于效率，或效率优先于公正。这是值得商榷的。效率与公正从根本上讲，并不是相对立的价值。对于一个社会来说，公正肯定是有效率的，大家都有奔头呀。不公正则最终会导致整个社会效率的低下，如果干了是白干，那谁还愿意干呀。不过，对于一个具体主体来说，就不同了。我如果用不正当的手段能够致富，那么不正当的手段对于我来说不就最有效率吗？至于对社会是不是最有效率，那不是我所关心的。如果某种方法可以增加GDP，那么，我作为地方领导当然就会极力推崇。至于，这是不是侵害公民的权利和损害公民的利益，那就顾不得那么多了。

对GDP的过分追求，亚当·斯密早就指出过它的弊端。GDP关心的是生产者的利益，而不是消费者的利益。所以，它的统计一定有利于生产者，而不利于消费者。一个创造GDP但却制造污染的企业，往往是以周边居民的身体健康为代价的，居民的医疗支出并不会从污染企业的GDP数字中扣除。可见，经济效率与社会公正总是存在一定的紧张性。如果视经济高于一切，那么其逻辑结果就是公正必须让步于效率。一方的效率是有了，公正就没有了。最终，社会的总的效率也就没有了。

三、对人际关系的影响

公正让步于效率，其结果就会导致人际关系的紧张。在经济决定论那里，经济被推到了至高无上的地位，而对法律则采取轻视的态度。如此一来，那些偷奸耍滑的、目无法纪的人，由于不受规则的约束，在竞争中就容易占据有利地位；而那些老实本分的、遵纪守法的人，因为受制于规则的束缚，在竞争中则容易落入不利地位。于是，为了追求结果，人们就可能无所不用其极，讲假话、讲权术、讲欺诈、讲厚黑，而没有必要讲道德、讲规则、讲公平、讲正义。在这样的环境里，"不仅使那些道德感强烈，凡事总要辨一个是非善恶的人很难存活，也会使一切道德教育显得无能而又无效。"[①]在这样的环境里，那些财富雄厚的人就会被大众崇拜为英雄，而无论你是用什么手段获得的；而那些贫困潦倒的人则会被贬低为无能的人，而无论你是因为什么原因而贫穷的。是非对错的道德标准被财产多寡所左右，"贫穷，那是因为你无能"，所谓"笑贫不笑娼"说的就是这种现象。

如果缺乏公平的法律规则的约束，那么，通过权力来谋取财富的做法就很难得到遏止。进一步推理可知，暴富起来的人就可能是权力者或与权力结盟的人，而弱势群体则往往是那些处于权力边缘的人。我们现在经常讲企业家的原罪。什么是企业家的原罪？就是说在市场经济刚刚开始的年代，企业家的第一桶金大都来得不干不净。仇富就这样发生了。仇富针对的就是那些财富来路不正当的富人，比如和珅，因为他是贪污受贿而暴富的。但是，人们不会嫉妒比尔·盖茨的财富，因为他的财富来源于市场经济公平竞争。可见，仇富不太发生在公平竞争的社会里。如果没有公平竞争的法律规则对不正当手段的约束，仇富现象就很难避免。仇富是一种危险的信号，如果在一个社会里，仇富现象比较普遍的话，那就说明，这个社会里的人际关系非常紧张，很容易引发冲突甚至暴力。基尼系数就是用来衡量贫富差距的人际关系的指标的。而能够消除这种紧张性的，只有公平竞争的规则。因此，搞市场经济，应该先制定好公平竞争的规则，就好比，打扑克赌输赢，愿赌服输的条件，是先说好打牌的规则再打牌。只有这样，大家才会心服口服。心服口服了，人与人的关系也就和谐了。

---

① 韦政通：《中国人的道德思考》，载文崇一、萧新煌主编：《中国人：观念与行为》，凤凰出版传媒集团、江苏教育出版社2006年版，第53—54页。

第三节 "决定句式"的强调意义

既然,经济决定论的充要意义对法律理论构成了冲击,并且也会对法律的实践产生负面效应,那么,问题到底出在哪里?是不是经济决定论对于"决定"的理解本身就是错误的?带着这个疑问,我们来对"决定句式"作语义分析。

"经济决定法律",这是一个常用的"决定句式",与人们常说的"性格决定命运""细节决定成败""态度决定一切"等的句式是一样的。因此,经济决定论能否成立,取决于人们对于"决定句式"的理解。我以为,"决定句式"中的"决定",其常见意思主要体现在以下几个方面。

一、突出,而非唯一

决定句中的"决定"表达的是什么意思,我们以"性格决定命运"为例来作解释。我们知道,除了性格以外,影响命运的因素其实有很多很多,出身、经历、学识等都是,性格仅是其中之一而已。在特殊时代,有些非性格因素,其对命运的影响也可以重要到"决定"的程度。比如"文革"年代,你的爷爷是地主,尽管你从来没有见过,但却成为你一生命运的主宰,这就可以说成是"出身决定命运"。也就是说,不同时代、不同场合,甚至不同心境,人们都有可能感叹出或"性格决定命运"、或"出身决定命运"、或"知识决定命运"来。显然,在"决定句式"中,"决定"的前件对于其他因素并不排斥,而仅仅是表达者对于该因素的强调,因此,"决定"的前件与后件并不就一定是形式逻辑的充要关系。

为了说得更清楚一些,我们可以再打一个比方。有一个高中生学习不努力,他的任课老师为了鼓励他,就对他说"努力决定了你的美好前程"。无可置疑,这个决定论就不能按充要意义来解释。理由很简单,只要努力就可以了吗?如果他天资愚钝呢?如果他家里极度贫穷,不能继续上学了呢?如果他身体不健康,做不到努力呢?或者,如果说话的那个老师,其本身的水平就很差,教得不好呢?显然,这个老师是认为,该生其他因素都不缺,或者没有太大问题,就是不太努力。因此,为了激励这个学生努力向上,老师就格外强调了努力的重要性。老师对于"努力"的强调,是为了突出"努力"这个因素在与其他因素相比中所具有的重要地位,并不意味着除了"努力"外,其他因素就不重要了。也就说,老师的那个"决定"只是用来加强语气,并不具有充要意义的"主导、控制、产生和规定"的逻辑含义。一般来说,人们之所以对某一因素进行特别强调,并不是因为这个因素在客观上是重要的,而是因为说话人觉得是很重要的,而这又恰恰是说话对象所忽视的。你忽视,我又觉得重要,在这个时候,“决定”就派上了用场。类似的用语还有“细节决定成败”“格局决定结局”“态度决定一切”“思路决定出路”,其意思莫不如此。

对某一因素的强调除了使用“决定”一词外,还有其他表达法,但它们都可以转化为“决定论”的表达法,如“富贵在天,生死由命”。这句话如果套用“决定论”模式,就可以表述为“老天决定富贵,命运决定生死”。类似的还有“千里姻缘一线牵”,其表达的意思就是“缘分决定婚姻”。因此,如果“决定”一词的用法,只能按照充要意义来定义的话,那么,人们在日常交流中就都不能用“决定句式”了。或者,人们只能采用形式逻辑的表达法,“在影响富贵的因素中,老天虽然不是唯一的,但却是相对重要的因素”。这样一来,人们的日常语言也就变得繁琐不堪,且索然寡味了。

与上面分析的意义相反,法律经济决定论的充要意义是说,“有经济就有法律,无经济就无法律”,经济成了法律的唯一影响因素。而事实上,马克思对于“决定”的理解,原本也是在强调意义上理解的,并没有作唯一意义的解释。1890 年,恩格斯指出:“根据唯物史观,历史过程中的决定性因素归根到底是现实生活的生产和再生产。无论马克思或我都从来没有肯定过比这更多的东西。如果有人在这里加以歪曲,说经济因素是唯一决定性的因素,那么他就是把这个命题变成毫无内容的、抽象的、荒诞无稽的空话”[①]。正因此,马克思借用德国诗人海涅的诗歌,来嘲讽那些“马克思主义者”:“我播下的是龙种,但收获的却是跳蚤。”[②]可见,法律经济决定论对“决定”所作的“唯一”的理解,也与马克思本人的观点相违背。

二、 相对,而非绝对

既然,“决定”一词在人们日常语言中经常表达的是“强调”的意思,而非“唯一”的意思,那么,就一定是在比较意义上来说的,因为,“唯一”不会出现在只有一个因素的情形中,突出的背后一定有不突出的因素。我们仍然以“性格决定命运”为例,性格的因素之所以被特别强调,是因为,在影响命运的诸多因素中,与出身、经历、学识等因素相比,在说话人看来,性格因素具有相对重要的作用。同理,“努力决定了你的美好前程”,在那个说这话的老师看来,相对于天资、经济、身体、师资等因素,“努力”这个因素被学生忽略了,为了引起学生的重视,有必要对“努力”这个因素进行强调。同理,“细节决定成败”并不是说,细节对于成败具有绝对的意义,而是在说话人那里,细节相对于其他因素需要特别强调;“格局决定结局”并不是说,格局对于结局具有绝对的意义,而是在说话人那里,格局相对于其他因素需要特别强调;“态度决定一切” 并不是说,态度对于一切都具有绝对的意义,而是在说话人那里,态度相对于其他因素需要特别强调;“思路决定出路”并不是说,思路对于出路具有绝对的意义,而是在说话人那里,思路相对于其他因

① 《马克思恩格斯选集》第四卷,人民出版社 1995 年版,第 695—696 页。
② 同上书,第 695 页。

素需要特别强调。

与前面分析的意义相反,经济决定论的充要意义则是,“有经济就有法律,无经济就无法律”,经济成了法律绝对的影响因素。而事实上,马克思和恩格斯对于“决定”的理解,也是在相对意义上理解的,并没有作绝对意义的解释。1890年恩格斯指出,经济决定论只是空洞的抽象,“这种形而上学的两极对立在现实世界只存在于危机中……这里没有任何是绝对的,一切都是相对的”。[①]由此再次可见,法律经济决定论关于“决定”的理解,在这一点上,又一次地违背了马克思恩格斯他们的意思。

三、主观,而非必然

决定句对于某个因素的强调,反映的是说话者的主观选择。我们还是打一个比方来说明为好。假设某个民工在工地上干活,在脚手架上踏空了,摔了下来。那天,风很大,在落地的时候,民工的安全帽居然被风刮掉了。落地的位置不太好,地面是块水泥,结果脑袋开裂了。工友连忙拨打120,可是,又不巧,交通被管制了,结果救护车在路上耽搁了时间。好不容易送到了医院,做手术的时候,医生又不认真。总之,在这个假设的案件中,由于一系列的原因,这个民工不幸去世了。在这一系列原因中,每一个原因都对死亡起了作用,每个原因都不是唯一的原因,每一个原因对于死亡的结果都不是必然的。但是,当这个案件呈现在法官面前时,法官并不会去考虑那些自然的原因,什么风大啊,什么位置不好啦,什么堵车啊,他统统不关心,他只关心医生的行为。为此,他建立了一个因果关系,即,“医生不负责任的行为导致了民工的死亡”。这里的“导致”其实就是“决定”的意思。

决定句对于某个因素的强调,是在相对意义上的强调,这种相对性反映的也是说话者的主观选择。我们再打一个比方来说明。某个杂志社派几个记者去采访,试图搞清楚青少年犯罪的原因。A记者的报道题目是《青少年犯罪,离异家庭是主因》,认为在众多原因中,父母离异是相对于其他原因的主要原因。B记者的报道题目是《青少年犯罪,校园文化难辞其咎》,认为不良的校园文化是相对于其他原因的主要原因。C的报道题目是《青少年犯罪,留守儿童的心理不容忽视》,认为留守儿童如果没有被引导好,就容易走上犯罪道路,留守是青少年犯罪相对于其他原因的主要原因。

从上述比方中,我们不难发现,“决定句式”的前件与后件的推导关系并不具有必然性。其表达的只是强调意义,是说话人主观选择的结果。其选择或者基于职业需求,如法官;或者基于观点和立场,如记者。因此,决定论其实是主观论,是经过了说话人的筛选,是说话人出于某种目的或看法,在筛选掉了其主观上认为不需要加以考虑的因素后作出的简单化归。所以,当经济决定论将经济与法律的关系表述为,“有经济就有法律,无经济就无法律”时,这种必然关系显然与我们这里的分析不相容。

---

① 《马克思恩格斯选集》第四卷,人民出版社1995年版,第705页。

四、评价，而非科学

既然，决定句反映的是说话人主观选择，这就包含了说话人对于诸多因素所作的价值评价。说话人之所以重视某一因素，并提拔到"决定"的地位上，并不是因为该因素在事实上就真的很重要，而是在说话人那里被觉得很重要。正因此，有人说"性格决定命运"，也有人说"出身决定命运"。两种说法看似矛盾，但却可以同时为人们所理解和接受，并没有人去纠缠它们逻辑上的矛盾。这是因为，人们并没有把它们看作是客观事实的判断，而只是把它们看作是说话人价值倾向的表达。

从决定句表达的内容来分析，对客观事实的判断我们可以称之为科学判断，对价值倾向的表达我们可以称之为价值表达。所谓科学判断，就是判断指称的是事物的自身情况，它传达的是关于事物是如此或不是如此的信息，用来表明事物自身情况就是判断所描述的那个样子。所谓价值表达，就是判断指称的是对事物情况的评价，它主要传达的是表达者对某事物的态度，用来反映表达者对事物情况的偏好和倾向。科学判断具有一定的客观性，价值表达则因为是表达者所赋予的，就具有主观性。将决定句置于科学判断和价值表达的对比架构中，我们就可以看出，决定句的评价性成分很强。例如，"性格决定命运"就反映了说话的人对于"性格"因素的重视，而老师所说的"努力决定你的美好前程"，则反映了老师对于"努力"因素的看重。

决定句的评价性决定了，对于决定句，我们不能从科学意义上来理解，而应该基于其评价性。法律经济决定论的充要意义，其错误就在于，将决定句看成了一个科学判断，没有弄明白它其实是不折不扣的价值表达。

五、具体，而非抽象

决定句作为具有价值倾向的表达句式，反映的是说话人在某个具体场景的感慨，它的时效性限于具体的人或具体的事，并因时、因地而不同。说话人的价值表达在某个具体场景上或许可以激起受众的共鸣，但在普遍意义上却并不能成立。好比，某个糖尿病人濒临死亡，旁边人递给他一颗糖，他立即活过来了，有人感叹"糖果决定了他的生命"。对此，人们不会认为这句话说得有什么问题。但是，如果抽取掉具体场景的信息，而笼统地说"糖果决定生命"，这就不对劲了。比如，人们看了《霸王别姬》的电影，会对项羽发出"性格决定命运"的评价；而如果时空转换到"文革"岁月，那么，"出身决定命运"同样也可以唤起人们的悲悯。我们之所以不会认为两者是矛盾的，是因为人们明白，这两个决定句都是针对具体场景而发出的感叹。但是，如果抽取掉具体场景的信息，笼统地说"性格决定命运"或"出身决定命运"，这就违反了形式逻辑的排中律。所谓排中律就是，两者可以同假，但不可同真。据此，如果"性格决定命运"成立，那么"出身决定命运"就不能成立；反之亦然。由此可见，决定句表达的是一个具体的"决定"关系，而不是抽象的"决定"关系。说得再清楚一点，所有的决定句式的结构"A 决定 B"，其实表达的是

“这个 A 决定这个 B”,并不是“所有的 A 决定所有的 B”。

同理,“经济决定法律”也只能在具体意义上成立,而不能在一般意义上成立。正因此,当读者将马克斯·韦伯的《新教伦理与资本主义精神》一书的观点概括为“宗教决定经济”或“文化决定经济”时,人们并没有将这一观点与“经济决定法律”对立起来。从抽象意义上来理解,“经济决定法律”与“文化决定法律”是相互矛盾的,因为法律和文化都可归于上层建筑。人们之所以能够同时接受这两种看起来相互矛盾的说法,就是因为人们接受的是具体的决定,而非抽象的决定。

总之,前面所分析的决定句的突出性、相对性、主观性、评价性和具体性,这些特征在其强调意义上都保持了逻辑上的一致。可见,法律经济决定论,其错误就在于,以充要意义作为决定句式的全部意义,而其日常语言交流中经常使用的强调意义则反而被遮蔽掉了,这就为其矛盾埋下了伏笔。

第十九章　法律与科学

在进入主题之前,先交代两点。一是,这里所说的科学,指的是自然科学,因为,在人们日常语言对话中,如果没有特别说明,也主要是从自然科学的意义上来说的。二是,法律与法学不同,法律是法学的研究对象,是故,法学与科学的关系不同于法律与科学的关系。前者是作为法学学科与科学之间的关系,后者是作为法学研究对象的法律与科学之间的关系。关于法学与科学的关系,法学界有一种声音,认为法学也是科学。我以为,法学的研究方法当然也要用到科学研究方法,这表明法学具有科学性。但是,"法学具有科学性"并不等于"法学就是科学",前者是特称判断,后者是全称判断。显然,"法学是科学"的这一观点,其结论超越了前提给定的范围,因此是不正确的。况且,按照此逻辑,推而广之,其他任何学科都可以说成是科学了,因为哪一门学科不具有一点点科学性呢?如此一来,那学科与学科之间也就没有界限了。

将法学说成是科学,反映了人类普遍存在的科学情结。我们知道,科学这个东西太强悍了,强悍到令人们顶礼膜拜的地步。特别是在我国,科学几乎成了衡量一切事物是非对错的标准,几乎与真理同义。只要一说"这是科学的",就相当于是说"这是正确的";而只要一说"这是不科学的",就相当于是说"这是不正确的"。因此,科学就意味着信誉、信任和权威。将法学说成是科学,一方面,反映了自然科学强迫社会文化或文化思想进入自己的分析范式的倾向;这个倾向在大学管理中就体现得非常明显,项目、基金、数量等原本是自然科学常见的评价指标,现在也被普遍地强加到了人文社科身上,特别是理工科强于文科的综合性大学。另一方面,也反映了社会文化或文化思想喜欢附会自然科学的倾向,以期求得自身观点的"科学"性。因此,当文科学者将自己的研究披上科学的外衣,其实也就成功地阻却了人们对他个人见解的批评和质疑。在科学几乎成了意识形态的时代,对科学的批判的本身就证明了批评者自身的错误。

当然,关于法学是不是科学,由于主题的限制,我们这里不作更多的讨论。不过,法学的情结也是法律的情结。如果法律具有科学的某种特质,那么,也就意味着,法律可以被信赖,且这种信赖可以被科学所验证。这与将法学说成科学的情结是一样的。对于法律来说,法律如果能够攀上科学这门亲戚,那么也就可以获得科学那种傲娇的地位了。你想想,这对于法律人来说,是一幅多么诱人的图景。可见,讲清楚法律与科学的区别与联系,其意义是多么重要。

第一节 法律与科学的理论区别

法律与科学当然不同，凭直觉就知道两者有很大差异。对差异很大的事物作理论上的讨论，会给人一种无病呻吟或故弄玄虚的感觉。你会在理论上讨论石头与水、空气与蔬菜有什么不同吗？当然不会。所以，要讨论法律与科学的区别，就一定要有特别的原因。这个原因就是前面所说的科学情结。因此，既然法律想攀科学的亲，那就要好好掰掰两者在理论上究竟有什么不同。我认为，法律与科学的一般区别，有以下几个方面：

一、 内容的意志性与事实性

法律是规范人际关系的社会规则，比如人与人之间关于财产归属的规则、关于婚姻缔结与解除的规则、关于公民与政府之间税收约定的规则，等等。总之，调整的是人与人的关系。法律反映了人类的意志和目的，什么应该作为法律，什么不应该作为法律，人类很大程度上是可以选择的。所谓"法律是由国家制定或认可"，所谓"法律是统治阶级意志的体现"，这些说法就鲜明地反映了这一点。可见，作为法律，无论其来源如何，也无论是民主国家还是非民主国家，其内容都与人的立场和偏好有很大关系。

科学则不同，科学反映的是自然界现象与现象之间的因果关系，比如摩擦与生热的因果关系、地球自转与白天黑夜的因果关系、地震海啸与动物反应的因果关系。自然界的现象与现象之间的因果关系，具体来说，就是什么是因，什么是果的自然规律。所以，自然规律也被称为科学规律，甚至干脆就简单地说是科学。自然规律是人们对自然界重复出现的自然现象进行的概率归纳，好比，人们观察到每天太阳是从东边升起，西边落下，观察到一定数量而没有出现反例时，人们就总结出这条规律。由于，自然规律是对先在于人的客观事实所作的描述，虽然与人的认识有关系，但却与人的意志和目的没有关系。也就是说，只要能够称为自然规律的，那么它就不会依照人的想法而改变，是就是，不是就不是。对于科学，人类只能揭示其规律，只能无条件地服从它，而任何的拒绝服从，其后果就一定会遭受失败和打击。大清帝国参赞大臣杨芳相信，英夷枪炮之所以打得又远又准，是因为有妖术，如果打仗的时候将女人的马桶面对英军，就可以破解他们的妖术。[①] 这种与事实严重不符的认识，缺乏科学根据。所以，清政府在鸦片战争

① 参见端木赐香：《1840 大国之殇——告诉你一个双重性格的大清帝国》，当代中国出版社 2013 年版，第 178 页。

中焉有不败之理？这个故事也可以看作是不懂科学的悲剧。

法律是应然性的，它包含了立法者对于未来人类生活的期许，反映的是目的律，是一个“好不好”的问题。与此相对，科学则是实然性的，反映的是因果律，是一个“是不是”的问题。与自然规律较劲，是出于无知而无畏，而与法律规则作对，在革命的时代则可能被看作是勇敢的举动。并且，人们对于法律规则的违反，其后果也不像违反自然规律一样。违反自然规律必然会受到报复，但违反法律规则是否会受到报复，这取决于是否被发现，以及司法是否被有效运作，而这一切都与人的意志有很大关系。发生命案了，杀人犯能否受到惩罚，这要看警察能不能破案，法官如何判断。法律惩罚并不是一套自动反应机制，它与人的合作须臾不可分离。可见，法律的意志性与科学的事实性，两者的性质完全不同。

二、证明的正当性与有效性

法律虽然反映的是人类意志，但其意志是否合理，必须获得正当性的证明。一个人的行为是否正当，法律规范是其依据。而法律规范是否正当，另一种居于高位阶的法律规范又是其依据；同时，法律目的、人之常情也可以作为法律规范具有正当性的依据。[①]法律正当性的证明过程具有有限性，它不可以无穷无尽地一直追问下去。比如，我们追问某个人凭什么这样做，他说根据法律的规定；如果继续追问，法律凭什么可以这样规定，他说因为法律这样规定符合正义的观念。如果再继续追问，人类凭什么有这样的正义的观念，他说这事你就要问造物主，这是造物主给人类的启示。一般来说，如果这个证明过程本身不存在逻辑问题的话，其证明即已终结。因为，我们没有办法继续追问下去，凭什么造物主可以这样规定，或者为什么会有造物主。后者是宗教信仰的问题，而信仰的问题从宗教的角度来看，它可以成为证明的起点，却不能成为证明的结论。可见，任何对于法律正当性的证明，总存在一个证明的开端，这个开端或者是道德信条，或者是宗教教义。如果对这些还要追问为什么，轻则是讨嫌，重则会被视为异类。质疑道德，人家会骂“你还是人吗？”质疑宗教，信徒会说你是异端。所以，对于道德信条和宗教教义，人类是没有办法再为它寻找理性证明了。

但是，科学证明则不同。科学结论能否成立，它必须接受有效性的证明。有效性与正当性具有完全不同的性质。所谓有效性，就是指在事实上能不能成立，成立就有效，否则就无效，这与人类道德和宗教完全没有关系。两者的证明逻辑也不同，有效性证明没有终极性，我们可以一直追问下去。为什么摩擦会生热，因为摩擦会产生热能；为什么摩擦会产生热能，因为摩擦导致了动能向热能的转化？为什么会发生能量转化？因为……这个证明的过程，如有需要或如有兴趣，可以无限地、永无止境地追问下去。并且，追问越彻底，科学知识也就越有体系。由此可见，法律的正当性与科学的有效性，两

---

① 参见〔德〕拉伦茨：《法学方法论》，陈爱娥译，商务印书馆2004年版，第316页。

者的性质也是大异其趣的。

三、 结论的确定性与或然性

法律作为规范人际关系的规则，其意义就在于消除人际关系的随机性与偶然性，也就是说，法律的意义在于确保人际关系某种状态的实现。我们所说的定分止争，就是确定人际关系的通俗说法。确定性既是人际关系对于法律的要求，也是法律对于人际关系的保证。为此，司法判决经常以牺牲案件的真实性为代价，来换取确定性。原告坚持认为被告借钱未还，被告则坚决否认自己借了对方钱。在这种事实不清楚的情况下，法官只能根据谁主张、谁举证的原则来判定原告败诉。这样的判决就很可能与客观事实不符，但由于司法不可能无限地等待下去，否则双方关系就处于一种不确定状态中，所以司法也就只好牺牲真实了。事实上，"司法最终解决"就是为了确保人际关系的确定性而人为创设的一项制度。是不是真实，司法已经尽力了，但终结纠纷更为重要。

科学则不然，科学结论必须符合事实，如果不能发现真实，那么所作出的科学结论只能是或然性的，可能是，也可能不是。由于条件的限制，科学其实是很难给出确定性答案的，至少在理论上，它永远处于待证状态。我们前面讲过，自然因果关系，你可以无限地追问下去，这就注定了永远不可能找到终极性的理由。即使是公理，那也是当下人类公认的真理，它也是暂时的，并不能保证它是一个超时空的公理。打个比方，太阳东边出西边落，这是自然规律，可是我们仍然不能保证，这个自然规律明天就一定还是这个样子。逻辑上也真的是这样啊，如果未来某一天地球爆炸了，或太阳爆炸了，那还有什么东边出西边落吗？所以，波普尔说得非常直接，科学的标准就是可证伪性或可反驳性或说可检验性。[①]。按照他的说法，只要是科学的事情，它就有可能被证明为不成立。这样说来，任何的科学判断其实都是一个或然性的判断，都是一个待检验的判断。可见，法律的确定性与科学的或然性，两者也是不同的。

第二节　法律与科学的思维差异

由法律与科学的上述理论区别所决定，法律思维与科学思维也就不一样。从思维主体看，法律思维主要体现在法官的思维中，而科学思维则主要体现在科学家的思维

---

① 参见〔英〕卡尔·波普尔：《猜想与反驳——科学知识的增长》，傅季重、纪树立、周昌忠、蒋戈译，中国美术学院出版社 2003 年版，第 47 页。

中。事实上,侦查人员的思维也是科学思维,因为他们的目的也是探索真相。为了论述的方便,科学思维的主体,我们这里权且都说成是科学家,尽管这个称呼并不严谨。所以,要理解法律思维与科学思维的差异,我们就可以借助法官思维和科学家思维来讲清楚。在我看来,法律思维与科学思维的差异主要体现在以下三个方面:

一、思维的保守性与探索性

法律思维的目的是寻找规范性的根据。法官思维的过程是,根据案件事实,产生初步判断,然后再从规范性中寻找支持自己判断的根据。法官思维受到了规范的严格限制,只要其判断不符合规范,就必须舍去,一直到判断符合规范才可以。法官总是在规范中转圈圈,不能转到圈外去。由于规范是过去制定的或形成的,因此,法官的思维总是有一种"往后看"的倾向,不能与时俱进,这就是法官保守性的所在。可见,法官思维的保守性与其思维的规范性之间有因果关系,规范性是因,保守性是果。还是要提醒一下,保守性这个词在这里并不是贬义词,而且恰恰是因为法官的保守性,稳定的、可预测的公众理性生活才能得到保证。关于这一点,我们前面在讲司法特征时,已经讲得很清楚了。

科学思维则不同,科学是探索真相。科学家的思维过程是,依据科学原理和科学技术,从事实出发,寻找一切可能发生的原因。因此,科学家对于因果关系的认识必须全面、客观,对各种可能的原因都要进行甄别与判断。是故,科学思维不受规范的限制,具有极强的探索性。科学探索的常用手段就是试错,侦查中的排查法就是典型的试错法,通过试错而逐渐接近真相。医生看病也是这样,发烧是吧,先当感冒治,先吃这几种药,过几天没有好再来。还是没有好是吧,那么可能是那种病,去做 CT 吧。可见,法官不能抛开规范来作出判决,否则会导致不公平;而科学家的探索则不能受到规范的限制,否则会导致事实失真。

二、思维的封闭性与开放性

法官思维不仅受限于规范,而且还受限于程序,所以,法官思维表现出极强的封闭性,即法官只能根据司法程序筛选的事实来思考,司法程序外的任何事实均不纳入他的考查范围内。正如有学者所强调的,法官考虑的事实并非绝对真实,而是当事人在程序中"重构的事实"。[①] 尽管这种"重构的事实"与事实的真相可能不一致,但却强烈地约束法官思维。法官不是侦探,他只考虑程序内的事实,是不管程序外的材料的。程序将法官与外界阻隔了,这种阻隔不仅是司法程序的体现,也是司法公正的保证。法官在判案时,要尽量与社会保持一定的距离,以免受到人情世俗、公众舆论的影响。即使是上

① 参见季卫东:《法律职业的定位》,载《中国社会科学》1994 年第 2 期。

级法官的意见和法学专家的意见，也因为没有受到程序的严格筛选，法官可以无视。[①]关于这点，可以参考本书审判独立的内容。

但是，科学思维则不同于法律思维。科学家在探索真相时，既不受规范限制，也不存在程序的限制，并且恰恰相反，凡是有助于发现科学真相的，无论是资料、实验数据、专家意见，还是技术手段，都是可资利用的工具。科学思维的开放性这一特点，与法律思维的封闭性刚好形成了鲜明的对比。或许有人质疑，侦查不也是要受到刑事诉讼程序的限制吗？这当然是对的，不过，侦查行为与侦查思维不同。侦查行为要受到程序限制，并不意味着侦查思维要受到限制。比如说，侦查人员在获取证据时，必须遵守刑事诉讼程序，这是程序对于侦查行为的限制。但是，程序之外的材料虽然不能成为证据，却可以作为获得证据的线索，而成为侦查思维的方向。因此，以侦查要受到程序限制为由而否认侦查思维的开放性，并不正确。

三、 思维的独断性与谨慎性

法官要在对抗的双方当事人中判断哪一方有责任，以及应该承担什么责任，所以，法官的判断必须是确定的和不可妥协的。尽管这种判断与现实生活中的事实可能并不相符，但也是为法律所必需的。因为"法律无法以一种完美无缺的公平方法来适用一切情况"。[②] 所以，法官所作的司法判决，其答案要么是，要么不是，而不能既是又不是，或者可能是又可能不是。以原告为叙述主体来说，其具体主张要么被法官支持，要么不被法官支持。所以，法官的判断具有独断性。法官判断的独断性之所以是必需的，是因为司法的任务就是以确定性的答案来终结现实世界中不确定性的纷争。所以，也可以这样讲，司法对于确定性的追求，胜过对客观事实的追求。

但是，科学思维不同于法律思维。面对复杂的现实世界，基于条件的限制，科学往往不能提供准确的答案。在这个时候，科学只能老老实实地回答，这个答案我不知道，或者说可能的原因是什么，或者这种可能性的概率要高于另一种可能性等，反正就不是非常确定的答案。医生就是这样回答问题的，他只能告诉你概率，他没办法给你一个确定。你问医生我的病什么时候会好，他只能说个大概，并且还常常附上一个"但是"。即使是仪器检验的结论，报告上也会注明"仅对本次样本负责"。这就是说，科学家的答案经常是不确定的。那有人要问了，科学不是要求准确吗？怎么答案尽是不确定啊？其实，科学家判断的不确定性与科学的准确性要求并不矛盾，相反，它恰恰是科学的准确性要求的谨慎反映。科学家与法官的追求不一样，科学家追求的是真实，法官追求的是确定，总不能，科学家在做不到准确的情况下，就像法官一样可以牺牲客观真实吧？现

---

① 司法实践中，法官的这种阻隔性思维经常受到外界的侵袭，如媒体舆论的先入为主，法学家出具的审判意见等，甚至法院中审判委员会的判而不审。这些对法官阻隔性思维的破坏现象是一种非制度性的和非常态的现象，这不能否认法官思维的阻隔性，而恰恰证明了法官思维阻隔性的重要性。

② 〔英〕彼得·斯坦、约翰·香德：《西方社会的法律价值》，王献平译，中国法制出版社2004年版，第133页。

实生活中,那种"命案必破"或"限期破案"的行政命令,由于它否定了科学思维存在的不确定性,因此至少在理论上来说,它是不符合科学思维的。虽然,法官和侦查人员同是司法人员,同样必须坚持实事求是的精神,但是,法官的实事求是的事实是"案件事实",而侦查人员的实事求是中的事实则是"客观事实"。因此,对于司法错案,侦查人员不能免除其责任,而法官则可能没有责任。什么原因呢?原因就是,法官定案依据的证据是程序内的材料,尽管材料有可能不真实,但如果为法律和程序所认可,则法官只能认定为证据,即是否可行,依程序和法律而定。侦查人员则不同,其搜集的材料是否可行,就不能违反客观事实,违反则错。不过,这一点在现实生活中并没有很好地得到贯彻。一旦出现冤假错案,所有的办案人员都会被牵连其中,而且法官还更容易成为牺牲品,因为,在人们的印象里,法官是是非对错最后的把关人。当然,现实并不影响理论。法理不能向现实妥协,否则法理就是现实之理,而非逻辑之理了。

总之,法官的判断可以且必须是非此即彼的,而科学判断则经常很难做到泾渭分明。科学判断具有的谨慎与法官一如既往的独断,构成了鲜明的对比。当然,也因此,法官要受到特别保护,否则,他不可妥协的精神就很难坚持下去。

第三节　法律与科学的关系

法律与科学的区别当然不能割裂法律与科学的联系,这个联系简单来说,就是法律要借助科学的帮助,而科学则需要受到法律的规范。

一、科学对于法律的帮助

科学在很多方面可以为法律提供帮助,而其中,司法经常要借助科学家的鉴定来搞清楚案件的真相。科学鉴定在司法中的任务是从案件事实出发,去寻找其原因。由于科学追求的是客观真实,因此,案件事实与其原因之间的关系,在科学鉴定那里就必须是必然的、确定的关系。这样的因果关系认识模式,我们表述为必然因果关系模式。而如果科学认识未能达到客观、确定和必然的程度,那么,专家鉴定的意见就只能是"可能""不能完全确定""不能完全排除其他原因"或"也有其他可能"这样一些模糊的判断。比如,司法鉴定,如果基于当时的条件限制,法官并不能完全确定是自杀还是他杀,那么他的结论就只能老老实实地写上"不能确定死亡原因"。我在给人家论文鉴定的评议表格中有一项,"是否有抄袭",有两个选项,是与否,这就强人所难了。我没有发现,并不能确定就没有啊。所以,遇到这种情况,我就会在"否"上面直接写成"未发现"。又如,医学检查结论经常是写"未及"或"本结论仅对样本负责"。这是什么意思？就是说，如果你以后发现确实得病了，也不能证明我这次检查有什么问题，我只是在这次检查时"没有发现"或"发现不了"而已。看起来，这好像是医生推卸责任的写法，但其实是科学严谨的要求。

不过，问题来了，科学鉴定提供的结论如果是确定的，那么，其对于司法当然可以起到帮助弄清真相的作用，而如果其提供的结论是或然的，其对于司法又有什么作用呢？当然有，科学鉴定的模糊结论，可以通过因果模式的转化而得以确定。具体办法就是，将科学鉴定的不确定结论，借助于法律的相当因果关系模式，就可以转化为一种确定的司法判断。所谓相当因果关系，是指案件事实与原因之间的关系，并不要求达到客观的、确定的和必然的，只要达到一定程度，就可以确定为具有因果关系。民事责任有许多关于推定的规定，就是相当因果关系的直接体现。这些规定就是基于生活经验而作出的概率统计，并把大概率事件作为推定事实成立方向的依据。法学界有一种声音，说，只有民事诉讼遵循的是相当因果关系，而刑事诉讼遵循的则是必然因果关系。这个说法很有市场。我认为这个说法并不准确。从认定被告犯罪事实的角度来看，要求证据必须是客观的、确定的和必然的，把这个表述为必然因果关系，这当然没有什么问题。但是，如果从查明案件真相来看，实为不然。虽然现有证据不能证明被告有罪，但这并不能证明他就一定无罪。判决他无罪，那只是根据"疑罪从无"的法律要求而作出的无罪推定而已。疑罪从无和无罪推定就是相当因果关系的反映。事实也是这样，只要法律上存在推定的做法，那就是相当因果关系的反映。只不过，民事判决与刑事判决的推定方向相反而已。知道美国辛普森案吧？刑事判决与民事判决就很不相同。

法律上的相当因果关系是通过举证责任的分配来确定的。科学不能确定的因果关系，也就是我们常说的"说不清楚"。司法则将"说不清楚"置换为"由谁来说清楚"。如果有义务说清楚的人说清楚了，法律因果关系与科学因果关系就保持一致了；而当他"说不清楚"或"不说清楚"时，法律就对其作不利的推定，这个时候采用的就是相当因果关系。好比，患者说他在医院输血感染了艾滋病，医院说你艾滋病不是在我医院感染的。医学鉴定给出的意见是，输血与感染艾滋病并不必然具有因果关系。但是，如果血液有问题，则感染的风险就高。患者感染艾滋病到底是不是在医院输血感染的，这个显然是"说不清楚"了，法官便责令医院来"说清楚"，要求医院提供血液合格的证明。如果医院提供不了，那么法官就可作出因输血感染这一不利于医院的推定，至于真相是不是这样，那就不管了。

综上可以概括，科学鉴定对于司法的作用，表现为：(1) 如果科学鉴定提供的结论是确定的，那么它就为司法判断提供了科学根据；(2) 如果科学鉴定提供的结论是不确定的，那么，它的概率就为司法推定提供了方向。虽然，这个推定的因果关系在科学上或许是"非科学的"，但在法律上却是"合法的"。可见，在案件事实的认定上，科学意见为法律合法性的论证，提供了认识的前提。

二、 法律对于科学的规范

理工科专业的人一说到文科往往一脸的不屑，说得最多的就是，文科学的那些东西，除了胡说八道一通外，有什么用？你有本事给我造一架飞机试试？或者说，你有本事给我发明一个什么东西看看？网上曾经流传过一个帖子，在帖子里，一个理工女生抱怨说，家里电灯坏了，他的文科男友不会换，却靠在门框上，大谈黑格尔和康德有什么不同。这个女生最后不无嘲讽地写道，你说黑格尔，电灯会亮吗？康德思想会指导你换灯泡吗？每当文理科学生辩论到这些话题，文科生总是会有挫败感。

的确，科学给人类带来了许多有用的东西。可以这样讲，没有科学，人类至今还在过着山顶洞人的生活。这些是科学的积极意义，但是，科学同样也带来了许多有害的东西。大炮、原子弹、核武器，这些可都是杀人的工具啊。我们的日常生活里，这样不好的例子也有很多很多，比如苏丹红、瘦肉精、人造鸡蛋，这些不也是科学发展的产物吗？可以想象，将来科学带来的害人的东西和害人的程度，一定会随着科学的不断进步而不断增加、增强。同理，法律对于人类的影响，也同时存在促进与阻碍的双重作用。如果从积极作用来看，你能说，一部美国宪法，其对于人类的贡献就一定逊于英国的工业革命吗？而从消极作用来看，你能说，商鞅改革制造的权力之恶仅仅影响战国和秦朝吗？

前面我们讲过，科学思维具有开放性，不受规范和程序的限制，但这并不意味着科学行为就可以摆脱法律的规范而为所欲为。科学精神是自由的，科学家的行为则要与法律相符。法律可以通过规范来引导科学行为。科学给人类的正面作用，法律可以激励科学家的创造积极性，保护发明创造的知识产权法就起这样的作用。而对于科学的负面作用，以及因为科学而产生的新型违法犯罪活动，法律则要强行抑制，法律责任就起这样的作用。试想，如果知识产权得不到保护，你的发明专利技术，我可以盗窃使用，那么还有人愿意投入精力去研究吗？如此一来，科学技术不就停滞发展了？同样，人们利用科学技术来诈骗他人钱财或从事其他犯罪活动，如果得不到及时控制，那么，科学的发展就只能给人类带来痛苦，而不是幸福。

科学技术的发展给法律不断地提出新的问题和新的挑战，这也是需要法律来规范的。以医学为例，出生的问题，因为有了代孕，那么，妈妈是谁？是代孕的人，还是委托代孕的人？是考虑基因，还是考虑情感？是考虑大人利益，还是考虑小孩利益？死亡的问题也是，人有权利自杀吗？帮助他人自杀可以吗？死亡的时间以什么为依据？现在又出现了基因编辑的问题。基因编辑将人口的生育模式彻底改为生产的模式，这就引起了人类的恐慌。基因编辑可以还是不可以，法律必须给出答案。而当下，关于人工智能的讨论已如火如荼，其中，要不要将人工智能当作人来看待，激起了许多学者的争论。不把它当作人吧，它比人更有能力；把它当作人吧，那法律到底还是不是人与人之间的规则？可以是人与物的规则吗？显然，这些由科学所产生的问题，科学本身是不能回答的，只能交给法律来给出确定性的答案。

科学技术的发展,同时也会对法律的适用起着限制的影响。原本法律完整的权利,因为科学的发展也会不断地限缩。拍照就是。你看现在满大街的都是拍照的人,一个无关的人随时就会进入到他人的手机里。如果主张肖像权或隐私权,恐怕司法机器再庞大,也不堪重负。当人们见怪不怪了,主张权利的积极性也就下降了,慢慢地,其权利的形态就会发生一些变化,法律权利就可能会在事实上逐渐消亡。同样,微信聊天也在不断地改变人们的隐私观念。两个人的聊天你可以看作是私人聊天,500 个人的群聊,你可以看作是公共空间。可是,从 3 个人的群聊到 500 个人的群聊,公共空间与私人空间的界限到底在哪里?而微信截屏和转发的功能,也极大地模糊了公共空间与私人空间的区分。结果是,私人空间越来越受到了限制,而人们也不得不慢慢接受和习惯这一现实。

科学技术的发展同样也会产生新的违法和犯罪。随着网上消费越来越普及,算法歧视的现象也就应运而生了。同一家酒店,不同的人去预定,经营商会根据顾客的消费层次提供不同的价格,这就是典型的算法歧视。算法歧视当然构成了对消费者权益的侵害,是典型的民事违法行为。同样,随着科技的发展,刑事犯罪形态也会发生变化。以往,抢劫行人的、入室抢劫的、抢劫出租车的,现在都几乎没有了。随着信用卡、支付宝的普及,人们身上几乎不带现金,你抢什么呀?可见,在科技时代,体能型犯罪少了,智能型犯罪多了。特别是,随着人工智能进一步的发展,可以想象,利用人工智能来犯罪也将成为现实。想象一下都可怕,机器人杀人,其精准性几乎可以达到百分之百,而其范围也是可以接近于无限。就算是你能销毁一架杀人机器,说不定程序立即就会生产出千百架杀人机器。而如果机器人中内置了自毁程序,就算你找到了机器人,你也找不到那个操控机器的人。何况去找的人,无论是自然人,还是机器人,都有可能面临来自杀人机器预先内置程序的摧毁,毫无痕迹可寻。

最后,我们千万不要低估科学给人类带来的负面作用,也千万不要排斥法律对于科学负面作用的矫正作用。文科和理科,两者都有作用,且两者都有正面和负面的作用,只是作用的领域不同而已。因此,理科生大可不必歧视文科生,文科生也大可不必矮化自己。

第二十章 法律与宗教

第一节　关于宗教的认识

一、什么是宗教

什么是宗教？要讲清楚这个问题，的确不是一件容易的事，特别是在一个主要是无神论的国家里，而且，本人也不是一个有神论者。所以，我这里所讲的，只是我根据部分学者的观点，并融入我个人的一些思考所作的对于宗教的理解。不完全正确，权当一家之言吧。关于宗教方面的理论，许多学者往往是基于对基督教的认识而提炼出来的，因此，本章对于宗教的理解，也主要是从基督教方面来进行阐述的。

（一）宗教情结

要讲清楚什么是宗教，就先得讲清楚什么是宗教情结，而要讲清楚什么是宗教情结，那就得先要讲清楚什么是情结。记得有一个教授在讲什么是情结时，举了一个例子。他说，如果你每次上课，旁边都坐着一个叫什么名字的女生，你已经习惯了她的存在，但也没有什么特别的想法。可是，有一天，她突然没有来，这个时候你就会不由自主地去想她，这就是情结。按照心理学的解释，在一个人隐秘的心理活动中，有一种强烈而无意识的冲动，这种冲动就是一种情结。那么，什么是宗教情结呢？德国社会学家西美尔没有使用宗教情结这个概念，而是采用了“宗教性”这个概念，以与“宗教”这一概念相区别。西美尔认为，宗教性是一种社会精神结构，体现为某种人际行为态度，它们往往是自发形成的精神状态、灵魂的敞开状态。他说，当个人与集体关系具有升华、献身、神圣、忠诚于一体的特征时，就是宗教性关系。①

在我看来，将西美尔和涂尔干的宗教性看作是宗教情结似乎也并无不当。因此，所谓宗教情结，就是当一个人对某个对象产生了某种强烈的崇拜情感，以至于愿意为之奋斗，甚至愿意作出牺牲时，那么，我们就可以说，这个人对其崇拜对象具有了宗教情结。崇拜对象可以是人，如祖先、英雄、某个明星，或某个恋爱对象等；也可以是物，比如承载崇拜对象的某种图腾，或动物、或植物。崇拜对象可以是个体，也可以是集体，后者如民族、国家、政党等。崇拜对象可以是实体，也可以是观念，比如有人将自由作为其信仰追求，有人则将平等神圣化。总之，只要某个崇拜对象对于崇拜者而言具有神圣性，那对

---

① 参见〔德〕格奥尔格·西美尔：《宗教社会学》，曹卫东译，上海人民出版社2003年版，第10页。

他来说就是一种宗教情结。

与神圣性相对的是世俗性。世俗性与利益有关，而神圣性与利益则完全没有关系。你只要将爱情与婚姻作个比较，就可以清楚两者有什么不同。爱情，尤其是青春期的爱情，没有一丝杂念，只是单纯地喜欢并愿意为对方做一切，“莫名，我就是喜欢你。”我们说爱情具有神圣性，就是这个意思。而一旦到了谈婚论嫁的时候，世俗性就逐渐会替代神圣性，地位、收入、学历，都会或多或少地成为功利权衡的因素。所以，婚姻的喜欢，那一定有喜欢的原因。所以，才有人抱怨，婚姻是爱情的坟墓。当然，爱情的神圣性与婚姻的世俗性的区分也是相对的，并不是说只要是爱情就没有一点点的世俗，而只要是婚姻就没有一点点的神圣，两者之间边界经常是模糊的。

（二）宗教与宗教性

宗教不同于宗教情结（或说宗教性）。按照西美尔的说法，宗教是具有独立的建制实体和教义旨趣的一种形式，是一种如艺术、科学那样的文化形式。[①] 宗教是人群因某种一致性而形成的凝聚，是社会的集体意识。[②] 若从这种集体意识中发展出一套更有理想内容的神圣观念体系，并分化出一个特殊的身份阶层（教士、僧侣、儒生），那么，“宗教”就出现了。[③]

根据西美尔的说法，我将宗教与宗教性的区别，归纳为以下几点：(1) 宗教是一种社会形式，与科学、艺术等形式处于同一层次；而宗教性则不具有建制形式，它仅是个人的情感体验。(2) 宗教是一种体系化的宗教观念，而宗教性则仅是零碎的、片段的宗教情感。(3) 宗教业已分化出一种宗教职业，而宗教性则与宗教职业没有关系，前者具有集体性，后者则是个体性。如果这样理解是正确的话，那么，我们就可以从宗教的角度，来认识国家与个人的关系。作为一个国家，它可以是一个有宗教信仰的社会，也可以不是。当然，国家有与无宗教信仰的区别也是具有相对性的。作为个人，他/她可以有宗教信仰，也可以没有宗教信仰。但是，无论他/她有没有宗教信仰，他/她都有宗教情结。只不过，每一个人的宗教情结的程度、阶段和载体不同而已。

既然每一个人都有宗教情结，那么，对于宗教的任何解读都必须建立在尊重人类宗教情感的基础上。虽然，从政治的角度看，宗教的确有可能成为统治阶级利用的工具，但是，作为个体，宗教又的确是一个人满足宗教情感的最好形式。正如涂尔干所指出的，人们既是铸造者，又是受骗者，那么，这个非同寻常的骗局，又怎么能够贯穿于历史进程的始终呢？[④] 或许，宗教的确是一种麻醉剂，它让人们忍受现实的苦难，而将希望寄托于来世。这种自我麻醉固然无助于改变现状，但是，我们想一想，是泯灭希望好呢，还是存有希望好呢？有希望总比没有希望要好吧？那些自杀的不就是因为在现世看不

---

① 参见〔德〕格奥尔格·西美尔：《宗教社会学》，曹卫东译，上海人民出版社 2003 年版，第 11 页。

② 同上书，第 13 页。

③ 同上。

④ 〔法〕爱弥尔·涂尔干：《宗教生活的基本形式》，渠东、汲喆译，上海人民出版社 1991 年版，第 85 页。

到希望而走上绝路的吗？中国人的生活哲学中有“认命”的说法，认命当然无助于改变现状，但却有助于调剂心理。其实，我们仔细想一想，“认命”与“抗争”相比，抗争就一定是好吗？认命就一定不好吗？宗教的作用或许还有很多很多，但对于个人而言，是否也有如认命一样具有救赎心灵痛苦的作用呢？因此，如果从人类普遍存在的宗教情结的角度去理解宗教，那么，只要一个信徒相信其怀有的希望是真实的，那么他就从其中获得了一种力量。正如涂尔干指出的，“实际上，我们可以说，如果一个信徒相信一种他所依赖的道德力量的存在，相信他从中能够获得美好的一切，他并没有受骗；因为这个力量确实存在，它就是社会”。①

二、 宗教信仰

（一）什么是宗教信仰

信仰是宗教的核心，没有信仰，就没有宗教。那么，什么是信仰呢？所谓信仰，就是一个人对某个他者的信任和忠诚的情感，反映的是一个人对某个他者的一种信任和忠诚的情感关系。社会关系以基本信任为前提，宗教关系是社会关系的一种，也是建立在信任的基础上；不同于社会关系，宗教关系反映的是个体与某个超越体之间的信任和忠诚的情感关系。宗教关系并不是建立在个体对他者理解的基础上，而是建立在信任和忠诚的基础上。现实生活中，我们信任某个人一定是他有值得信任的根据，比如诚实，比如借钱会还，比如从不迟到，这里，信任是信任根据的结果。但是，宗教信仰就不一样了，相信本身就是宗教关系的起点，而不是某个根据的结果。基督徒引用最多的一句话就是圣经里面的“信，即得义”。正如德国社会学家西美尔所说的：“最纯粹宗教意义上的信徒，根本不考虑其需要在理论上是否可能，而仅仅觉得其追求在其信仰中已经得到了满足。”②

（二）宗教信仰的功能

宗教信仰虽然没有理性上的根据，但却具有其特有的功能，一是安全功能，二是整合功能。

宗教信仰给人以安全感。由于世界的复杂与多变，对于人类而言世界总是存在一个无知的领域。无知的世界也就是一个不确定的世界，而人的不安全感大都缘于此。你看，上了年纪的人弄电脑，一个界面变化了，他就紧张得不得了。为什么？就是因无知而产生的不安。人的生命是有限的，知识也是有限的。因此，对于人类而言，无论你如何努力地学习，都不可能全知全能，始终存在一个未知的领域。这个未知的领域究竟是什么样子，探索远不如先相信要来得及时。好比，父亲把儿子抛向天空，究竟会干什么，你并不是有绝对确定的把握，那就先信了父亲一定会接住你再说。先信可以获得确

---

① 〔法〕爱弥尔·涂尔干：《宗教生活的基本形式》，渠东、汲喆译，上海人民出版社 1991 年版，第 296 页。
② 〔德〕格奥尔格·西美尔：《宗教社会学》，曹卫东译，上海人民出版社 2003 年版，第 64 页。

定性，的确是这样，宗教信仰的确定性和终极性，就是因为它能够迅速地并一劳永逸地消除人类的疑问、不安和恐惧，以满足人们的精神需求。

宗教信仰对人际关系具有整合功能。对人际关系进行整合，其实就是将群体从其他社会关系中分离出来，使得多个因素彼此相连、休戚与共，以形成凝聚力的实体。在现实生活中，人与人的交往，只要找到某个共同性，彼此就会感到亲切，双方的距离就会拉近。实在找不到相同的地方，那就模仿亲缘关系，就以兄弟或姐妹相称。族群、国家、党派是最正式、也是最为常见的整合人际关系的形式。比如民族，人们将彼此说成是共同来源于某个祖先，从而与其他民族分离开来。我写过一篇关于人类命运共同体的论文①，对这个问题说得比较清楚。如果大家有兴趣，可以找来看看，并结合这里的知识去理解。宗教信仰的整合功能尤其明显，此宗教与彼宗教之间的矛盾和冲突，甚至同一宗教不同教义之间的差异，都可以成为整合社会关系的重要力量。宗教信仰对人际关系的整合，在促使同一宗教信仰的群体高度团结的同时，也促使不同宗教信仰的群体之间的激烈对抗。

三、宗教仪式

如果说宗教信仰是宗教内容的话，那么，宗教仪式就是宗教信仰的载体。仪式是宗教生命力的表现，迄今为止，我们还没有看到一种没有仪式的宗教。要弄明白宗教仪式这个概念，我们可以从它的社会功能上来切入。宗教仪式的社会功能归纳起来，大致有以下这么几种：

（一）记忆的功能

宗教的整合功能从形式上来讲，就是通过仪式唤起彼此共同的记忆。正如涂尔干所指出的："人们举行仪式，是为了将过去的信念保存下来，将群体的正常面貌保持下来，而不是因为仪式可能会产生物质效果。"②宗教仪式的功能之一，就在于保证信仰不从人们的记忆中抹去，从而使集体意识中最本质的要素能够得以复苏。举一个例子，一对情侣，女朋友每一次过生日，男朋友都要为她举行烛光晚会，烛光晚会几乎成了其生日仪式。结婚久了，生活日趋平淡，但一年一度的烛光晚会还是能够唤起他们对过往生活的回忆。当然，结婚后还会不会坚持，那是另一回事。

（二）情感的功能

当然，仪式的目的不是为了表现过去而表现过去，而是通过统一的仪式，个体与个体之间分享某种共同的情感。春节期间，海外唐人街举行的贴对联、打龙灯、舞龙狮等一系列活动，就自然而然地会拉近华人的心理距离。所以，一个人到底是哪一国人，除了国籍、血缘的标志之外，其实仪式也是一种重要的标志。只要大家的仪式是同样的，

---

① 参见周安平：《人类命运共同体概念的探讨》，载《法学评论》2018 年第 4 期。

② 〔法〕爱弥尔 · 涂尔干：《宗教生活的基本形式》，渠东、汲喆译，上海人民出版社 1991 年版，第 491 页。

那么他们在文化上往往就容易被归为同一种人。"正是通过这类大型社会活动，他们的社会认同感才得以巩固和加强，或者说，他们才会强烈地意识到自己的文化归属。举行的活动越隆重，这种文化归属感就越强烈。"①

宗教仪式的情感功能尤其突出。如基督徒就是靠着礼拜天举行相同的宗教仪式来分享共同的宗教情感的。宗教仪式是信徒情感联结的桥梁，也是信徒情感寄托的所在。

（三）团结的功能

仪式不仅是个体分享共同情感的媒介，也是个体归属于群体的依托。通过仪式，群体可以周期性地强调和巩固其自身的存在。同时，个体归属于集体的情感也得到了增强。也就是说，仪式具有强烈的内聚效应，能够激发起个体的团结心，从而巩固群体。仪式的团结功能与情感功能紧密联系在一起，当个体分享共同的情感时，彼此的凝聚力也就增强了，团结往往是情感分享的结果。三国演义中的刘关张商量结拜为兄弟，说好是兄弟就是了，为什么还要举行一个结拜仪式呢？就是因为仪式具有团结的功能，将三个人拢到一起。

宗教仪式的团结功能也是非常明显的。在古代中国，将士们在出征前往往会聚在宗庙前举行某种宗教仪式，其中目的之一就是为了激发将士的团结力量。当然，一旦某个仪式变得可有可无了，那么信徒之间的联系也就慢慢趋于松散了。

综上可知，宗教的记忆功能、情感功能和团结功能，三者在逻辑上具有前后传递的因果关系，因为有记忆，所以可以分享共同情感；因为有共同情感，所以才会产生团结的力量。宗教仪式的重要性可见一斑。我上面的归纳只是社会意义的归纳，具有极强的世俗性。所以，我这里再强调一下，我讲的是宗教的社会功能，而不是讲宗教的教义。

四、宗教与科学的关系

宗教反科学，这是反对宗教信仰的人经常提出的理由。你能证明上帝存在吗？基督徒经常要回答不信教的人提出的这个问题。从科学上来诘难宗教最为人所称道的问题是，上帝能不能造一块自己都搬不起来的石头？如果上帝不能造，那么上帝就不是万能的；如果上帝搬不起，那么上帝也不是万能的。这种推理形式在逻辑学上被称为二难推理，无论你如何回答，都能够得出上帝不是万能的结论。这个经常被引用的二难推理，被人们认为是最能证明没有什么无所不能的上帝的理由。是这样吗？"能不能造？"这是一个科学的问题，"有没有上帝？"这是一个宗教的问题，这就涉及科学与宗教的关系。

（一）宗教与科学之不同

从对象来看，科学探询的是事物与事物之间的因果关系，而宗教探询的则是我们生

---

① 〔英〕德斯蒙德·莫里斯：《人类动物园》，刘文荣译，文汇出版社2002年版，第19页。

活的意义和目的。科学感兴趣的是现象的原因,事情为什么是这样,而不是那样?而宗教感兴趣的是人生的意义,人为什么要活着?人生的目的在哪里?可见,科学精神只是拒绝用科学思维去论证无法通过实验验证的东西,而这些无法验证的东西又恰恰是宗教需要回答的问题。所以,对于宗教要回答的问题,科学是无法回答的。因此,用科学来证明上帝存不存在,本身就不是宗教的态度。我以为,宗教与科学不同,可以从以下几个方面来分析:

1. 从功能来看

从功能来看,科学帮助人类认识物质世界,而宗教关心的则是人的情感世界。对于前者,人们只有遵循科学态度才能提升自己与大自然作斗争的能力。对于后者,人们只能通过某种精神寄托,才能慰藉自己不安的灵魂,宗教就提供了这种功能。动物不遵循科学规律,它也不能很好地生存下去,即使它没有意识到这是科学。但是,动物不会思考畜生的意义和目的,因此,按照这种共识,无论是人还是动物都必须遵行科学;而人之所以不同于动物,虽然有很多的不同,但可以肯定的是,动物没有宗教情感,而人有。

总之,人的生活既有物质性、又有情感性,两者不可偏废。所以,如果只强调人的物质世界,而忽视人的精神世界,那其实就相当于是将人降格为动物了。而如果人真的没有了灵魂,没有了追求,没有了理想,那其实也就相当于是否认了人的自身。

2. 从与迷信的关系来看

从与迷信的关系来看,宗教与科学也是不同的。什么是迷信,从字面来理解就是着迷一样的相信,比如人突然死了,就认为是遇到了鬼;或者人生病了,就认为是魂掉了。这些看法经常被人们指责为封建迷信。为什么说成是封建迷信呢?大概是认为古代科学水平不高,这种迷信现象较为普遍。而其实,迷信与封建没有任何关系。迷信是对两者并无因果关系却偏执地认为具有因果关系,是在科学的相反意义上来理解因果关系的。因此,如果说,科学是对正确因果关系的反映,那么,迷信就是对未经检验的因果关系的相信。可见,迷信和科学遵循的都是因果关系的认识模式,只是迷信的因果关系发生了错误而已。

但是,宗教则不同,宗教从来不关心现象与现象之间的因果关系,只关心人生的目的和意义,因此,宗教并不是从科学相反的意义来解释世界的,而是从不同于科学的角度来理解世界。据此,我们可以说,迷信是反科学的,但我们不能说宗教是反科学的。同理,我们可以说,科学是迷信的敌人,但我们不能说科学是宗教的敌人。当然,我们并不否认在现实生活中,有许多人是出于迷信的思维而信奉宗教,那我只能说,他信奉的不是宗教,而是迷信。

此外,迷信与宗教的心理基础也是不同的。一个人迷信的产生是因为不懂科学,并基于恐惧而建立起错误的因果关系;而一个人宗教信仰的产生,主要并不是因为无知和恐惧,而往往是基于内心的心理需求和渴望而形成。因此,把宗教说成是迷信的和反科学的,这可能与没有搞清楚两者和迷信的不同有关系。

3. 从与政治意识形态的关系来看

从与政治意识形态的关系来看，宗教与科学也是不同的。意识形态是指一种固定的、不可置疑的思维形态，质疑就犯了错误。一般认为，在这个固定的思维形态下，无论塞进什么材料，它的结论都是固定的，即无论你说什么、怎么说，它总是对的。意识形态经常假以科学的面目出现，把自己的观点说成是科学的，其目的就是了为证明自己是正确的。由于意识形态并不满足波普尔所说的可证伪性标准，在这一点上与宗教具有相同的性质，所以，就经常被人们批评为是一种宗教。但实际上，宗教并不同于意识形态，宗教从来不宣称自己具有科学性，而只是说自己与科学不同。宗教以其社会性、民间性和自发性，而与意识形态的政治性、建构性和强制性相对立。因此，宗教对政治意识形态构成了一种非常严重的削弱性力量。

（二）宗教与科学的联系

宗教与科学不同，但并不表明宗教与科学没有联系。科学是人类认识世界的工具，自然界之所以在人类，尤其在科学家看来具有秩序和规律，就是因为科学将事物联系起来，以建立他们的内部关系，从而使之系统化。宗教同样也是这样来认识世界的。人类社会之所以在人类，尤其在宗教信徒看来具有目的和意义，是因为宗教信仰发挥了积极的作用。正如涂尔干所说的，“宗教总是试图用理智的语言来转述现实，它在本质上与科学所采用的方式并无不同之处”。①

科学与宗教回答的问题，前者是关于“是什么”或“是不是”的问题，后者是关于“信什么”和“信不信”的问题，看起来彼此不相关。但是，并不是所有的有关“是”的问题，科学都能够回答得了。比如说，为什么会存在一个宇宙？宇宙是如何产生的？为什么宇宙会具有现在这样的秩序？甚至于，为什么会有科学？诸如此类的科学问题，科学往往无能为力。宗教的回答之所以必要，是因为人类面对未知世界，有探求确定性答案的渴望。涂尔干就说过，“正是科学，而不是宗教，才使人们把事物看得既相当复杂，又难以理解”。②当然，前提是你相信。

科学的局限性不仅反映在它无法回答为什么会有科学的问题，而且也反映在它无法解决由于科学发展而导致的问题。科学技术的发展与人类文明的进步并不是同步的，甚至可能是相反的。科学技术给人类制造了很多很多的悲剧，核武器、环境污染、有毒食品等。科学的思路是，通过进一步地发展科学来解决科学的问题，这就步入到了一个永远也解决不了问题的无限循环中了。科学悲剧事件不断地警告人类，人类如果会灭亡，那一定是因为科学技术的发展。而能够改变这一方向的就在于人类自己。人类对于科学的态度，对于自然界的态度，以及对于宇宙的态度，决定了地球的走向，决定了人类的未来。的确，一个人的人生是否幸福，其生活态度远比物质基础、远比科学技术

---

① 〔法〕爱弥尔·涂尔干：《宗教生活的基本形式》，渠东、汲喆译，上海人民出版社 1991 年版，第 564 页。
② 同上书，第 32 页。

更为重要。只要看看今天，物质文明高度发达，自杀者反而增加，我们就会发现，人的精神世界是多么脆弱和卑微，是多么需要安抚和慰藉。于此，科学显然无法代替宗教。

第二节 宗教与法律的关系

宗教与法律有什么关系？我们可以从法律起源与宗教的联系，以及法律与宗教相互支持的关系这两个方面来认识。

一、法律起源与宗教的联系

关于法律起源与宗教的联系，有人认为法律起源于宗教。这个看法很有市场。我以为，宗教对于法律起源有影响，这当然没有问题，但说法律起源于宗教则是不准确的。从人类学来看，法律起源于多种形式，习惯、习俗、模仿、权威人物的命令等，都有可能催生法律的产生，宗教只是其中之一，而不是唯一。因此，准确的说法是"有些法律起源于宗教"，而不能说"法律起源于宗教"。"有些法律起源于宗教"与"法律起源于宗教"是不同的，前者是特称判断，指称的是法律的部分外延；后者则是全称判断，指称的是法律的全部外延。这是形式逻辑的知识，这里就不展开了。

宗教教义对信徒的约束，无论是强制性的约束，还是信徒自觉性的遵守，随着时间的推移，最后就有可能演变成法律。只要宗教教义取得了物理性的强制力量，并被实体性机构强制执行，那么，宗教教义就取得了法律的属性，就可以被看作是法律。事实上，古代许多宗教教义就起着法律的作用，此时，宗教与法律并没有什么不同，这在政教合一的国家或时代非常明显。历史上的《摩西五经》《汉穆拉比法典》，本身就是宗教与法律的合一。随着历史的发展，政教开始分离，法律就逐渐从宗教教义中分化出来，而成为纯粹的世俗性规则。可见，在人类规则的演化史上，法律的起源与宗教具有高度的相关性。

法律的产生或多或少地都受到过宗教这样或那样的影响，某些法律原则最早就来源于宗教信条。即使在今天，我们也可以从许多国家的法律中寻觅到宗教的痕迹，美国宪法就是最好的例子。其实，就算是宗教信仰并不明显的国家，法律与宗教的渊流关系也很难切割。比如说，当下法律中的宣誓制度，从逻辑上分析就可能是来源于宗教的某种仪式。

宗教对于法律起源的影响不仅体现在法律内容上，还体现于法律形式中。法庭的布置与教堂的布置就非常相像。你看，戴假发的法官形象与神父的形象是不是很像？

法官的审判与神父的布道是不是也很像？法庭的气氛与教堂的气氛是不是都是庄重的和肃穆的？你再看，法官的法袍与神父的服饰，样子是不是也差不多？可以想象，司法的最初形式很可能来源于宗教仪式。由此可以推断，在规则进化史上，法律的起源不仅在内容上，而且也在形式上，都程度不同地受到了宗教的影响。所以我们也在逻辑上可知，司法权威与宗教权威有着很大的联系。

二、 法律与宗教相互支持的关系

虽然，法律的起源与宗教在内容上和形式上有着千丝万缕的联系，但两者最终还是演化成了两种性质完全不同的规则体系。一般认为，宗教涉及的是人类与超自然的关系，而法律涉及的则是人与人之间的关系。宗教关心的是人的终极命运，而现代法律则是贯彻特定政治、经济和社会政策的一种工具，它关心的是人的现世命运。因此，如果说宗教是神圣的、精神的，那么法律就是世俗的、理性的和功利的。

当然，尽管法律与宗教分属于性质完全不同的规则体系，但两者的不同并不能隔绝两者相互支持的关系。宗教可以为法律提供支持，法律也可以为宗教提供支持。宗教为法律提供支持体现在以下几个方面：(1) 宗教观念可以提升法律的正当性。当法律规定与宗教观念保持一致时，宗教观念会强化人们对于法律的自觉遵守。相反，当法律规定与宗教观念冲突时，宗教观念也就成为削弱法律的道德效力的一种力量。(2) 法律信仰可以从宗教信仰中获得支持。说到法律信仰的重要性，人们都会引用伯尔曼的名言“法律必须被信仰，否则它将形同虚设”[①]来说明。一般来说，法律信仰与宗教信仰具有内在的逻辑关系，因此，宗教信仰往往可以为法律信仰提供精神力量。(3) 法律可以借助宗教来解决法律上难以解决的问题。古代的神明裁判就是这方面的例子，正如伯尔曼所说的，“当法律习惯和调解归于无效的时候，巫术便是终局的解决办法”[②]。即使是现代司法，人们也经常会采用抓阄的方法来确定资源的分配，以及用宣誓的办法来弥补证据的不足。这些做法在司法中是否可行和是否有效，或多或少与人们内心的宗教心理分不开。

不仅宗教可以为法律提供支持，法律也可以为宗教提供支持。宗教信仰是人的精神需求，因此，宗教自由是绝对的自由，公民有信与不信的自由，有信此教或彼教的自由，有加入和退出的自由。为保护公民的宗教自由，现代民主国家的法律一般会作如下禁止性的规定：(1) 国家不得规定某一宗教为国教，这是宗教与国家相分离的要求。国教的规定意味着各宗教的政治地位不同，从而对于其他非国教构成了歧视，并因这种歧视而侵犯了一部分人的宗教自由。(2) 任何人不得利用宗教损害他人的身体健康。如果利用宗教损害他人身体健康则为法律所禁止，这无关乎其宗教的内容如何，而只是因为其行为具有非法性。

---

① 〔美〕伯尔曼：《法律与宗教》，梁治平译，中国政法大学出版社 2003 年版，第 3 页。
② 同上书，第 36 页。

总之,人既有物质需要,又有精神需求,人无远虑必有近忧。法律通过解决人与人之间的冲突来构建和谐的人际关系,而宗教则通过调整人与超自然的关系来达致和谐的心理状态。就此而言,两者的目的从根本上来说是一致的。正如伯尔曼所言:“法律不只是一整套规则,它是人们进行立法、裁判、执法和谈判的活动。它是分配权利与义务、并据以解决纷争、创造合作关系的活生生的程序。宗教也不只是一套信条和仪式;它是人们表明对终极意义和生活目的的一种集体关切——它是一种对于超验价值的共同直觉与献身。”[1]

[1] 〔美〕伯尔曼:《法律与宗教》,梁治平译,中国政法大学出版社2003年版,第11页。

第二十一章　法律与道德

我们前面讲过，人是群居性的动物，并且是唯一可以与陌生人合作的动物，这就决定了人与人之间一定存在交往的规则，否则群居与合作的状态就无法维持下去。人际交往的规则有很多，有习俗、有纪律、有宗教、有道德，还有法律。这些规则都无一例外地对人提出了许多要求。在这些规则中，其中最重要的就是道德和法律。

关于法律与道德的关系，作这方面讨论的论文和著作可谓汗牛充栋了。我们这里只从规范的角度来理清两者的关系，旨在搞清楚，法律能规范什么和不能规范什么，道德能规范什么和不能规范什么。我想，这样的讨论之所以重要，是因为，法律首先是一种规范，是一种与道德规范联系十分紧密，而又不同于道德规范的规范。

第一节　评价要求和适用领域

一、评价要求

还记得我们前面提到过的小悦悦事件吧？这起“见死不救”事件引发了人们对于公共道德的持续讨论，见到有人倒地，“扶还是不扶”至今还一直困扰着国人。从舆论所展示的立场上来看，人们几乎都同意，每一个人都应当帮助弱者。这当然是道德对于人们的要求，但是，法律可不可以也作这样的要求呢？这个问题其实就涉及法律和道德对于人的不同要求。

道德反映的是人类公认的价值观和人类追求的理想状态。任何社会都建立在价值共识的基础上。一个社会的存在与否，以及社会是否团结牢固，都与价值共识联系在一起。一个没有价值共识的社会，就是碎片化的、趋于瓦解的社会。也就是说，道德共识是社会存在和延续的基本条件。同时，道德还承载了人们对于社会理想的期盼与追求。理想与现实有距离，是人们可望而不可即的一种状态。比如，如果人人都是雷锋，那社会当然是最好不过了，但这种状态永远不可能实现，正因为不可能实现，所以才是理想。因此，与条件和理想对应，道德也就包含了两方面的内容，一是基本道德，人人都必须遵守，这是社会之所以存在的基本条件；二是高尚道德，只有极少数人才能达到，这是社会鼓励和提倡的理想目标。基本道德如果没有满足，社会便会瓦解；高尚道德没有满足，虽然会影响人们的生活质量，但不会影响社会的存续。假设法律和道德对于人的要求是一样的，那么，法律也就既可以将基本道德纳入其中，也可以将高尚道德纳入其中；那么也就意味着，通过法律的强制性，一个社会的基本状态和理想状态都可以实现，其逻辑结果就是，人人都是活雷锋，那该多好呀！倘若如此，那些“见死不救”的人间悲剧也就不会发生了，而那些“扶与不扶”的纠结也就没有存在的空间了。可为什么，法律不作这样的要求呢？

法律之所以不能以“雷锋”或者说以“善人”作为标准，来要求所有的人，是因为人性中有许多优点，也有许多弱点，人性就是优点和弱点构成的整体。人性是不能改变的，我们只有在承认并尊重人性的基础上来选择我们的规范，而不是用规范去改变人性的弱点。为什么规范就不可以改变人性的弱点呢？比如说，通过法律的要求，来使得每一个人都具有人人为公，毫不利己，专门利人的道德，这有什么不好呢？历史告诉我们，不可以。人类历史上许多有理想、有抱负的人都做过这样的实验，太平天国就是典型。洪秀全认为，人类的私欲是一种罪恶，只要消灭了私欲，社会就会变得大同。于是，太平天国前期就通过强制手段消灭了家庭，消灭了私产，结果怎么样了呢？太平天国以及其他乌托邦的故事告诉我们，为实现理想王国而试图改造人性的弱点，最后都难逃悲剧的结局。正如有学者一针见血地指出：“总是使一个国家变成人间地狱的东西，恰恰是人们试图将其变成天堂。”[①]这句话的意思很明显，你想把世界改造为天堂，结果就一定是走向地狱。可见，我们对于人性的弱点，只能正视和引导，而不是改造。

因此，面对普通人身上的优点与弱点，法律不能老是去想着发现好人，而是应该着眼于如何去防范坏人。让坏人不能作恶，这是法律的出发点；让好人做好事，这是道德的出发点。因此，法律与道德作用的方向是相反的，道德着力点是提倡善，而法律则着力于抑制恶。或者换一个说法，道德是在前面引领人们前进，而法律则在后面鞭策人们不得后退。所以法律只能以“普通人”，作为法律的参考标准。对此，李友根教授称之为“中人”[②]。不过，“中人”是个定性标准，不能量化，这也是个问题。为此，我提出了一个量化的概念“大数法则”[③]，意思就是说法律要以大多数人的行为作为其设定标准的参考值，大多数人做得到的才能作为法律的要求。

富勒提出了“义务的道德”和“愿望的道德”两个概念。前者指的是一个有秩序的社会必不可少的一些基本原则；后者是指关于幸福生活、优良和人的力量的充分实现这方面的道德。[④] 前者参考的是“普通人”的标准，是一般人都必须达到的标准，它反映了社会对于人的道德水平的起码要求，如圣经中的“十诫”，人人都必须遵守。后者参考的是“善人”的标准，比如雷锋，这是提倡性的标准，反映了人们对理想生活的追求。无疑，富勒的“义务的道德”就是我们前面说的基本道德，而“愿望的道德”就是指高尚道德。法律规定的义务就是富勒所说的义务的道德，而不是愿望的道德。

说到“扶不扶”的问题，法律一般是不能对普通人设定救助他人的义务的，对于“不

---

① F. 荷尔德林语，转引自〔英〕弗里德里希·奥古斯特·冯·哈耶克：《通往奴役之路》，王明毅、冯兴元等译，中国社会科学出版社 1997 年版，第 29 页。

② 参见李友根：《论法律中的标准人：部门法角度的思考》，载《美中法律评论》2005 年第 3 期。

③ 参见周安平：《许霆案的民意：按照大数法则的分析》，载《中外法学》2009 年第 1 期。

④ 参见〔美〕富勒：《法律的道德性》，郑戈译，商务印书馆 2009 年版，第 6—12 页。

扶”的人，尽管我们可以从道德上去责怪他，但却不能从法律上去惩罚他。也就是说，法律是起码的道德要求，而不是高尚的道德要求。法律是对普通人的要求，而不是对高尚人的要求。“我们无法强迫一个人过理性的生活，但却可以创造出人类合乎理性的存在的必要条件。”①法律惩罚一个人就是因为这个人没有达到普通人的标准，而不是因为这个人没有达到高尚人的标准。不管是什么社会，资本主义也好，还是社会主义也好，只要人性是这样，法律就只能迎合人性而作出抑恶的规定，扬善的问题就交给道德好了。总而言之，法律是维系社会存在的基本条件，但对社会理想不负有担当，后者是道德的责任。

法律是义务的道德，与愿望的道德是不是就没有关系呢？当然不是，法律惩罚一个人作恶，是为人们行善提供最基本的条件。所以，也可以这样说，法律作为义务的道德，虽然与愿望的道德没有直接关系，但却为人们实现愿望的道德提供了最基本的条件和最起码的保证。如果社会没有为做好事的人提供必要的法律保护，那么，就没有人愿意做好事。社会现实之所以出现许多“见死不救”的极端现象，其中一个重要原因，就是施救人得要冒被讹诈的风险；即使不会被讹诈，也得要冒分摊损失的风险。如果继续追问，为什么会有人去讹诈做好事的人呢？那还不是因为他自己承受不了昂贵的医疗费？如果医疗费有福利保障，那么，一个人摔伤了，他还有必要去讹诈别人吗？而如果没有人讹诈他，那么，施救者举手之劳做好事，他还有什么后顾之忧呢？如果法律抛开这些而不顾，执意去要求人们做好事，这就缘木求鱼了。须知，愿望的道德特别容易流于空谈、高调、并在舆论上容易占据“舌战优势”。如果法律以“愿望的道德”作为自己的内容，而人们又做不到，那么结果就一定是，这个社会流行说假话、大话和空话。因此，法律与“愿望的道德”的关系是手段与目标的关系，后者对于法律具有引领的作用，但法律永远不可企及，只能为它提供条件和保障。

当然，由于“愿望的道德”高于法律，所以道德判断就具有优先性，法律可能在道德方面受到批判，但道德却不会受到法律的批判。② 法律的进步依赖于道德对法律的批判与指引，没有了道德，法律就丧失了改进的方向，就会沦为极权者的帮凶。法律有善恶之分，“恶法非法也”就是自然法学派对法律所进行的道德评价，以此来推动法律的进步。

总而言之，法律与道德对人的要求有层次上的不同，道德高于法律，而法律只是最低限度的道德。

二、 适用领域

从物理的角度来看，人是空间性动物。人的活动范围有公共空间与私人空间之分。私人空间与公共空间区分的起源，与人的穴居性有关。人类通过筑穴垒墙，将自己家人

---

① 沈宗灵：《现代西方法理学》，北京大学出版社 1992 年版，第 50 页。
② 参见〔澳〕皮特·凯恩：《法律与道德中的责任》，罗李华译，商务印书馆 2008 年版，第 21 页。

的生活空间与外界空间隔离开来，以保护家人免受外界的侵犯和干扰。人在公共空间的活动就是公共生活，也就是政治生活，而私人空间的活动则与政治生活无关。我们前面说过，亚里士多德说过人是社会性动物，又说过是人是政治性动物，这如何理解呢？这说明，在亚里士多德那里，人的社会性与政治性几乎是同一意义，因此，政治从这一意义上也就可以理解为是人基于社会交往而采取的公共生活形式。也即，政治与公共生活有关，凡是涉及公共生活的事务就是政治事务。

公共空间与私人空间的规则是不一样的。屋内与屋外因关系的不同而遵行不同的规则。屋内成员关系主要是基于生物性关系而联结在一起的亲属关系，彼此并不过分计较得失，因此，按需分配是其基本伦理。比如，某家有两个儿子，大的生病需要手术费1万元，小的升学需要学费1万元，家里积蓄只有1万元，如何分配呢？父母的决定一定是按需分配，而不是按公平正义来分配。与此不同，屋外成员则主要是基于工具性关系而联结在一起的社会关系，彼此对于得失比较计较，因此按公平正义分配是其基本伦理。所以，我们可以理解，法律一定产生于公共空间，而与私人空间没有多少联系。因为，在私人空间中，由于血缘关系和长期的共同生活所产生的生物性情感，彼此之间会产生强烈的利他主义，利己主义的过分张扬则为伦理所不容。但是，在公共空间中，利己主义是社会关系交往的动力与目的所在，而如果对利己本能姑息养奸，那么它势必冲击社会关系的维系。因此，以抑制损人利己为目的的法律，也就主要在公共生活中发挥作用，而与私人生活的关系并不密切。

根据上述公共空间与私人空间的关系原理，我们就可以理解“国”与“家”的不同。国家，无论它是怎么产生的，都是对人类公共生活进行管理的组织，这与由生物性关系构成的家庭具有质的不同。因此，以“国”和“家”结合来指称国，本身就有问题，它很容易让人产生误解，误以为国家是家庭的扩大版，而家庭则是国家的缩小版。当然，“国”与“家”合二为一，在古代社会的皇帝那里的确是可以成立的。

法律产生于公共空间，并以公共空间为其活动领域。对于私人空间，法律的干涉则必须保持谦抑的态度，就是持不过分介入的消极态度。法律介入家庭有两种方式，一是家庭主动引入法律，这种情形往往是因为家庭成员有解体家庭的需求，如离婚；另一种方式是家庭被动地引入法律，这种情形往往是因为家庭关系已经恶化，如家庭暴力。无论是何种情形，都可以理解为私人关系向公共关系的转化。因此，法律即使介入家庭关系，它也不是对其活动领域的突破。同理，法律要求官员及其亲属公开其财产，甚至，官员的私生活也要接受媒体的监督，这也不是法律对官员私人空间的干涉。因为，官员与普通公民不同，官员的私人空间很大意义上是公共空间的延伸。

最后归纳一下，就作用领域而言，法律主要在公共空间起作用，对于私人空间只维护而不干预。但是，道德则在两个空间都比较活跃，在私人空间起作用的是私人道德，在公共空间起作用的是公共道德。

第二节　动机、行为和结果

法律与道德，两者不仅对人的要求和适用的领域不同，而且对动机、行为和结果的态度也不同。

一、动机与行为

（一）法律和道德对于动机和行为的一般态度

法律与道德都要对人的行为进行规范。但是从内容上分析，道德要求不自私，而法律则要求不损人。两者比较，前者判断标准的重心是行为的动机，看动机是不是善良的；后者判断标准的重心是行为，看行为会不会产生危害社会的后果。有一副对联很容易说明这一点。对联大致是这样写的："百善孝为先，论心不论行，论行天下无孝子；万恶淫为首，论行不论心，论心世上无完人。"严格来说，这副对联不对仗，估计是我记忆有出入，好像是贴在哪个庙里的，这个我们先不管，我们主要用来说明我们要讲的问题。这副对联的意思很明白，就是，评价孝不孝，主要以人的内心想法为评价依据；评价淫不淫，则主要以人的行为为评价依据。如果我们转换为法律与道德的关系的话，那就是，道德评价主要看一个人的内心是不是好的；而法律评价则主要看一个人的行为是不是不好的。

道德主要是有关良心与善恶的问题，与人的动机、想法、愿望和目的等主观因素联系在一起；而法律是有关行为的社会危害的问题，这从行为本身就可以分辨。两相比较，前者具有主观性，不容易判断，后者客观性强，较容易判断。行为危害的客观性保证了司法的可操作性。不过，需要指出的是，法律评价的行为，说它具有社会危害性，并不是说它一定就产生了危害的后果，而是指它会导致危害结果。危害后果会不会发生取决于很多因素，而由于因素的偶然性，最终是否会发生也就不确定了。因此，并不能因为它事实上没有产生危害后果，就可以否定它是一个危害社会的行为。比如说，打人的行为，我们说这是一个危害他人身体健康的行为，但并不一定实际上就危害了他人的身体健康。

法律不涉及纯粹的情感和思想，其原因，一是，法律只管有害的行为，思想情感不是行为；二是，思想情感无法客观化，不能满足司法操作的需要，否则就为随意出入罪提供了机会。但是，当思想情感转化为某种行为，并且该行为具有社会危害性时，这就得由法律所规范了。当然，这个时候，法律规范的不是思想情感，而是行为。比如，一个人在电影院大喊大叫说"起火了"，这就不是一个言论自由的问题，而是一个有害的行为了，法律自然就不能袖手旁观。至于谣言是言论自由还是危害行为，我发过两篇论文，有兴趣的同学可以找来看看。

既然道德强调动机是否良善，法律则侧重考察行为是否具有危害性，那么道德辩护与法律辩护也就不同。在道德上，主观上没有恶意可以成为免于道德谴责的理由，我们常说“我不是故意的”就是这个意思。而在法律上，责任人主观上没有恶意，这并不是一个有力的辩护理由。最有力的辩护理由是，自己的行为具有法律根据。一般来说，法律不禁止的行为，就是因为该行为不具有社会危害性。当然，以合法性为依据在逻辑上并没有完全穷尽证明的义务。因为，所依据的法律本身是否正当，有时候也是需要得到证明的。这种情形，往往是因为法律本身有恶法嫌疑，以至于对法律需要进行道德评判。

（二）动机善而行为非法的问题

道德关注动机，而法律关注行为。不过，这样一来就有了一个问题：动机好可否为行为不好进行有效辩护？动机的善经常作为道德辩护的理由。有一个案例，特蕾西是一个脑瘫患者，于 1993 年被他的父亲“仁慈”地杀害了。对其父亲的行为，从动机上或多或少都能够找到一丝可以原谅的道德理由；至少可以将其行为与普通的杀人犯罪区别开来，从而减轻对于父亲的道德责难程度。但是在法律上呢？法律评价的重心是其行为，并且法律负有制止罪恶发生的责任。正如加拿大独立生活中心的主任在评价这起案件时所说的，这个父亲的行为如果在法律上无罪，那么这就为一个人让另一个人来决定生死打开了方便的大门。[①] 因此，法律得一刀切地规定，非有法律规定不得剥夺他人生命。这个案件就凸显了动机好与行为不好之间的矛盾。

与特蕾西案相似，埃希曼案也涉及动机善与行为坏的冲突。埃希曼是纳粹时期“彻底解决犹太人问题”的策略家，由他负责杀害了 600 万犹太人。幸存者花了 15 年时间终于在阿根廷发现了他。在以色列政府的支持下，幸存者将他诱拐到以色列接受审判。阿根廷指责以色列在其领土上非法行使权力，侵犯了其主权，要求以色列送回埃希曼。以色列以幸存者的行为具有特殊性为理由，拒绝了阿根廷的要求。阿根廷随后将其争端提交联合国安理会。以色列在答辩中坚持，埃希曼的罪行是不平凡且绝无仅有的，拘捕人的行为具有善良动机。阿根廷则认为，道德上的理由不能作为法律的例外，否则哪怕是单独的一次破坏都有可能导致法律全部结构的垮台。阿根廷代表认为，法律并不总是站在大众情感的一边，它往往是不得人心的，但是它本身的脆弱性要求加以防卫，不能以例外的说法来论证对它的破坏，否则法律自身就不成为法律了。以色列代表并不否认国家主权的国际法的一般效力，但是，他认为，无论主权原则多么神圣，当事实状态引起非常强烈的道德冲击时，这一原则就要作出让步。1960 年 2 月 3 日，安理会通过决议，基本上支持阿根廷的请求，但是关于该案件所引发的动机好与行为不好的关系的讨论并没有停止。[②]

---

① 参见〔美〕斯图亚特·雷切尔斯：《道德的理由》（第 5 版），杨宗元译，中国人民大学出版社 2009 年版，第 8—10 页。

② 参见锡尔温、张企泰：《埃希曼案件——一个法律和道德的难题》，载《现代外国哲学社会科学文摘》1961 年第 8 期。

中国历史上也有许多涉及动机好与行为不好的案件。中国古代有个郭巨埋儿的故事。[①] 郭巨家境贫困,妻子生一男孩,郭巨母亲非常疼爱孙子,自己总舍不得吃饭,而把仅有的食物留给孙子吃。郭巨为此深感不安,担心抚养这个孩子会影响供养母亲,于是就和妻子商议:"儿子可以再有,母亲死了不能复活,不如埋掉儿子,节省些粮食供养母亲。"当他们挖坑时,在地下二尺处忽见一坛黄金,上面写:"天赐孝子郭巨,官不得取,民不得夺。"夫妻取得黄金,回家孝敬母亲抚养孩子,其"孝顺"美名传遍天下。

唐朝徐元庆,因其父为县尉所杀,为报父仇而杀县尉。当时就有人提出,处死徐元庆但同时要表彰他,遭到柳宗元的驳斥。柳宗元认为,其父死于法,"法其可仇乎?"[②]与唐朝徐元庆案非常类似,近代也发生过一个施剑翘案。[③] 施剑翘,原名施谷兰,安徽桐城人,系施从滨之养女。施从滨系直系军阀孙传芳的下属,在一次战斗中,由于不服从孙的指挥,而被孙枭首示众三日。施剑翘为报父仇准备了十年,于1935年在天津佛教居士林成功刺杀孙传芳,后被捕入狱。此案在当时引起巨大轰动,报章、杂志争相报道,称赞施剑翘为"女中豪杰""巾帼英雄"。在舆论影响下,1936年施剑翘被特赦。

上面几个案件都是关于动机好与行为不好之间的冲突的案例。动机好而行为不好换成另一种表达,也就是合道德而不合法律,即在道德上可以成立,但却是非法的行为。一个合乎道德的行为未必符合法律,以动机好来为行为不好进行辩护,在道德上是一个有力的辩护,但在法律上却不是。不过,虽然在法律上不是有力辩护,但对实践的影响仍不可低估。比如施剑翘案,再比如,"出发点是好的"这个说法,就经常用来为行为不好辩护。希特勒实行种族屠杀,就是用这样的理由来为自己辩护的。事实上,历史上任何一个封建专制君主无不是打着冠冕堂皇之旗号,而行奴役百姓之实。官府并不能因为其出于为百姓谋幸福的良好愿望,就可以对百姓胡作非为。同理,一个父亲也不能因为怀有培养小孩成才的良好愿望,就可以对小孩过度地施行暴力惩罚。

动机善虽然不是一个有力的辩护,但仍然具有法律意义,特别是在刑法中。刑法对于犯罪的惩罚,主观恶性是量刑轻重的重要衡量因素,有些犯罪还以主观恶性为必要前提。所以,动机善的辩护,虽然不可以免除其法律责任,但多少可以起到减轻其法律责任的作用。这种效应在民事侵权责任中也有体现。

(三)动机恶而行为合法的问题

与动机好而行为不好的问题相反,现实生活中还存在动机恶而行为好的问题,即一个行为本身没有问题,但从动机上分析却是恶的。对此,法律又该如何评价呢?我们通过历史上的三个案例来讲清楚。

第一个叫"告密者案"。[④] 1944年,一名纳粹军官回家跟妻子说了一些希特勒的坏

---

① 参见黄展骥:《愚孝与忤逆——"郭巨埋儿"故事》,载《人文杂志》1995年第4期。

② 参见何进:《"复仇大义"的礼法冲突》,载《江淮法治》2008年第18期。

③ 参见郭晖、刘珊:《民族复兴下施剑翘复仇案的多重分析》,载《民国档案》2013年第2期。

④ 参见柯岚:《告密、良心自由与现代合法性困境》,载《法律科学(西北政法大学学报)》2009年第6期。

话。妻子为了达到离婚的目的，就向当局告密，致使其丈夫被判死刑。1949 年，这位妇女被起诉。她在法庭上辩护说，她的行为并不是犯罪行为。理由是，她向当局报告的行为是有法律根据的，在当时该法律是有效的，他丈夫的死也是依法审判的。但是，联邦德国的法院没有接受她的辩词，而是认为，被告的行为并不是为了履行法律义务，而是为了个人卑鄙目的，违反了一切正直人的良知和正义感。

第二个是关于战犯的审理。“二战”后，国际军事法庭着手开展对战争犯的审理，在法庭上，被告均无一例外地声称，其所作所为都是根据当时的法律法令进行的，军人以服从命令为天职嘛！但法官并没有接受被告的理由，认为恶法非法。[①] 对战犯的审理所引用的理由，标志着自然法学派的复兴。

第三个是“抬高一厘米案”。[②] 原民主德国一青年于 1989 年 2 月 5 日夜尝试逃往西柏林，在翻越柏林墙时触发报警器，遭到 4 名守卫射击。其中一个士兵命中了其腿部，但被害人动作没有受到影响，这个士兵以为没有命中，故而将瞄准点抬高继续射击，直接命中心脏，导致该青年当场死亡。1992 年 1 月，该士兵以杀人罪被起诉到柏林法院。在法庭上，被告以自己是执行上级的命令为由，为自己进行无罪辩护。法官则毫不留情地指出：“作为警察，不执行上级的命令是有罪的，但打不准是无罪的。作为一个心智健全的人，此时此刻，你有把枪抬高一厘米的权力，你应该主动承担良心义务。这个世界，在法律之外还有‘良知’。当法律和良知冲突之时，良知是最高的行为准则。尊重生命，是一个放之四海而皆准的原则！”

这三个案件告诉我们，即使行为有法律根据，但如果其履行法律义务的动机是恶的，也仍然会遭到道德与法律的双重否定。也就是说，行为合法，在道德上是一个无效的辩护理由，并且即使在法律上，也不是一个绝对有效的辩护理由。当然，这种情形毕竟不同于动机恶的非法行为，所以，在法律上还是多少可以减轻责任的。但是，我们必须明白，在这个世界上，有些恶是绝对的恶、不可原谅的恶。这种情形，实在法的规定也不能成为其逃避责任的挡箭牌。

对动机评价总结一下。法律防止作恶，道德提倡为善。这表明，法律并非无视动机，只不过，法律对于动机的判断不同于道德的判断。道德侧重善恶评价，具有主观性。而法律对于动机的认定则是通过行为来判断的，侧重判断其主观心态是否具有过错。因此，动机之于法律并非没有意义，只是判断的依据不同于道德而已。

二、运气问题

道德主要考察个人因素，因此，那些与个人动机和能力无关的因素就与道德没有关系，运气就是这样的因素。比如，一个人摸奖，意外地获得了 500 万；又如，一个运动员努力地奔跑，却在快到终点时，遇到一只受惊的动物而错失了冠军。

---

① 参见柯岚：《告密、良心自由与现代合法性困境》，载《法律科学（西北政法大学学报）》2009 年第 6 期。
② 参见张斌峰主编：《法学方法论教程》，武汉大学出版社 2013 年版，第 66 页。

运气就是一种外在的、非自身力量所能控制的因素。人的成功与失败经常会遭遇运气的问题。道德对于因为好运气而获得的成功往往不承认，而对因坏运气而导致的失败则给予宽容。因为，运气与人的良心无关，与人的意志无关，是人所不可控的因素。因此，因为好运气导致的成功，虽然令人羡慕，但不会受到人们的赞扬；因为坏运气而导致的失败，虽然令人遗憾，但不会受到人们的贬低。由此可见，对于运气，道德是持中立的立场，既不肯定也不否定。没有哪个人因为某人摸到了大奖而号召大家向他学习吧？当然，羡慕是有的。也没有哪一个人因为某人摔跤失去了冠军而号召大家批判他吧？当然，惋惜是有的。

道德持运气中立的态度，法律呢？法律要不要承认500万归摸奖人所有呢？法律要不要给那个倒霉的人以冠军奖牌呢？法律似乎没有道德洁癖，在无法改变运气的条件下，往往采用的是现实主义的态度，一概予以承认。道德上"应得"的正当性是以个人努力为条件的，所以，它排斥非运气因素；而法律上"应得"的正当性却并不排斥运气，当法律无法改变运气对于人的成功与否的影响时，只有接受现实。体育比赛中就有许多的运气成分，竞赛规则不会因此而改变比分。从公平的角度来理解，运气对于每一个人来说都是机会均等的，运气是"无知之幕"的产物，所以，法律对于运气的承认，本身就体现了公平。当然，这并不是说，对任何运气法律都要承认。有些运气本身就是不公平的产物，法律是不会承认的，或者说是不应该承认的。比如出身、性别等因素而导致的个人竞争起点的不公平。此外，对于一些生物性因素，比如残障、能力和智力水平方面的差异，法律也无能为力，只能通过衡平的方法予以一定程度的矫正。不过，罗尔斯对此则比较极端。他认为，个人智力是社会财富，而不应该归于个人，因此，其成功或失败都应当归于社会，而不是个人。但这样一来，一个资质聪慧的人也就没有努力的动力了，最后社会还能不能进步，也是一个很大的疑问。

法律承认一个人的好运气，同样也承认一个人的坏运气。比如，两个人用枪瞄准某个人射击，相同的主观态度、相同的行为性质，但是由于风向的影响，一个人成功了，一个人失败了。成功对于射击者而言就是他法律上的坏运气，失败对于射击者而言就是他法律上的好运气，两个人在法律上的命运就不一样了。一个是杀人既遂，一个是杀人未遂，法律责任完全不同。这看起来似乎是不公平的，两个人的主观恶性是一样的，都怀有杀人的目的，都射击了，仅仅因为风向的原因，两个人的刑期就大相径庭了。没有办法，这就是法律。

法律为什么不可以过滤掉这个运气因素呢？一视同仁地对待他们两个不好吗？是的，仅从这两个人的主观意志和行为来看，法律同等对待他们，这在道德上是公平的。但是，我们知道，现实生活中，射中与不射中，这个案件是运气，但其他案件也可能是其他因素。从心态上分析，除了积极追求目标人死亡这样一种心态以外，可能还会有其他心态。比如，不是很想让对方死，因此就漫不经心地开了一枪；或者在开枪一刹那，杀人的念头有一点点犹豫，手就不由自主地抖动了一下；或者是执行上级命令，有意地抬高了一厘米。假如，法律规定，只要射击了，无论射中还是没有射中，结果都一样，那么，原本那些不是很想杀人的，也就索性努力地杀人了。反正都一样，那干脆就一不做二不休。我们必须明白，刑罚除了有惩罚犯罪的功能外，预防犯罪也是其重要的功能之一。因此，法律区别既遂和未遂，就是基于这一功能的权衡。

不过，上述论证似乎并不充分。积极心态和那些不是很积极的心态的区分，与好运气和坏运气的区分，性质上并不相同，前者在道德上可以证成，后者则在道德上是很难证成的。法律与道德的区分，总不是为了区分而区分吧？这样理解的确有一定道理。可问题是，在射击过程中，各种各样的心态与各种各样的运气，其实是混合在一起的。你根本不能区分这个人没有射中，到底是受到心态的影响，还是受到运气的影响。道德是理念上的，理想主义当然没有问题。但是，法律是实践性的，它只能采取现实主义的态度。毕竟，从结果上来区分既遂和未遂，实践能够做到；但要从过程上来区分心态与运气，实践是很难做到的。做不到也要做，其结果就一定是，或把心态归于运气，或把运气归于心态。两者界限不明就会产生司法不公，并因而影响司法的公信力，而这是法律所不可承受的。

同样的问题，我们还可以举一个城建的例子。因城建而使某地房产增值，其增值部分应当归谁？应当归房主吗？的确，城建导致房地产增值，对于房主而言是一种非可归于其自身努力的运气。如果归房主，这在道德上不会引起赞扬或批评，但是，归谁涉及利益的分配。如果归房主，似乎有鼓励不劳而获的嫌疑，并且对于其他未增值的房主来说，似乎也不公平。

法律如何对待，我们也可以换一个思路来思考。城建对于房主来说，其实也是个运气因素。市场经济本身就依赖于个体对未来不确定因素的预先判断，因素的实现与否虽然是一种运气，但对于运气的判断却不是运气，而是一种能力。这样说，是不是就公平了？当然，如果按照罗尔斯的看法，能力本身是一种非可归于个人努力的天赋，是一种并不公平的运气，前面我们已经说了，那是一种极端的公平观，我们这里就不再讨论了。当然，一定有人认为，城建在我们国家是权力行为，并不是市场经济行为，将它说成是运气，本身就不公平，并且，这种说法还为城建谋私提供了辩护理由。我以为，这种情形，出问题的是权力机制，而不是这种分配机制。对于这种情形，法律的重心是防止腐败，而不是否定市场经济的分配机制。

我们前面讨论的是房产增值，如果房产贬值呢？既然我们前面已经论证了，增值应当归于房主，那么贬值也就应当于归于房主。房主既要享受好的运气，也就应该承受坏的运气，这才是一个总体上的公平。当然，可能有人坚持，增值和贬值都不能归房主，而都应当归国家，这似乎也是一个总的公平。不过，这样一来，仅从现实的角度考虑，二手房的交易就不只是房主与购房者的民事关系，还要加入一个行政法律关系。每一次交易，房屋价格的计算就极其复杂了。如果没有什么效益的话，简单问题复杂化的结果，一是可以浑水摸鱼，二是徒增管理成本。聪明的治国者是将复杂的事情简单化，愚蠢的治国者则往往是将简单的事情复杂化。当然，我们承认，增值和贬值均归房主，这样的分配规则的确不是那么完美。但法律也的确就是不完美的，完美的法律就与道德一样了。

总结一下：道德评价不受运气的影响，既不肯定，也不否定；而法律对运气则采取现实主义的态度，承认运气的影响，既接受好的运气，也接受坏的运气，只要运气的机会是公平的就可以。

三、行为与结果

行为与结果在法律上有四种组合：一是行为合法，结果也好；二是行为合法，但结果不好；三是行为非法，但结果好；四是行为非法，结果也不好。在这四种情形中，第一种情形为法律所完全肯定，第四种情形为法律所完全否定，法律态度非常鲜明。但是，对于第二种和第三种情形，法律的态度就不是那么黑白分明了。法律对这两种情形的态度究竟为何，就是我们接下来要讨论的话题。

（一）行为非法而结果好的问题

结果好，可不可以为非法行为进行辩护呢？功利主义者和后果主义者认为，道德就是从一个严格不偏不倚的观点来促进整个世界的善。只有当一个行为促进了世界的最大化善时，它才在道德上是正确的。因此，在功利主义和后果主义看来，一个行为是正当还是不正当，必须考察其实际的结果，而不是可能的结果。

有一个“电车难题”，这是伦理学领域最为知名的思想实验。[①] 其内容大致是，有一个疯子把 5 个无辜的人绑在一条电车轨道上。一辆失控的电车正朝他们飞驰驶来，眼看就要碾到他们了。你是扳道工，你可以让电车开到另一条轨道上。但不幸的是，另一条轨道上也绑了 1 个人。面对这种情况，你该怎么办呢？死 1 人而救 5 人，这在道德和法律上有没有问题？我们还可以修改一下版本，你站在天桥上，看到有一辆失控的电车。在轨道前方，同样是有 5 个工人在作业，他们一点都没有察觉到有什么危险。这个时候，一个体重很重的路人，正好站在你身边。你发现，他的巨大体形与重量，刚好可以挡住电车，让电车出轨，就不至于撞上那 5 个工人。面对这种情形，你怎么办？你是把这个很胖的路人推下去，救下那五个人呢？还是坐等电车撞死那 5 个人？

从结果来看，4 人活 1 人死，总比 5 人都死要好。结果好，这可不可以为他们的行为提供辩护呢？以功利主义的观点来看，当必须作出取舍时，应当牺牲少数人的生命而挽救多数人的性命，毕竟，5 个人的生命要比一个人的生命重要吧？但是，在法律上看来，生命是无价的，没有人有权利，也没有人有能力去比较 5 条命和 1 条命孰轻孰重。在前一个案例中，扳道工有义务作出选择。因此，选择牺牲 1 人而救 5 人，这在法律上是正当的，刑法里的紧急避险针对的就是这种情形。但是，在修改后的版本中，“你”并不是义务人，你不能主动介入到事件中来，尽管从结果上来看是“好的”，但行为却是“坏

---

① 参见〔美〕托马斯·卡思卡特：《电车难题——该不该把胖子推下去》，朱沉之译，北京大学出版社 2014 年版，第 3—5 页。

的”。因为这将导致任何一个无关的人都可以基于“你”对于结果的衡量，而作出杀人的举动。毕竟，法律不仅有惩罚的功能，还有预防的功能。

功利主义遇到的问题是，功利的内容，不同的人有不同的认识，或认为功利在于快乐的最大化，或认为功利在于经济效益的最大化。不同的主体之间肯定会因对功利的不同评价而发生冲突。对某些人在结果上是好的，对另一些人而言却可能是坏的。比如，强行维稳对于官员的政绩来说，结果是好的，但对于上访者来说，结果却是不好的。所以，在一个集体中，功利是好是坏，由谁来判断，就是一个利益攸关的问题。而从逻辑上分析，一定是强者的利益判断压倒弱者的利益判断。正是在这一意义上，功利主义经常被攻击，说他们是为极权和专制辩护。

法律无论作什么样的理解，但总是达到某个目标的工具吧？既然是工具，那它当然也要追求某种功利。是的。不过，法律追求的功利是规则的功利，而不是具体的功利。所谓规则的功利，是指由于人们对规则的普遍遵守而导致整个社会的功利。比如，没有债务人出具的借据，原告就可能要接受败诉的结果，这对于原告来说是不公的。但是，这样的规则却保护了任何一个不特定的人，以免被无端地追究。保护了每一个不特定的人，就是最大的功利。当然，这并不是说，具体结果的好坏对法律一点都不起作用。前面举的那个射击的例子，不就表明，结果好坏对于法律命运有不同的影响吗？是的，从法律上讲，后果的好虽然不可以为非法行为提供充分辩护，但仍然是一个相对有效的辩护，至少它可以减轻行为人一定的责任。比如，我们常说，“还好，没有导致什么不好的结果”，或者说，“幸好结果是好的”，这其实就是为行为人提供的相对有效的辩护。

（二）行为合法但结果不好的问题

前面讲的是结果好，行为不好的情形。还有一种情形，行为没有问题，但结果不好。比如司机正常驾驶，把人给撞死了。面对这种情形，道德与法律的评价又会如何呢？道德关注的是动机，因此结果好与不好，道德评价都不受影响，即不会受到道德责难。但是，法律呢？

法律关注的是行为，因此，如果行为是非法的，即使其结果是好的，也不否认其行为的非法评价，这个在前面已经讲过了。同理，如果行为是合法的，即使结果是不好的，也不否认其行为的合法评价。但是，正如“行为非法而结果好”的问题一样，结果好尽管不影响行为的非法性评价，但最终还是会影响行为人的责任大小。同理，在行为合法但结果不好的情形中，结果不好尽管不影响行为的合法评价，但最终也会影响行为人的责任大小。前面讲运气时，也讲到了结果好坏与责任的关系。并且，“行为合法但结果不好”的情形与“行为非法而结果好”的情形相比，结果对于责任的影响，前者大于后者。因为，法律关注行为，其目的就是为了防止行为带来的危害后果。而既然已经发生了危害后果，那么当然也就得对该损失进行分担。法律不仅在事前强调行为的合法性，也在事后通过法律责任设定的分摊机制，来强调行为的合法性。

总而言之，结果好与不好与道德评价没有关系，与行为性质的法律评价一般也没有关系。但是,结果的好与不好与法律责任的大小却有很大的关系,特别是在民事责任中,结果的法律意义尤为重要。

(三) 正确使用一分为二的思维

或许有人要问,不是说看问题要一分为二吗?怎么能说结果对于道德评价和法律的评价没有关系呢?是的,辩证法告诉我们,看问题要用一分为二的观点,既不能肯定一切,也不能否定一切。一分为二是一种比较的方法,在对利益得失进行权衡时,这种思维方式非常有意义。

一分为二的思维前提是,当且仅当由“一”划分出来的两个“一”具有同一种性质时,比较才是可以的。比如,投资房地产,一分为二来看,可以赚取很多钱,但又要贷很多款,利润大但经济压力也大,这就是对投资房地产行为的结果所进行的比较。通过一分为二的思维,人们得到的结论一般都是既有利,也有害。

但是,一分为二的思维不能对异质性的事物进行比较。行为的善恶与结果的好坏,是两种不同性质的事物,就不能比较。但在现实生活中,人们并没有注意区分,以至于经常将一分为二的思维运用于这两种事物的比较中。其常见的表达句式是,“某事虽然不好,但是有意义”;以及“某事虽然是好的,但它却是没有意义的”。某事好与不好,这是善恶评价,是价值判断;某事有没有意义,这里是功利权衡,是事实判断。事实与价值,两者不同性质,不具有可比性。但是,通过这一不相关的比较,其潜在的推理结论就成了“某事虽然不好,但由于有意义,所以某事也是好的”;或者“某事虽然好,但是由于没有意义,所以某事也是不好的”。这就将原本是一个善恶的行为,通过一分为二的思维转化成了一个有没有好处的行为,从而原来非常清楚的善恶评价被模糊了。一分为二用结果的“好与不好”,来证成行为的“善与不善”,这与功利主义的思维其实是一脉相承的。

一分为二的错误运用导致是非不分的情形主要有两种:(1) 由于任何事都可以提炼出对自己的好,从而也就可以为任何恶行找到正当化的理由。比如,“人整人虽然是坏的,但一分为二来看,对于提高人民的斗争能力是有帮助的”。言外之意,整人也有好的一面。(2) 由于任何事都可以提炼出对自己的不好,从而也就可以为任何善行找到非正当化的理由。比如,“尊敬师长虽然是好的,但一分为二来看,却可能让一些师长自以为是,倚老卖老”。言外之意,尊敬师长就不应该提倡。在上述两种语言表述中,一分为二的表述本身并没有什么问题,有问题的是言外之意,而这往往就是表达者所要表达的,所谓是非不分,说的就是这种情形。一分为二的异质性比较,极容易导致诡辩,从恶中可以发现善,而从善中可以发现恶,从而,善恶评价永远不具有确定性。如此一来,世界上也就没有什么是恶,什么是善,一切都是相对的了。

所以,我们一定要学习正确使用一分为二的思维方法,不能什么都往上套。

第二十二章　法律与国家

第一节　前国家时代的法律
第二节　国家时代的法律
第三节　后国家时代的法律

法律与国家的关系非常紧密，几乎可以这样说，没有国家就没有法律（注意：加了“几乎”两字）。但是，从历史来看，法律与国家的关系并非天然的，而是历史发展到一定阶段的产物。因此，对于法律与国家的关系，既可以从横向来讲，也可以从纵向来讲。本书就是从纵向来讲，以历史脉络为线索。据此，我们以国家为参照，将法律的历史划分为前国家时代、国家时代和后国家时代三个阶段。在分期的基础上，我们分别讲清楚不同时代，法律与国家的不同勾连。当然，你也可以将本章的内容看作是法律的历史，只是这个法律的历史是法律与国家关系的历史。

第一节　前国家时代的法律

在人类史上，是先有法律，还是先有国家，人们一直存在争议，各种不一样的法律定义就体现了这一争议。我们在讲法律的概念时，就从不同角度讲到几种不同的定义。我国法理学教科书，绝大多数是将法律定义与国家联系在一起，虽然表述有细微差别，但都是在强调，法律是由国家制定或认可，反映统治阶级意志，并由国家强制力保障实施的规范体系。[①] 这个定义我们称之为法律的国家定义。按照法律的国家定义的逻辑，法律离不开国家，因此，前国家时代也就不存在所谓的法律，后国家时代也不存在所谓的法律。如果这样理解，那么就引出了另外一个问题，在国家之前，有没有一种可以称之为规则的东西，来调整人与人之间的关系？如果有，那么这种规则与国家制定的法律究竟有什么不同，以至于人们要认为，前国家的那种规则就不是法律，而只有依附于国家的法律才可以被称为法律？

一、前国家有没有法律

人类历史一定早于国家的历史，国家是人类社会发展到一定历史阶段的产物。在国家之前，人类社会是否存在法律呢？我认为是有的。我们可以从以下三个方面来分析。

（一）从人与人的关系来看

只要有人，就有人与人的关系；只要有人与人的关系，就有人与人交往的规则。从

---

① 参见张文显主编：《法理学》（第三版），高等教育出版社、北京大学出版社 2007 年版，第 75 页；孙国华主编：《马克思主义法理学研究》，群众出版社 1996 版，第 481 页；吕世伦、文正邦主编：《法哲学论》，中国人民大学出版社 1999 年版，第 201—203 页；孙笑侠主编：《法理学》，中国政法大学出版社 1996 年版，第 12 页；

人类起源到国家产生这一历史阶段，到底有没有规范人类行为的规则呢？如果没有，那就完全是丛林社会，奉行的是弱肉强食、适者生存的动物规则，霍布斯称之为自然状态。自然状态当然是霍布斯等人想出来的，实际上到底有没有，我们当然无从得知，但我们从逻辑上可以质疑它的存在。从动物性上看，弱肉强食不太容易发生在近亲属之间，除非在极端的饥荒年代。这一点，我想没有人会有什么异议吧？动物就已经为我们很好地展示了亲情关系，所谓“虎毒不食子”。因此，我们也就可以推断，在一定范围内的亲属之间，尽管没有我们后来国家制定的法律，但也一定有相约成习的规则，来调整彼此之间的关系。氏族、部落就是由一定亲属组成的组织，你能说这些组织内的人员没有规则吗？如果没有规则，它们还能够成为组织吗？

（二）从法律的起源来看

法律的起源与法律的产生不同。前者是讲法律作为人类现象的形成，后者讲的既可以是法律现象的产生，也可以是具体法律的产生。具体法律的产生，在今天看来，它与国家的确有很紧密的关系，尤其是制定法。但是，法律作为人类社会的现象，其起源就与国家没有任何关系。从法律发育史来看，法律作为人类社会的现象之一，其起源或者与道德规范有关系，或者与宗教规范有关系，或者与人们的习俗有关系，而这些都与国家没有关系。只不过，在人类早期，法律与道德、宗教乃至习俗并不能作形式上的区分，诸种规范合一的现象比较普遍。但这并不能因为形式上不好区分，就否认其事实上的存在。否则，在道德与其他规范分化前，我们是不是也可以说，不存在道德规范、不存在宗教规范、不存在习俗规范了呢？

（三）从法律的实施来看

法律对人具有物理上的强制性，这是法律区别于道德、宗教、习俗等的主要之处。这一点，我们在今天看得很明显。当有人违反法律时，国家会启动其司法机器，对违法人施以强制。在没有国家之前，氏族组织、行会组织、宗教组织就是负责实施法律的主要机构。国家司法机构与这些非国家机构，其在法律实施的职能和性质上并无本质上的不同。即使在国家时代，也有非国家的地区，如果没有规则，那里的人们如何生活？即使在一个国家内部，这样的组织也是存在的，商会就是这样的组织。如此看来，在前国家时代，类似于今天这样的国家组织一定是存在的。只不过，它没有国家组织的名称而已。

基于以上理由，我认为，在国家产生前，当然也有一种和我们今天称作法律一样的规则，它与今天的法律并没有什么不同。如果一定要说不同的话，那就是我们不把前国家时代的规则称作法律，只把今天的国家制定的规则称作法律罢了。这就涉及法律的概念到底如何定义的问题了。如果说，法律就是国家制定和认可的，并依靠国家强制力保障实施的行为规范，那么在国家产生之前，自然也就没有法律。如果说，法律是调整人与人之间关系的强制性规范，那么只要存在人与人之间的交往，自然也就存在对人际关系进行规范的法则。可是，把前者称作法律，而把后者不称作法律，这有什么意义？名称都是约定俗成的，这就好比，我们一定要把城市定义为1949年以来的人口聚居地，那么1949年前的城市如南京也就当然不是城市。可是，1949年前后的南京就人口聚集这一城市特征而言，两者有什么本质区别呢？或者说，这样的区别又有什么意义呢？总不能说，父母给自己的儿子取名叫阿狗阿猫，他就真的不是人了吧？

国家之前有没有法律，这个问题之所以存在，其原因现在应该能够看得很清楚了：一是定义的原因。仅仅是法律被说成是“国家制定或认可，并被国家强制力所保障”，而当这个说法成为强势定义以后，前国家时代有没有法律才成为一个问题。显然，这个问题不是事实之争，而是定义之争。二是经验的原因。从经验上来看，我们观察到的法律的确是与国家紧密相关，以至于我们很难想象，没有国家的时代居然还有法律。显然，这是经验局限性所导致的理性不足。所以本书一直强调，法理不同于社会学最大的不同之处就在于，法理的魅力不在于经验，至少主要不在于经验；而在于逻辑，至少主要在于逻辑。逻辑通了，则经验也就能够解释得通，逻辑不通，那很有可能是我们对经验的认识出了问题。

二、 前国家法的特点

前国家时代既然是人类历史的初期，那么，当时的法律也就与我们今天的法律肯定有很大的不同。虽然，前国家法到底是什么样子，经验没有办法告诉我们，但是，逻辑上我们还是可以作一些推导。我以为，从逻辑上分析，前国家时代的法律，其特点大致可以体现在以下几个方面：

（一）形式方面

前国家时代的法律也是人类社会初期的法律，其形式化程度一定是很低的，主要体现在以下两个方面：(1) 前国家法律还没有从道德、习俗或宗教中分化出来，诸种规范纠合在一起，法律没有取得单独的称谓，而是以禁忌规则内含在诸种规范之中。附之于宗教的是宗教禁忌，附之于习俗的是习俗禁忌，附之于道德的是道德禁忌。因此，什么可以做，什么不可以做，因法律附之于不同的规范而有不同的解释，并因其经常性的矛盾而不知所云。所以，当时的法律具有很大的不确定性。(2) 前国家时代的文字还没有出现，或者使用还不普遍，因此法律主要存在于人们的口耳相传中。口耳相传既是法律得以传播的手段，也是法律得以历史传承的途径。而在执行中，则又主要取决于权威者对于法律的解释，比如部落头领、僧侣、神父等。口耳相传的形式，也极大地增加了法律的不确定性。

（二）科学方面

前国家时代的人们对于事物之间存在的因果关系缺乏科学的认识，对于因果关系不明的现象，人们往往借助神明裁判、巫术、运气等方式，来获得人与人关系的某种确定性。比如生育，由于那个时候的人还不清楚生育与性之间有什么关系，孩子父亲的确认，不同的种族有不同的确认办法。举行射箭比赛就是其中一种，孩子最终归那个射中靶子的男人，而其他的男人就只能做孩子的伯伯或叔叔了。射中的是父亲，射不中的不是父亲，这当然是不科学的。不过，这并不重要，重要的是为孩子找到了一个尽抚养义务的人，这就够了。可见，在确定人际秩序上，什么方法并不重要，只要能为当时的人们所认可就可以。

（三）文明方面

什么叫文明？文明与野蛮相对，生物本能经常作为其区分的参照标准。一般来说，越是接近本能的行为，就越是被人们认为是野蛮的行为；反过来，越是对本能克制的行为，就越是会被人们认为是文明的行为。以解决纠纷为例，通过打斗来解决的，就被认为野蛮；通过讲理方式来解决的，就被认为文明。原因就在于，打斗与动物本能接近，而讲理则被认为是对动物本能的克制。生物本能是随着历史的进化而逐渐被抑制的，因此，文明是一个历史的过程，而相反，野蛮则是人类起源的伴生物。这就可以想象了，前国家法的野蛮性，相对于历史后来的法律也就要格外突出，同态复仇就是典型。当然，可能有人会说，同态复仇并不是法律。是不是法律，也要看你从哪个方面来讲。如果你要从自然法学观点来看，所谓恶法非法也，那它当然不是法律。只不过，这种“非法”的说法针对的是法律的正当性，而不是也不能抹杀它的事实性。在前国家法时代，同态复仇的确是作为一种人际纠纷处理的规则而存在，只是很野蛮而已。

总结一下，形式化程度也好、科学性程度也好、文明程度也好，都是程度性的标准。程度性之间具有连续性，虽然程度性的两端泾渭分明，但中间的区分却并不明显。以科学性程度为例，人类初期与今天相比，科学与否当然非常明显；但是，在人类历史长河中，以某个确定的时间点来划分，其前后就很难判然有别了。即使同处于国家法时代，历史先后的法律也会存在这种很难区分的现象。这就表明，形式化、科学性以及文明作为前国家法和国家法的区别也就具有相对性。而这个相对性也就再一次证明了，将前国家法与国家法区别为两种不同的社会现象，即只把后者称作法律，而把前者不称作法律，是多么没有道理。不是法律，那你说应该叫它什么呢？你总要给它取个名称吧。你看，我们一讲逻辑，说它是法律，逻辑上就通了，说它不是法律，逻辑上就不通了。逻辑这东西，真是一点情面都不讲，它才不管说的人是什么牛人呢，真真是逻辑面前人人平等！

第二节　国家时代的法律

在国家时代，法律与国家的关系非常紧密。国家法就是国家时代的产物，所以，要理解国家与法律的关系,就先要搞清楚国家是如何产生的。

一、 国家的产生

国家是人类历史发展到一定阶段的产物。国家是由土地、人口和政府组织结合在一起的实体。土地是国家的构成要素之一,这与大多数动物都有领地的本能有关系。你看,历史上,大多数的战争和暴力,其主要目的就是对土地资源的争夺和占有。人口也是国家的构成要素之一。人对于土地的依附关系,是国家形成的原因和动力。没有人,只有土地,不能形成国家,如南极;有人,没有土地,也不能形成国家,如以色列建国前的犹太人。政府也是国家的构成要素之一。有了人,有了地,但离开了政府组织,那也不是国家,如北美洲在欧洲人发现之前的状态。因此我们可以这样讲,土地、人口是国家产生的基础,而政府组织则是国家产生的标志。

国家是如何产生的,马克思说过,国家是阶级斗争不可调和的产物。马克思的这个观点,揭示了国家的产生与暴力之间的关系。法国启蒙运动的重要人物伏尔泰就认为国家的权力是在暴力的基础上产生的。的确,从经验上看,历史上大多数的国家都经历了一个暴力征服的过程。以英国历史为例,先是盎格鲁撒克逊的入侵,然后是丹麦人的入侵,然后是罗马人的入侵,再然后是诺曼人的征服。在这一系列的暴力征服过程中,英国的版图或扩大或缩小,并最终形成我们今天所看到的格局。中国历史也是这样,从战国七雄到秦国统一,然后又是历朝历代与周边少数民族的战争与和平的起起伏伏,最终形成了今天的版图。可以这样说,世界上绝大多数国家的历史都是这样的。

不过,美国的历史似乎有点另类。美国经过独立战争以后,脱离了英联邦,但并没有立即建立为一个国家。直到 1787 年,在费城召开制宪会议,大州和小州的代表经过激烈争论,最终于 1789 年通过了《美国宪法》。根据该宪法,联邦政府宣告成立,从而标志着美国作为一个联邦制国家的正式成立。从美国建国史,我们不难看出,美国的建国是由各州派出代表参加讨论,主要通过契约的形式而结合在一起。

国家的产生建立在契约的基础上,这是英国政治哲学家洛克社会契约理论的重要内容。洛克认为,在国家产生之前,人类社会处于自然状态,人人平等,人人拥有自然权利。但是,在自然状态下,人面临着他人侵犯的风险,而自己充当自己的法官也有违公正。因此,为了克服自然状态的混乱和无序,人们于是坐下来协商,最后缔结了一项政治契约。通过该契约,人们在保留一些必要权利的前提下,向政府让渡了一部分权力,其条件是政府必须向人们提供相应的保护。[①] 从洛克的社会契约理论看,国家的产生与政府的产生其实是一回事,所以说政府是国家形成的标志。事实上也是这样,国家的概念过于抽象,看不见、摸不着,人们只能想象它的存在,而实际上每天与人们打交道的却是那个以国家为名义的政府。因此,所谓人民与国家的关系,从法律来讲,其实就是

---

① 参见〔英〕洛克:《政府论》(下篇),叶启芳、瞿菊农译,商务印书馆 1964 年版,第 48—98 页。

公民与政府的关系。而洛克理论的意义就在于揭示了,人民的同意是政府正当性的来源和存续的基础。显然,美国政府的产生过程就很好地体现了洛克的这一观点。

当然,暴力和契约在政府产生的过程中,并不是相互排斥的关系。英国 1688 年的光荣革命,就既有暴力的因素,又有契约的精神。由于国王詹姆士二世的许多政策违背了民心,激起了英国贵族的反对,于是,英国贵族向荷兰的威廉发出呼吁,要求他带兵前来武装干涉。威廉率领士兵登陆英国,詹姆士二世逃往法国,斯图亚特王朝寿终正寝,英国贵族拥戴威廉为新的国王。由于这场政变没有发生流血事件,所以后人称之为"光荣革命"。[①] 英国人认为光荣的还不只是因为没有流血,而是议会通过的《权利法案》。《权利法案》将无限的君主权力,限制在宪法范围之内。纵观英国光荣革命史,虽然最终终结革命的是一项契约,但也不可否认,暴力在其中还是发挥了不小的作用。不然,詹姆士二世也不会吓得要命而逃出国去。所以也有人说,洛克的社会契约理论就是为英国的光荣革命而作的辩护。

不过,洛克的社会契约理论从产生那一刻起就备受诟病。而被诟病最多的就是它的历史虚构性。是的,洛克理论是对国家或政府作为人类现象的起源所作的解释,而不是对作为具体国家或政府的产生所作的解释。洛克既没有提供证据,来证明历史上曾经的确出现过社会契约缔结的历史事件,而从逻辑上似乎也很难想象会有这样一个历史事件。所以,毫无疑问,洛克的社会契约理论,你不能当历史来看,只能看作是现代法治国家的理论,它是在为国家和政府的职能及其限制寻找正当性根据。现代国家大都接受了洛克的社会契约理论,其中,我们今天讲的法治就建立在它的基础上。大家想想,理论的东西是不是很有魅力?一个理论明明是虚构的,但却可以为人们所认可。并且,一旦为人们所认可,它就成为人们思考问题的前提,并且还可以作为是非对错的评价依据。公理往往就是这样形成的,只要人们达成了共识,共识就成了真理。好比现在几点钟,就是大家约定的,约定的就是正确的,你的手表偏离了约定的时间,那错的就是你。所以,我们可以理解,在今天,社会契约越来越为人们所承认,虽然它是虚构的;而暴力则越来越为人所耻,虽然它是历史的。

二、法律与国家的关系

国家产生后,法律就与国家发生了直接而紧密的关系,具体体现在以下几个方面。

(一)国家对于法律资源的垄断

国家产生之后,国家也逐渐将法律资源垄断于己一身,垄断它的生产途径,也垄断它的实施方式。国家创设了专门的立法机关来负责法律的生产,并创设了专门的司法机关来负责法律的实施。国家之外的法律完全依附于国家身上而不能自足。同时,法律凭借国家的力量也使自己一跃而成为主要的规范工具。在强大的国家力量的支持

---

① 参见〔美〕海斯、穆恩、韦兰:《全球通史》(下),吴文深等译,天津人民出版社 2018 年版,第 333 页。

下，其他社会规范，诸如宗教规范和道德规范纷纷败下阵来，几乎全部地让位于法律规范。无疑，在国家时代里，法律之所以具有强制性和普遍性的约束力，其力量看起来是来自法律，而实际上是来自法律背后的国家。

当然，国家垄断了一切法律资源，这样的观点可能与我们的经验感觉并不完全一致。在国家之外，还存在一个与国家相对的社会，社会也是法律规范的来源之一，诸如民间法、习惯法、行业法，等等，不一而足。今天许多的商事法律，它的原初就是行业组织自发形成的规则，与国家完全没有关系。是的，这都是事实。但是我们不要忘了，在国家时代，法律奉行的是司法最终解决原则。因此，这些所谓的非国家法，它有没有效力，最终都取决于它们能不能获得国家法的认可。也就是说，一项规则能不能获得司法的支持，是判断它实际上是不是法律的标准。当然，人们可以选择仲裁，而避开司法，但是，仲裁效力最终还是要依靠国家法来赋予，体现在司法对仲裁采取或承认或否认的态度上。当然，国家法之所以对非国家法会采取某种承认的态度，也的确是基于法律本身的局限性而采取的现实主义态度，而其承认的条件就是非国家法不得挑衅国家法的权威。总之，是不是法律，国家通过它的国家法保留了最后的发言权。注意，国家的确是经常不发言的，但不发言并不表明它就放弃了发言权。老虎不发威，也别当它是病猫。

还记得我们开篇所说的法律的国家定义吧？所谓法律，就是指由国家制定或认可的规范，认可就是针对这些非国家法所说的。可见，法律的国家定义，在国家时代还是成立的。不然，如果说在国家时代，国家也没有垄断法律，那么，法律的国家定义就连这么一点点的空间也没有了。我们不同意的只是，法律的国家定义忽视了前国家法和后国家法的存在，而不是说，它在国家时代也是错的。

（二）法律对于国家的作用

无论如何理解法律，法律可以作为政府治理国家的工具，这是无可争议的。而国家之所以要垄断法律资源，其主要的目的也在于此。法律具有重要的秩序化功能，政府可以通过法律强行创造和维持某种欲求的秩序。其中，国家的政权组织就是法律秩序化的体现。无论是不是法治国家，法律都充当了维护国家秩序的工具角色。只不过，法治国家，依法治国是其唯一的治理工具，而在非法治国家，除了依法治国外，还可以依其他什么来治理国家。从历史来看，即便是绝对独裁的专制统治者，也从来没有完全放弃过法律的治理手段。对他来说，既然法律有用，为何不用？

当然，古代专制国家，即使君主完全依赖法律的暴力资源来治理，也有可能沦为暴政，为其灭亡埋下伏笔。因此，即使是最严苛的暴君，他也会在长治久安的目标下，希冀自己的权力能被人民所认同。这就涉及执政的合法性问题了。历史上，君权世袭就被当时的人们认为是正当的，所以，人民在很大程度上倾向于服从世袭的君主，世袭的君主哪怕就是个昏君，也容易赢得人民的支持。而那些篡位的和夺权的人，其之所以容易失败，一个重要原因就是他的权位来路不正，不具有合法性，因而也就很难获得大多数人的追随。

但是，随着时代的进步，世袭作为君权正当性的观念逐渐为人们所放弃，同时，人民的意愿作为执政的正当性则越来越受到重视。而人民的意愿，则主要通过法律来表现。当然，法律赋予权力的正当性，不仅体现在政府整体权力的来源上，也体现在公务员的具体权力上。一个公务员的权力的正当性，当且仅当其权力来源于法律明文规定时，它才是成立的。这就是我们前面在讲权力时，所说的权力法定。由此可知，权力法定不仅是对权力的约束，也是权力正当性的证明。

（三）法律对于国家的限制

法律为国家治理提供了工具，但也为人民对抗政府提供了工具。不要一说到对抗，就觉得人民有什么不对，或者认为人民就是反动的。对抗反映的只是双方利益相反的博弈关系。只要利益存在冲突，双方就会形成博弈的关系。在双方利益相反的情势下，一方利益的扩大就是另一方利益的缩小，甚至是牺牲。在这种情势下，其博弈的结果经常是强者占优。在国家时代，国家垄断了所有的暴力资源。如果政府权力没有外力的约束，那么国家就一定会成为超级利维坦，强大到无所不能。而人民防范政府权力侵犯的，能够指望的就只能是法律。

有人可能想不通，你明明说，法律是国家治理的工具，怎么又反过来说，法律也是人民对抗国家的工具呢？是的。但是我们要明白，法律相当于是一个事先制定好的游戏规则，这个规则公平不公平我们先不说，但有规则总比没有规则要好。没有规则，强者想怎么样就怎么样，没有一点回旋的余地。有了规则，虽然它是强者制定的，虽然它有利于强者，但规则至少为民众争得了回旋的余地，哪怕这个余地是一点点的，那也比没有余地要强。为什么？就是因为国家在制定规则的同时，也受到了法律的约束。虽然理论上，君主对于法律有用则用，无用则废，但对法律采取绝对无视态度的君主，在历史上总是少之又少。我们看历史剧看多了，总以为皇帝想怎么样就怎么样，这其实是个错觉。你看那些读书人，天天围着皇帝，今天说，皇上啊，你不能坏了祖制啊，明天说，皇上啊，你不能破了规矩啊。读书人之所以敢唠叨什么祖制啊、什么规矩啊，还不就是因为皇上承认这些东西有效？

人民与国家良好的均衡状态就是法治。我们在前面讲法治时，就已经讲得很清楚，法治潜意识里就是假定权力是恶的。因为，国家自产生以来，人类的体能暴力完全被国家收归国有了，其他任何的个人暴力均被视为非法，除了体育拳击比赛，可以有约束地打两下。在暴力资源完全国有化的情势下，人们当然有理由担心国家对暴力资源的滥用。国家集暴力资源于一身，因此，能作恶的能力也就超强，任何民间力量都不是它的对手。怎么办？洛克说，人民在转让一部分权利给国家时，还保留了基本的权利，人身权、财产权和追求幸福的权利是不转让的。如果国家侵犯了人民的这些基本权利，政府就违约了，那么人民就可以收回政府的权力。换届就是这个意思，你没有兑现你的诺言是吧？那对不起，你就不要做了。选举法保护的就是公民这样一项“换人”的权利，以制约政府的违约行为。

三、国家法的特点

国家法与国家须臾不可分离，这使得国家法被打上了深刻的国家烙印。在与国家关系这一点上，国家法呈现出来的特点大致有以下几点：

（一）建构性

前国家法具有很强的自生自发性，自发地生长，自发地变迁。与此相对，国家法则是国家主动建构的产物，制定也好，修改也好，都离不开国家的立法活动。即使是对于那些所谓的民间法、习惯法等非制定法，国家也保留了是否承认为法律的权力。这就是法律的国家定义所说的“制定或认可”的两种方式，也是国家建构性集中体现之所在。这也再一次说明，法律的国家定义，当且仅当是在国家时代时，它才是成立的。因为，只有在国家时代，才有所谓的国家对于法律的“制定”和“认可”。

（二）意志性

国家对于法律的“制定或认可”，包含了国家的意志性。制定什么，不制定什么，认可什么，不认可什么，反映了国家的选择。国家通过“制定”和“认可”来表明国家的态度，支持什么，反对什么，意志性特点十分明显。法律的国家定义也将法律的国家意志称为统治阶级阶级意志。因为，在他们看来，国家意志主要来自统治阶级。而与此相对，前国家时代，没有国家，也没有阶级，因此，法律也就不存在什么国家意志，也不存在什么阶级意志，因而也就，自生自发的方式决定了前国家法的自然性，而非意志性。这也再一次说明，法律的国家定义，当且仅当是在国家时代时，它才是成立的。因为，只有在国家时代，才有阶级。

（三）形式化

在人类规则的历史进化过程中，法律与其他规范逐渐分化，而趋于成为独立的规范体系。特别是，随着国家的产生，国家创设了专门的立法机关来负责法律的制定，从而，法律的生产过程能够相当方便地添加人工因素，以至于法律呈现出不断形式化的趋势。在国家时代，立法者通过大量运用符号、数字以及定义等方法，强行性地改变日常语言的语义，使法言法语与日常语言越来越分离。日常语言的法律化，是衡量一个人是否受过法律专业训练的标志。好比，老百姓说“这是你不应该得的”，法律人就不能这样说，而应该说“不当得利”，否则人家就会觉得你很“low”了。其实不只是法律专业，任何专业都离不开语言的形式化。好比，日常语言说“水”，化学说 H_2O；日常语言说“如果……那么”，逻辑说“P 蕴含 Q”。专业语言的意义在于准确，法律形式的意义也是为了保证准确，以提高司法的准确性和可操作性。

看书仔细的同学可能会有一个疑问。前面在讲前国家法的特点时，将其特点表述为形式化程度低、科学程度低、文明程度低。这里在讲国家法的特点时，又将其法律的特点表述为建构性、意志性和形式性。如果以前面关于前国家法特点的表述为参照，那么,国家法的特点就应该表述为形式化程度高、科学程度高、文明程度高。而如果以这里的关于国家法特点的表述为参照,那么,前国家法的特点就应该表述为非建构性、非意志性和非形式性。是的,这样的疑问的确有一定道理。为了严谨,我这里回应一下这个问题。

什么是特点,简单来讲就是特别突出的某点。既然是特别突出,那就意味着,它一定有与其他同类接近的事物作比较而具有的突出点。我们讲前国家法形式化程度低、科学性程度低、文明程度低,这是将前国家法与我们理想中的法律比较而来的,并不是与国家法比较得出的。因为,从写书的逻辑上看,那个时候我们还没有讲到国家法,因此不适合拿一个大家还不知道的概念来作比较。至于为什么,国家法与前国家法比较的特点不是"形式化程度高、科学程度高、文明程度高",而是"建构性、意志性和形式化",这又有两个原因。一是,因为我们还要讲到后国家法,国家法的有些特点与前国家法比较是"强",但与后国家法比较就未必还是"强"了。二是,本章的主题是法律与国家的关系,因此,在讲国家法的特点时,更应该从国家的角度来看其特点。

当然,人们对于事物特点的认识,参照物不同,认识也就不同。因此,我们可以讲,相对于前国家法,国家法则表现出形式化程度较高、科学性程度较高、文明程度较高的特点。同理,我们也可以讲,相对于国家法,前国家法则具有非建构性、非意志性和非形式性的特点。再说一下,特点是比较出来的相对突出的属性,并不是绝对的属性,不同的比较,特点也就不同。

第三节 后国家时代的法律

一、国家会不会消亡

从人类历史来看,国家自产生以来,经历了一个不断强化的过程,主权神圣不可侵犯就是国家被不断强化的结果。第二次世界大战以后,国际组织纷纷建立,国家主权开始被不断限制,国家又进入了一个反向发展的方向。这就给人们提出了这样一个问题,如果一直循着这个方向发展下去,国家最终会不会消亡?

我们前面说过,国家包括三个要素,人口、土地和政府。国家会不会消亡当然是在假定人类还存在的前提下来讨论的。所以,讨论国家会不会消亡,其实讨论的是作为划分土地范围的国家,以及作为国家的政府组织是否存在。由于政府组织附属于国家,与国家共始终,皮之不存,毛将焉附。因此,后一个问题也就被第一个问题所吸纳,两个问题合并为一个问题了。

春秋战国时期，中原大地由许多诸侯国组成，后来各诸侯国相互兼并而成为几个大的诸侯国，再后来，秦朝统一，诸侯国最终合并成了一个国家。在这个过程中，诸侯国不断消亡，更大的国家不断产生。在这个过程中，国家的数量不断减少，而国家的范围则不断扩大。最终，国家还是没有消亡，只是数量变少了，变成了一个国家。循着这个方向思考，如果这个兼并的过程进一步发展，那么，地球上就有可能成为一个国家，以前那些林林总总的国家都不会存在了。假设这种情形真的出现了，那么，我们可以说国家消亡了吗？我认为，既可以说消亡了，又可以说没有消亡。说消亡了，是因为，在人们的经验中，国家是一个相对于其他国家而存在的主权概念，没有了相对的其他国家，也就没有了自身。就好比，假设世界上都不存在其他国家了，那还有“中国”这个概念吗？正如，没有了西方的概念，那还有东方的概念吗？说没有消亡，是因为，我们完全可以把世界理解为一个国家。在这一意义上，国家并没有消亡，只是其存在的形态发生了变化而已，世界变成了一个国家而已。显然，我们今天所讨论的“国家会不会消亡”中的“国家”，只能是指作为“主权意义的国家”，而不是指“全球性的国家”，因为后者不是国家消亡的问题，而是国家形态发生变化的问题。

主权意义的国家，它会不会消亡？对这个问题，我们没有办法通过实践来检验，我们只能通过观察以及逻辑来作一些预测。而既然是预测，当然也就不具有必然性。从人类已经走过的历史轨迹来看，全球化越来越成为历史不可抗拒的发展方向。在这个趋势中，国际贸易越来越将每一个人编织在一起，你想闭关锁国都不行。在这个趋势中，人权、民主、自由、法治等价值也越来越被人们所接受。在这个趋势中，信息传输技术为全球化的信息交流提供了畅通无阻的便利，你就是想生活在一个与外部世界完全绝缘的封闭空间里，也不可能。历史清楚地表明，全球化的步伐一旦启动，其进程就无法逆转。正如你开车上了高速，你还有掉头的可能吗？由此可见，从全球化的视角来看，国家主权几乎已经丧失了原有的意义和魅力[①]。全球越来越成为一个村了，你再也回不到你那个小山村了。而随着国家主权的日趋孱弱，即使国家最终不会消亡，历史也将步入一个不同于国家主权时代的时代。

二、后国家时代有没有法律

虽然历史可能会步入了一个不同于国家主权的时代，但国家是否最终会消亡，仍然未可预知。不过，这并不妨碍我们讨论：如果国家消亡以后，法律是否还存在？因为，这样的讨论至少对法律的国家定义来说，具有进一步反思的意义。

国家没有了，法律是不是也就没有了？我们前面反复讲过，法律是规范人际关系的规则，所以，法律是否存在的前提是有没有人类交往，而不是有没有国家。这一点，在前国家时代就已经得到了证明。因此，后国家时代有没有法律，其实也是看有没有人类交

① 参见〔英〕齐格蒙特·鲍曼：《共同体》，欧阳景根译，江苏人民出版社2003年版，第135页。

往。这样一说大家就清楚了,这显然是一个伪问题。因为,尽管国家可能不会与人类相始终,但人与人交往的规则,则一定会陪伴人类到天荒地老,不离不弃。所以,无论有没有国家,只要有人类,法律就一定存在。当然,或许有人会说,后国家时代恐怕是人类最理想的时代,人的道德水平已经达到了最高境界,高到大家没有一点私心,都是全心全意地想着要为别人服务。同时,那个时候,物质财富非常充分,充分到要什么有什么的程度。在这样的美好环境里,人与人之间根本就不会产生利益上的冲突,法律纯属多余。人类是否会进入这样的理想王国,我不知道。但是,以道德和财富的极大提高作为法律不存在的理由,那就留下了可以质疑的空间。

我们先来说说道德。我们假定,在那个时代,人类的道德水平真的到达了一个非常高的水平,所有的人都把替人着想当作自己的第一需要,开车路上遇到,每个人总是千方百计要让别人先走,“先生,你先走”,“不,女士,你先走”。你让我,我让你,结果大家都不走了,道路都堵死了。大家想想,在这种情形下,是不是还是要有交通法啊?不强迫大家走,大家都不会走路了。做好人好事,是不是还得要有个规则来确定先后顺序?不然大家都做不成。

我们再来说说财富,我们可以从以下三个方面来分析。(1)资源始终具有有限性。我们知道,资源的有限性和需求的无限性,是资源分配制度的基础。无论资源丰富到什么程度,资源的有限性都不会发生变化。理由很简单,有些东西原本就是唯一的或不可替代的。比如,地球只有一个,但是想要地球的不止一人。这说明,任何社会都不可能实现想要什么就有什么的理想。(2)需要是人类发展的动力。所谓想要什么就有什么,也就是按需分配。我们知道,需要是一个人自我发展的动力。我需要求知,所以我读书。我需要居住,所以我买房。正是因为需要,一个人才会不断地努力,而正是每一个人的努力,社会才一步步地向前进。如果有一天,他要什么就有什么,实际上已经没有需求了。一个人没有需求了,那么他活着也就没劲了。而如果每一个人都是这样的话,那么人类社会也就寿终正寝了。(3)个人需要与高尚道德是矛盾的。我们前面已经讲过,那个时候,大家的道德水平都是非常非常高了,都是完完全全利他的。如果这样,那他还想什么、要什么啊?想什么、要什么,不也是自私自利的表现吗?当然,我们也可以这样替未来人想,他们想的可是做好事,要的也是做好事,所以,这并不矛盾。这样看起来是说对的,但是,仔细一想,还是不对。你想想,由于大家都想做好事,做好事就成了稀缺资源,不可能你想做好事就可以做好事,你有了别人就没有了,那你还要,这不也是自私吗?资源一稀缺,就要按照规则来分配。你看,就是到了那么好的理想王国,法律还是少不了。

由上分析可知只要存在社会,只要人与人还要打交道,那么,管它有没有国家,都不可能没有法律。这也就再一次证明,法律的国家定义是多么的狭隘。当然,如果我们一定要把前国家法和后国家法都不叫做法律的话,那么,法律的国家定义还是能够自圆其说的。这样来定义,当然保证了其理论的正确性,但保证理论正确又有什么意义呢?难道保证理论正确就是其唯一的意义吗?

三、后国家法有什么特点

由前面分析,无论国家是否会消亡,法律也不会消亡。不过,在后国家时代,由于没有了国家,法律也就只能表现为非国家法的形式。由这一前提决定,后国家法与国家法的不同,可以从以下几个方面来分析。

(一)从产生的途径来看

在国家时代,法律由国家制定或认可,没有了国家,法律产生的这一方式也就不存在了。但是,没有了政府组织,并不等于就不会有其他组织。政府组织消失后,社会组织将会大量产生,以填补国家组织消亡后所留下来的空白。因此,在后国家时代,国家立法机关所垄断的立法职能,很可能会被社会上其他各式各样的组织所分享。后国家时代社会组织的多样性,决定了后国家法产生途径的多样性。

(二)从适用的范围来看

在国家时代,一般来说,法律只能在国家主权范围内才是有效的。后国家时代,国家没有了,依照主权来确定法律适用范围的这一做法,显然已不再存在。由于后国家时代的法律,是由不同的社会组织所制定,因此,法律的适用范围也就可能会依据社会组织的性质来确定。由于社会组织常常带有行业的特点,因此,后国家法的适用范围也就很可能依照行业、依案件性质来确定其适用范围,国家法时代主要根据地域来确定其适用范围的做法将会大大减少。

(三)从保障实施的力量来看

在国家时代,国家设立了专门的司法机关,通过国家的强制力来保障法律的实施。由于后国家时代的法律,是由不同的社会组织所制定的。不同的社会组织,其确保规则有效性的方法肯定也有所不同。不同的组织可能会有自身的裁判机关,并可能依据不同组织的性质而具有不同的强制性,有的强调硬,有的比较软。软法,当下这个概念有点时髦,有些部门法在极力推崇"软法"。后国家法与今天的软法是不是一样,虽然未可知,但其保障实施一定会有大量"软性"的一面。

(四)从法律的平等性来看

国家时代有法治国家,也有非法治国家。在非法治的封建社会里,人与人之间的关系不平等,君主与百姓构成上下等级关系,法律往往成为君主治理百姓的工具,百姓只能被动地遵守法律。在法治国家里,虽然,人与人的关系是平等的,公民是相互治理的关系;但这种关系被严格限制在一国范围之内,一旦超越国家,平等关系就没有了。而后国家法则不然。在后国家时代,随着主权的消亡,阻碍平等普遍适用于全人类的那堵"墙"不存在了,人类孜孜以求的平等就可以彻底地实现。

当然，上述特点只是逻辑上的推导，并没有经验上的依据。不过，当下，国际法不断涌现，其产生的途径、适用的范围、保障实施的力量，以及国际人权的不断适用，很多规则依然依靠主权国家的支持，这或许暗示了后国家时代法律的可能存在。既然我们当下已经接受了国际法的概念，那么也就相当于是宣布了法律的国家定义的不成立，进而，我们还有什么理由不承认后国家法的概念呢？

后　记

终于可以写后记了！

这是一部凝聚我二十年法理学教学的心血之作。我酷爱讲课，每当登上三尺讲台，我就充满激情和活力，所以，能够将我二十年讲课的内容和语言转化成文字，是我最热切的期盼。

2017 年起，我就开始按书的形式对我的讲义进行整理，至今三年有余。其间整理与上课交替进行，在使读者容易理解的这一目标下，尽我所能地使本书的内容和语言能够搭配到一个比较好的状态。本书除了直接来源于我二十年的教学讲义外，学生的笔记也是我修改书稿时的参考依据。诸位学生听说我在写教材，立即将他们做的笔记发来供我参考。他们的笔记，不仅帮助我进一步梳理清楚了我讲课的内容，也帮助我回忆起了我上课时的点点滴滴。过去上课的一幅幅画面，因为他们的笔记又鲜活地浮现在我的眼前。感谢他们，让我有机会重温我上课时的亢奋情景。

因为本书主要是写给学生看的，学生的阅读感受对于本书的完善非常重要。正如我在代序中所说的，我希望我的这本书，大学各年级各专业的学生都能看得懂。所以，本书完成后，我就找来第一批读者，想听听他们的意见，他们都是曾经听过我讲这门课的在校学生。

倪君薇同学在阅读我的书稿时，不仅对我的一些表述提出了商榷，而且还不厌其详地注明了她的理由，让我能够从一个年轻读者的角度去审视并改进我的表述。倪君薇同学还帮我补充了很多上课的信息，特别是关于笑声和掌声的记录。只是考虑到在书中注明笑声和掌声有点另类，故本书在最终成稿时，不得不忍痛放弃。汪西兴同学在认真通读书稿的基础上，对书中的一些观点提出了一些新的看法，给我启发不小。并且，为了方便我检索，他还用五颜六色的彩纸在书稿上作了标注。倪君薇和汪西兴两位同学非常认真的态度令我十分感动，特记以谢！此外，我的学生刘佳明、刘茜芸、邢洁、胡罗曼、刘丽媛、刘艺、刘琼、杨琪等同学也都参与了本书的文字校对工作。在此，对他们的辛勤劳动也一并表示感谢!

因为本书致力于让读者容易理解,所以我一直琢磨着想为本书取一个与"易懂"有关的书名。我前前后后想到的书名有:《法理学讲义》《白居易法理学》《常识法理学》。后来,我在一次与我西南政法大学同学、中国政法大学李东方教授的电话聊天中聊到书名的事。他认为《常识法理学》这个书名好,它不仅能反映书的常识性特点,也具有可识别性特征。李东方教授的建议为我的犹豫不决作了一个决断。再后来,我又征求了北京大学出版社王晶编辑的意见。她说,法学最需要的就是讲常识,法理学能够围绕常识,那是非常有益的。王晶编辑的这番话,更加坚定了我以《常识法理学》为书名的信心。

本书的出版得到了南京大学法学院和北京大学出版社的支持。南京大学法学院时任副院长宋晓教授在得知我正在撰写本书的消息后,第一时间就与北大出版社取得了联系。正是在宋教授的积极推动下,本书迈开了出版历程的第一步。之后,南京大学法学院现任副院长彭岳教授又提供了后续的帮助。也正是在彭教授的有力支持下,本书终于快要走完了出版的最后旅程。对两位教授一始一终的支持,在此深表感谢!北大出版社王晶编辑为本书的出版付出了很多的心血。她在初稿上留下的圈圈点点,不仅反映了她作为一个编辑特有的严谨和细致,而且还反映了她作为一个编辑非常渊博的知识储备以及非常独到的思想见解。正是在王编辑的提示点明下,本书有机会对一些文献出处的错误作了勘正,对一些不合时宜的说法和例子作了重新表述或干脆予以删除。在此深表感谢!

由于本书主要是我讲稿的再现,在追求其个性风格的同时,难免会留下这样或那样的不足,恳请读者提出批评和建议,以待日后进一步地完善。

周安平

2021 年 4 月于南京大学